Maxon Cinema 4D Art & XL7

Stefan Seitz

Maxon Cinema 4D Art & XL7

Visualisierung und Animation von CAD-Konstruktionen

▲ ADDISON-WESLEY

An imprint of Pearson Education

München • Boston • San Francisco • Harlow, England
Don Mills, Ontario • Sydney • Mexico City
Madrid • Amsterdam

Die Deutsche Bibliothek – CIP-Einheitsaufnahme

**Ein Titeldatensatz für diese Publikation ist bei der
Deutschen Bibliothek erhältlich**

Die Informationen in diesem Produkt werden ohne Rücksicht
auf einen eventuellen Patentschutz veröffentlicht.
Warennamen werden ohne Gewährleistung der freien Verwendbarkeit benutzt.
Bei der Zusammenstellung von Texten und Abbildungen wurde mit größter
Sorgfalt vorgegangen.
Trotzdem können Fehler nicht vollständig ausgeschlossen werden.
Verlag, Herausgeber und Autoren können für fehlerhafte Angaben und deren
Folgen weder eine juristische Verantwortung noch irgendeine Haftung übernehmen.
Für Verbesserungsvorschläge und Hinweise auf Fehler
sind Verlag und Autoren dankbar.

Alle Rechte vorbehalten, auch die der fotomechanischen Wiedergabe
und der Speicherung in elektronischen Medien.
Die gewerbliche Nutzung der in diesem Produkt gezeigten Modelle
und Arbeiten ist nicht zulässig.

Fast alle Hardware- und Softwarebezeichnungen,
die in diesem Buch erwähnt werden, sind gleichzeitig auch eingetragene
Warenzeichen oder sollten als solche betrachtet werden.

Umwelthinweis:
Dieses Produkt wurde auf chlorfrei gebleichtem Papier gedruckt.
Die Einschrumpffolie – zum Schutz vor Verschmutzung – ist aus
umweltverträglichem und recyclingfähigem PE-Material.

10 9 8 7 6 5 4 3 2 1

04 03 02 01

ISBN 3-8273-1907-2

© 2001 by Addison-Wesley Verlag,
ein Imprint der Pearson Education Deutschland GmbH
Martin-Kollar-Straße 10–12, D-81829 München/Germany
Alle Rechte vorbehalten

Einbandgestaltung:	Helmut Kraus, Düsseldorf
Lektorat:	Irmgard Wagner, Taufkirchen, irmgard.wagner@munich.netsurf.de
Korrektorat:	Petra Kienle, Fürstenfeldbruck
Herstellung:	Anna Plenk, aplenk@pearson.de
Satz:	mediaService – Siegen (www.media-service.tv)
Druck und Verarbeitung:	Kösel, Kempten (www.KoeselBuch.de)

Printed in Germany

Inhaltsverzeichnis

Einleitung   9

1 Projektvorbereitung   13

1.1	Trennung von 2D und 3D	14
1.2	Polygonverwaltung	16
	Volumenkörper	16
	Flächenkörper	17
1.3	Formate für den Datenaustausch	18
	DXF (Drawing Exchange Format)	19
	3DS (3D Studio)	21
	Bildformate	23
1.4	CAD-Datenexport	24
	Visualisierung	24
	Animation	26
	Allgemeine Exportkriterien	26
	Nachträgliches Einfügen von Objekten	27
	Glättungswinkel	28
1.5	Export Nemetschek Allplan FT V16	28
	Datenstruktur für den Export	29
	Voreinstellungen in Cinema 4D	32
	Import der C4D-Datei	33
1.6	Export AutoCAD 2000	35
	Exportvorbereitungen	35
	3DS-Importfaktor von Cinema 4D	37
1.7	Export ArchiCAD	39
	Exportvorbereitungen	40
	Wavefront-Importfaktor von Cinema 4D	42
1.8	Bäume im CAD	44

2 Cinema 4D — 47

- 2.1 Die Benutzeroberfläche 47
  - Einrichten der Managerfenster 47
  - Datei-Menüleiste 49
  - 3D-Ansicht 53
  - Material-Manager 55
  - Objekt-Manager 57
  - Struktur-Manager 59
  - Browser 60
  - Koordinaten-Manager 61
  - Zeitleiste 62
  - Paletten / Befehls-Manager 62
  - Texturbibliothek 64
  - Textur-Pfade konfigurieren 65
  - Voreinstellungen speichern 67
- 2.2 Navigation in der 3D-Ansicht 67
  - Auswahl der Ansichtsfenster 68
  - Auswahl von Objekten 70
  - Verschieben von Objekten 70
  - Skalieren von Objekten 74
  - Drehen von Objekten 75
  - Zoomfunktionen 80
  - Darstellungsmodus 83
  - Zusatzoption: Backface-Culling 85
  - Rendern 86
  - Render-Voreinstellungen 89

3 Materialien — 93

- 3.1 Parametrische Oberflächen 94
  - Farbe-Kanal 95
  - Glanzlicht-Kanal 96
  - Spiegelung-Kanal 97
  - Glühen-Kanal 99
  - Leuchten-Kanal 100
  - Transparenz-Kanal 102
  - Nebel-Kanal 105
  - Glanzfarbe-Kanal 106

3.2	Texturmapping	108
	Projektionsgitter	108
	Mischen von Farbe und Textur	115
	Relief-Kanal	116
	Spiegelung-Kanal mit Textur	118
	Alpha-Kanal	118
	Displacement-Kanal	120
	Mischen von Materialien	122
3.3	Objekttexturierung	124
	Einstellung der Maßeinheit	125
	Einrichten der Perspektive	126
	Zuweisen der Materialien	129
	Texturierung einzelner Polygone	138
	Beleuchtung und Rendering	141
3.4	Szenentexturierung	143
	Kantenglättung im Objekt-Manager	144
	Gruppieren von Objekten	145
	Zuweisen von Render-Tags	146
	Vergabe der parametrischen Materialien	148
	Flächige Projektion	150
	Frontale Projektion / Hintergrund	152
	Kopieren und Übertragen von Texturen	154
	Kopieren von 3D-Objekten	156

4 Beleuchtung 161

4.1	Fehlerquellen	162
	Vergleich mit der Realität	162
	Scharfkantige Modelle	162
	Linseneffekte	163
	Lichtfarbe	164
4.2	Beleuchtung von Einzelobjekten	165
	Arbeiten im Raytracer	166
	Beleuchtung der Szene	170
	Caustics (Version XL7)	178
4.3	Innenraumbeleuchtung	182
	Standardbeleuchtung	183
	Radiosity (Version XL7)	193
4.4	Großraumbeleuchtung	203
	Lichtraster	204
	Lichtabnahme	205
	Erzeugen von Instanzen	207
	Ausleuchten der Decke	208
	Ändern der Instanzen / Rendering	210

5 Animation — 213

- 5.1 Grundlagen der Animation 214
  - Abschätzen der Rechenzeiten 215
  - Animationsdauer 215
  - Einfügen von Bewegungspausen 216
  - Ausgabegröße von Animationen 216
  - Bildrate 216
  - Einzelbildserie 217
  - Filmformate 218
  - Kompremierer 218
- 5.2 Objektanimation 220
  - Aufteilung der Objekte 221
  - Erste Schritte mit der Zeitleiste 223
  - Zeitmanager-Werkzeugpalette 229
  - Kopieren von Sequenzen 231
  - Ändern von Keys und Sequenzen 233
  - Winkel-Keys 237
  - Verlängern von Sequenzen 242
  - Berechnen der Animation 244
- 5.3 Kamera- und Parameteranimation 246
  - Entstehungsprozess der Datei 248
  - Parameteranimation 254
  - Stage-Objekt 266
  - Videomapping 275
  - Rendern einer Einzelbildserie 277
- 5.4 Komplexe Kamerafahrten 279
  - Ziel-Kamera 281
  - Erzeugung des Spline-Pfads 283
  - Ausrichten von Kamera und Zielpunkt 286
  - Rendern der Einzelbildserie 291

6 Anhang — 293

- 6.1 Schnittsoftware 294
  - AIST Movie Pack 294
  - Adobe Premiere 295
- 6.2 Berechnen von Einzelbildserien 295

Index — 301

Einleitung

Im Bereich der CAD-Konstruktion wurde in den letzten Jahren immer öfter die Forderung nach fotorealistischen Visualisierungen laut. Sei es für Wettbewerbszwecke, Werbekampagnen oder für die firmeneigene Präsentation. Realitätsgetreue Perspektiven und Kamerafahrten weckten mehr und mehr die Aufmerksamkeit der Betrachter und profitierten im Gegenzug von der rasanten Entwicklung der Prozessortechnologie.

Aus diesem Grunde beinhalten inzwischen zahlreiche CAD-Programme neben ihren Konstruktionswerkzeugen auch interne Visualisierungs-funktionen, mit welchen sich je nach CAD-Software anschauliche Perspektiven erstellen lassen. Allerdings reichen diese Funktionen nur selten aus, um Renderings und Animationen in hochwertiger Qualität bzw. mit ausgefeilten Spezialeffekten zu erzeugen.

Mit Maxons Cinema 4D ART und XL7 sind zwei Softwarepakete auf dem Markt, welche es ermöglichen, wirklichkeitsgetreue Perspektiven und Animationen zu erstellen, ohne große Rechenzeiten bei detaillierten 3D-Modellen oder den kompletten Umstieg auf eine neue CAD-Umgebung in Kauf nehmen zu müssen. Cinema 4D kann vielmehr als unabhängiges Zusatztool angesehen werden, welches nicht die betriebsinternen Planungsvorgänge beeinflusst, sondern die bereits millimetergenau modellierten dreidimensionalen Objekte aus der vorhandenen CAD-Software in Szene setzt.

Bisher waren qualitativ hochwertige Ergebnisse aus der Welt der Visualisierung nur durch einen Kostenaufwand möglich, der sich oft äquivalent zu den Anschaffungssummen der Konstruktionsprogramme verhielt. Cinema 4D ART und XL7 stellen nun zwei ernst zu nehmende Alternativen zu weitaus teureren High-End-Programmen dar, ohne ihnen an Ausgabequalität in irgendeiner Weise nachzustehen.

ART oder XL7?

Der Unterschied zwischen den beiden Softwarepaketen besteht in erster Linie darin, dass sich die Version ART auf die Bearbeitung von einzelnen Perspektiven bzw. Standbildern beschränkt, während bei der Version XL7 zusätzlich ein umfassendes Animationstool vorliegt. Von Seiten der Handhabung, Benutzeroberfläche und vor allem Ausgabequalität sind beide Versionen allerdings weitgehend identisch.

Ziel dieses Buches

Obwohl sowohl Cinema 4D ART als auch Cinema 4D XL7 mit ausgezeichneten Modellierfunktionen ausgestattet sind, muss bereits an dieser Stelle darauf hingewiesen werden, dass der Bereich der Modellierung innerhalb der folgenden Kapitel weitgehend außer Acht gelassen wird. Vielmehr liegt der Schwerpunkt dieses Buches auf dem Datenexport und der anschließenden Überarbeitung von bestehenden CAD-Konstruktionen aus den Programmen Nemetschek Allplan, AutoCAD und ArchiCAD.

Nach der Lektüre dieses Buches sollten Sie ohne Schwierigkeiten in der Lage sein, Ihre 3D-Modelle aus dem CAD in Cinema 4D einzulesen und zu fotorealistischen Perspektiven bzw. flüssigen Kamerafahrten zu überarbeiten.

Inhalt der CD

Die für die Bearbeitung der zahlreichen Workshops notwendigen CAD-Daten sind neben einer großen Anzahl von Texturen alle auf der beiliegenden CD enthalten. Damit die Anwender der Version ART auch die Kapitel der Animation nachvollziehen können, liegt unter anderem auch die Demoversion von Cinema 4D XL7 im gleichnamigen Verzeichnis auf der CD vor.

Hier nun ein kleiner Überblick über den Inhalt der jeweiligen Kapitel

Kapitel 1 • Als Grundlage für die folgenden Workshops befasst sich das erste Kapitel zunächst auf theoretischer Basis mit den Unterschieden einzelner 3D-Dateien sowie den Ergebnissen verschiedener Datei-Exportformate. Darauf folgen einige Beispiele für die optimale Strukturierung von CAD-Daten und jeweils eine Anleitung für den Datenexport aus den Programmen Nemetschek Allplan, AutoCAD und ArchiCAD.

Kapitel 2 • Neben einer allgemeinen Erläuterung der Benutzeroberfläche wird innerhalb eines kleinen Workshops der Umgang mit Cinema 4D erklärt.

Kapitel 3 • In diesem Kapitel wird das Materialsystem von Cinema 4D anhand mehrerer Übungen erläutert. Hierbei erhalten Sie alle Informationen, um Ihre CAD-Dateien mit naturgetreuen Oberflächen zu versehen und fotorealistische Renderings zu erstellen.

Kapitel 4 • Die Beleuchtung ist der ausschlaggebende Punkt einer Visualisierung. Im ersten Teil dieses Kapitels werden daher zunächst einige Grundlagen über die Beleuchtung von Visualisierungen dargelegt, bevor anschließend mehrere Workshops zu den Themen Objekt- und Raumbeleuchtung stattfinden.

Kapitel 5 • Auch dieses Kapitel beginnt mit einem kurzen theoretischen Teil über die Grundsätze der Computeranimation. Anschließend erzeugen Sie Filmdateien, bzw. Einzelbildserien aus den Themenkreisen Objekt- und Kameraanimation.

Anhang • Ein kurzer Ausflug in die Schnittsoftware Adobe Premiere soll abschließend die zeitsparende Zusammenfassung der erzeugten Einzelbildserien aufzeigen.

Alle Beispieldateien, Texturen und Ergebnisse (Bilder sowie Filme) sind auf der beiliegenden CD unter der jeweiligen Übungsnummer enthalten.

Herzlichen Dank möchte ich an dieser Stelle Frau Irmgard Wagner von Pearson Education (Addison-Wesley) ausdrücken, welche die Bearbeitung und Publikation dieses Buches von Anfang an großartig unterstützte.

Ein besonderer Dank gilt Frau Dr. Hierath von der Nemetschek AG sowie Herrn Gerhard Moosler von Graphisoft für ihre Bemühungen und die ausgezeichnete Betreuung.

Schließlich möchte ich mich auch bei Michael Haun, Wolfgang Jäger, Dagmar Trippen, Axel Dielmann, Sascha Skorupa, Heidi Keller, Gabriele Posch und nicht zu vergessen allen Studenten der Fachhochschule Rosenheim bedanken, welche mich durch ihr reges Interesse an diesem Themenkatalog zur Bearbeitung dieses Buches bewogen haben.

Stefan Seitz
Lörrach im Juni 2001

1 Projektvorbereitung

Wenn Sie mit Cinema 4D bestehende Konstruktionsdateien visualisieren und animieren möchten, muss bereits im Vorfeld darauf geachtet werden, dass die importierten CAD-Daten problemlos zu handhaben sind. Eine gut strukturierte CAD-Datei ist die Ausgangsbasis für eine zeitsparende und qualitativ hochwertige Überarbeitung mit Cinema 4D.

Auf den nächsten Seiten wird daher zunächst auf die wesentlichen Punkte des Datenaustausches von CAD-Programmen mit Cinema 4D eingegangen.

Folgende Themen werden innerhalb dieses Kapitels behandelt:
- Zeitsparende 2D- und 3D-Planung
- Polygonanzahl und Unterschiede der 3D-Elemente
- Ergebnisse der Exportformate
- Unterschiedliche Kriterien von Bildformaten
- CAD-Datenverwaltung
- Datenexport aus Nemetschek Allplan FT, AutoCAD und ArchiCAD

Abbildung 1.1: In Cinema 4D überarbeitete CAD-Datei

Nach diesem Kapitel sollten Sie in der Lage sein, Ihre CAD-Daten ohne Schwierigkeiten an Cinema 4D weiterzugeben.

1.1 Trennung von 2D und 3D

Verzichtet man bei der CAD-Projektplanung auf eine Verknüpfung zu Massenermittlungs- oder Ausschreibungsprogrammen, welche ihre jeweiligen Werte aus den Daten von dreidimensional gezeichneten Modellen entnehmen, so bietet sich eine zweigleisige Vorgehensweise an, um Planungen und Visualisierungen bzw. Animationen zu erzeugen.

Sehr effektiv ist es hierbei, die jeweiligen Projekte nicht komplett in 3D umzusetzen, sondern für alle herkömmlichen Planungszwecke lediglich die 2D-Bearbeitung zu nutzen. Grund dafür ist zum einen, dass mögliche Änderungen innerhalb der Planung nicht an komplexen 3D-Modellen vorgenommen werden müssen. Die standardmäßige Bearbeitung der Projekte wird somit auch für jene Mitarbeiter möglich, die nicht mit der 3D-Materie vertraut sind.

Ein weiterer Aspekt für die vorübergehende 2D-Planung ist die schnellere Bearbeitungsmöglichkeit. Sonderelemente, die in der Visualisierung möglicherweise nicht sichtbar sind, können in 2D wesentlich einfacher erzeugt werden, wodurch letzten Endes mehr Zeit für die 3D-Konstruktion bleibt.

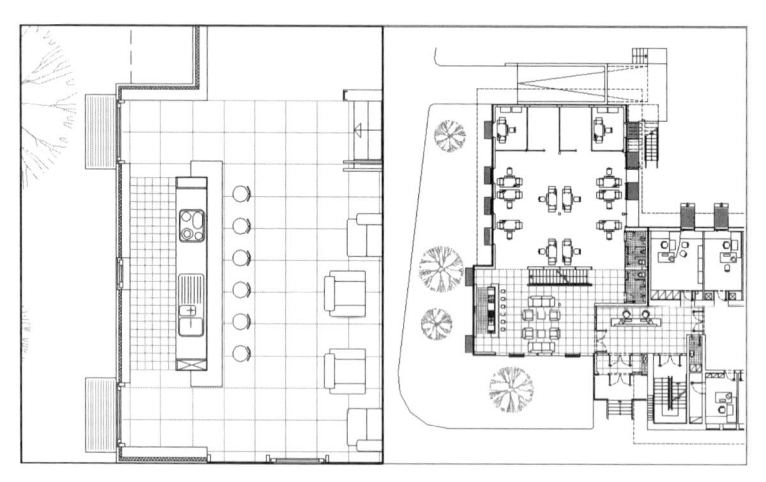

Abbildung 1.2: Komplette CAD-Planung in 2D

Ist das Projekt mit der 2D-Bearbeitung dann so weit fortgeschritten, kann man über bestimmte Raumsituationen innerhalb der Planung entscheiden.

Kriterien hierbei sind einerseits die Überlegung, welche Szenen für eine hochauflösende 3D-Perspektive lohnend sind, und zum anderen das Abschätzen, wie viel Modellierungsaufwand letztendlich damit verbunden ist. Auch lassen sich die Routen von virtuellen Kamerafahrten wesentlich besser planen und zwar gleich unter dem Gesichtspunkt, welche Objekte sich im Blickfeld befinden und welche man nicht in die 3D-Konstruktion mit einbeziehen muss.

Mit dieser Vorgehensweise lassen sich vor allem evtl. auftretende Terminschwierigkeiten weitgehend vermeiden, da die Projekte, in welchen man möglicherweise nur einige wenige Szenen visualisieren möchte, nicht vom Fundament bis zum Dach in 3D aufgebaut werden müssen. Ebenso wird die Datenmenge der 3D-Szene nicht unnötig in die Höhe getrieben, wodurch man Probleme seitens der Hardwareumgebung schon im Vorfeld ausschließen kann.

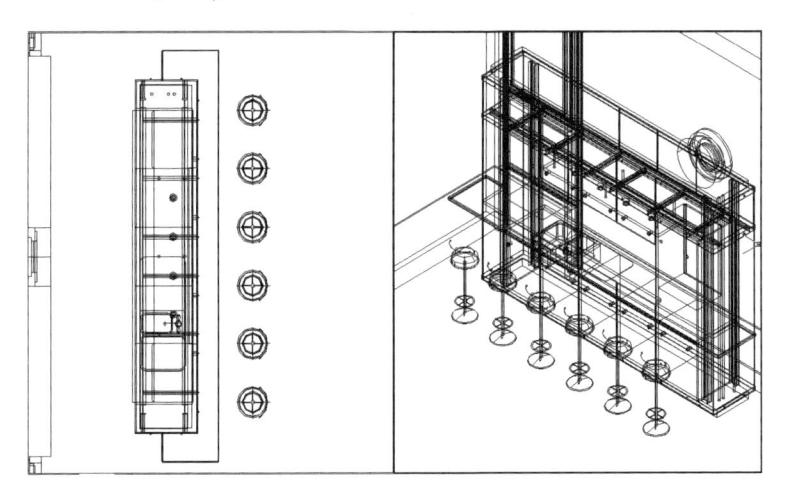

Abbildung 1.3: Ausarbeitung der 3D-Szenarien

Sind alle notwendigen 3D-Modelle dann so weit erstellt, so erfolgt der in Kapitel 1.4 erläuterte Datenexport aus den CAD-Programmen und das Einlesen in Cinema 4D. Dort werden daraufhin alle Schritte bezüglich der Visualisierung vorgenommen, welche in den jeweiligen CAD-Programmen nicht lösbar sind.

Abbildung 1.4: Datenimport der 3D-Szene in Cinema 4D mit anschließender Visualisierung

1.2 Polygonverwaltung

Obwohl Cinema 4D aufgrund seiner geringen Speicherbelegung ein großes Maß an Daten aufnehmen kann, so ist es doch weitgehend ratsam, die Anzahl der für die 3D-Modellierung verwendeten Flächen in einem überschaubaren Rahmen zu halten.

Bei einer 2D-Planung muss man generell auf keine Segmentierung der jeweiligen Objekte Rücksicht nehmen, da alle Linien und Kreise als Vektoren erzeugt werden. So liegen einer Linie nur zwei Koordinaten zu Grunde:
1. Anfangspunkt
2. Endpunkt

Das Gleiche gilt für einen Kreis:
Hier ist es die Koordinate des Mittelpunkts und der Wert des Radius.

In der 3D-Planung sollte jedoch genau festgelegt werden, welchen Detaillierungsgrad man zum Erstellen von einzelnen 3D-Körpern wählt, da sich früher oder später alle Objekte aus einzelnen Flächen zusammensetzen, welche je nach Flächenanzahl den Arbeitsspeicher belasten und die Rechengeschwindigkeit herabsetzen.

Möchte man in den jeweiligen Architekturprogrammen spezielle 3D-Objekte erzeugen (Treppen, Einrichtungsgegenstände ...), die nicht in den internen Objektbibliotheken aufgeführt sind, so müssen diese separat modelliert werden. Je nach Software geschieht dies auf unterschiedliche Art und Weise:

Behilft sich ArchiCAD an dieser Stelle mit dem GDL-Text, so beinhalten AutoCAD und Nemetschek Allplan eigene 3D-Modellierfunktionen, mit denen sich Sonderobjekte erstellen lassen.

Je nach Software kann man hier zwei Gruppen von 3D-Körpern unterscheiden, welche nach dem Import in Cinema 4D unterschiedliche Vor- und Nachteile aufweisen.

1.2.1 Volumenkörper

Diese bestehen ähnlich wie 2D-Elemente aus einzelnen Vektoren und weisen während der Konstruktion keine Unterteilungen in separate Flächensegmente auf. So besteht das Volumenmodell eines Zylinders im CAD lediglich aus zwei übereinander liegenden Kreisen und einer Verbindungslinie, so dass dieser im schattierten Modus als absolut glatt und rund erscheint. Benutzerspezifisch kann man selbstverständlich auch die Anzeige von mehr Verbindungslinien einstellen.

Diese Volumenkörper beinhalten, wie der Name schon sagt, eine Volumeninformation. Der Körper ist also nicht hohl, sondern tritt als solider Körper auf, welcher vor allem im Maschinenbau mit den Massen- und Gewichtsinformationen einzelner Materialien verknüpft ist. Beim Umgang mit diesen 3D-Modellen resultiert also automatisch das Gewicht des geplanten Objekts.

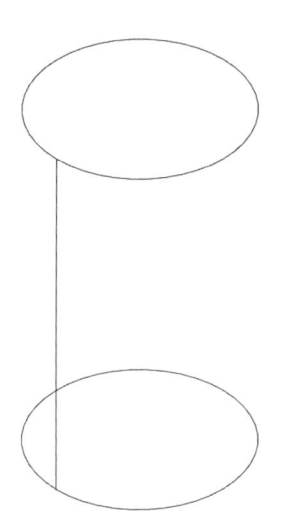

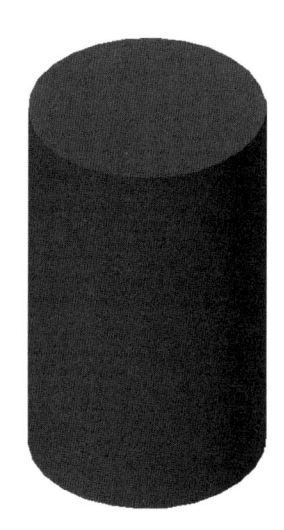

Abbildung 1.5: Darstellung von Volumenkörpern

Um einen Volumenkörper zu bearbeiten und zu importieren, muss die jeweilige Software über einen so genannten „Volumenkern" verfügen (namhaft sind vor allem der ACIS-Kern und der Parasolid-Kern). Ist dies nicht der Fall, so werden die Volumenkörper beim Datenaustausch nicht in die Zielsoftware übernommen.

Um diese Problematik zu umgehen, kann man das Volumenmodell mit einigen Exportformaten in ein Flächenmodell umwandeln. Der Volumenkörper wird dabei basierend auf einer Qualitätsskala in einzelne Dreiecksflächen zerlegt und kann anschließend als Flächenmodell in nahezu jede 3D-Software eingelesen werden (siehe Kapitel 1.6).

Allerdings erfolgt bei der Zerlegung meist eine sehr unkontrollierte Flächenverteilung, so dass sich an gewissen Stellen des Modells unnötig viele Polygone anordnen können und somit ungewollt große Datenmengen entstehen.

1.2.2 Flächenkörper

Anders ist es bei den so genannten Flächenkörpern. Sie weisen im Gegensatz zu den Volumenkörpern eine bestimmte Anzahl von dreieckigen oder scheinbar rechteckigen Segmenten auf, die der Benutzer während der Konstruktion vergibt. Die Polygonanzahl innerhalb der Konstruktionsdatei ist daher sehr überschaubar und birgt keine bösen Überraschungen nach dem Datenexport.

Nennenswert an dieser Stelle ist, dass es im Bereich der Flächenmodellierung keine Kreise und auch keine rechteckigen Flächen gibt. Alle Objekte setzen sich aus einzelnen Dreiecken (Polygonen) zusammen. Zeigt das eine oder andere CAD-Programm auch eine nicht unterteilte Rechteckfläche an, dann ist die Software so eingestellt, dass die dreieckigen Verbindungslinien automatisch unterdrückt werden.

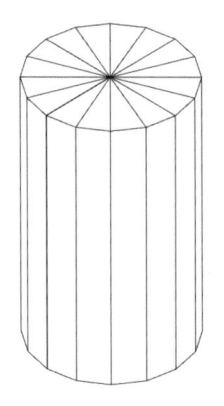

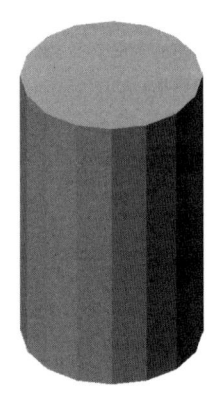

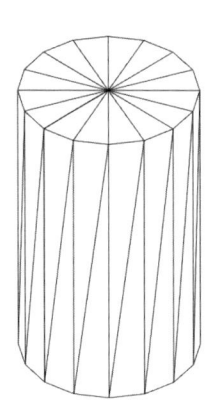

Abbildung 1.6: Darstellung von Flächenkörpern

Der große Vorteil der Flächenkörper ist allerdings, dass sie beim Datenexport grundsätzlich eins zu eins ausgeschrieben und von Cinema 4D identisch übernommen werden.

Bei großen Projekten kann es durch das Vervielfältigen von Objekten schnell zu hohen Speicherbelastungen kommen, vor allem weil oftmals einzelne Stellen sehr detailverliebt modelliert wurden. Mit den überschaubaren Flächenkörpern besteht jedoch frühzeitig die Möglichkeit der Beurteilung, an welchen Positionen in der zu visualisierenden Szene eine hohe Anzahl an Polygonen benötigt wird.

Auf diese Weise könnten all jene Objekte, welche sich nahe im Blickfeld der Perspektive befinden, im CAD sehr detailliert modelliert werden, während die Körper im Hintergrund nur mit der notwendigsten Polygonanzahl versehen werden.

1.3 Formate für den Datenaustausch

Aus der Notwendigkeit heraus, dass nahezu jedem Softwareprodukt ein eigenes Datenmodell für die 3D-Bearbeitung zugrunde liegt, wurden unabhängige Dateiformate entwickelt, um den Datenaustausch zu anderen Programmen zu ermöglichen. Diese Formate unterscheiden sich untereinander in erster Linie dadurch, dass gewisse Informationen bezüglich des Ursprungsobjekts in die Exportdatei mit einbezogen werden und andere wiederum nicht.

Neben einer Reihe anderer Importfilter unterstützt Cinema 4D vor allem die beiden geläufigsten Formate DXF und 3D Studio R4 (3DS). Diese Dateiformate werden von den meisten CAD-Programmen als Exportfilter angeboten, sind jedoch von ihrer Datenverwaltung her weitgehend unterschiedlich.

Als Beispiel werden nun zwei bezüglich ihrer Geometrie identische Türgriffe aufgezeigt, welche in unterschiedlicher Art und Weise im CAD modelliert wurden (Abbildung 1.7). Bei dem linken Türgriff handelt es sich um ein Volumenmodell, bei dem rechten um ein Flächenmodell. Zusätzlich liegt beiden eine zweidimensionale Ansicht zugrunde.

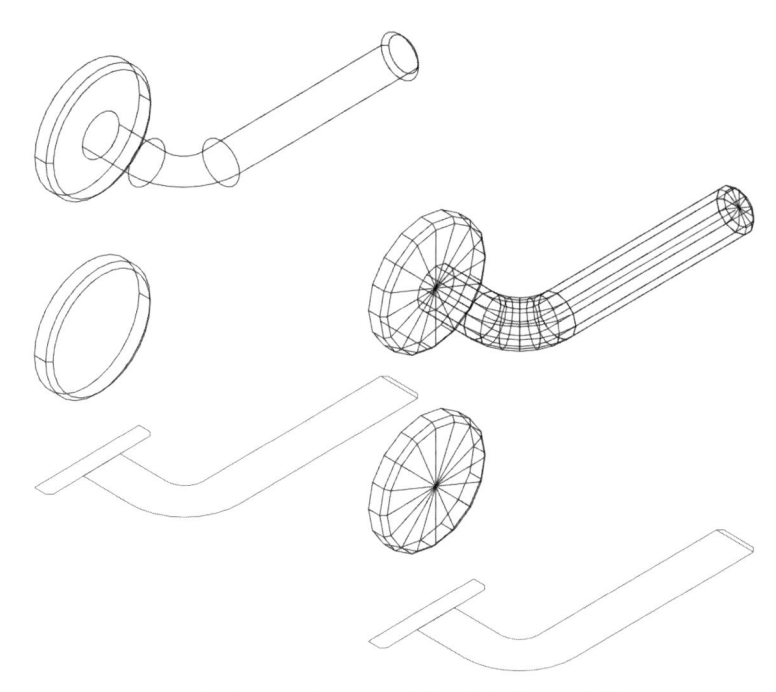

Abbildung 1.7: Vergleich von Volumenmodell und Flächenmodell

Auf den folgenden Seiten soll nun aufgezeigt werden, welche Ergebnisse die Exportfilter „DXF" und „3DS" erzielen.

1.3.1 DXF (Drawing Exchange Format)

Das von Autodesk publizierte Dateiformat DXF ist wohl das bekannteste unter den Export- und Importformaten.

Mit den einzelnen Versionen von AutoCAD entwickelte sich allerdings auch das DXF-Format weiter, so dass häufig unterschiedliche Versionen des Exportformats in den einzelnen CAD-Programmen vorliegen.

Da einige Programme aber nicht über den aktuellen DXF-Importfilter Version 2000 verfügen, besteht meiner Erfahrung nach die beste Lösung darin, den Datenaustausch unter DXF Version 14 vorzunehmen und den Filter der Version 12 zu vermeiden. Volumenkörper werden beispielsweise nicht unter DXF 12 weitergegeben, da dieses Datenmodell damals noch nicht in AutoCAD verfügbar war.

Dem DXF-Format liegt ein Quelltext (ASCII) zugrunde, so dass man DXF-Dateien beispielsweise auch in Microsoft Word oder Notepad öffnen kann. Zwar dauert die Konvertierung dieses Textes etwas länger als bei den binär aufgebauten Exportformaten, aber dafür lassen sich diese DXF-Dateien wesentlich stärker komprimieren (zippen), was sie für den Austausch im Internet hervorragend geeignet macht.

Das DXF-Format unterstützt alle Arten von 3D Modellen. Allerdings muss die Zieldatei ebenfalls die exportierten Körper unterstützen. Daher ist es nicht verwunderlich, dass Cinema 4D alle importierten Volumenkörper außer Acht lässt, weil dieses Programm über keinen Volumenkern verfügt.

Beim Datenimport in Cinema 4D werden nur Flächenmodelle und keine Volumenmodelle berücksichtigt.

DXF beinhaltet dafür im Gegensatz zum nachfolgend aufgeführten 3DS-Format auch zweidimensionale Informationen.

Hierbei besteht ein klarer Vorteil des Exportformats, da Cinema 4D über zweidimensionale Elemente, so genannte Splines verfügt. Diese Splines dienen in Cinema 4D als Ausgangsbasis z.B. für Extrusions- oder Rotationsmodelle. Alle im DXF-Format enthaltenen Linienzüge werden beim Datenimport automatisch in diese Splines umgewandelt und können daraufhin weiterbearbeitet werden.

Man könnte also die exakten 2D-Linienkonstruktionen eines Grundrisses aus dem CAD exportieren und in Cinema 4D zur Modellierung verwenden.

Beachten Sie hierbei, dass in den DXF-Importeinstellungen von Cinema 4D die Option „2D-Elemente" aktiviert sein muss, damit die Linien eingelesen werden.

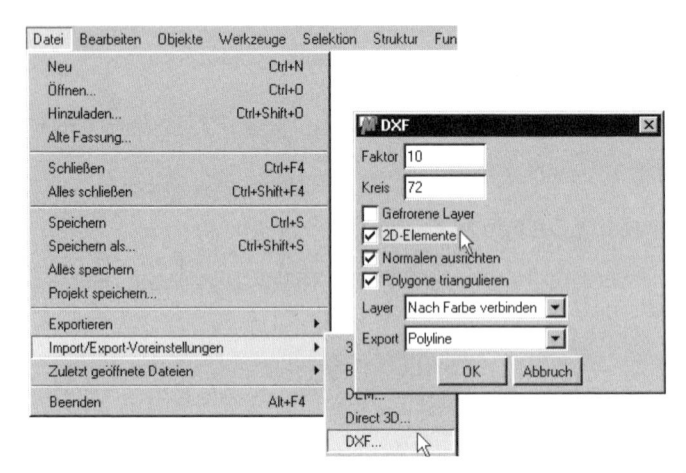

Abbildung 1.8: Aktivieren der Option „2D-Elemente" in den DXF-Import/Export-Voreinstellungen

Bei diesem Importversuch kommen also sowohl die Flächenkörper als auch die 2D-Elemente in Cinema 4D unverändert an. Das Volumenmodell wurde allerdings vom Import komplett ausgeschlossen.

Die einzelnen Objekte werden daraufhin in Cinema 4D sehr übersichtlich in der Dateiverwaltung (Objekt-Manager) aufgelistet. Es entsteht eine Gruppe mit dem Namen der ursprünglichen Exportdatei, worin sich das Flächenmodell und eine weitere Gruppe mit allen zweidimensionalen Linien und Kurven (jetzt Splines) befinden.

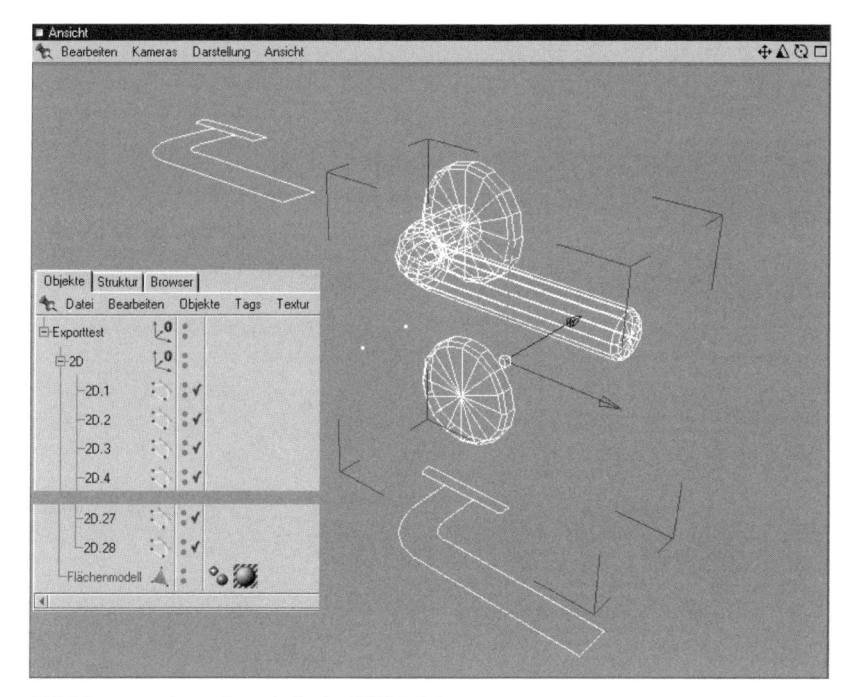

Abbildung 1.9: Importergebnis der DXF-Datei

Die Oberflächeninformationen bezüglich der Texturierung des Ausgangsobjekts werden im DXF-Format auch übernommen.

1.3.2 3DS (3D Studio)

Das für 3D Studio entwickelte Format „3DS" ist ein relativ flexibles bzw. zuverlässiges Datenformat und zeichnet sich vor allem durch den schnellen Konvertierungsvorgang aus.

Aber auch hier gilt: Die Zielsoftware muss die einzelnen Objekte erkennen.

Dies ist mit dem 3DS-Format jedoch wesentlich wahrscheinlicher, weil in erster Linie das Problem der Volumenkörper entfällt. Alle Volumenkörper werden vom Exportfilter „3DS" in einzelne Flächen zerlegt, so dass jene Programme ohne integrierte Volumenfunktion diese Objekte als Flächenkörper einlesen können. Der Unterteilungsgrad, mit dem die Volumenkörper zerlegt werden, lässt sich je nach Software benutzerspezifisch einstellen.

Eine sehr rationelle Vorgehensweise beim Export von vielen identischen Körpern ist hierbei das Exportieren mit unterschiedlich vielen Polygonen. Hat man beispielsweise eine Szene aus einem Großraumbüro, wo sich lediglich einzelne Arbeitsplätze im näheren Sichtbereich befinden, so empfiehlt es sich, einen Arbeitsplatz als Volumenkörper zu erstellen und anschließend in mehreren unterschiedlichen Qualitäten zu exportieren.

Auf diese Art und Weise können Objekte mit weniger Polygonen in den Hintergrund der Visualisierung gerückt werden und somit lassen sich große Mengen an Speicherplatz sparen.

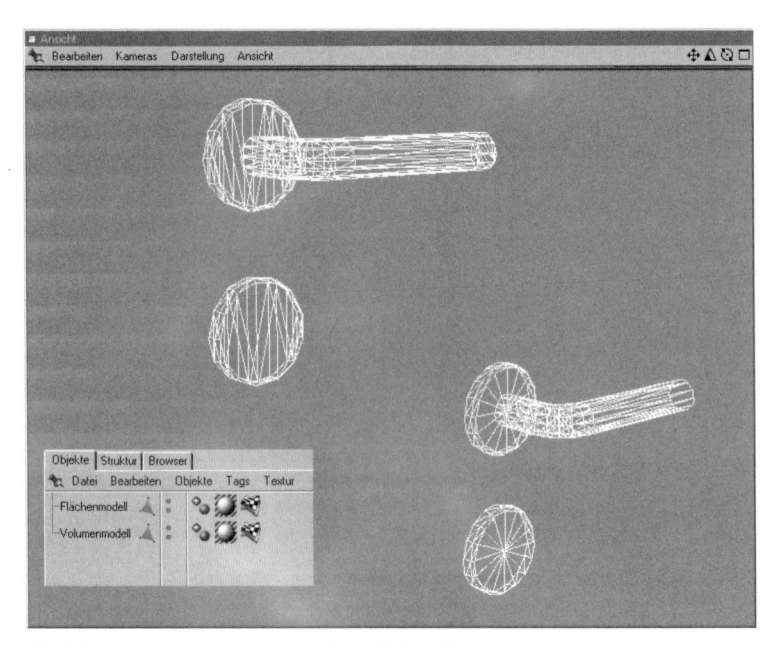

Abbildung 1.10: Importergebnis der 3DS-Datei

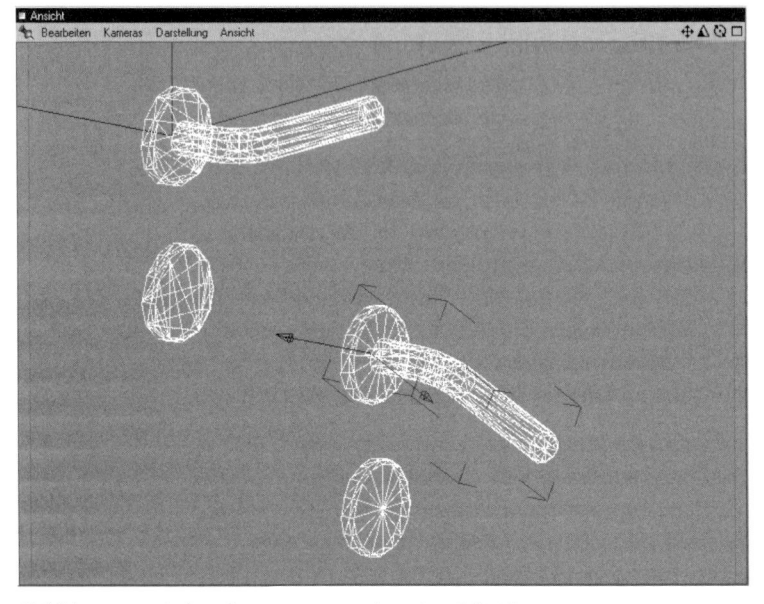

Abbildung 1.11: Animationsspuren werden ebenfalls übernommen

Das Importergebnis zeigt jetzt beide Objekte an. Auffällig ist zunächst die unterschiedliche Polygonverteilung der Türgriffe. Hier wird deutlich sichtbar, dass die Zerteilung des ursprünglichen Volumenkörpers keinem direkt beeinflussbarem Schema unterliegt.

Die Kehrseite dieser Medaille ist allerdings, dass das 3DS-Format keinerlei zweidimensionale Objekte beinhaltet.
Durchaus bemerkenswert ist aber, dass das 3DS-Format neben den Materialien auch Animationsspuren konvertiert und diese direkt in Cinema 4D weiterbearbeitet werden können.

1.3.3 Bildformate

Für Texturen und Hintergründe sind Pixelbilder von unbestreitbarer Notwendigkeit. Neben dem Bildmaterial, welches auf der Installations-CD von Cinema 4D mitgeliefert wird, gibt es zahlreiche Internet-Seiten, auf welchen die verschiedensten Texturen oder Hintergrundbilder zum kostenlosen Download angeboten werden.

Eine Liste einiger dieser Anbieter erhalten Sie über die Links der Maxon-Homepage (www.maxon.de).

Grundsätzlich lässt sich jedes Pixelbild in Cinema 4D als Textur verwenden. Sie könnten beispielsweise ein beliebiges Material fotografieren oder einscannen und daraufhin als Mapping auf ein 3D-Modell projizieren.

Zu beachten ist jedoch, dass die Größe und die Auflösung der Bilddatei Ihrer Anwendung angepasst sein müssen und weder die Rechengeschwindigkeit Ihres Computers noch die Qualität Ihres Renderings herabsetzen.

JPEG (Joint Photography Experts Group)

Dieses Dateiformat verwendet eine frei konfigurierbare Komprimierungsmethode, bei welcher je nach Komprimierungsstärke eine Qualitätsminderung an der Bilddatei auftritt. Allerdings werden die Qualitätsverluste erst ab einem mittleren Komprimierungsgrad sichtbar und daher ist dieses Format für Texturen durchaus geeignet.

Die Bilddateien sind bei kaum bemerkbarer Qualitätsminderung etwa um 90% kleiner als das TIFF-Format. Wer also bei der Arbeit mit Cinema 4D möglichst kurze Ladezeiten wünscht, für den sind Texturen im JPEG-Format unumgänglich. Wer andererseits auf qualitativ hochwertige Bilddaten Wert legt, der landet meist bei einer Texturbibliothek im TIFF-Format.

TIFF (Tagged Image File Format)

Hierbei handelt es sich um ein relativ speicherbelastendes Format, weil bei der Erstellung keine Dateikomprimierung durchgeführt wird. Allerdings liegen die Daten auch ohne jeglichen Verlust an Qualität vor. In Cinema 4D eignet sich die Verwendung dieses Formats vor allem für hochwertige Hintergrundbilder und für Texturen, welche nahe im Blickfeld liegen.

Was aber die Render-Ausgabe von Cinema 4D betrifft, so ist es nur ratsam, die Ergebnisse als TIFF-Dateien abzuspeichern, um die originalen Renderings in der besten Qualität zu archivieren.

GIF (Compuserve Graphics Interchange Format)
Eine GIF-Datei unterliegt einer sehr starken Komprimierung und wird daher oft für Bilder im Internet und in Mailboxen eingesetzt. Ein GIF-Bild kann aber nur mit 256 Farben gespeichert werden. Ein nützliches Einsatzgebiet von GIF-Dateien ist unter Cinema 4D die Verwendung von Schwarzweißtexturen. Dort kann man sehr gute Ergebnisse mit einer kleinen Speicherbelegung erzielen.

BMP (Windows Bitmap Format)
Dieses Format erzeugt bei einer wählbaren Farbtiefe sehr große Dateien, ist qualitativ sehr hochwertig, aber dafür auch schlecht zu komprimieren. Das BMP-Format unterstützt keinen Alpha-Kanal und ist daher vor allem für Bildmischungen und Animationen weniger geeignet.

1.4 CAD-Datenexport

In erster Linie ist eine gut strukturierte CAD-Datei die Ausgangsbasis für einen erfolgreichen Import in Cinema 4D. Ausgehend davon, dass die zu visualisierende Szene unabhängig von der zweidimensionalen Planung erstellt wurde, gibt es besonders bezüglich der Verwaltung von Zeichenebenen wesentliche Faktoren, die zu einer einfach zu handhabenden Importdatei führen. Diese Zeichenebenen werden in den einzelnen CAD-Programmen unterschiedlich benannt. Während AutoCAD hierbei von Layern spricht, werden die Zeichenebenen in Nemetschek Allplan FT als „Teilbilder" und in ArchiCAD als „Ebenen" tituliert. Wir beschränken uns in diesem Kapitel zur Vereinfachung auf den Ausdruck „Ebenen".

1.4.1 Visualisierung

Angenommen, Sie legen jedes Objekt in Ihrer CAD-3D-Planung auf eine separate Ebene, so könnten Sie nach dem Datenexport in der Visualisierungs-Software auch jedes Einzelteil separat animieren oder texturieren. Würden Sie aber alle 3D-Elemente zusammen auf eine Ebene legen oder mit einer einheitlichen Linienfarbe versehen, dann erhielten Sie nach dem Import in Cinema 4D zwar alle Ihre 3D-Objekte, hätten aber keinen Zugriff mehr auf die jeweiligen Einzelteile. Die hinzugeladenen Elemente würden als ein Körper interpretiert und könnten folglich nicht mit unterschiedlichen Materialien versehen oder animiert werden.

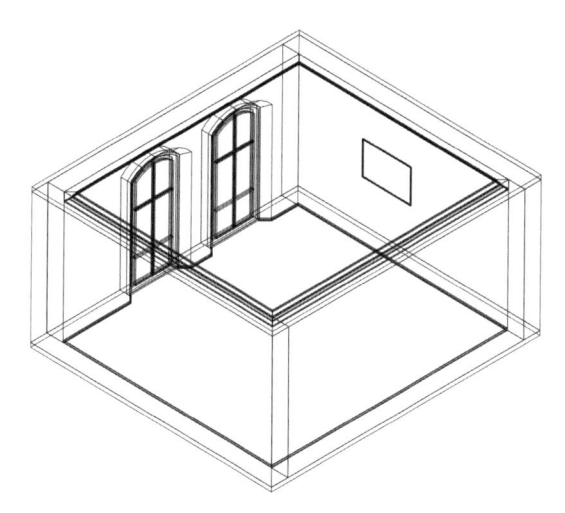

Abbildung 1.12: Beispielmodell anhand des 3D-Modells von Übung 7

Man sollte sich also vorher darüber im Klaren sein, was mit den 3D-Objekten in Cinema 4D passieren soll. Betrachten Sie die obere Abbildung: Sie haben in dieser CAD-Datei vier Wandstücke vorliegen und alle Wandstücke sollten letztendlich die gleiche Oberfläche in der Visualisierung erhalten.

Es gäbe nun die Möglichkeit, alle vier Wände auf separate Ebenen innerhalb der CAD-Software zu legen und sie daraufhin gemeinsam zu exportieren. In Cinema 4D würden vier Objekte eingefügt, welche alle separat zu erfassen sind.

Das macht jedoch nicht allzuviel Sinn, wenn diese Elemente weder animiert noch unterschiedlich texturiert werden. Ganz im Gegenteil, es kostet Zeit.

Der bessere Weg ist es, in der CAD-Software alle Elemente, welche die gleichen optischen Eigenschaften besitzen sollen, auf ein und dieselbe Ebene zu legen. Der erste Vorteil ist, dass Sie eine überschaubare Anzahl an Zeichenebenen in Ihrer CAD-Planung haben und der andere Vorteil besteht darin, dass Sie nicht für jedes einzelne Element in Cinema 4D eine Textur vergeben müssen.

Abbildung 1.13: Beispiel der Ebenenverwaltung von Übung 7

Legen Sie daher nur die Elemente, welche sich bezüglich ihrer Materialeigenschaften nicht unterscheiden sollen, auf die gleiche Ebene, z.B. alle Fensterscheiben in einer 3D-Planung auf die Ebene „Fenster_Glas".

1.4.2 Animation

Wenn dieser Raum nun über zwei Türen verfügt und in einer Animation sich eine der beiden Türen öffnen soll, dann müssten zumindest die Türflügel jeweils auf einer gesonderte Ebene abgelegt werden, damit sie als einzeln greifbare Elemente in Cinema 4D vorliegen. Die beiden Türrahmen würden in einer Animation nicht bewegt werden und können daher auf einer gemeinsamen Ebene liegen. Ist an jeder Türe hingegen ein Griff montiert, dann sollten diese wiederum durch Ebenen getrennt werden.

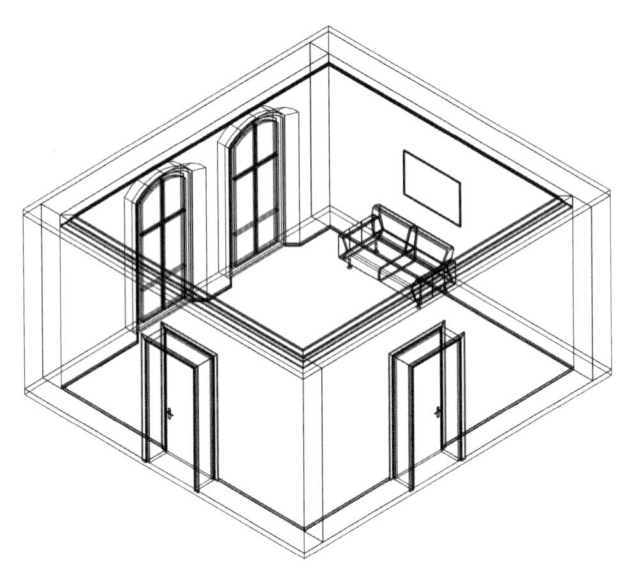

Abbildung 1.14: Animierte Elemente wie z.B. Türen müssen auf eine eigene Ebene gelegt werden

Abbildung 1.15: Ebenenverteilung im Falle einer animierten Türe

Man muss sich also abgesehen von der Materialvergabe auch über die Funktion der Elemente im Klaren sein.

1.4.3 Allgemeine Exportkriterien

Es ist nicht verbindlich, dass zur Trennung der jeweiligen Objekte unterschiedliche Ebenen nötig sind, sondern es gibt im Allgemeinen drei Wege, um die Objekte wäh-

rend des Datenexports auseinander zu halten. Die einzelnen Kriterien müssen jedoch beim Datenexport im jeweiligen Eingabefeld angegeben werden.
① Verschiedene Ebenen
② Verschiedene Linienfarben
③ Verschiedene Materialzuweisungen innerhalb der CAD-Zeichnung

Diese Kriterien lassen eine Trennung der jeweiligen Objekte zu. Wenn Sie also beispielsweise eine Zeichenebene für alle Türflügel wählen, dann können Sie diejenige Tür, welche sich letztendlich von den anderen durch Animierbarkeit unterscheiden soll, mit einer anderen Linienfarbe in Ihrer CAD-Zeichnung versehen.

Der letzte Weg führt über die Materialien der Objekte. Je nach CAD-Software können bereits während der Konstruktionsphase verschiedene Materialien für die 3D-Körper vergeben werden. Egal welche Materialien dort zum Einsatz kommen, beim Datenexport werden unter dieser Angabe im Dialogfenster die Elemente getrennt exportiert.

1.4.4 Nachträgliches Einfügen von Objekten

Es empfiehlt sich oftmals, den Datenexport in einzelnen Schritten durchzuführen und aus Gründen der Datenmenge nicht alle Objekte auf einmal auszuschreiben. Wenn man beispielsweise die oben aufgeführte Szene nach Cinema 4D exportiert, dann müssen noch einige Elemente (Sessel ...) nachgereicht werden.

Das passiert auf relativ unkomplizierte Art und Weise, weil alle 3D-Objekte die Information enthalten, wie weit sie vom absoluten Nullpunkt der CAD-Zeichenfläche entfernt sind. Cinema 4D orientiert sich somit an diesen Nullpunktabständen und fügt die Objekte in genau dieser Entfernung zu seinem eigenen Ursprungspunkt in der Zeichenfläche ein.

Abbildung 1.16: Ergebnis der CAD-Datei nach Texturierung und Beleuchtung in Cinema 4D (Übung 7)

Wird daher ein Objekt nachträglich aus der CAD-Datei exportiert oder nachträglich in der CAD-Software erstellt und daraufhin exportiert, dann wird es an der entsprechenden Position in Cinema 4D eingefügt.

Folglich gilt:

① Alle 2D- und 3D-Objekte tragen die Abstandsinformation zum absoluten Nullpunkt.
② Cinema 4D setzt diese Objekte relativ zu seinem Ursprungspunkt ein.
③ Alle nachgereichten Elemente landen an der richtigen Position.

1.4.5 Glättungswinkel

Da alle 3D-Elemente aus einzelnen Flächen bestehen, würden sich auch bei noch so stark unterteilten Rundungen letztendlich polygonale Kanten abbilden. Man kann daher beim Datenexport einen Winkelwert angeben, welcher alle Flächen, die diesen Wert unterschreiten, in Cinema 4D mit einer Schattierung überzieht.

Abbildung 1.17: Auswirkungen des Glättungswinkels

Die meisten CAD-Programme erledigen das von selbst, indem der Computer die jeweiligen Flächen, welche sich in einer geringen Neigung zueinander befinden, als „rund" interpretiert. Betrachten Sie bei den zwei abgebildeten Kugeln nun den Umriss. Dieser Glättungswinkel beeinflusst nur die Oberfläche und nicht die Kontur der Objekte. Sollte hier ein glatterer Umriss gewünscht werden, so müssen in der CAD-Software mehr Flächen beigefügt werden.

1.5 Export Nemetschek Allplan FT V16

Die Nemetschek AG ist seit Januar 2000 zu 70% Teilhaber an der Firma Maxon und bietet seitdem Cinema 4D als Aufbaustufe für ihre Planungssoftware an.

Es ist daher nicht verwunderlich, dass die Nemetschek AG ihren Anwendern den Datenaustausch so komfortabel wie möglich gestalten wollte und in Allplan FT V16 eine Schnittstelle für Cinema 4D implementierte. Mit dieser Schnittstelle exportieren Sie Ihre Planungen direkt im Dateiformat von Cinema 4D und können alle Einstellungen wie Materialien, Lichter oder Animationsspuren aus Allplan FT übernehmen.

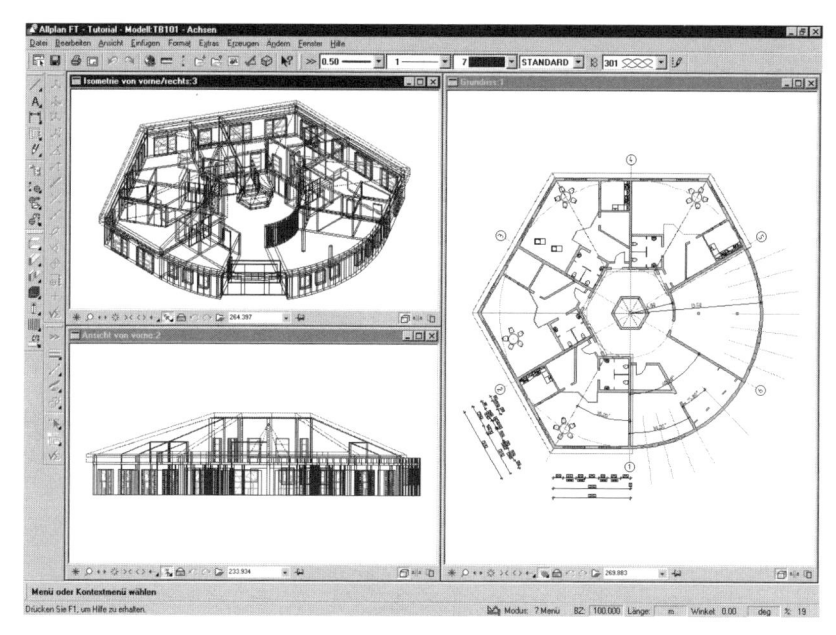

Abbildung 1.18: Nemetschek Allplan FT Planungsbeispiel

1.5.1 Datenstruktur für den Export

Um mit dieser Schnittstelle sowohl den Anforderungen der Visualisierung als auch der Animation gerecht zu werden, wurde darauf geachtet, dass nach dem Datenaustausch jedes einzelne Element in Cinema 4D separat greifbar vorliegt. Damit die Objektverwaltung von Cinema 4D bei dieser Fülle an verschiedenen 3D-Elementen auch noch gut zu handhaben ist, findet beim Datenimport automatisch eine übersichtliche Gruppierung statt.

Die Einteilung der Elemente orientiert sich dabei an den in Allplan FT angelegten Teilbildern.

So befinden sich beispielsweise in der Gruppe „TB 202 – Architektur EG" alle Wände, Fenster und Türen, welche ursprünglich auf diesem Teilbild eingesetzt wurden.

Damit Sie in Cinema 4D für die anschließende Texturierung nicht jede Wand oder Decke einzeln bearbeiten müssen, sollten Sie allen Elementen mit gleicher Oberflächenbeschaffenheit eine gemeinsame Stiftfarbe zuweisen.

Sie können darüber hinaus auch schon im Vorfeld Texturen und Materialeigenschaften definieren, indem Sie in Allplan FT die Stiftfarben mit den besagten Attributen versehen. Rufen Sie dafür das Dialogfenster „Oberfläche zuordnen" im Menü „Ändern\Visualisierung\Animation" auf.

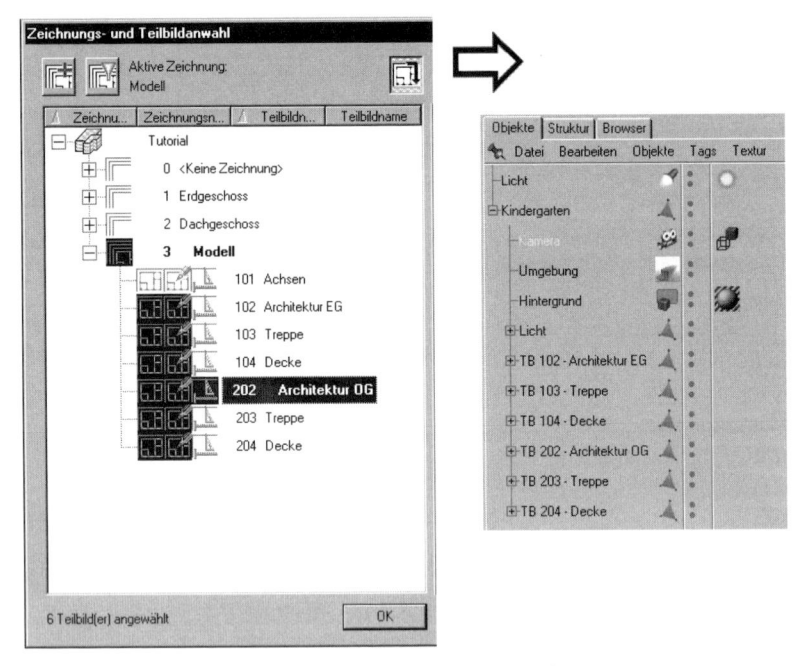

Abbildung 1.19: Hauptgruppen entstehen durch die Teilbilder

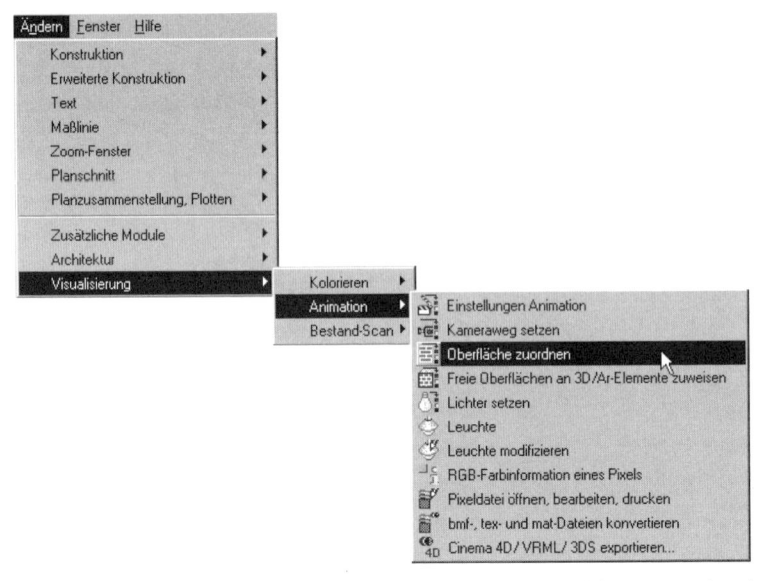

Abbildung 1.20: Vergeben Sie unterschiedliche Stiftfarben und die entsprechenden Materialien

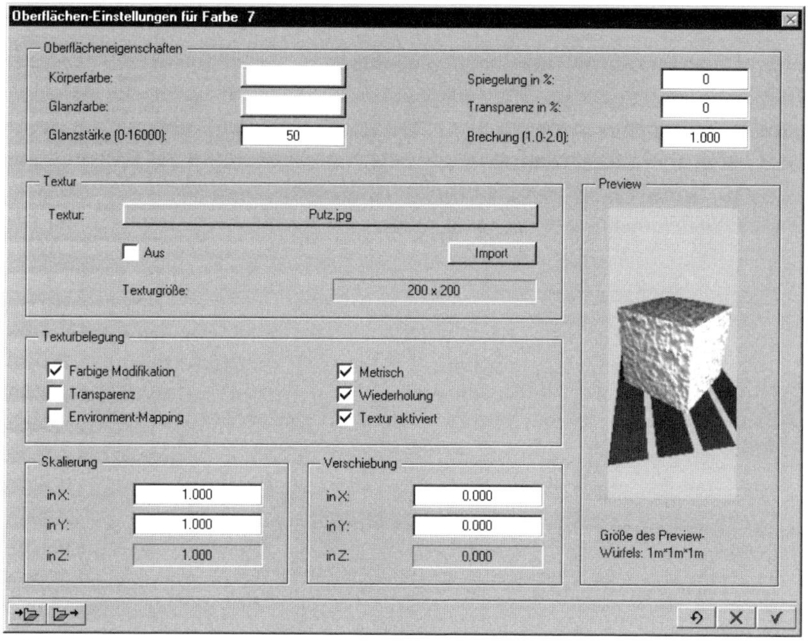

Abbildung 1.21: Dialogfenster „Oberflächen-Einstellungen für Farbe 7"

Bei der anschließenden Texturierung in Cinema 4D verändern Sie lediglich das entsprechend vorliegende Material und die verknüpften Elemente erhalten automatisch die neu eingestellten Parameter.

Der Datenexport erfolgt daraufhin über das Dateimenü.

Standardmäßig wird hier das Zielverzeichnis „Extern" im Verzeichnisbaum von Nemetschek Allplan angegeben. Sie sollten allerdings hierfür einen eigenen Ordner anlegen, da dieses Verzeichnis bei Datensicherungen häufig gelöscht wird.

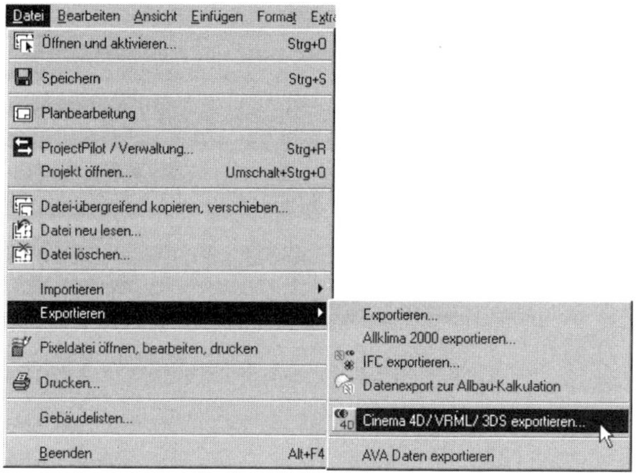

Abbildung 1.22: Export der Planung im Cinema 4D-Format

1.5.2 Voreinstellungen in Cinema 4D

Der Zeichnungsmaßstab von Cinema 4D bezieht sich auf Zentimeter, zumindest wenn man die von Cinema 4D angebotenen Licht- und Kameraobjekte mit dem importierten 3D-Modell vergleicht. Damit Sie die geladene Datei ohne permanentes Umrechnen der Maßeinheiten bequem weiterbearbeiten können, sollten Sie in Cinema 4D die Maßeinheit auf „Zentimeter" einstellen. Diese finden Sie in den Programm-Voreinstellungen der Datei-Menüleiste:

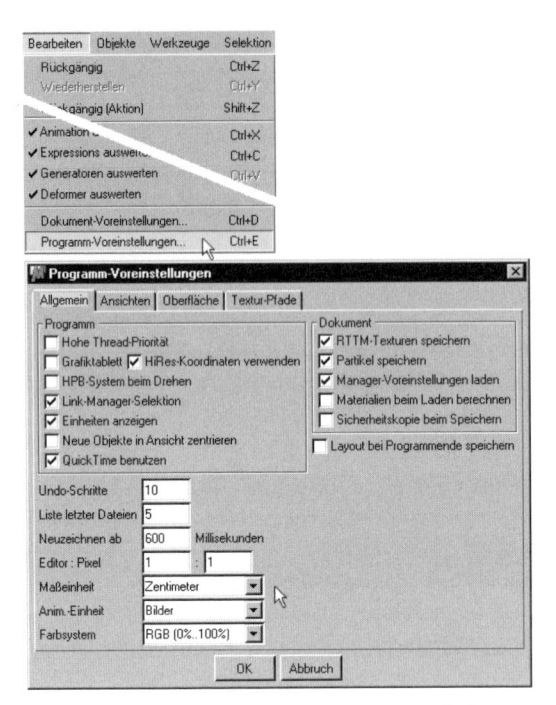

Abbildung 1.23: Einrichten der Zeichnungseinheiten

Sollten Sie bei Ihren Planungen Texturen verwenden, welche der Bibliothek von Nemetschek Allplan entspringen, dann können Sie im selben Dialogfenster auch gleich die Textur-Pfade definieren. Wählen Sie dafür das Registerblatt (Tab) „Textur-Pfade" und tragen Sie bei Pfad 1 den Allplan-Designpfad (...\nem\allplan\std\design) ein. Eine ausführliche Erläuterung der Einstellung von Textur-Pfaden lesen Sie bitte in Kapitel 2.1.12.

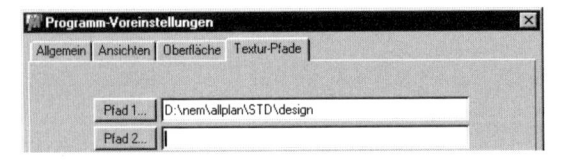

Abbildung 1.24: Definieren der Textur-Pfade

Um die Übungen der beiliegenden CD zu bearbeiten, sollten Sie zusätzlich Ihr CD-ROM-Laufwerk als Textur-Pfad definieren.

1.5.3 Import der C4D-Datei

Da Nemetschek Allplan FT die Exportdatei im Cinema 4D-Format abspeichert, können Sie diese direkt öffnen. Zusätzlich zu den Objektgruppen werden mehrere Lichtquellen, eine Kamera sowie ein Umgebungsobjekt und ein Bildhintergrund erzeugt. Sie können diese Objekte beibehalten oder neu definieren.

Wichtig ist nur, dass Sie die beiden Lichter, welche von Nordwesten und Nordosten strahlen, entweder näher an das 3D-Modell heranrücken oder unsichtbar machen („Ampelschalter", Kapitel 2.1.5), da ansonsten die Zeichenfläche beim Überblicken der Szene zu groß erscheint.

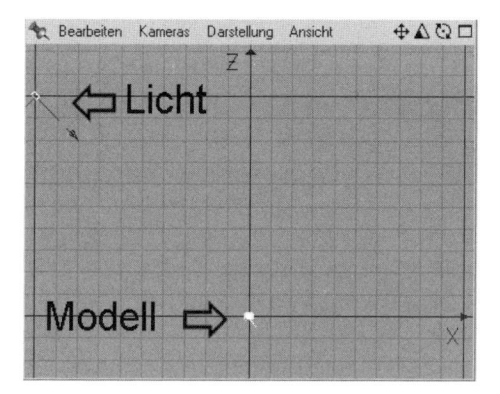

Abbildung 1.25: Feinheiten im Modell sind so nur schwer zu erkennen

Richten Sie daraufhin Ihre Perspektive ein, vergeben Sie Materialien und beleuchten Sie Ihre Szene wie in den folgenden Kapiteln geschildert.

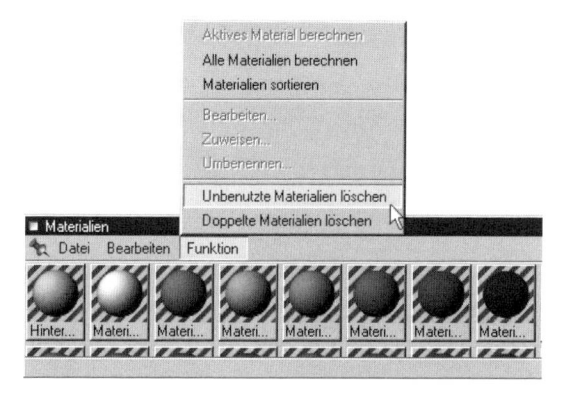

Abbildung 1.26: Bereinigen des Material-Managers

Beim Datenimport in Cinema 4D werden neben eines Hintergrundmaterials alle 30 Standardmaterialien von Nemetschek Allplan eingelesen. Damit Sie einen besseren Überblick über die in Ihrer Planung vergebenen Materialien erhalten, sollten Sie mit der Funktion „Unbenutzte Materialien löschen" ihren Material-Manager in Cinema 4D bereinigen. Sie finden den entsprechenden Befehl in der Menüleiste des Material-Managers unter „Funktion".

Anschließend können Sie allen Elementen, die in Nemetschek Allplan mit der gleichen Stiftfarbe versehen wurden, neue Materialeigenschaften zuweisen.

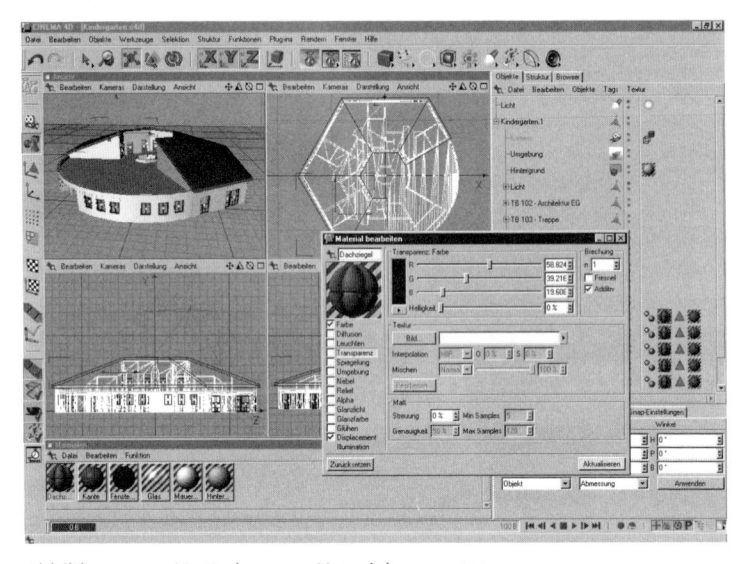

Abbildung 1.27: Verändern von Materialparametern

Abbildung 1.28: Ergebnis der importierten Allplan FT-Datei

1.6 Export AutoCAD 2000

Zunächst sollten Sie alle Objekte, welche in Cinema 4D separat greifbar sein sollen, auf unterschiedliche Layer legen. Diese Elemente werden nach dem Export im Objekt-Manager von Cinema 4D einzeln aufgeführt.

Berücksichtigen Sie hierbei auch all jene Objekte, welche sich innerhalb einer Animation bewegen, und richten Sie dafür eigene Layer ein.

Wird unter AutoCAD mit Flächenkörpern gearbeitet, so kann über den DXF-Export kein Fehler in der Geometrie der Objekte auftreten. Werden jedoch Volumenkörper verwendet, so empfiehlt es sich dringend, einen kontrollierten 3DS-Export vorzunehmen, welcher die Volumenkörper in einzelne Flächen zerlegt.

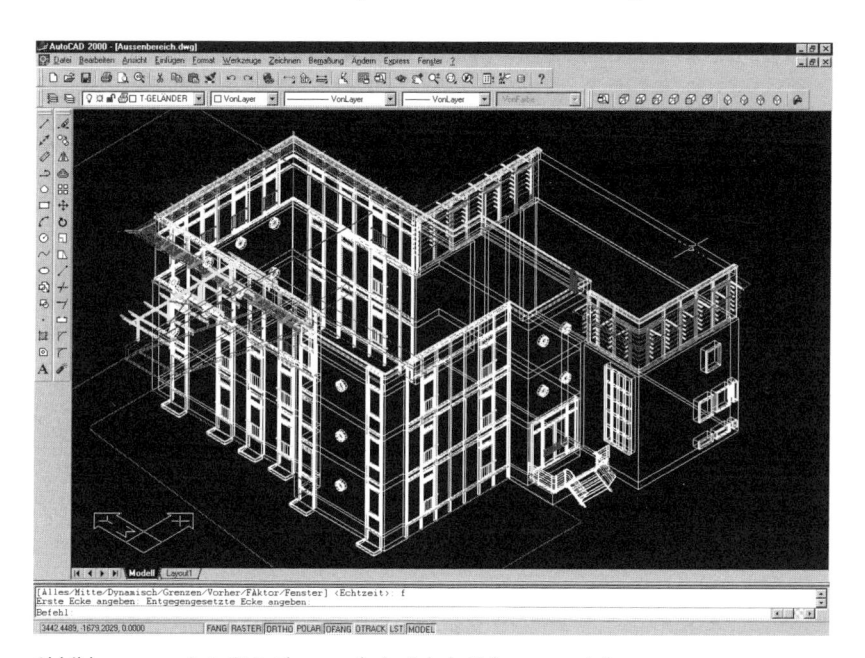

Abbildung 1.29: AutoCAD-Planungsbeispiel als Volumenmodell

1.6.1 Exportvorbereitungen

Vor dem 3DS-Export lässt sich relativ genau festlegen, wie stark die Volumenkörper facettiert werden.

Öffnen Sie dafür das AutoCAD-Optionsfenster, indem Sie in der Menüleiste „Werkzeuge\Optionen" und im daraufhin erscheinenden Fenster die Karteikarte „Anzeige" auswählen.

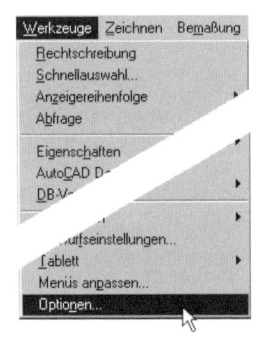

Abbildung 1.30: Aufrufen der Programmoptionen

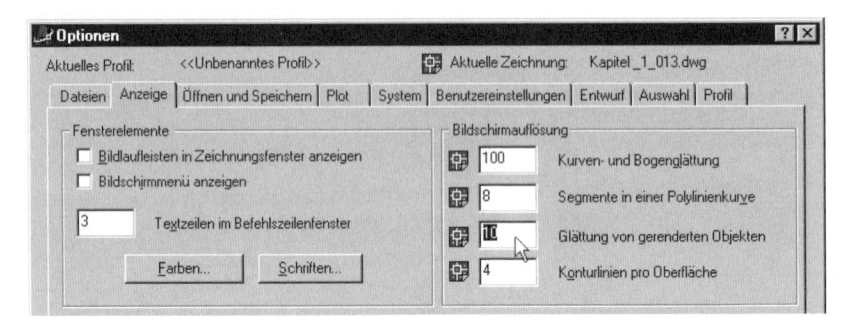

Abbildung 1.31: Eingabe der Unterteilungswerte

Im Feld „Glättung von gerenderten Objekten" steht voreingestellt der Wert von 0.5! Je höher dieser Wert liegt (maximal 10), desto feiner werden die Volumenkörper an den Rundungen in einzelne Flächen unterteilt. Sie haben daher an dieser Stelle die Möglichkeit abzuwägen, welche Objekte Sie mit einer großen Anzahl an Polygonen ausstatten und welche nicht.

Abbildung 1.32: Von links nach rechts: Faktor 0.5, Faktor 5 und Faktor 10

Objekte, die nahe an die Kamera heranrücken, sollten über eine entsprechend hohe Polygonanzahl verfügen (Wert 8 bis 10) und all jene 3D-Körper, die weit entfernt im Bildhintergrund liegen, könnten bei einem späteren Exportvorgang mit weniger Polygonen versehen werden (0.5 bis 5). Denken Sie daran, dass die Polygonanzahl Ihren Arbeitsspeicher entscheidend beeinflusst und man über den Glättungswinkel so manche geometrische Unebenheit ohne Speicherbelastung beheben kann.

Beim 3DS-Datenexport erscheint anschließend das folgende Dialogfenster:

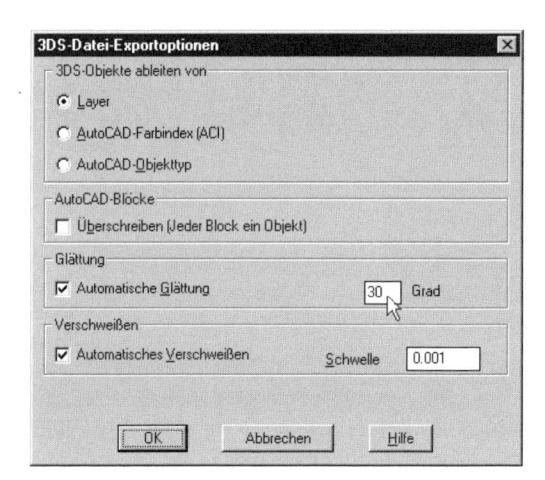

Abbildung 1.33: Dialogfenster des 3DS-Datenexports

Geben Sie hier an, ob Sie die Objekte nach Layern oder Farben exportieren möchten (ich empfehle hier die Auswahl "Layer"). Als dritte Alternative stehen in AutoCAD auch die Objekttypen zur Verfügung.

Im Feld "Glättung" tritt nun der in Kapitel 1.4.5 angesprochene Glättungswinkel auf, welcher hier bei 30° liegt. Alle Flächen, die gegeneinander in einer Neigung von unter 30° liegen, werden mit der Rundungsinformation behaftet.

Bestätigen Sie das Dialogfenster mit "OK" und öffnen Sie anschließend Cinema 4D.

1.6.2 3DS-Importfaktor von Cinema 4D

Der Zeichnungsmaßstab von Cinema 4D bezieht sich auf Zentimeter, zumindest wenn man die von Cinema 4D angebotenen Licht- und Kameraobjekte mit dem importierten 3D-Modell aus dem CAD vergleicht.

Wenn Sie also Ihre in Metern gezeichnete Datei nach Cinema 4D importieren, sollten Sie den Importfaktor auf 100% vergrößern. Die Zeichnung erfährt keine weiteren Änderungen und nachträglich importierte Objekte werden automatisch angepasst.

Wählen Sie dafür in der Datei-Menüleiste von Cinema 4D unter „Datei\Import/Export-Voreinstellungen" den Befehl „3D Studio R4".

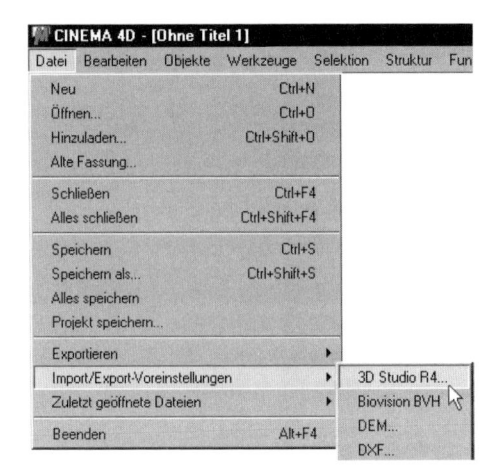

Abbildung 1.34: Import/Export Voreinstellungen von Cinema 4D

Tragen Sie nun im Dialogfenster des 3DS-Imports den Faktor 100 ein und bestätigen Sie mit „OK". Diese Voreinstellung wird mit der Zeichnung abgespeichert. Wenn Sie also in einer weiteren Sitzung diese Datei öffnen und weitere Objekte aus Ihrer CAD-Zeichnung hinzufügen, werden diese automatisch auf den gewünschten Faktor skaliert.

Abbildung 1.35: Erhöhen des Importfaktors für Ihre CAD-Datei

Jetzt haben Sie die Möglichkeit, die 3DS-Datei mit der Funktion „Datei\Öffnen..." in Cinema 4D zu importieren. Sie können aber auch einen Datenimport in Einzelschritten vornehmen, indem Sie im CAD einzelne 3DS-Daten von unterschiedlichen Objekten erzeugen und diese anschließend mit der Funktion „Datei\Hinzuladen..." nacheinander einladen.

Da auch hier die ursprüngliche CAD-Maßeinheit um das Hundertfache vergrößert wird, muss unter den Programm-Voreinstellungen in Cinema 4D die Maßeinheit auf „Zentimeter" gesetzt werden (siehe Kapitel 1.5.2).

Abbildung 1.36: Ergebnis der aus AutoCAD exportierten Beispieldatei

1.7 Export ArchiCAD

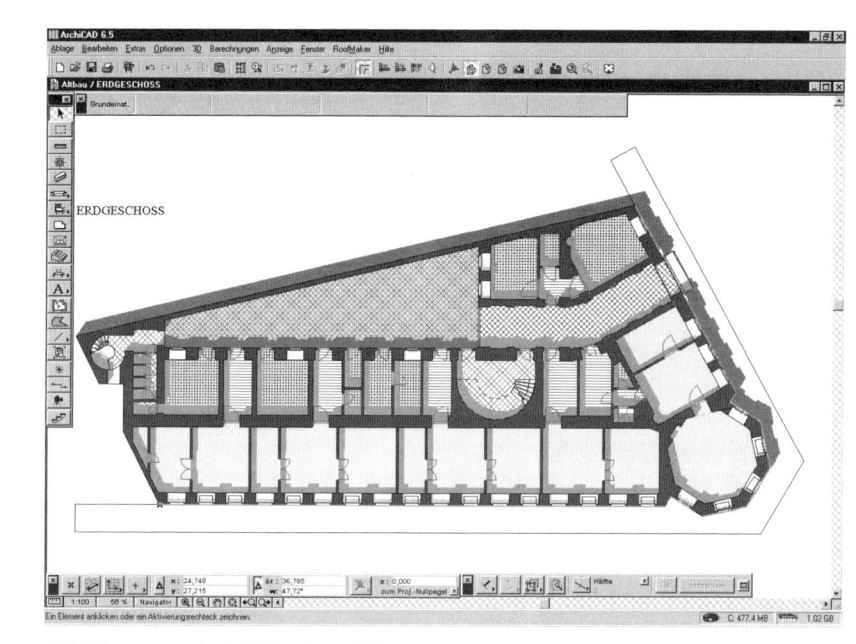

Abbildung 1.37: ArchiCAD, 2D-Ansicht

Die nach meiner Erfahrung beste Exportmöglichkeit unter ArchiCAD bietet das WaveFront-Datenformat „OBJ". Beachten Sie hierbei, dass Sie Ihr Projekt zuerst unter ArchiCAD PLJ abspeichern müssen, bevor Sie die Datei exportieren können.

1.7.1 Exportvorbereitungen

Wählen Sie als Erstes aus der Datei-Menüleiste die Funktion „Speichern unter..." und sichern Sie Ihre Zeichnung.

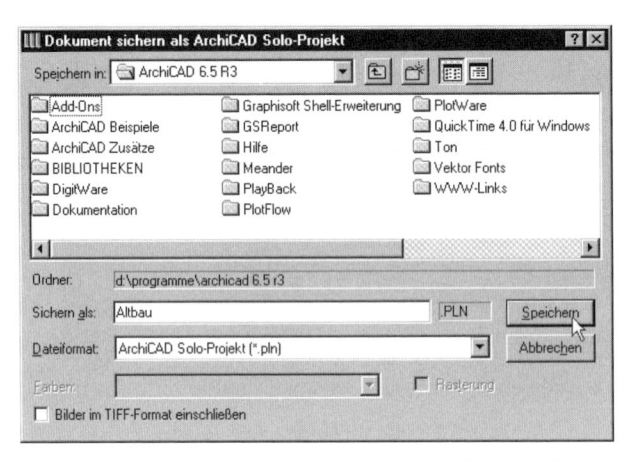

Abbildung 1.38: Das Projekt muss zuerst gespeichert werden, bevor der Datenexport vorgenommen wird

Sie werden bemerken, dass derzeit nur einige wenige Exportfilter vorhanden sind. Um die Auswahl unter den gesamten Austauschformaten zu erhalten, muss in ArchiCAD das 3D-Fenster geöffnet werden. Klicken Sie daher in der Menüleiste auf die Rubrik „3D" und wählen Sie anschließend eine beliebige Darstellungsform, z.B. „Drahtmodell".

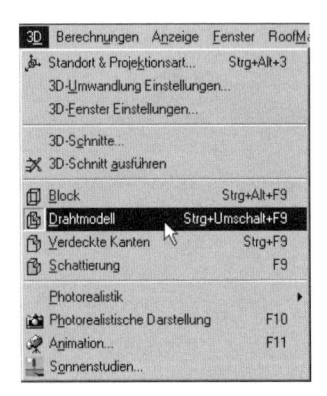

Abbildung 1.39: Umschalten in die 3D-Darstellung

Wenn daraufhin das 3D-Fenster erscheint, dann hat sich auch das Exportmenü um zahlreiche Formate erweitert. Das 3D-Fenster muss jedoch so lange geöffnet bleiben, bis der Exportvorgang abgeschlossen ist.

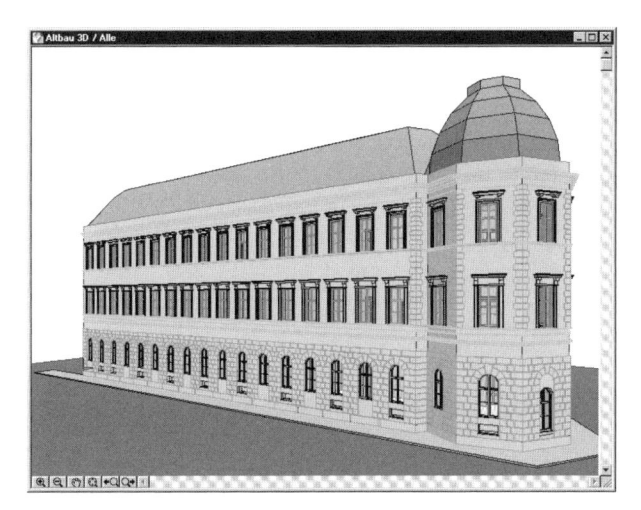

Abbildung 1.40: Das 3D-Fenster muss für den Datenexport geöffnet sein

Wählen Sie in der Datei-Menüleiste wieder den Befehl „Speichern unter..." und suchen Sie aus der Liste der Exportformate die WaveFront-Datei (*.obj) heraus.

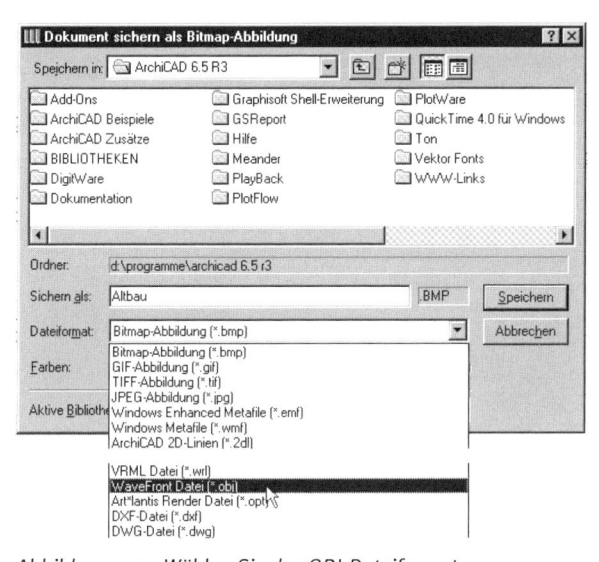

Abbildung 1.41: Wählen Sie das OBJ-Dateiformat

Wenn Sie Ihre Zeichnung sichern, erscheint ein weiteres Fenster, in welchem die ausschlaggebende Information über die Ausrichtung Ihrer Zeichnung festgelegt wird. In Cinema 4D zeigt die Y-Achse des Koordinatensystems räumlich nach oben. Da ArchiCAD sich hierbei anders verhält, muss eine Umorientierung angegeben werden. Klicken Sie hierfür das Kontrollkästchen für „Modell gedreht" an und bestätigen Sie mit „OK".

Sie haben jedoch keine Möglichkeit, die Polygonanzahl zu regulieren. ArchiCAD arbeitet mit GDL-unterstützten Flächenmodellen, welche voreingestellt über eine feste Anzahl von Polygonen verfügen.

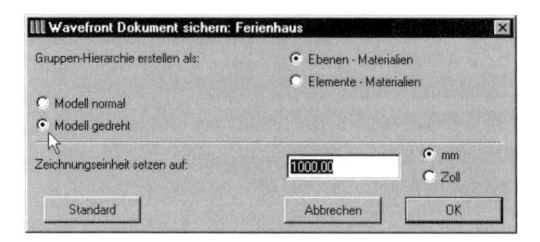

Abbildung 1.42: Aktivieren Sie den Schalter „Modell gedreht"

Bestätigen Sie das Dialogfenster abschließend mit „OK" und öffnen Sie Cinema 4D.

1.7.2 Wavefront-Importfaktor von Cinema 4D

Wie bereits beim AutoCAD-3DS-Export erwähnt, werden in Cinema 4D die Objekte (Lichter und Kameras) im Größenverhältnis von Zentimetern erstellt. Folglich wird Ihr 3D-Modell stark verkleinert eingefügt.

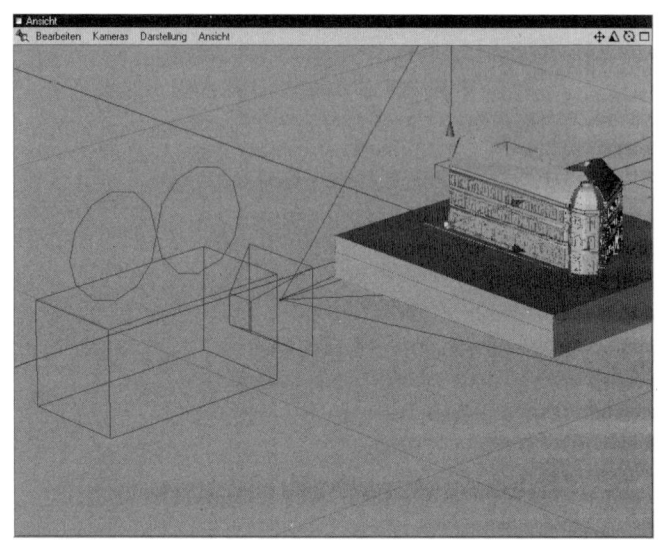

Abbildung 1.43: Das Haus ist etwas zu klein geraten, im Vergleich zur grün dargestellten Kamera

Um daher eine bequeme Weiterbearbeitung Ihrer in Metern gezeichneten Datei mit Cinema 4D zu gewährleisten, muss dort der Importfaktor um das Hundertfache erhöht werden.

Wählen Sie dafür in der Datei-Menüleiste von Cinema 4D unter „Datei\Import/Export-Voreinstellungen" den Befehl „Wavefront...".

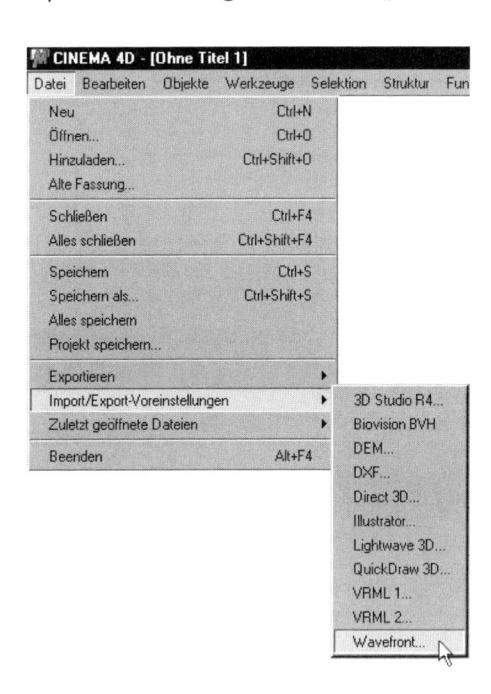

Abbildung 1.44: Öffnen der Import/Export-Voreinstellungen

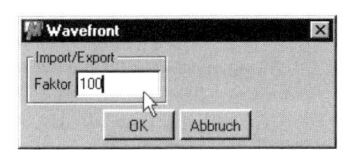

Abbildung 1.45: Stellen Sie den Importfaktor auf 100%

Erhöhen Sie nun den Importfaktor auf 100 und laden Sie die jeweilige Datei ein. Das 3D-Modell ist daraufhin in der passenden Größe zu Licht- und Kameraobjekten vorhanden. Beim nachträglichen Einlesen von Dateien aus Ihrer CAD-Zeichnung („Datei\Hinzuladen...") werden diese automatisch in die richtige Größe gebracht und an der jeweiligen Position eingesetzt.

Da auch hier die ursprüngliche CAD-Maßeinheit um das Hundertfache vergrößert wird, muss unter den Programm-Voreinstellungen in Cinema 4D die Maßeinheit auf „Zentimeter" gesetzt werden (siehe Kapitel 1.5.2).

Abbildung 1.46: Ergebnis der aus ArchiCAD exportierten Beispieldatei

1.8 Bäume im CAD

Da in allen vorigen Beispieldateien unterschiedliche Bäume abgebildet sind, erscheint mir diese Stelle des Buches am geeignetsten, um kurz die Erzeugung dieser Elemente anzusprechen.

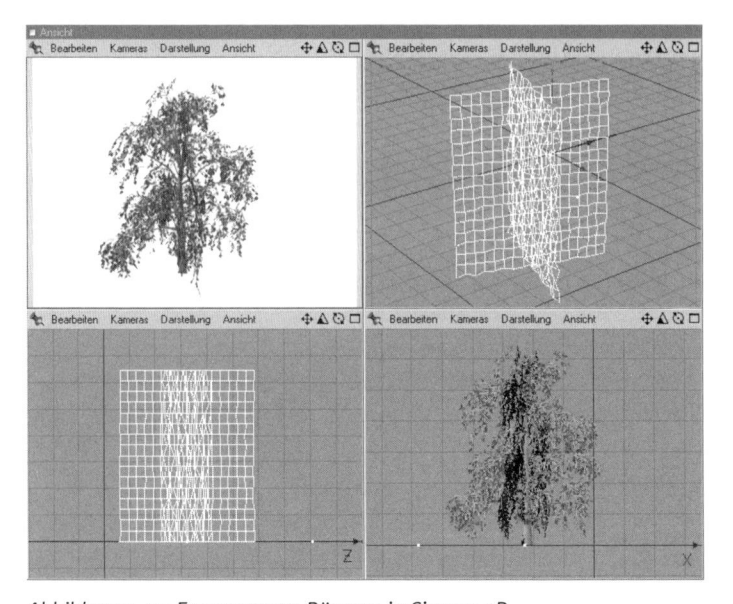

Abbildung 1.47: Erzeugen von Bäumen in Cinema 4D

Eine sehr einfache Methode stellt hierbei die Technik von zwei überkreuzten Flächen dar, auf welche das Pixelbild eines Baums gelegt wird. Zu beachten ist hierbei, dass sich das Bild des Baums auf einem weißen Hintergrund befindet, der mittels des Alpha-Kanals (Kapitel 3.2.5) ausgeblendet wird, und sich auf diese Weise die dahinter liegenden Objekte durch die Blätter hindurch abzeichnen.

Sie können eine große Auswahl dieser Flächen-Bäume kostenlos über die Maxon Homepage herunterladen. Folgen Sie dort den Links und besuchen Sie die Seite „Deepshade".

Darüber hinaus gibt es einige Anbieter von modellierten 3D-Bäumen, welche eigene Bibliotheken für Cinema 4D erstellt haben. Diese 3D-Bäume haben den Vorteil, dass Sie auch in der Draufsicht die Baumkrone erkennen können und sich nicht wie im oben abgebildeten Beispiel ein Flächenkreuz zeigt.

2 Cinema 4D

Die Softwareprodukte Cinema 4D ART und XL7 lassen sich überaus vielfältig nutzen. Ein Großteil ihrer Funktionen betrifft die 3D-Modellierung, andere dienen der fotorealistischen Texturierung bzw. Renderausgabe. Cinema 4D XL7 verfügt darüber hinaus über ein ausgiebiges Animationstool, welches komplexe Kamerafahrten oder Spezialeffekte ermöglicht.

Nutzt man Cinema 4D jedoch als Ergänzung zur betriebsinternen CAD-Umgebung, so kann man die ausgefeilten Modellierfunktionen getrost vernachlässigen, da meist millimetergenaue Konstruktionsdaten vorliegen, welche nur noch in Szene gesetzt werden müssen.

Für den geübten CAD-Anwender mag der Umgang mit Cinema 4D anfangs etwas befremdend sein, da sich die Objektverwaltung und die Obejtkbearbeitung weitgehend von den gewohnten CAD-Systemen unterscheiden. Deshalb werden Sie In diesem Kapitel so weit in die Benutzeroberfläche und das Navigationssystem von Cinema 4D eingeführt, dass die folgenden Punkte im weiteren Verlauf des Buches keine Schwierigkeiten mehr darstellen:

- Aufbau der Benutzeroberfläche
- Einrichten einer anwenderspezifischen Benutzeroberfläche
- Erstellen einer Texturbibliothek
- Verschieben, Skalieren und Drehen von Objekten
- Zoomfunktionen
- Umgang mit den Darstellungsmodi
- Rendern von Einzelbildern

Die einzelnen Funktionen von Cinema 4D werden innerhalb dieses Kapitels anhand eines Workshops aufgezeigt, der als Basis für die nachfolgende Texturierung dienen soll.

Da sich die Benutzeroberfläche von Cinema 4D ART bis auf geringfügige Abweichungen nicht gegenüber der von Cinema 4D XL7 unterscheidet, gelten die nachfolgenden Erläuterungen für beide Programmversionen.

2.1 Die Benutzeroberfläche

2.1.1 Einrichten der Managerfenster

Startet man Cinema 4D zum ersten Mal, so erscheint das Hauptfenster des Programms mit einer Vielzahl von einzelnen Fenstern, den so genannten „Managern".

48 2 – Cinema 4D

> Bemerkenswert ist an dieser Stelle, dass jedes der Managerfenster über eine eigene Menüleiste verfügt. Die zahlreichen Befehle von Cinema 4D sind mit diesem System bereits nach ihrer Funktionszugehörigkeit geordnet und daher leicht aufzufinden.

Die Manager können individuell und nach den gegebenen Anforderungen vergrößert, verschoben oder ausgeblendet werden.

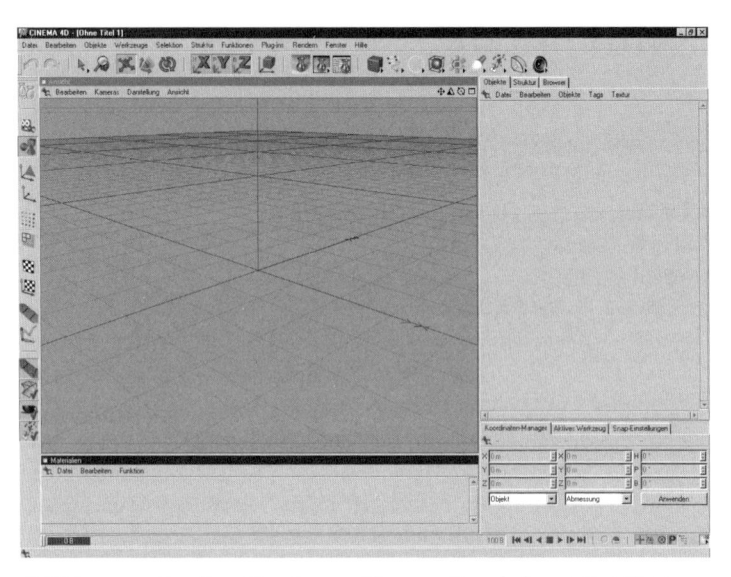

Abbildung 2.1: Das Hauptfenster von Cinema 4D nach dem ersten Start

Sie können die Benutzeroberfläche nach Ihren eigenen Bedürfnissen konfigurieren. Öffnen Sie in der Menüleiste des Hauptfensters das Menü „Bearbeiten" und daraufhin den Befehl „Programm-Voreinstellungen".

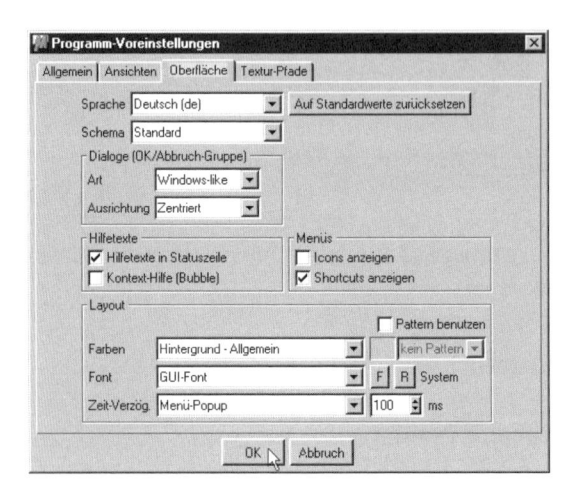

Abbildung 2.2: Dialogfenster der Programm-Voreinstellungen

Hier lassen sich neben den Farben oder Schriftarten Ihrer Benutzeroberfläche auch Textur-Pfade, Maßeinheiten oder die Anzahl der möglichen Undo-Schritte definieren. Die wichtigsten Einstellungen werden innerhalb der folgenden Kapitel erläutert.

Vergrößern der Manager

Beim ersten Start von Cinema 4D sind alle Manager innerhalb des Hauptfensters angedockt, so dass sich im Falle einer Größenänderung eines beliebigen Teils des Hauptfensters alle anderen Manager automatisch anpassen. Wenn Sie Ihren Mauszeiger auf den Rand eines Fensters bewegen, dann verwandelt sich dieser in Richtungspfeile. Bei gedrückter linker Maustaste lassen sich auf diese Weise die einzelnen Manager vergrößern.

Fenster entdocken

Um ein Fenster unabhängig von den anderen zu verändern oder bei einem Zweibildschirmbetrieb einen Manager auf einen anderen Monitor zu verschieben, muss das jeweilige Fenster gelöst werden. Klicken Sie dafür auf die kleine Pin-Nadel in der linken oberen Ecke des gewählten Fensters. Daraufhin erscheint ein Kontextmenü, mit dem Befehl „Entdocken", der das Fenster von den anderen löst.

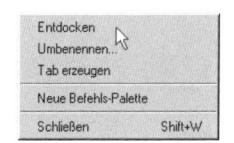

Abbildung 2.3: Fenster entdocken

Möchten Sie das losgelöste Fenster wieder an eine bestimmte Stelle andocken, so drücken Sie erneut das Pin-Symbol, halten die linke Maustaste gedrückt und setzen Sie es an einer beliebigen Kante eines anderen Managers ab.

2.1.2 Datei-Menüleiste

Abbildung 2.4: Datei-Menüleiste

In der Datei-Menüleiste, welche den oberen Abschluss des Hauptfensters darstellt, befinden sich alle Funktionen, welche zur Bearbeitung des jeweiligen 3D-Projekts notwendig sind. Deaktivierte Befehle werden in den einzelnen Menüs grau dargestellt, während die aktivierten Optionen mit einem Häkchen versehen sind.

Da in diesem Buch die zahlreichen Modellierungsbefehle von Cinema 4D nicht angewandt werden, möchte ich an dieser Stelle nur diejenigen Menüs vorstellen, welche für die Visualisierung und Animation von CAD-Daten notwendig sind:

Menü „Datei"

Erstellen Sie in diesem Menü neue Zeichnungen oder laden Sie neue 3D-Körper in Ihre Datei hinzu. Mit der Funktion „Alte Fassung..." können Sie zum letzten gespeicherten Stand Ihrer Zeichnung zurückkehren.

Interessant ist hierbei vor allem der Befehl „Projekt speichern...". Verwenden Sie in einer Cinema 4D-Zeichnung Texturen für Materialoberflächen, dann liegen diese lediglich als Verknüpfungen zu den jeweiligen Pixelbildern auf Ihrer Festplatte vor. Mit der Funktion „Projekt speichern..." wird zusätzlich zur Cinema 4D-Datei ein separater Texturordner (Tex)) erstellt, in welchen die verwendeten Pixelbilder hineinkopiert werden. Damit ist vor allem ein schneller und sicherer Datenaustausch mit anderen Anwendern möglich.

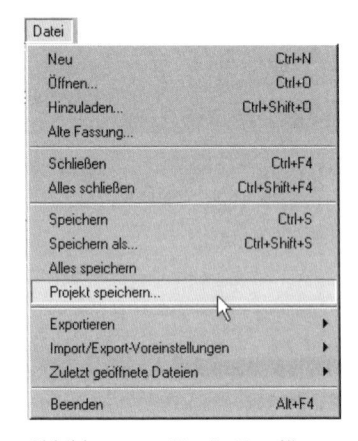

Abbildung 2.5: Menü „Datei"

Außerdem finden hier die Import- und Exportvorgänge bzw. die dafür notwendigen Voreinstellungen statt.

Menü „Bearbeiten"

Wie in nahezu allen Programmen werden hier die Vorwärts- und Rückgängig-Schritte aufgeführt. Neben den gängigen Befehlen wie „Ausschneiden" und „Kopieren" befinden sich in diesem Menü auch die „Programm-Voreinstellungen" zur Konfiguration der Benutzeroberfläche und der Textur-Pfade.

Die Benutzeroberfläche **51**

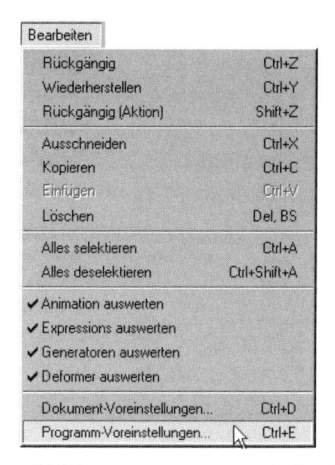

Abbildung 2.6: Menü „Bearbeiten"

Menü „Objekte"
Neben zahlreichen geometrischen Grundkörpern befinden sich in diesem Menü die Basisbefehle für die 3D-Modellierung.

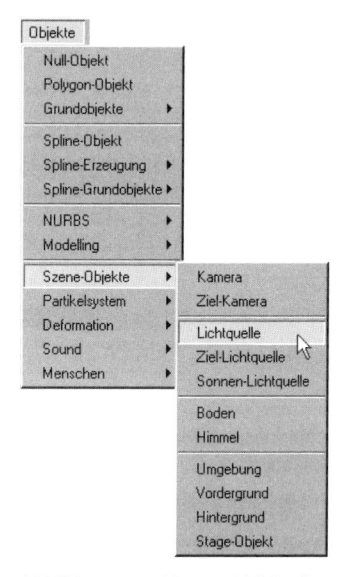

Abbildung 2.7: Menü „Objekte"

Obwohl wir uns, wie eingangs erwähnt, nicht mit diesen Befehlen auseinander setzen werden, so wird für uns allerdings das Untermenü „Szene-Objekte" von großer Bedeutung sein, da dort all jene Objekte aufgelistet sind, die für die Visualisierung notwendig sind. Hier befinden sich die Lichtquellen, Kameras oder Umgebungsobjekte (Himmel, Boden ...).

Menü „Rendern"

Letztendlich geht es in den Kapiteln dieses Buches um die Erzeugung fotorealistischer Bilder. In diesem Menü befinden sich die Befehle der unterschiedlichen Renderfunktionen. Sie können in Ihrer Zeichnung Proberenderings erstellen, indem Sie mit dem Befehl „Aktuelle Ansicht rendern" beliebige Fenster der 3D-Ansicht berechnen lassen, oder rendern Sie kleine Ausschnitte bzw. komplette Bilder in hochauflösender Qualität.

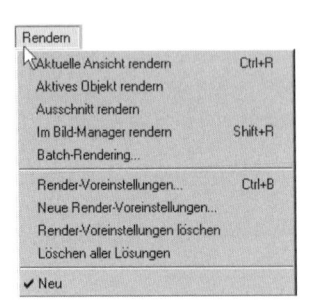

Abbildung 2.8: Menü „Rendern"

Die Einstellungen der Renderprozesse lassen sich über die Render-Voreinstellungen justieren.

Menü „Fenster"

Da Cinema 4D über weitaus mehr Manager bzw. Fenster verfügt, als beim Programmstart angezeigt werden, sind in diesem Menü die zusätzlichen Fenster aufgelistet. Sollte darüber hinaus im Hauptfenster ein Manager aus Platzgründen geschlossen werden, so lässt sich dieser wieder über den betreffenden Befehl öffnen.

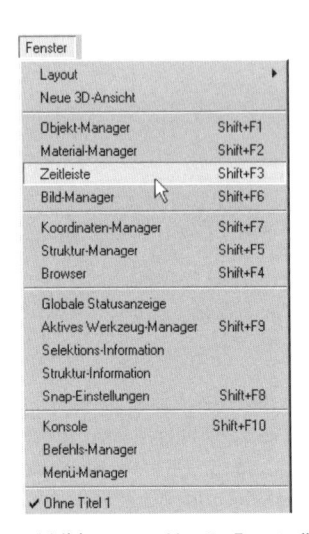

Abbildung 2.9: Menü „Fenster"

Das wichtigste Zusatzfenster für die Überarbeitung von CAD-Dateien ist zweifelsohne die Zeitleiste, mit welcher die Animationsabläufe erzeugt werden. Diese ist allerdings nur in der Version XL7 vorhanden.

2.1.3 3D-Ansicht

Den größten Platz sollte die 3D-Ansicht (auch 3D-Editor genannt) einnehmen, in welchem die Projektbearbeitung stattfindet.

Es bietet sich daher an, das Fenster so zu vergrößern, dass alle anderen Manager nur noch in der maximal benötigten Größe vorhanden sind.

Innerhalb dieses Fensters finden alle Modellier- und Modifiziervorgänge statt, es stellt also die Zeichenfläche von Cinema 4D dar. Die Menüleiste der 3D-Ansicht beinhaltet hauptsächlich jene Befehle, welche mit der Projektion oder der Darstellung von Ansichten bzw. Perspektiven zusammenhängen.

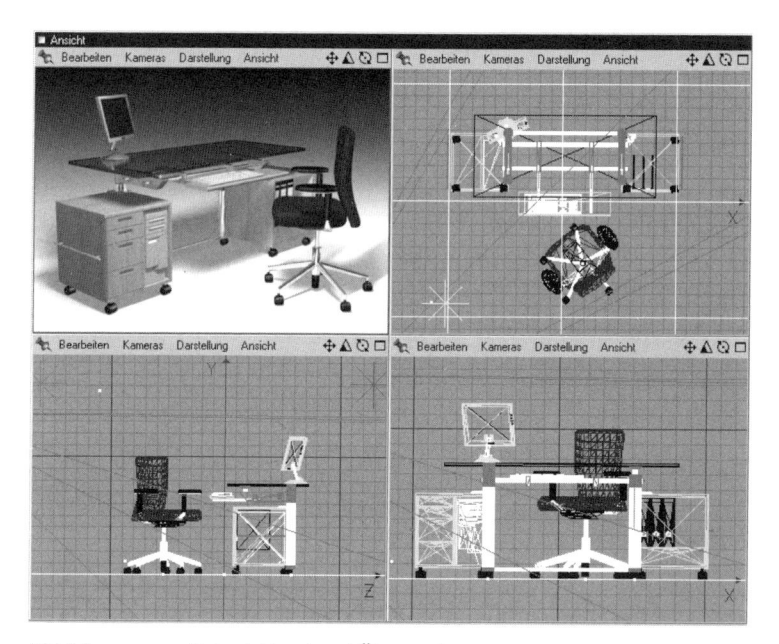

Abbildung 2.10: 3D-Ansicht anhand Übung_6

Wird die 3D-Ansicht in mehrere Ansichtsfenster unterteilt (Kapitel 2.2.1), so erhält jedes der Fenster eine eigene Menüleiste, mit welcher die Einstellungen für das jeweilige Fenster gesondert vorgenommen werden können.

Menü „Bearbeiten"
Hier können Sie Veränderungen Ihrer Ansichten bzw. Perspektiven rückgängig machen und wiederherstellen. Außerdem findet man hier die Zoomfunktionen, mit denen man einen Gesamtüberblick über die Szene und die Objekte erhalten kann.

Neben dem Befehl für einen neuen Bildaufbau (Neuzeichnen) befinden sich im unteren Teil des Menüs die speziellen Voreinstellungen der gewählten Ansicht.

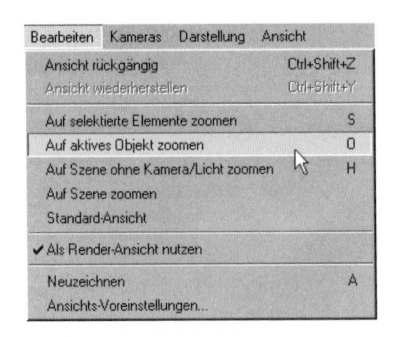

Abbildung 2.11: Menü „Bearbeiten"

Menü „Kameras"

Dieses Menü steuert die Ansichtspositionen der jeweiligen Fenster. Mit der Funktion „Szene-Kameras" lässt sich die Blickrichtung eines beliebigen Kameraobjekts als Perspektive in Ihrer 3D-Ansicht festlegen. Außerdem können Sie verschiedene voreingestellte Axonometrien, Perspektiven oder Ansichten nutzen.

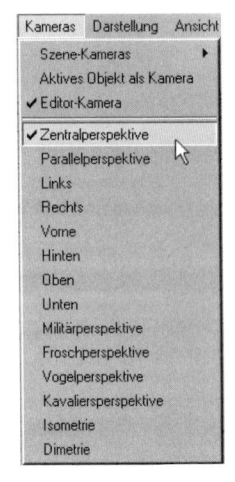

Abbildung 2.12: Menü „Kameras"

Menü „Darstellung"

Bestimmen Sie hier die Art, wie Ihre 3D-Objekte in der Ansicht abgebildet werden. Je nach Leistung Ihrer Hardware lassen sich über dieses Menü Elemente in verschiedenen Abbildungsqualitäten anzeigen (siehe Kapitel 2.2.7).

Die Benutzeroberfläche **55**

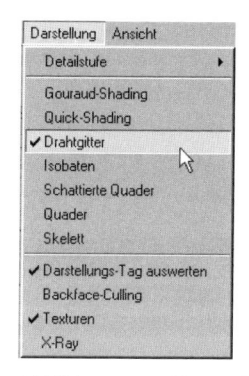

Abbildung 2.13: Menü „Darstellung"

2.1.4 Material-Manager

In diesem Fenster werden alle Materialien erstellt, welche zur realitätsgetreuen Texturierung notwendig sind. Sie bestimmen über den Material-Manager alle Materialparameter wie Spiegelung, Transparenz oder Glanzlicht und fügen Bilddateien für Texturen ein (siehe Kapitel 3).

Fertige Materialien können daraufhin abgespeichert und nach Belieben wieder eingeladen werden. Ebenso lassen sich unbenutzte oder doppelt vorhandene Materialien automatisch aus der Liste entfernen.

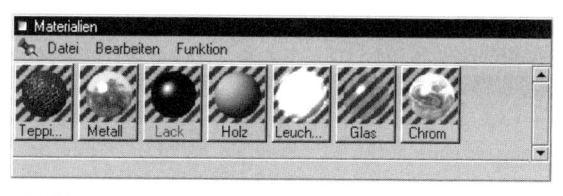

Abbildung 2.14: Material-Manager

Der Material-Manager fasst eine schier unbeschränkte Menge an Materialien, durch welche mittels der Bildlaufleiste am rechten Rand gescrollt werden kann. Um Materialien innerhalb des Material-Managers zu sortieren, kann man sie einfach per Drag and Drop an die gewünschte Position verschieben.

Menü „Datei"

Hier werden neue Materialien erstellt, gespeichert oder hinzugeladen. Es bietet sich an, aufwendig erstellte Materialien wie Glas, Chrom oder Aluminium in einer eigenen Materialdatenbank zu archivieren, um diese nicht für jede Zeichnung neu erstellen zu müssen.

3D-Shader stellen programmierte Materialien dar. Beispielsweise kann einem Zylinder ein 3D-Nebel zugewiesen werden, welcher sich in der Animation bewegt oder kräuselt.

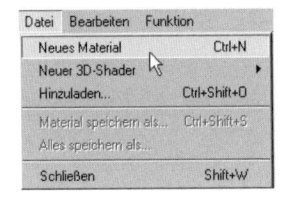

Abbildung 2.15: Menü „Datei"

Menü „Bearbeiten"

In diesem Menü finden die Rückgängig- und Wiederherstellenschritte statt, welche sich ausschließlich auf Materialänderungen beziehen. Materialien lassen sich durch Kopieren und Einfügen vervielfältigen und ebenso löschen. Mit den Vorschau-Befehlen bestimmen Sie die Größe der Icons, mit der die Materialien im Managerfenster dargestellt werden.

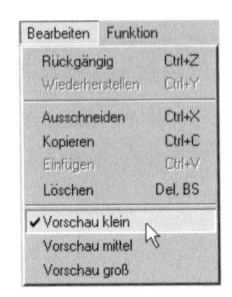

Abbildung 2.16: Menü „Bearbeiten"

Menü „Funktion"

Die beiden Befehle der Materialberechnung erzeugen einen ähnlichen Effekt wie der Neuaufbau einer Zeichnung. Beim Speichern und Laden eines Materials können die Icons der Vorschau durch die Datenkomprimierung an Qualität verlieren. Mit einer Neuberechnung werden die Icons aktualisiert.

Außerdem befinden sich in diesem Menü wichtige Befehle zur Materialverwaltung. Bei großen Zeichnungen können Sie die langen Materiallisten sortieren sowie unbenutzte und doppelte Materialien automatisch löschen.

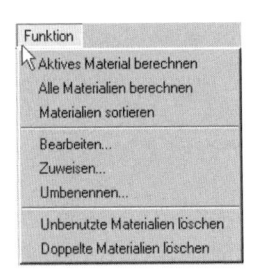

Abbildung 2.17: Menü „Funktion"

2.1.5 Objekt-Manager

Dieses ist die Datenverwaltung von Cinema 4D. Alle erstellten oder hinzugeladenen Objekte, seien es 3D-Körper, Lichter, Kameras oder Bildhintergründe werden in diesem Fenster aufgelistet.

Hier lassen sich Objekte zu einzelnen Gruppen zusammenfassen, sortieren oder umbenennen. Texturen werden ebenso über den Objekt-Manager zugewiesen wie objekteigene Parameter (Oberflächenglättung, Unsichtbarkeit, Schattenwurf ...).

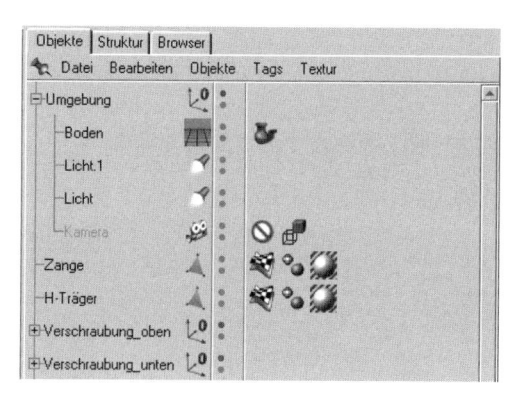

Abbildung 2.18: Objekt-Manager anhand Übung_9

Vorteilhaft hierbei ist, dass alle Eigenschaften, die den Objekten zugewiesen werden (oder aus dem CAD mit importiert wurden), als zusätzliche Icons übersichtlich aufgeführt sind.

Mittig durch den Objekt-Manager verläuft eine Leiste mit grauen Punkten. Mit diesen so genannten „Ampelschaltern" können Objekte ausgeblendet werden. Ein roter Punkt blendet einzelne Elemente oder eine gesamte Gruppe aus. Objekte mit einem grünen Punkt sind generell sichtbar, auch wenn sie sich innerhalb einer Gruppe befinden, welche ausgeblendet ist.

Der obere Ampelschalter betrifft die Sichtbarkeit in der 3D-Ansicht, der untere Ampelschalter bezieht sich auf das Rendering. Befinden sich einige Objekte in Ihrer Szene, welche für die Projektbearbeitung zwar notwendig sind, jedoch nicht in den Vorgang des Renderings mit einbezogen werden sollen, so lässt sich dies über den zweiten Ampelschalter festlegen.

Menü „Datei"

Definieren Sie über dieses Menü so genannte Tags (als Icon im Objekt-Manager sichtbare Eigenschaften) für ausgewählte Objekte oder legen Sie für verkettete Objekte bestimmte Abhängigkeiten (Expressions) fest.

Sie haben als weiteres die Möglichkeit, das aktive Element in Ihrer Zeichnung separat abzuspeichern bzw. wieder einzuladen.

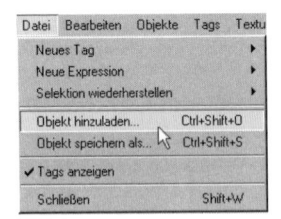

Abbildung 2.19: Menü „Datei"

Menü „Bearbeiten"
Wie in nahezu allen Windows-Programmen, befinden sich auch in Cinema 4D in diesem Menü die Standardbefehle wie „Kopieren" oder „Einfügen". Hierbei werden die Materialien sowie alle Eigenschaften des aktiven Objekts mit einbezogen.

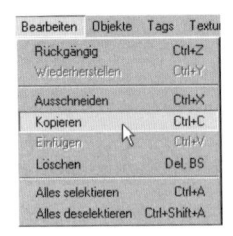

Abbildung 2.20: Menü „Bearbeiten"

Menü „Objekte"
Die Befehle der Objekt-Anzeige sind Alternativen zur Bearbeitung der Ampelschalter. Als häufig angewandte Funktion stellen sich in diesem Menü die Befehle „Objekte gruppieren" und „Objektgruppe auflösen" dar. Fassen Sie damit Elemente gleicher Zugehörigkeit zusammen bzw. lösen Sie die erzeugte Gruppe wieder auf.

Um einen Überblick über die erzeugte Datenmenge zu erhalten, kann man mit den Informations-Befehlen sogenannte Polygonzähler (Kapitel 4.3.2) aktivieren. Diese Befehle bieten entweder einen Überblick über die gesamte Zeichnung oder sie zeigen die Polygonanzahl eines einzelnen Objekts auf.

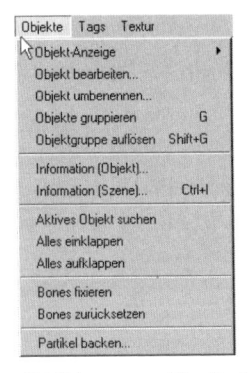

Abbildung 2.21: Menü „Objekte"

Um lange Listen im Objekt-Manager schnell zu minimieren, können alle verwendeten Gruppen automatisch geschlossen werden. Genauso schnell lassen sie sich wieder aufklappen.

Menü „Tags"
Hiermit lassen sich die Eigenschaften der im Objekt-Manager vergebenen Tags aufrufen und bearbeiten. Außerdem können Sie beispielsweise das Material-Tag einer Objektgruppe auf alle darin befindlichen Elemente übertragen bzw. wieder löschen.

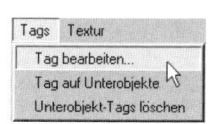

Abbildung 2.22: Menü „Tags"

Menü „Textur"
Dieses Menü dient der Anpassung von Texturen. Das Material Holz hat beispielsweise eine gewisse Maserung. Wenn Sie dieses Material nun auf ein schmales Objekt anpassen, dann würde sich die Maserung stark verdichten. Mit dem Befehl „Auf Texturbild anpassen..." wird das bei der Textur verwendete Pixelbild in seinen wahren Größenverhältnissen platziert. Ebenso ist das Spiegeln von Texturen über dieses Menü schnell möglich.

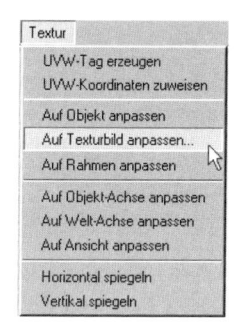

Abbildung 2.23: Menü „Textur"

2.1.6 Struktur-Manager

Der einer Tabellenkalkulation sehr ähnlich sehende Struktur-Manager dient zur exakten Bearbeitung von Knotenpunkten und Tangenten im 3D-Modell. Er ist neben dem Objekt-Manager als Registerblatt (Tab) angeordnet und lässt sich von dort aus mit der Pin-Nadel entdocken. Vorwiegend werden die Funktionen des Struktur-Managers für Modellierungszwecke eingesetzt, womit die genauen Positionen einzelner Polygonpunkte an einem 3D-Modell korrigiert werden können.

Punkt	X	Y	Z
0	113.176	11.9	135.527
1	113.191	11.9	135.603
2	113.133	11.9	135.462
3	113.068	11.9	135.418
4	112.991	11.9	135.403
5	112.85	11.9	135.462
6	112.915	11.9	135.418
7	112.991	11.9	135.803
8	112.806	11.9	135.527
9	112.791	11.9	135.603
10	112.85	11.9	135.745
11	112.915	11.9	135.788
12	113.141	12.3	135.603

Abbildung 2.24: Struktur-Manager

Innerhalb dieses Buchs wird die Modellierung nicht behandelt. Aus diesem Grund erfolgt hier keine genaue Erläuterung der jeweiligen Menüs und Befehle des Struktur-Managers.

2.1.7 Browser

Dieses Fenster lässt sich in gewisser Weise mit dem Windows-Explorer vergleichen. Hier können Sie ein bestimmtes Verzeichnis auf Ihrer Festplatte öffnen und die jeweiligen Dateien (vor allem Materialien und Texturen) überblicken bzw. einfach per Drag and Drop in Ihre Zeichnung hineinziehen. Der Browser unterstützt neben Bilddaten und Materialien auch komplette Zeichnungen und fertige Animationen.

Öffnen Sie beispielsweise den Ordner „Übung_4" im Verzeichnis „Übungen" der beiliegenden CD, indem Sie in der Menüleiste des Browsers unter „Datei" den Befehl „Verzeichnis hinzuladen" aktivieren.

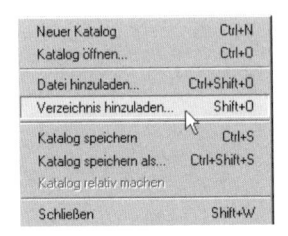

Neuer Katalog	Ctrl+N
Katalog öffnen...	Ctrl+O
Datei hinzuladen...	Ctrl+Shift+O
Verzeichnis hinzuladen...	Shift+O
Katalog speichern	Ctrl+S
Katalog speichern als...	Ctrl+Shift+S
Katalog relativ machen	
Schließen	Shift+W

Abbildung 2.25: Hinzuladen eines Verzeichnisses in den Browser

Sofort werden alle darin enthaltenen Zeichnungen und Renderings angezeigt. Sie können nun mit der gedrückten linken Maustaste eine beliebige Übung in Ihre 3D-Ansicht hineinziehen und evtl. andere Dateien hinzufügen.

Wenn Sie beispielsweise die Materialien aus dem Material-Verzeichnis der beiliegenden CD laden, können Sie diese mit einem Doppelklick im Browser direkt in Ihren Material-Manager einladen.

Die Benutzeroberfläche **61**

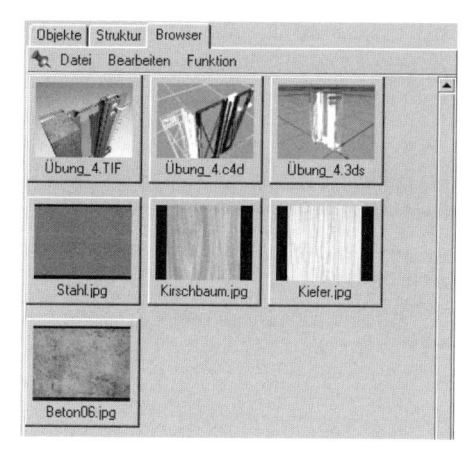

Abbildung 2.26: Inhalt des Verzeichnisses „Übung_4"

Sollten Sie das eine oder andere Browserverzeichnis bei Ihren Arbeiten mit Cinema 4D öfter benötigen und dabei Dateien aus unterschiedlichen Ordnern Ihrer Festplatte hinzugeladen haben, so lohnt es sich, diese Einstellung als Katalog abzuspeichern. Damit erstellen Sie eine eigene kleine Datei (.cat), welche lediglich die Dateipfade der einzelnen Objekte enthält und alle gewählten Elemente wieder in den Browser einfügt.

Wenn Sie diese Katalog-Datei im Startverzeichnis von Cinema 4D speichern und „Template.cat" nennen, dann werden die jeweiligen Dateien automatisch beim Programmstart in den Browser geladen.

2.1.8 Koordinaten-Manager

In diesem Fenster werden vor allem die genauen Positionskoordinaten von Objekten bestimmt und überprüft. Darüber hinaus enthält der Koordinaten-Manager Informationen über Größe und Winkel der gewählten Objekte, welche sich wie die Positionskoordinaten manuell bestimmen lassen.

Abbildung 2.27: Koordinaten-Manager

Neben dem Registerblatt (Tab) des Koordinaten-Managers stehen zwei weitere Tabs zur Verfügung, welche unterstützend bei der Bearbeitung bzw. Modellierung von Objekten mitwirken. Es lassen sich dort die Snap-Optionen (Objektfang) und die Optionen des aktiven Werkzeugs (z.B. Selektionseinstellungen) justieren.

2.1.9 Zeitleiste

Dieses Fenster findet bei Animationen in Kapitel 5 große Beachtung. Öffnen Sie die Zeitleiste in Cinema 4D XL7, indem Sie auf der Menüleiste des Hauptfensters das Menü „Fenster" anklicken und daraufhin „Zeitleiste" wählen.

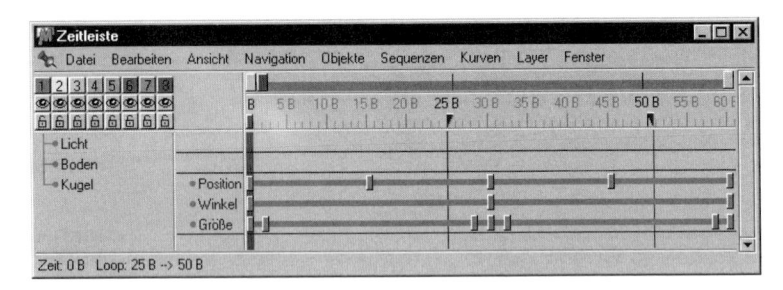

Abbildung 2.28: Zeitleiste

Alle Objekte, die im Objekt-Manager vorhanden sind, werden hier der Reihe nach aufgelistet und können in Cinema 4D XL7 mit komplexen Parametern animiert werden.

Die Zeitleiste ist ein relativ mächtiges Tool, so dass sich bei professionellen Animationen ein zweiter Bildschirm anbietet, in welchem dieses Fenster permanent und in voller Größe geöffnet ist.

In der Zeitleiste werden die jeweiligen Sequenzen (Zeitspannen der einzelnen Objektbewegungen) definiert und daraufhin aus einem großen Pool von möglichen Modifikatoren die notwendigen Parameter eingefügt. Die Erläuterung der jeweiligen Menüs und Befehle erfolgt innerhalb des Workshops von „Übung_9" in Kapitel 5.2.

2.1.10 Paletten / Befehls-Manager

Am linken und oberen Rand des Hauptfensters befinden sich jeweils eine Reihe von Icons, die je nach ihrer Funktionszugehörigkeit in separaten Gruppen, den so genannten Paletten, angeordnet sind. Diese Icons stellen jene Funktionen dar, welche innerhalb der Projektbearbeitung am häufigsten benötigt werden. Das ermöglicht einen besonders schnellen Zugriff auf diese Funktionen. Für die eigenen Anforderungen lassen sich die Paletten individuell bestücken:

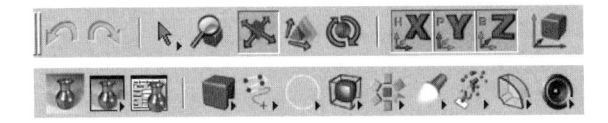

Abbildung 2.29: Die Befehls-Palette

Klicken Sie dafür mit der rechten Maustaste auf ein beliebiges Icon, woraufhin sich ein Kontextmenü öffnet.

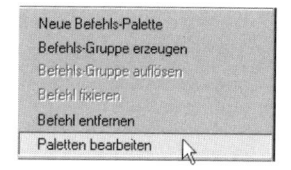

Abbildung 2.30: Kontextmenü der Paletten

Wählen Sie dort zunächst die Funktion „Paletten bearbeiten" und es öffnet sich der so genannte Befehls-Manager. Dieser bietet Ihnen eine große Auswahl an Befehlen, die zu einer im oberen Teil des Fensters angezeigten Hauptkategorie gehören.

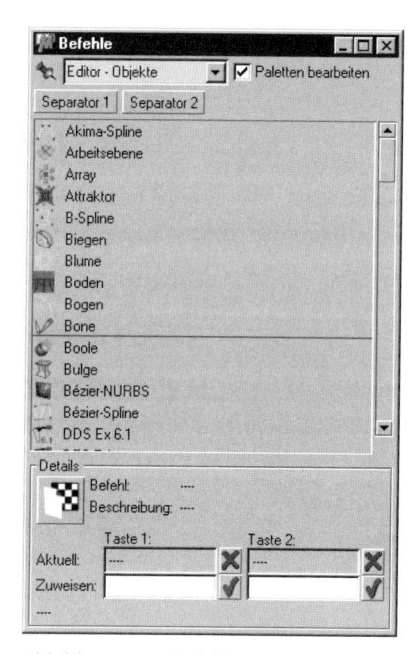

Abbildung 2.31: Befehls-Manager für die Palettenbestückung

Ziehen Sie nun ein gewünschtes Icon per Drag and Drop in eine vorhandene Palette. Sollten Sie mehrere Icons benötigen, so lohnt es sich, eine neue Palette zu erstellen. Gehen Sie dazu folgendermaßen vor:

Drücken Sie erneut mit der rechten Maustaste auf ein Icon und aktivieren Sie den Befehl „Neue Befehls-Palette". Im daraufhin erscheinenden Fenster legen Sie zunächst den Namen der Palette fest. Dafür klicken Sie mit der rechten Maustaste auf die Bezeichnung „Leere Palette" und wählen den Befehl „Umbenennen". Nun können Sie beispielsweise den Namen „Benutzer" eingeben.

Drücken Sie noch einmal mit der rechten Maustaste auf die Bezeichnung „Leere Palette" und wählen Sie aus dem Kontextmenü den Befehl „Paletten bearbeiten".

Nun ziehen Sie alle Befehle, welche bei Ihrer Arbeit hilfreich sind, per Drag and Drop aus dem Befehls-Manager in Ihre neue Palette.. In diesem Fall eignen sich Icons wie „Neue Szene", „Programm Voreinstellungen", „Zeitleiste"...

Abbildung 2.32: Erstellen von benutzerspezifischen Paletten

Sie können diese Palette frei auf Ihrem Bildschirm positionieren oder neben einer vorhandenen Palette andocken. Für diesen Vorgang verschieben Sie die Palette, indem Sie den doppelten Balken am linken Rand anklicken und die Palette bei gedrückter Maustaste an die gewünschte Stelle ziehen.

2.1.11 Texturbibliothek

Um bei einer Visualisierung optimale Ergebnisse zu erhalten, ist eine umfassende Texturbibliothek mit Bilddaten (Texturen) aus allen Teilbereichen von Werkstoffen notwendig. Wichtig ist, dass die gesammelten Bilddaten in einzelnen Ordnern unterschiedlicher Kategorien abgelegt werden und nach der Benutzung nicht mehr namentlich verändert werden.

Abbildung 2.33: Beispiel einer Texturbibliothek

Wird in Cinema 4D ein Körper mit einem Material belegt, welches in seinen Parametern Bilddaten enthält, so werden diese Texturen nicht in der jeweiligen Datei eingelagert, sondern es wird lediglich ein Pfad erstellt, welcher zu den einzelnen Pixelbildern führt.

Dies hat zum einen den Vorteil, dass die Zeichnungsdatei durch die Verknüpfungen zu speicherlastigen Texturen relativ klein bleibt. Dadurch kann die Datei wesentlich schneller geladen werden und die einzelnen Objekte lassen sich entsprechend schneller kopieren und einfügen. Der zweite Vorteil ist, dass alle bildbearbeitenden Änderungen an der Textur automatisch in den jeweiligen Zeichnungen übernommen werden.

Cinema 4D fügt die Bilder, die für Materialien notwendig sind, also lediglich als externe Referenzen ein, so dass bei einer Namensänderung der Textur schließlich Schwierigkeiten beim Öffnen und Rendern von Dateien entstehen. Dies gilt im Großen und Ganzen für alle Programme, welche Texturmapping verwenden.

Sollten Sie bisher noch über keine Texturdatenbank verfügen, so erstellen Sie einen separaten Ordner auf Ihrer Festplatte und legen Sie dort Unterverzeichnisse an, welche die Bezeichnungen der Werkstoffe tragen (Stein, Holz, Putz ...).

2.1.12 Textur-Pfade konfigurieren

Da, wie im oberen Abschnitt erwähnt, alle Pixelbilder als externe Referenzen in Cinema 4D eingebettet werden, durchsucht das Programm bei jeder Dateiinitialisierung oder beim Rendervorgang gewisse Ordner nach den benötigten Texturen:

1. Cinema 4D sucht im selben Verzeichnis, wo sich auch die aktuelle Datei befindet.
2. Der zweite Suchlauf findet im sogenannten TEX-Verzeichnis statt, welches beim Abspeichern des Projekts (Datei\Projekt speichern...) automatisch erstellt wird.
3. Die letzte standardmäßige Überprüfung findet daraufhin im TEX-Verzeichnis des Cinema 4D Startverzeichnisses statt.

Wenn Sie eine eigene Texturdatenbank erstellt haben, so kann man bestimmte Pfade bzw. Ordner definieren, aus welchen Cinema 4D die Texturen entnehmen soll.

Diese Pfaddefinitionen nehmen Sie in den „Programm-Voreinstellungen" im Menü „Bearbeiten" in der Datei-Menüleiste vor.

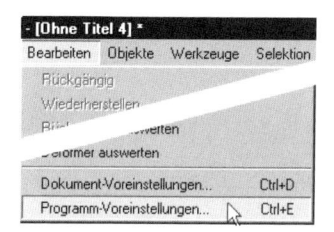

Abbildung 2.34: Aufrufen der Programm-Voreinstellungen

Das Fenster, welches sich daraufhin öffnet, beinhaltet alle programminternen Voreinstellungen auf vier Tabs. Behalten Sie alle Einstellungen auf den Seiten „Allgemein", „Ansichten" und „Oberflächen" bei und wechseln Sie auf das Tab „Textur-Pfade".

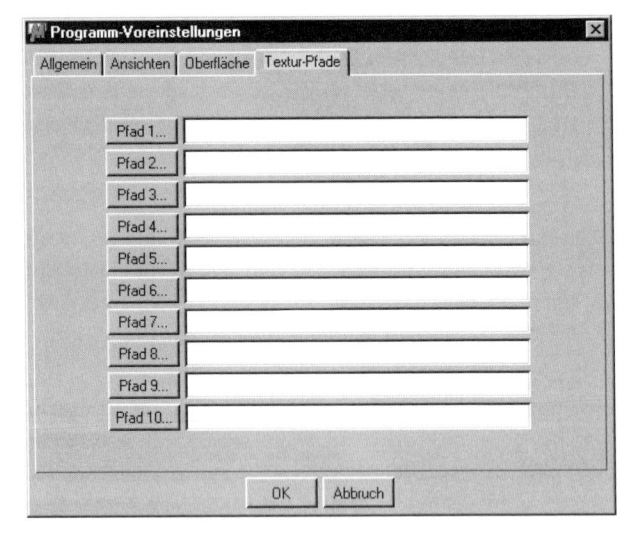

Abbildung 2.35: Konfigurieren der Textur-Pfade

Dort sind zehn Felder aufgelistet, in welchen man die Dateipfade zu den jeweiligen Ordnern angeben kann.

Klicken Sie nun auf den Schalter „Pfad 1..." und öffnen Sie daraufhin im folgenden Fenster den Ordner Ihrer Texturbibliothek. Öffnen Sie im Verzeichnis Ihrer Texturbibliothek aber keinen der Unterordner, sondern bestätigen Sie lediglich das Hauptverzeichnis mit „Öffnen".

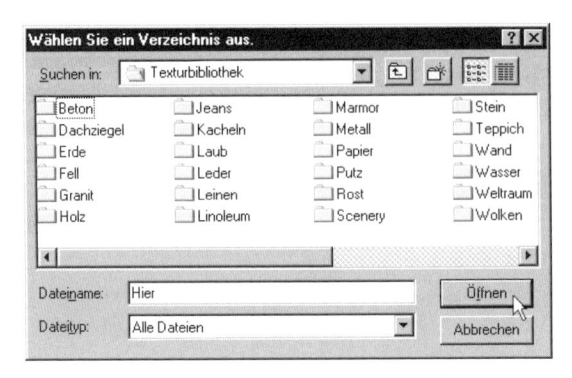

Abbildung 2.36: Auswählen der Texturverzeichnisse

Cinema 4D bezieht alle Unterordner automatisch in die Suche mit ein. Sie müssen daher nicht für jedes Verzeichnis einen gesonderten Pfad angeben.

Der Textur-Pfad ist nun definiert. Haben Sie auf Ihrer Festplatte mehrere Ordner, in denen sich Texturen befinden, so legen Sie auch diese Pfade fest.

2.1.13 Voreinstellungen speichern

Wenn Sie Ihre Arbeitsumgebung und die Textur-Pfade so weit eingerichtet haben, dann müssen Sie diese Einstellungen sichern, so dass sie beim nächsten Start von Cinema 4D nicht von Neuem vorgenommen werden müssen.

Es empfiehlt sich allerdings, diese Einstellungen benutzerspezifisch abzuspeichern, damit ein unveränderter Rückgriff auf das nach persönlichen Kriterien erstellte Layout möglich ist. Vor allem wenn mehrere Nutzer mit dem gleichen Programm arbeiten, ist diese Vorgehensweise dringend zu empfehlen, da oftmals unterschiedliche Einstellungen verwendet werden.

Rufen Sie dafür in der Datei-Menüleiste die Funktion „Fenster\Layout\Layout speichern als..." auf und sichern Sie Ihre Bildschirmlayout in einem Ordner Ihrer Wahl.

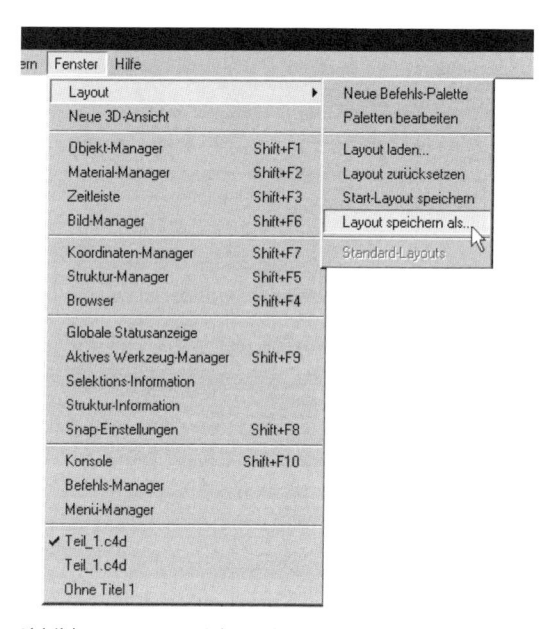

Abbildung 2.37: Speichern der benutzerdefinierten Einstellungen

Mit dem Befehl „Layout laden" können Sie im gleichen Menü das gewünschte Layout wiederherstellen.

2.2 Navigation in der 3D-Ansicht

Cinema 4D verhält sich bezüglich der Navigation und der Objektbearbeitung weitgehend unterschiedlich zu CAD-Programmen.

Das liegt zum einen daran, dass es in Cinema 4D keinen beweglichen Nullpunkt gibt, von welchem aus man im klassischen Sinne Objekte an einer beliebigen Stelle erzeugen kann. Vielmehr verfügt Cinema 4D über eine feste Ursprungskoordinate, an welcher die erstellten Objekte eingesetzt und davon ausgehend an eine relative Position verschoben werden können.

Zum anderen gibt es in Cinema 4D keine Layer oder Ebenen wie es in CAD-Programmen üblich ist, sondern jedes Objekt wird separat im Objekt-Manager aufgelistet und kann dort in seine Einzelteile zerlegt bzw. bearbeitet werden. Diese Objekte lassen sich in Gruppen zusammenfassen, wodurch man eine gute Übersicht der vorhandenen Elemente erhält und für Animationszwecke objektabhängige Hierarchien erzeugen kann.

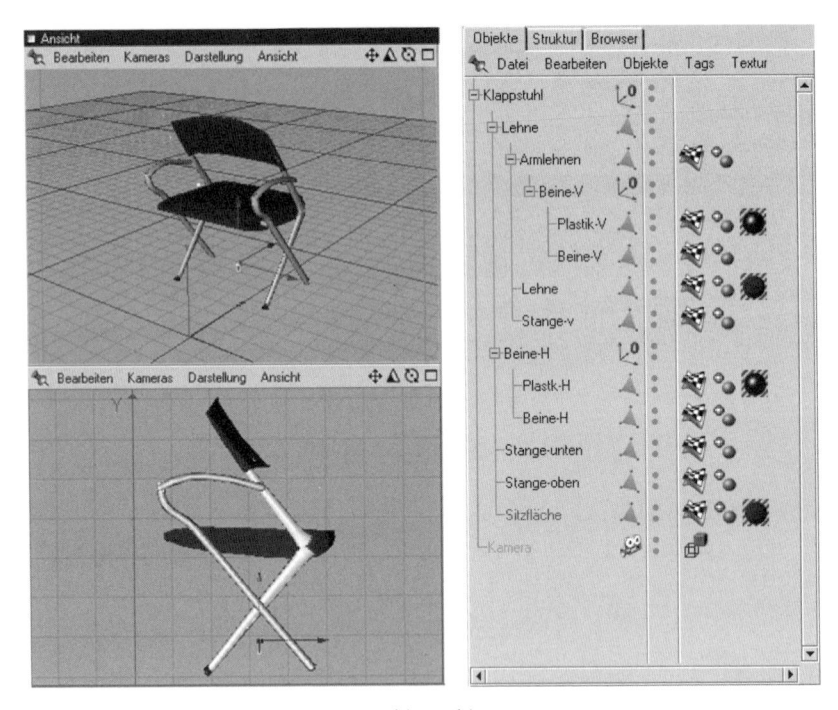

Abbildung 2.38: Beispiel einer Gruppenhierarchie

Anfangs stellt dieses System für erfahrene CAD-Anwender eine große Umstellung dar, jedoch lassen sich damit die gewünschten Effekte auf eine sehr schnelle und einfache Weise erstellen.

Richten Sie nun für das folgende Beispiel Ihre Arbeitsfläche in Cinema 4D ein.

2.2.1 Auswahl der Ansichtsfenster

Die 3D-Ansicht lässt sich auf fünf verschiedene Arten darstellen. Die jeweiligen Befehle für die Bildschirmkonfiguration finden Sie in der Menüleiste der 3D-Ansicht unter dem gleichnamigen Menü „Ansicht".

- Ansicht-1:
  Voreingestellte dreidimensionale Ansicht oder benutzerspezifische Kameraperspektive.

- Ansicht 2:
  Entspricht dem Grundriss in der CAD-Zeichnung, d.h., alle Objekte werden von oben dargestellt.
- Ansicht 3:
  Erzeugt die Seitenansicht von rechts.
- Ansicht 4:
  Ergibt die Vorder- bzw. Frontalansicht der Zeichnung.
- Alle Ansichten:
  Erzeugt eine Unterteilung der 3D-Ansicht in die oben genannten vier Einzelfenster.

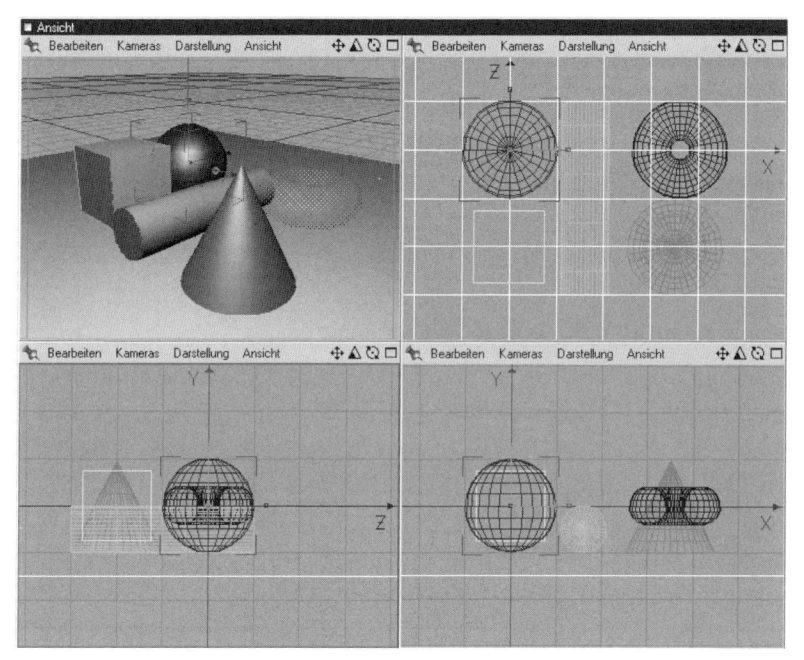

Abbildung 2.39: Einteilung der 3D-Ansicht in die vier Einzelfenster mit dem Befehl „Alle Ansichten"

Die Befehle für die benutzerspezifische Unterteilung der 3D-Ansicht befinden sich in der Menüleiste unter „Ansicht\Ansichten-Anordnung\...". Dort können Sie wahlweise auch zwei oder drei Ansichtsfenster einstellen.

Wählen Sie für die neue Zeichnung „Alle Ansichten", worauf sich die 3D-Ansicht in vier Fenster unterteilt, von denen jedes eine eigene Menüzeile besitzt. Dies hat den Vorteil, dass nicht alle Fenster in Ihrer Anzeige gleich aussehen müssen, sondern es lassen sich unterschiedliche Darstellungsweisen konfigurieren (Kapitel 2.2.7).

Sie können die Größe der jeweiligen Fenster frei bestimmen, indem Sie mit der gedrückten linken Maustaste die Trennlinie zwischen den Fenstern verschieben.

2.2.2 Auswahl von Objekten

Cinema 4D erlaubt es, alle Arten von Objekten zu manipulieren, d.h. zu drehen, zu verschieben oder zu skalieren. Dies bezieht sich nicht nur auf geometrische Körper, welche erzeugt oder importiert werden, sondern vor allem auf Unterobjekte wie Achsen, Textur-Koordinaten, Scheitelpunkte usw.

In der Bearbeiten-Palette auf der linken Seite des Bildschirms lässt sich auswählen, welche Art von Objekt man bearbeiten will. Die wichtigsten Icons werden in den jeweiligen Kapiteln eingehend behandelt und sollen an dieser Stelle nur kurz erklärt werden:

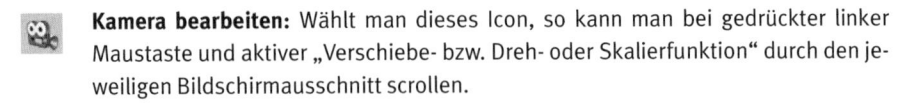

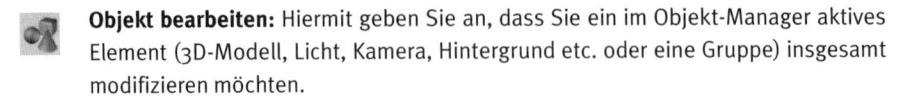

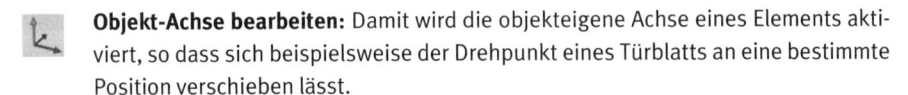

Kamera bearbeiten: Wählt man dieses Icon, so kann man bei gedrückter linker Maustaste und aktiver „Verschiebe- bzw. Dreh- oder Skalierfunktion" durch den jeweiligen Bildschirmausschnitt scrollen.

Objekt bearbeiten: Hiermit geben Sie an, dass Sie ein im Objekt-Manager aktives Element (3D-Modell, Licht, Kamera, Hintergrund etc. oder eine Gruppe) insgesamt modifizieren möchten.

Objekt-Achse bearbeiten: Damit wird die objekteigene Achse eines Elements aktiviert, so dass sich beispielsweise der Drehpunkt eines Türblatts an eine bestimmte Position verschieben lässt.

Punkte bearbeiten: Dieses Icon aktiviert alle Scheitelpunkte von 2D- und 3D-Objekten, welche anschließend gesondert bearbeitet werden können.

Polygone bearbeiten: Aktivieren Sie hiermit einzelne Dreiecks- oder Rechteckflächen eines 3D-Modells und modifizieren Sie diese oder vergeben Sie bestimmte Parameter.

Texturen bearbeiten: Mit diesem Icon lässt sich die Textur bearbeiten, welche auf einen bestimmten Körper projiziert wurde. Sie können daraufhin die Textur beliebig auf dem 3D-Modell verschieben, skalieren oder drehen.

Textur-Achse bearbeiten: Hiermit aktivieren und bearbeiten Sie die gesamte Projektionsform einer Textur.

2.2.3 Verschieben von Objekten

Erstellen Sie jetzt eine Kugel, indem Sie in der Datei-Menüleiste unter Objekte\Grundobjekte den Befehl „Kugel" auswählen.

Mit der Befehls-Gruppe „Grundobjekte", welche sich in der Befehls-Palette befindet, haben Sie alternativ die Möglichkeit, schnell alle in Cinema 4D vorhandenen Grundkörper in Ihre Zeichnung einzusetzen.

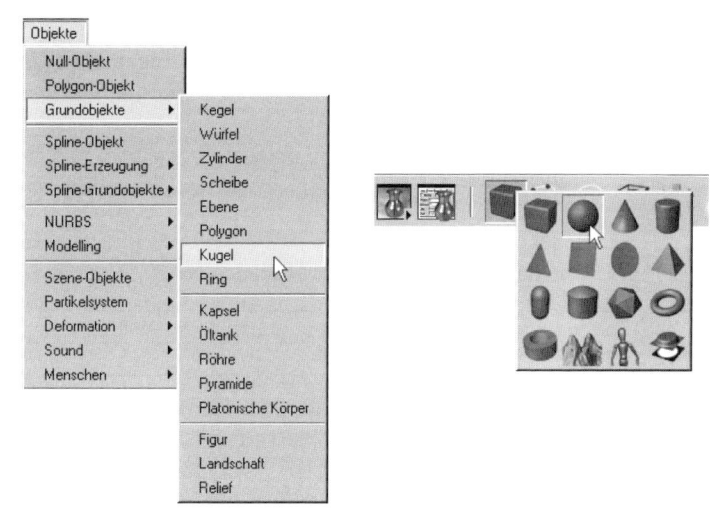

Abbildung 2.40: Erstellen von Grundkörpern

Die Kugel erscheint nun sowohl in der 3D-Ansicht als auch in Form eines Eintrags im Objekt-Manager. Die rote Umrandung der Kugel bzw. die rote Schrift im Objekt-Manager zeigen an, dass die Kugel aktiv ist, d.h. bearbeitet werden kann.

Erzeugen Sie als Nächstes einen Würfel.

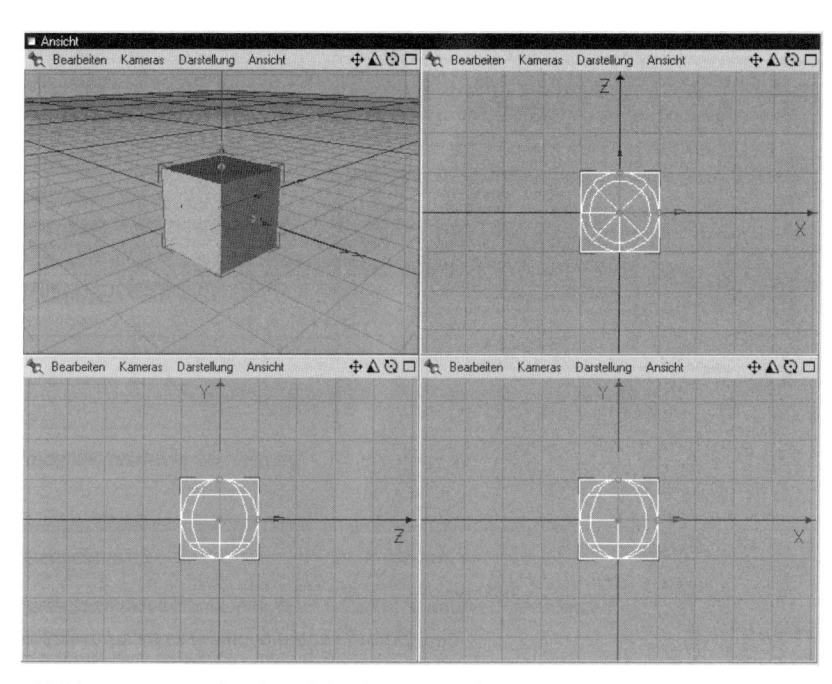

Abbildung 2.41: Kugel und Würfel in der 3D-Ansicht

Der Würfel wird nun exakt über der Kugel platziert, weil alle in Cinema 4D erstellten Objekte auf dem Nullpunkt eingefügt werden. Die Kugel ist jetzt nicht mehr aktiv, die rote Umrandung gilt nun für den Würfel. Ausschlaggebend hierfür ist der Eintrag im Objekt-Manager. Daraus ergibt sich Folgendes:

Obwohl man durch Anklicken mit der Maus in der 3D-Ansicht durchaus einzelne Objekte auswählen kann, so ist es doch wesentlich bequemer, diese direkt im Objekt-Manager anzuwählen.

Objekte müssen zum Verschieben, Drehen oder Skalieren **nicht** *mit der Maus in der 3D-Ansicht berührt werden. Ganz im Gegenteil – beim Berühren mit der Maus kann es passieren, dass man ungewollt ein anderes Objekt aktiviert.*

Wir wollen nun den Würfel vor die Kugel verschieben und zwar um −200 Meter in Z-Richtung. Es gibt hierfür zwei Möglichkeiten:

① Aktivieren Sie in der Bearbeiten-Palette das Icon für „Objekt bearbeiten".
② Klicken Sie im Objekt-Manager auf den Eintrag „Würfel" (dieser ist normalerweise bereits aktiv), worauf sich der Eintrag rot färbt.
③ Wählen Sie in der Datei-Menüleiste im Menü „Werkzeuge" den Befehl „Verschieben" oder klicken Sie in der Befehls-Palette auf das Icon für Verschieben.
④ Wenn der Würfel geradlinig verschoben werden soll, so muss die gewünschte Richtung aktiviert werden. Sie finden in der Befehls-Palette drei Icons mit Richtungsangaben. Schalten Sie zur geradlinigen Verschiebung die Richtungen X und Y aus, so dass nur das Icon Z gedrückt ist.
⑤ Klicken Sie in ein beliebiges Fenster (vorzugsweise die XZ-Ansicht), halten Sie die linke Maustaste gedrückt und verschieben Sie den Würfel vor die Kugel.

Sie können die Position des Würfels überprüfen, indem Sie die Veränderung der Z-Koordinate im Koordinaten-Manager verfolgen.

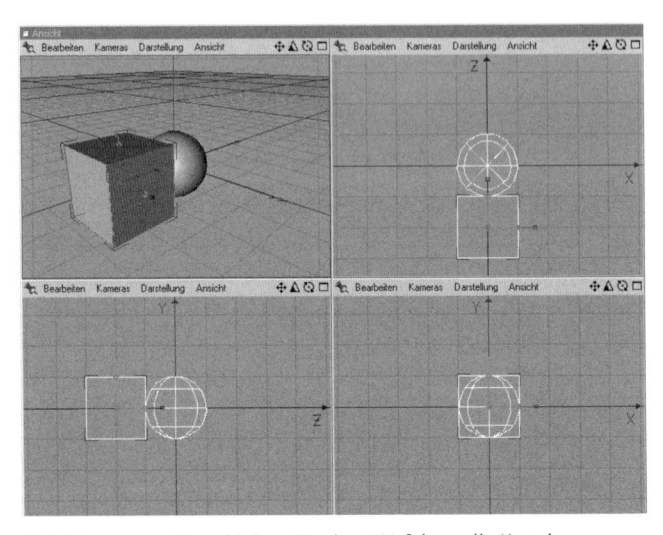

Abbildung 2.42: Verschieben Sie den Würfel vor die Kugel

Die zweite und wesentlich exaktere Vorgehensweise ist, dass Sie statt einer manuellen Verschiebung durch den Mauszeiger den gewünschten Wert von Z = -200 m in den Koordinaten-Manager eintragen. Hierfür muss jedoch auch der Würfel im Objekt-Manager angewählt und das Icon für „Objekt bearbeiten" aktiv sein.

Abbildung 2.43: Tragen Sie den Wert für die Verschiebung des Würfels in den Koordinaten-Manager ein

Erstellen Sie jetzt einen Boden, indem Sie in der Datei-Menüleiste unter Objekte\Szene-Objekte den Befehl „Boden" auswählen.

Wie bei den Grundobjekten, haben Sie auch hier die Möglichkeit, über eine Befehls-Gruppe alle Szene-Objekte schnell in Ihre Zeichnung einzusetzen. Öffnen Sie die Befehls-Gruppe „Szene-Objekte" indem Sie in der Befehls-Palette das Icon der Lichtquelle anklicken.

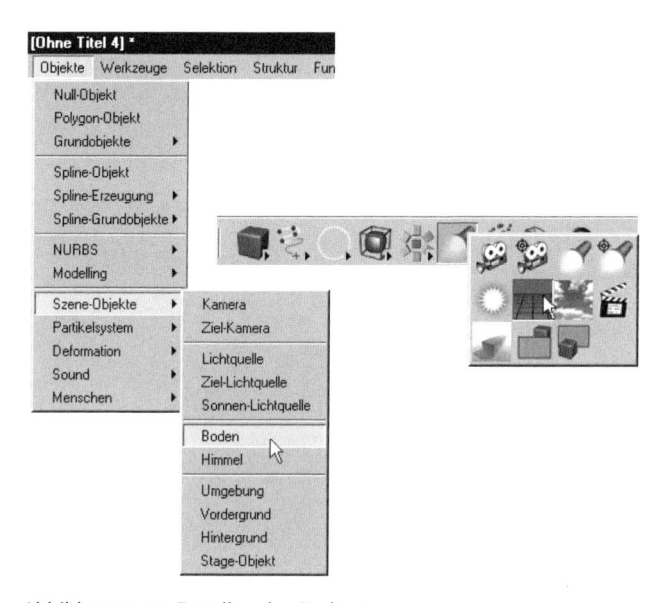

Abbildung 2.44: Erstellen des Bodens

Der Boden ist eine unendlich große Fläche, welche bis zum Horizont reicht und nur im Bereich des Nullpunkts ein begrenztes Bodenraster aufweist.

Anschließend erscheint der Boden sowohl in der 3D-Ansicht als auch im Objekt-Manager. Aktivieren Sie daraufhin den Boden im Objekt-Manager, stellen Sie sicher, dass das Icon für „Objekt bearbeiten" aktiv ist, und bestimmen Sie als Verschieberichtung nur die Y-Achse.

Wenn Sie diese Schritte vollzogen haben, klicken Sie in die Seiten- oder Vorderansicht der 3D-Ansicht und verschieben Sie den Boden auf eine Höhe von Y = -150 m.

Kontrollieren Sie im Koordinaten-Manager den Verschiebevorgang oder tragen Sie alternativ den Wert von Y = -150 m in die entsprechende Zeile ein. Der Boden landet automatisch an der gewünschten Stelle.

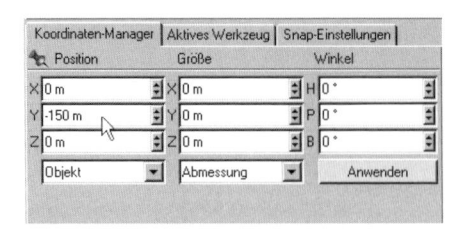

Abbildung 2.45: Verschieben des Bodens in Y-Richtung

2.2.4 Skalieren von Objekten

Im nächsten Arbeitsgang muss der Würfel auf eine Kantenlänge von 150 m verkleinert werden. Auch für diese Aktion gibt es ähnlich wie beim Verschieben mehrere Wege:

① Klicken Sie im Objekt-Manager auf den Eintrag „Würfel", so dass dieser aktiviert wird, und stellen Sie sicher, dass das Icon für „Objekt bearbeiten" gedrückt ist.

② Aktivieren Sie in der Datei-Menüleiste im Menü „Werkzeuge" die Funktion „Skalieren" oder klicken Sie in der Befehls-Palette auf das entsprechende Icon.

③ Jedes Objekt kann in verschiedene Richtungen (X, Y und Z) skaliert werden. Um eine generelle Verkleinerung zu bewerkstelligen, müssen alle Richtungs-Icons gedrückt werden.

④ Wählen Sie im Pop-Up-Menü der Größenanzeige im Koordinaten-Manager die Option „Abmessung", so dass die reellen Maße des Würfels (in jede Richtung 200 m) sichtbar sind.

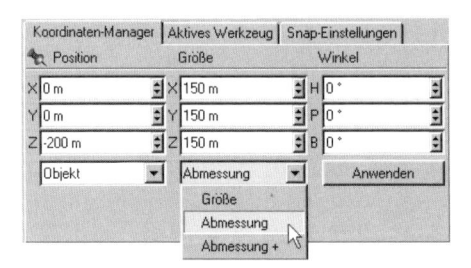

Abbildung 2.46: Schalten Sie die Größenangaben auf „Abmessung"

⑤ Klicken Sie nun mit der linken Maustaste in ein beliebiges Fenster, halten Sie die Maustaste gedrückt und skalieren Sie so Ihr Objekt.

Überprüfen Sie die Veränderungen der Größenangaben im Koordinaten-Manager und versuchen Sie, den Würfel auf eine Kantenlänge von 150 m zu skalieren.

Für eine exakte manuelle Skalierung bedarf es jedoch eines nicht zu geringen Maßes an Fingerspitzengefühl. Der schnellere und genauere Weg ist somit auch hier die direkte Eingabe im Koordinaten-Manager. Achten Sie aber darauf, welche Größenangabe im Koordinaten-Manager durch das Pop-Up-Menü eingestellt ist:

- **Größe**: Zeigt lediglich den Skalierungsfaktor an bzw. das Maßverhältnis der Körperseiten in die jeweiligen Richtungen X, Y und Z.
- **Abmessung**: Dieser Eintrag zeigt die tatsächlichen Größenangaben des Körpers in den Richtungen X, Y und Z an.
- **Abmessung +**: Beinhaltet ein Körper mehrere Unterobjekte, so werden diese in die Größenangaben mit einbezogen.

Die dritte und letzte Möglichkeit, einen Körper in seinen Ausmaßen zu definieren, erfolgt über den Objekt-Manager. Klicken Sie dort auf das Icon des Würfels und es öffnet sich eine Dialogbox:

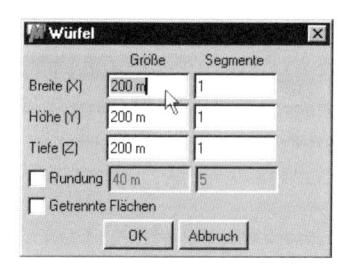

Abbildung 2.47: Objektdialogbox des Würfels

Hier befinden sich alle Grundeigenschaften des Würfels. Neben der Segmentierung und der Rundung lassen sich auch hier die jeweiligen Abmessungen bestimmen.

In diesem Dialogfenster sind jedoch nach wie vor die ursprünglichen Maße des Würfels vorhanden. Die Skalierung in der Zeichnung wirkt sich daher nicht auf die Angaben im Dialogfenster des Würfels aus. Der Grund hierfür ist, dass man nach zahlreichen Änderungen über den Koordinaten-Manager bzw. die 3D-Ansicht noch die Informationen über das Ursprungsobjekt erhält.

Jedes parametrische Element verfügt über eine Dialogbox, welche sich über den Objekt-Manager aufrufen lässt.

2.2.5 Drehen von Objekten

Als nächsten Schritt fügen Sie einen Zylinder ein.

Daraufhin wird der Zylinder auf dem Nullpunkt der Zeichnung eingefügt. Er soll anschließend in seinen Ausmaßen verändert werden. Da der Zylinder ebenfalls ein parametrischer Körper ist, verfügt auch er über eine Dialogbox, welche sich im Objekt-Manager durch das Anklicken des Zylinder-Icons aufrufen lässt.

Verändern Sie dort den Höhenwert des Zylinders auf 400 m.

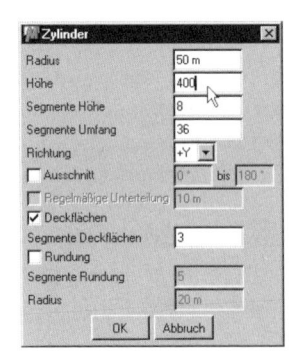

Abbildung 2.48: Dialogfenster des Zylinders

Verschieben Sie im Anschluss den Zylinder an die Position X = 160, Y = -50 und Z = -100. Auch dies lässt sich am einfachsten durch eine numerische Eingabe im Koordinaten-Manager bewerkstelligen.

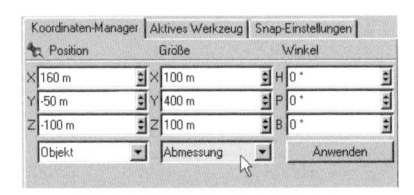

Abbildung 2.49: Verschieben des Zylinders über den Koordinaten-Manager

Sichern Sie Ihre Datei. Die Zeichnung sollte nun wie folgt aussehen:

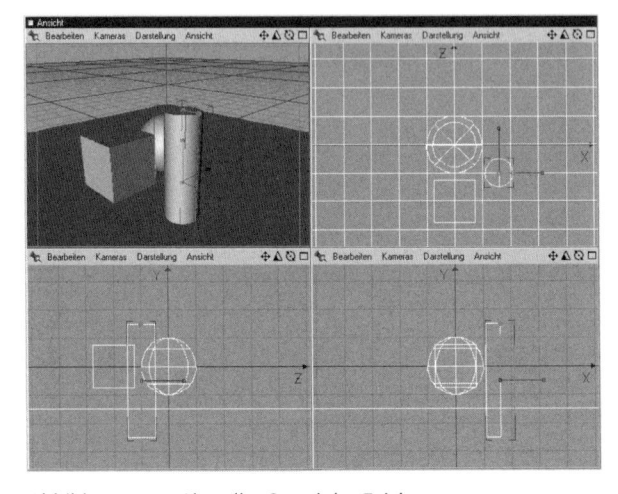

Abbildung 2.50: Aktueller Stand der Zeichnung

An dieser Stelle muss man nun einen Schnitt vollziehen, um auf die anfangs angesprochene Achsenlogik von Cinema 4D einzugehen. Diese ersetzt das absolute bzw. relative Koordinatensystem der üblichen CAD Programme.

Cinema 4D verfügt über zwei separate Koordinatensysteme, welche immer den gleichen Ursprung haben, aber in unterschiedliche Richtungen weisen können.

Wir sprechen hierbei vom Welt-Koordinatensystem und vom Objekt-Koordinatensystem, die sich beide in der Befehls-Palette anwählen lassen.

① **Welt-Koordinatensystem**
(verläuft immer in die exakt rechtwinklige X- Y- und Z-Richtung)

② **Objekt-Koordinatensystem**
(kann beliebig gedreht werden, z.B. für schräge Fensteröffnungen)
Wie Sie bereits beim Verschieben des Quaders, des Bodens oder des Zylinders bemerkt haben, wandern die Achsen des gewählten Objekts gemeinsam mit dem Körper an die gewünschte Position.

Man kann also im weitesten Sinne davon ausgehen, dass jedes Objekt sein eigenes Achsensystem besitzt. Überzeugen Sie sich, indem Sie die einzelnen Objekte in Ihrer Zeichnung anklicken.

Diese „Objekt-Achsen" haften sozusagen an jedem Element und haben anders als in CAD-Programmen überhaupt nichts mit dem Nullpunkt in Ihrer Zeichnung zu tun.
Die jeweiligen Objekte drehen sich vielmehr um genau den Punkt, an welchem sich der Achsenursprung befindet.

① Aktivieren Sie nun Ihren Zylinder in der Zeichnung, stellen Sie sicher, dass das Icon für „Objekt bearbeiten" aktiv ist und wählen Sie das Icon für „Drehen" aus der Befehls-Palette.

② Wir wollen den Zylinder so drehen, dass er sich waagerecht neben der Kugel und dem Würfel befindet. In diesem Fall muss er um die rote X-Achse gedreht werden. Sperren Sie die Y- sowie die Z-Richtung und klicken Sie auf das Icon für die X-Richtung. Der Zylinder kann jetzt nur noch um diese Achse gedreht werden.

③ Als Letztes aktivieren Sie das Feld für „Welt-Koordinatensystem" und klicken Sie mit der Maus an eine beliebige Stelle in Ihrer Perspektive.
Mit der gedrückten linken Maustaste lässt sich der Körper drehen. Verfolgen Sie die Angaben im Koordinaten-Manager, bis sich der Wert von 90° im Eingabefeld „Winkel P" einstellt. Optional hätte man an dieser Stelle auch numerisch vorgehen und den gewünschten Wert direkt in den Koordinaten-Manager eintragen können.
Der Zylinder liegt nun in der 90°-Drehung vor und Ihre Zeichnung müsste der folgenden Abbildung entsprechen:

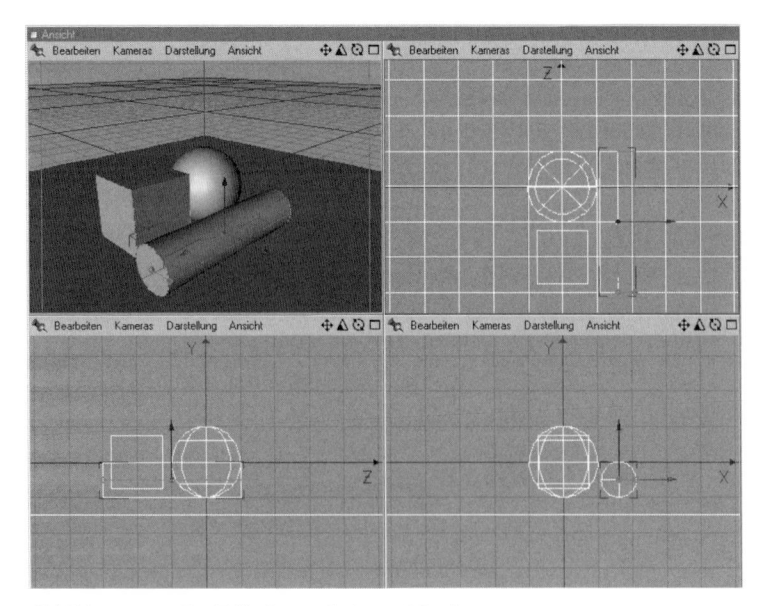

Abbildung 2.51: Der Zylinder nach der 90°-Drehung

Zur Wiederholung: An jedem Körper haften eigene Objekt-Achsen, so dass sich jeder Körper um den jeweiligen Achsenursprung drehen lässt.

Sie erkennen nun, und das ist der entscheidende Punkt des Achsensystems von Cinema 4D, dass die Y- und Z-Achsen des Zylinderobjekts nun in eine andere Richtung weisen.

Ich betone an dieser Stelle Zylinderobjekt, weil sich die angezeigten Achsen auf das Objekt-Koordinatensystem beziehen.

> *Die sichtbaren Achsen der Objekte in Cinema 4D stellen das Objekt-Koordinatensystem dar und wandern nicht nur bei einer Verschiebung mit, sondern sind auch von der Drehung des Objekts betroffen.*

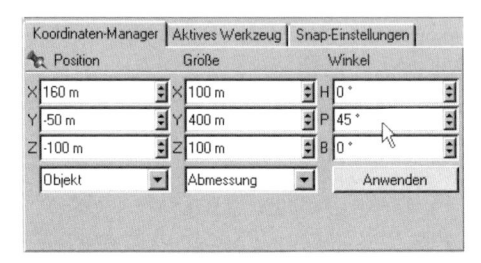

Abbildung 2.52: Verändern Sie den Wert des Winkels P in 45°

Setzen Sie jetzt den Wert des Winkels P im Koordinaten-Manager auf 45°. Der Zylinder weist diagonal nach oben und auch die Y- und Z-Achsen zeigen jeweils um 45° schräg nach oben.

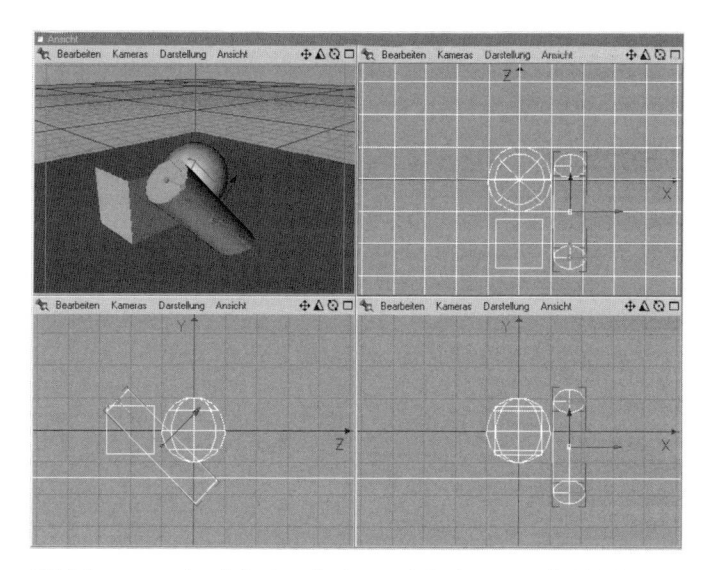

Abbildung 2.53: Der Zylinder mit einer 45°-Drehung um die X-Achse

Drücken Sie die Richtungs-Icons in der Befehls-Palette so, dass nur die Y-Achse aktiv ist, und drehen Sie anschließend den Zylinder. Man kann beobachten, dass sich der Körper um eine unsichtbare senkrechte Achse dreht, welche genau durch den Ursprung der sichtbaren Objekt-Achsen verläuft. Hierbei handelt es sich um das Welt-Koordinatensystem, welches immer genau in die absolut rechtwinkligen Richtungen X, Y und Z weist.

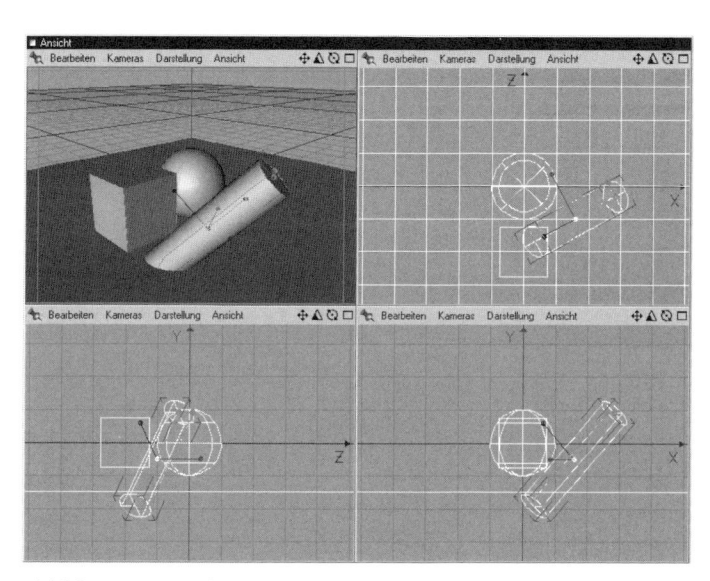

Abbildung 2.54: Drehen Sie den Zylinder um die unsichtbare Y-Achse des Welt-Koordinatensystems

Klicken Sie nun auf das Icon für das Objekt-Koordinatensystem und drehen Sie erneut den Zylinder um die Y-Achse. Der Zylinder dreht sich um die angezeigte grüne Y-Achse in sich.

Hierbei wird der Unterschied sichtbar. Um ein schräg im Raum liegendes Objekt um die Senkrechte zu drehen, muss das Welt-Koordinatensystem angewählt werden, weil dieses (wenn auch unsichtbar) immer in die absolute Richtung weist.

Zur Wiederholung:
① Jedes Objekt hat ein eigenes Achsensystem (Objekt-Achsen).
② Diese Objekt-Achsen werden in die Verschiebung, Drehung und Skalierung des jeweiligen 3D-Körpers miteinbezogen.
③ Weitere Veränderungen (Drehen, Skalieren ...) können nun entlang der veränderten Objekt-Achse vorgenommen werden (Objekt-Koordinatensystem), oder entlang des rechtwinkligen Welt-Koordinatensystems.
④ Diese Koordinatensysteme haben grundsätzlich den gleichen Ursprung (dort wo sich die X-, Y- und Z-Achse treffen).
⑤ Nur das Objekt-Koordinatensystem ist anhand der Objekt-Achsen für den Benutzer sichtbar, weil das Welt-Koordinatensystem generell in die absoluten Richtungen von X, Y und Z weist.
⑥ Nur das Objekt-Koordinatensystem kann mit den Objekt-Achsen gedreht werden. Stellen Sie abschließend die Winkelkoordinate P des Zylinders wieder auf 90°, so dass dieser wie am Anfang waagerecht neben dem Würfel und der Kugel liegt.

Sichern Sie Ihre Datei.

2.2.6 Zoomfunktionen

Cinema 4D verfügt über zahlreiche Möglichkeiten, um bequem durch die Zeichnung zu navigieren.

Sollten Sie beim Ausprobieren der verschiedenen Funktionen eine ungewollte Veränderung Ihres Bildausschnitts verursachen, so gibt es zwei Wege, um die Vorgänge rückgängig zu machen: Wählen Sie in der Menüleiste der jeweiligen Ansicht im Menü „Bearbeiten" entweder den Befehl „Ansicht rückgängig" oder „Standard-Ansicht".

Aktive Navigation
Diese vier Icons sind in jedem Fenster der 3D-Ansicht vorhanden.

Drücken Sie im Grundriss mit der linken Maustaste auf das Symbol mit dem Doppelpfeil und bewegen Sie die Maus. Auf diese Art und Weise können Sie bequem durch Ihre Zeichnung scrollen.

Das dreieckige Symbol bewirkt eine Art Skalierung des Bildausschnitts. Allerdings wirkt sich diese Skalierung eher auf die Brennweite der Ansicht aus und es kann leicht zu überspannten Perspektiven kommen.

Dieses Icon ermöglicht eine Drehung bzw. Rotation innerhalb der Szene.

Auch wenn es sich hierbei um keine Zoomfunktion handelt, so erscheint mir dieser Abschnitt für die Erläuterung des Icons doch am geeignetsten. Damit können Sie das jeweilige Ansichtsfenster vergrößern bzw. alle anderen Fenster in der 3D-Ansicht ausschalten.

Kamera bearbeiten

Klicken Sie zum Verschieben des Bildausschnitts auf das Kamerasymbol in der Bearbeiten-Palette sowie auf das Verschiebesymbol in der Befehls-Palette. Schalten Sie die Verschieberichtungen X und Z aktiv und bewegen Sie die Maus mit gedrückter linker Taste so, dass die Objekte mittig in den jeweiligen Bildausschnitten sichtbar sind.

Lupe

Um einen Bildausschnitt zu vergrößern, wählen Sie in der Befehls-Palette das Icon mit der Lupe aus und klicken Sie entweder in ein beliebiges Fenster hinein oder ziehen Sie mit der linken Maustaste ein Fenster um die jeweiligen Objekte. Um aus dem vergrößerten Ausschnitt wieder herauszuzoomen, halten Sie die Strg-Taste gedrückt und ziehen Sie erneut ein Fenster auf oder klicken Sie in die gewählte Ansicht hinein.

Übersicht

In der Menüleiste eines jeden Fensters der 3D-Ansicht befindet sich das Menü „Bearbeiten", das die Funktionen für die Bildübersicht zusammenfasst.

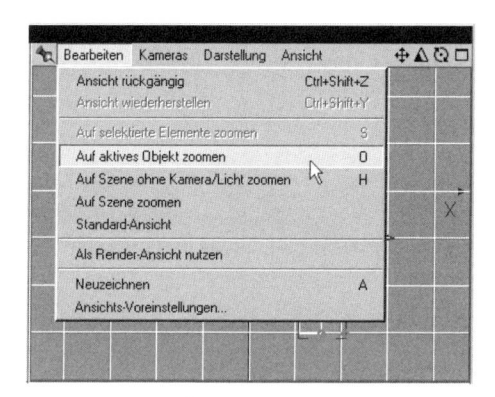

Abbildung 2.55: Übersichtsoptionen in der 3D-Ansicht

Hier stehen nun vier verschiedene Möglichkeiten zur Verfügung, um automatisch den gewünschten Bildausschnitt zu erhalten:
1. **Auf aktives Objekt zoomen** vergrößert die Darstellung des ausgewählten 3D-Körpers auf die maximale Größe im Ansichtsfenster.
2. **Auf Szene ohne Kamera/Licht zoomen** zeigt alle 3D-Körper im Ansichtsfenster ohne die beiden genannten Objekte, welche oftmals außerhalb der Szene liegen.
3. **Auf Szene zoomen** zeigt alle Objekte in der 3D-Ansicht an.

2 – Cinema 4D

- Standard-Ansicht setzt die Bildausschnitte der einzelnen Fenster auf das Anfangsstadium zurück.

Erstellen Sie nun die letzten beiden Grundkörper Ihrer Zeichnung:

Fügen Sie zunächst einen Ring in Ihre Zeichnung ein.

Justieren Sie die Eigenschaften des Rings, indem Sie im Objekt-Manager durch einen Doppelklick auf das Ring-Icon die Dialogbox aufrufen. Verändern Sie den „Radius Ring" auf einen Wert von 60 m und geben Sie bei „Radius Rohr" 40 m ein.

Abbildung 2.56: Eingabe der Ringparameter

Daraufhin verschieben Sie den Ring in X-Richtung um 350 m, indem Sie den entsprechenden Wert im Koordinaten-Manager eingeben.

Der Positionswert des Rings wird nur dann angezeigt, wenn Sie auch das Icon für „Objekt bearbeiten" gedrückt haben.

Zum Schluss fehlt noch ein Kegel, welcher die Lücke zwischen dem Zylinder und dem Ring schließt.

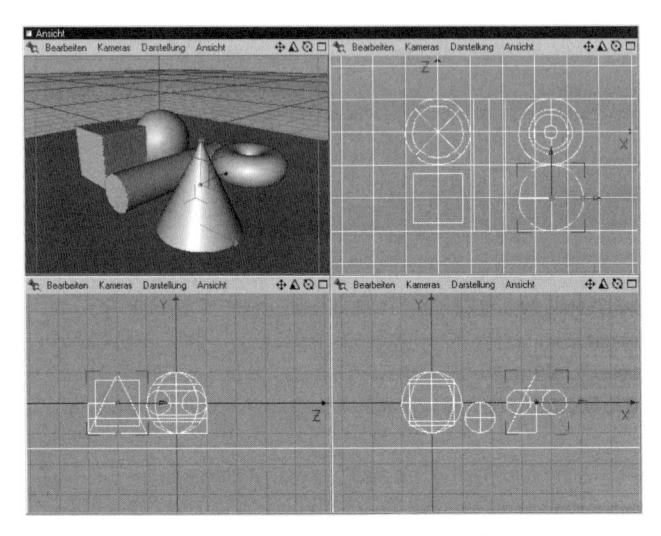

Abbildung 2.57: Die fertige Szene in der 3D-Ansicht

Verschieben Sie anschließend den Kegel in X-Richtung um 350 m und in Z-Richtung um −200 m.

Öffnen Sie in der perspektivischen Ansicht das Menü „Bearbeiten" und wählen Sie die Funktion „Auf Szene zoomen". Die Grundkörper sind nun optimal im Ansichtsfenster platziert. Für die anderen Ansichten können Sie jeweils dieselbe Funktion benutzen oder verschieben Sie manuell den Bildausschnitt mit der Funktion „Kamera bearbeiten".

2.2.7 Darstellungsmodus

Alle Ansichtsfenster lassen sich in ihrer Darstellungsweise frei konfigurieren. Die Qualität der Darstellung hängt in erster Linie von der Leistungsfähigkeit Ihres Computers ab, da bei komplexen Szenen der Bildaufbau in einer niedrigeren Darstellungsqualität wesentlich schneller vonstatten geht.

Vergrößern Sie jetzt das perspektivische Fenster auf seine volle Größe, indem Sie entweder in der Menüleiste eines beliebigen Fensters unter „Ansicht" die Ansicht 1 auswählen oder in der Menüleiste der perspektivischen Ansicht das Icon für Maximieren drücken (rechts oben).

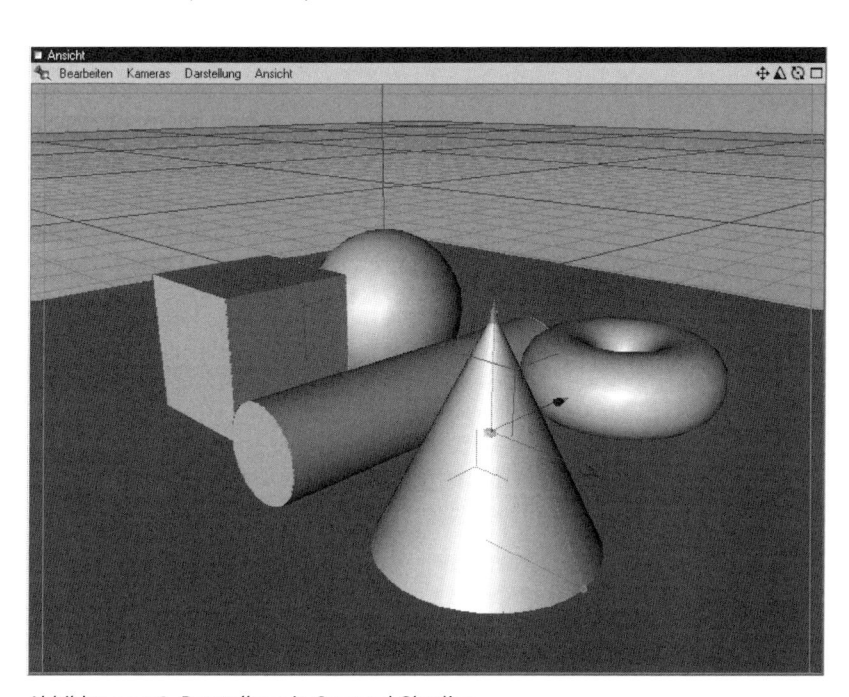

Abbildung 2.58: Darstellung in Gouraud-Shading

Öffnen Sie in der Menüleiste der 3D-Ansicht das Menü „Darstellung" und Sie erhalten einen Überblick über die verschiedenen Darstellungsformen:

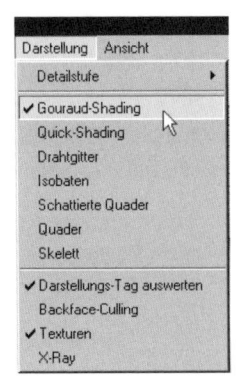

Abbildung 2.59: Einstellung des Darstellungsmodus

- **Gouraud-Shading**: Hierbei wird vom Programm eine imaginäre Lichtquelle aus der Sicht der Kamera erzeugt, und die gesamte Szene ohne Schatten, aber schattiert dargestellt. Diese Option eignet sich hervorragend dafür, um die Szene vor dem Rendering zu überprüfen. Haben Sie bereits einige Lichtquellen in der Zeichnung erstellt, so werden deren Auswirkungen (ohne Schatten) angezeigt.

- **Quick-Shading**: Es arbeitet ähnlich wie das Gouraud-Shading, jedoch ohne die Berücksichtigung der vom Benutzer gesetzten Lichtquellen. Seine Darstellungsweise entspricht also dem Gouraud-Shading, wenn noch keine Lichtquelle eingesetzt wurde.

- **Drahtgitter**: Der beste Weg, eine Szene mit allen Einzelheiten, aber mit geringem Rechenaufwand seitens des Computers abzubilden. Die Körper werden unschattiert und polygonal aufgezeigt, so dass auch Änderungen an der Geometrie sehr leicht zu lösen sind.

- **Isobaten**: Alle Objekte werden ähnlich wie die Volumenkörper im CAD-Bereich, nur mit den notwendigen Kurven dargestellt. Ohne große Prozessorleistung lässt sich damit eine Szenerie in der Konstruktionsphase sehr übersichtlich abbilden und bearbeiten. Verwenden Sie diese Einstellung vor allem zur Korrektur von Animationssequenzen, da Rechenvorgänge durch den Bildaufbau minimiert sind und ein flüssiger Kameraablauf gewährleistet ist.

- **Schattierte Quader**: Mit dieser Option werden alle Körper mit ihrer maximalen Umgrenzung dargestellt. Dabei ist es völlig gleichgültig, ob es sich um eine Pyramide, einen Kegel oder einen anderen nicht kubischen Körper handelt. Der Körper wird in seiner Höhe, Länge und Tiefe bemessen und daraufhin in seinen Ausdehnungen quaderförmig abgebildet.

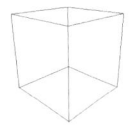

- **Quader**: Wir bewegen uns in der Darstellungsqualität immer weiter abwärts und in der Geschwindigkeit des Bildaufbaus weiter nach oben. Der Vorgang entspricht bei der „Quader-Darstellung" genau demselben Prozess wie bei der Dar-

stellung „Schattierte-Quader", nur ist hier ein noch schnellerer Bildaufbau gewährleistet, weil die Rechenvorgänge des Schattierens entfallen.
- **Skelett:** Die sparsamste Darstellung zeigt in diesem Falle nur einen Punkt. Bei Inverser Kinematik, also dem Verknüpfen von Gelenkteilen, werden hier auch die Unterobjekte angezeigt. Die „Skelett-Darstellung" eignet sich vor allem zur Bearbeitung von Character-Animationen, da hierbei keine störenden Flächen angezeigt werden.

2.2.8 Zusatzoption: Backface-Culling

Wenn Sie zusätzlich zur Drahtgitter-Darstellung die Option „Backface-Culling" im Menü „Darstellung" aktivieren, dann werden alle Flächen, welche nicht in die Richtung des Betrachters weisen, ausgeblendet.

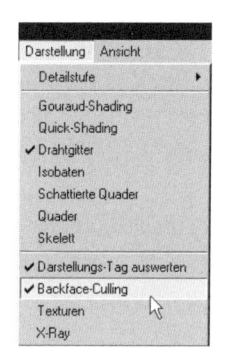

Abbildung 2.60: Aktivieren Sie das Backface-Culling, wenn Sie sich in der Drahtgitter-Darstellung befinden

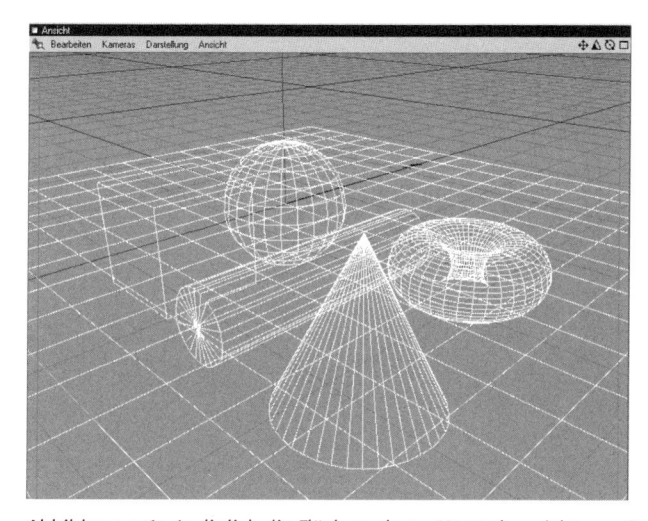

Abbildung 2.61: Lediglich die Flächen, deren Normalen nicht zum Betrachter zeigen, werden ausgeblendet.

Verwechseln Sie diese Option nicht mit der Funktion „Verdecken" aus dem CAD! Hier werden keine unsichtbaren Flächen verdeckt, sondern nur diejenigen, deren Flächennormalen nicht zum Betrachter weisen.

Besonders anschaulich wird es durch die Sichtbarkeit an den inneren Flächen des Rings. Auch wenn diese Flächen durch den vorderen Teil des Rings verdeckt sind, so werden diese trotzdem abgebildet. Hiermit lässt sich also kontrollieren, ob die Flächen in Ihrem Modell richtig ausgerichtet sind.

2.2.9 Rendern

Um von einer Szene ein hochauflösendes Bild zu erstellen, wird innerhalb der Visualisierungs-Software der so genannte Renderer gestartet. Dieser Rendervorgang berechnet alle Flächen der Objekte unter Berücksichtigung der Lichtquellen und der Oberflächenmaterialien. Wenn man sich bei den verschiedenen Darstellungsarten von Cinema 4D (Gouraud-Shading, Quick-Shading usw.) in Echtzeit durch die Szene bewegt, so fällt auf, dass die Qualität der Abbildung nicht den höchsten Ansprüchen genügt. Erst durch das Rendern wird ein Fotorealismus möglich, da alle Körper mit exakten Schattierungen versehen werden und die Lichtquellen nach Wunsch unterschiedliche Arten von Schatten werfen.

Das Wichtigste an einer fotorealistischen Szene ist zweifelsohne die Beleuchtung. In Kapitel 4 wird dieser Bereich genau besprochen, und soll daher hier nur ansatzweise behandelt werden.

Teilen Sie die 3D-Ansicht in vier Ansichtsfenster auf und verkleinern Sie den Bildausschnitt des Grundrissfensters (Icon Lupe und `Strg`-Taste), damit die Lichtquelle anschließend sichtbar ist.

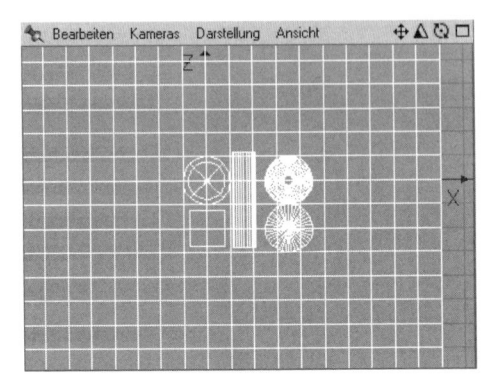

Abbildung 2.62: Verkleinern des Grundrissfensters mit dem Icon „Lupe" und der Strg-Taste

Als Nächstes wählen Sie in der Datei-Menüleiste „Objekte\Szene-Objekte" den Eintrag „Lichtquelle" oder klicken Sie das entsprechende Icon in der Befehls-Gruppe „Szene-Objekte" an.

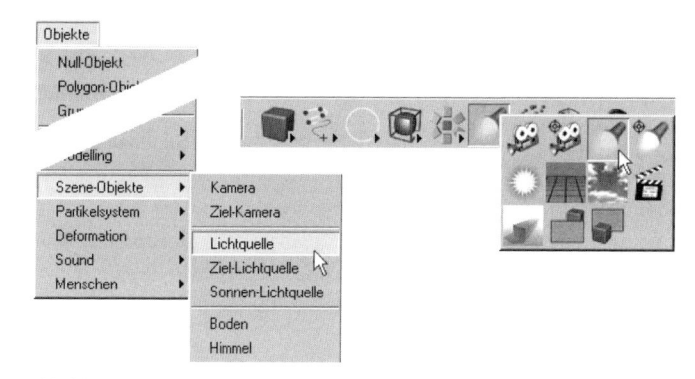

Abbildung 2.63: Einfügen der Lichtquelle

Die Lichtquelle wird daraufhin auf dem Nullpunkt eingesetzt und liegt somit mitten in der Kugel. Beachten Sie den Objekt-Manager, dort wird die Lichtquelle ebenso aufgeführt und von dort aus wird sie später auch justiert.

Als Erstes muss dieses Licht so verschoben werden, dass die Szene von unserer Perspektive aus gut beleuchtet ist.

① Stellen Sie sicher, dass die Lichtquelle aktiv ist (überzeugen Sie sich durch den roten Schriftzug „Lichtquelle" im Objekt-Manager).

② Klicken Sie auf das Icon für „Objekt bearbeiten".

③ Aktivieren Sie die Verschieberichtungen X und Z.

④ Klicken Sie in der Befehls-Palette auf das Icon für „Verschieben".

⑤ Klicken Sie mit der Maus auf eine beliebige Stelle im Grundrissfenster und verschieben Sie die Lichtquelle an die Position X = 500, Z = -500.

⑥ Schalten Sie dann die Verschieberichtungen so um, dass nur die Y-Richtung aktiv ist.

⑦ Verschieben Sie nun die Lichtquelle auf die Position Y = 500.

Es ist wesentlich besser, die Positionierung von Lichtquellen manuell vorzunehmen als im Koordinaten-Manager, da man bei diesem Vorgang sehr oft Standorte testen muss, ehe die Wirkung des Lichts zufriedenstellend ist.

Anschließend muss der Lichtquelle noch ein Schatten zugewiesen werden. Doppelklicken Sie dafür auf das Icon der Lichtquelle im Objekt-Manager, so dass sich die dazugehörige Dialogbox öffnet. Wie bereits gesagt, wird erst in Kapitel 4 auf die zahlreichen Möglichkeiten der Beleuchtung eingegangen und somit stellen Sie lediglich einen weichen Schatten im Pop-Up-Menü für „Schatten" ein.

88 2 – Cinema 4D

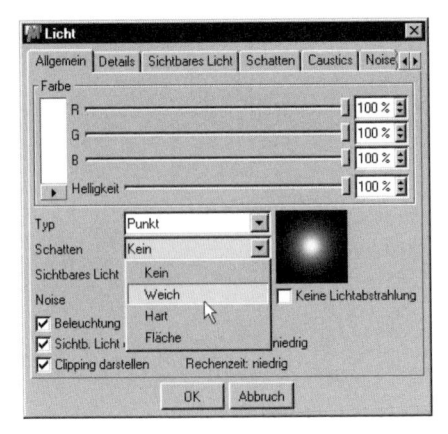

Abbildung 2.64: Einstellen des weichen Schattens

Öffnen Sie nun in der Datei-Menüleiste das Menü „Rendern" und betrachten Sie die unterschiedlichen Möglichkeiten des Renderns.

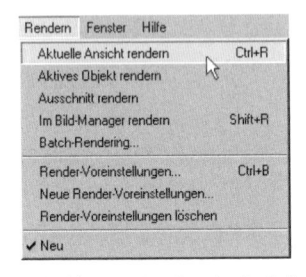

Abbildung 2.65: Renderfunktionen

- ⑧ **Aktuelle Ansicht rendern:** Wählen Sie diesen Befehl für Proberenderings, welche nicht gespeichert werden sollen. Sie können jedes beliebige Ansichtsfenster berechnen lassen, sofern es aktiv ist. Klicken Sie mit dem Mauszeiger in die gewünschte Ansicht und wählen Sie daraufhin diesen Befehl.

- ⑨ **Aktives Objekt rendern:** Möchten Sie lediglich ein bestimmtes Objekt in seiner Eigenschaft fotorealistisch überprüfen, dann aktivieren Sie das jeweilige Objekt im Objekt-Manager und wählen anschließend diesen Befehl.

- ⑩ **Ausschnitt rendern:** Um auf dem schnellsten Weg die Details innerhalb einer Szene zu beurteilen, wählen Sie diesen Befehl und ziehen mit gedrückter linker Maustaste einen Rahmen um den gewünschten Bildausschnitt auf. Anschließend wird nur dieser Bereich berechnet.

- ⑪ **Im Bild-Manager rendern:** Hiermit lässt sich die Szene aus der perspektivischen 3D-Ansicht berechnen und abspeichern. Es ist hierfür jedoch notwendig, die speziellen Parameter wie Name und Bildauflösung sowie zahlreiche andere Einstellungen vorher unter den „Render-Voreinstellungen" festzulegen.

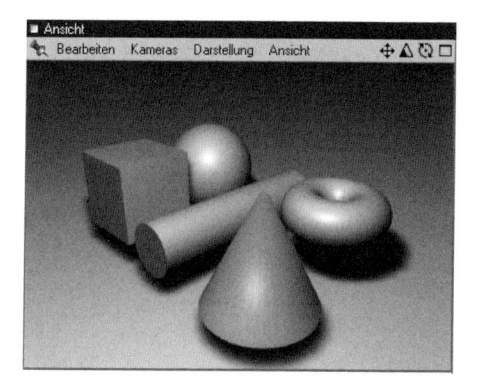

Abbildung 2.66: Ergebnis des Befehls „Aktuelle Ansicht rendern"

2.2.10 Render-Voreinstellungen

In diesem Fenster lassen sich unter anderem die Feineinstellungen, Bildausgabekriterien und Speicherpfade des Renderings definieren. Das Fenster der Render-Voreinstellungen beinhaltet zehn Seiten unterschiedlicher Kategorien, welche in den folgenden Kapiteln eingehend behandelt werden. An dieser Stelle sollen nur kurz jene Einstellungen besprochen werden, welche zum Rendern des Einzelbildes unserer Übung notwendig sind.

Seite „Allgemein"

Name: Dieses Feld bezieht sich lediglich auf den Namen der Voreinstellungen. Wenn Sie spezielle Render-Voreinstellungen für bestimmte Projekte verwenden oder generell mit einer benutzerspezifischen Einstellung arbeiten, so lässt sich diese Voreinstellung unter einem beliebigen Namen abspeichern und bei einem neuen Projekt wiederverwenden.

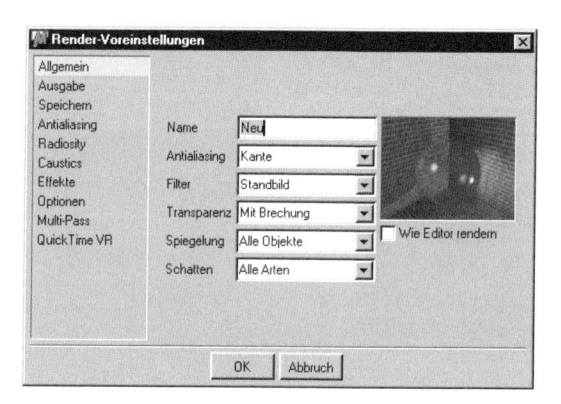

Abbildung 2.67: Seite „Allgemein"

Antialiasing: Da die Anzeige eines Röhrenmonitors aus einzelnen kleinen Rechtecken besteht, entsteht bei schrägen Linien der bekannte Treppeneffekt.

Um diesen Treppeneffekt zu umgehen, werden beispielsweise bei schrägen Kanten einzelne Pixel in abgeschwächtem Farbton hinzugefügt. Das hat zur Folge, dass die treppenartigen Rechtecke leicht verschwimmen und daher sauber und gerade erscheinen. Stellen Sie hier ein, wie genau das Antialiasing angewandt werden soll.

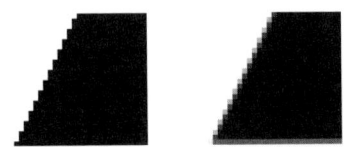

Abbildung 2.68: Kante ohne und mit Antialiasing

Die Einstellung „Ohne" bewirkt keinerlei Kantenglättung, benötigt aber auch nur geringe Rechenzeiten. Mit der Einstellung „Kante" bewegen Sie sich im Mittelfeld von Renderqualität und Renderzeit.. Die Einstellung „Bestes" ist schließlich jene Option, mit der Sie ausgesprochen hochwertige Ergebnisse erzielen.
Wählen Sie folglich „Bestes".
Filter: Der Unterschied der beiden Auswahlmöglichkeiten „Standbild" und „Animation" besteht darin, dass die Bilder einer Animation eine leichte Unschärfe aufweisen, was beim Abspielen des Films einen flüssigeren Ablauf verursacht. Mit dem Filter „Standbild" wird dagegen das Bild in voller Schärfe ausgegeben.
Wählen Sie hier „Standbild".
Schatten: Man kann die Schattenberechnung ausschalten oder sie auf weiche Schatten beschränken. Die besten Ergebnisse werden selbstverständlich mit der Einstellung „Alle Arten" erzielt".
Wählen Sie hier „Alle Arten".

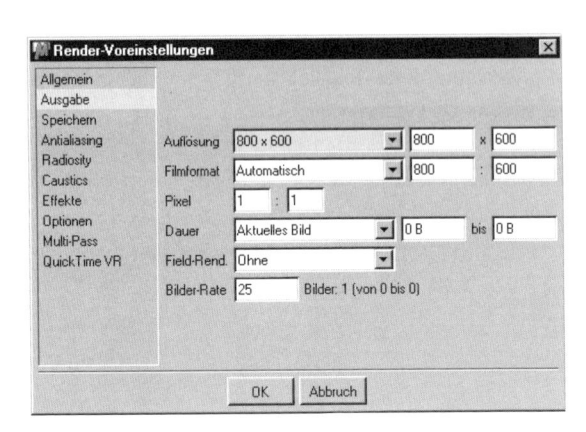

Abbildung 2.69: Seite „Ausgabe"

Seite „Ausgabe"
Auflösung: Stellen Sie hier die Bildgröße des zu berechnenden Renderings ein. Nur ein Tipp: Wenn Sie vorhaben, Ihr Rendering auszudrucken, dann müssen Sie mit ei-

ner Bildauflösung von mindestens 1280x1024 Bildpunkten arbeiten, um ein DIN A4 großes Bild in guter Qualität zu erhalten.

Für Bildschirmpräsentationen sind die Auflösungen von 800x600 oder 1024x768 zu empfehlen. Bei Computeranimationen sollte aus Gründen der Datenübertragungsrate eine Größe von 640x480 gewählt werden.

Wählen Sie hier „800x600".

Filmformat: Diese Option ist lediglich für die anschließende analoge Überarbeitung notwendig, wo die Bildbreite der Computerbilder auf ein Normmaß für Studioarbeiten gesetzt werden kann.

Wählen Sie hier „Automatisch".

Dauer: Dieses Feld ist besonders bei Animationen von großer Bedeutung. Hier kann man entweder das aktuelle Bild, eine gewisse Zeitspanne innerhalb der Animation oder die gesamte Animation berechnen lassen. Eine weitere Funktion ist die Dauer des Vorschaubereichs, welchen Sie in der Zeitleiste (siehe Kapitel 5) definieren.

Wählen Sie hier „Aktuelles Bild".

Seite „Speichern"

Pfad: Bestimmen Sie den Ordner auf Ihrer Festplatte, in welchem das Bild gespeichert wird, und geben Sie den gewünschten Namen ein.

Tragen Sie „Übung 1" ein.

Format: Geben Sie hier Ihr Zielformat für die zu erstellende Bild- oder Filmdatei an. Für die in den Kapiteln 2, 3 und 4 besprochenen Bilddateien ist jeweils das TIFF-Format sehr zu empfehlen, weil sich dabei keinerlei Qualitätsverlust durch Datenkomprimierung ergibt. Die meisten der Formate sind in Kapitel 1 ausführlich beschrieben.

Wählen Sie hier das TIFF-Format.

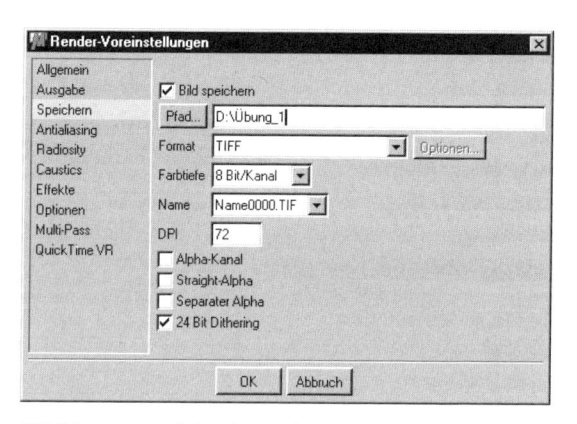

Abbildung 2.70: Kein Abspeichern der Bilder ohne die Render-Voreinstellungen

Name: In diesem Feld wird lediglich die Nummerierung der einzeln abzuspeichernden Bilder eingestellt, nicht jedoch der Speichername vergeben. Wenn Sie eine Animation in Einzelbildern erstellen, dann werden alle Renderings mit einer chronologischen Nummerierung versehen. Da der Computer bei einer Archivierung der Dateien die Nummer 10 beispielsweise vor der Nummer 1 auflistet, ist es also notwendig, vor die jeweiligen Ziffern eine 0 zu setzen. Somit steht das erste Bild als Nummer 01 vor der Nummer 10 in der Datenbank. Hier können Sie also auswählen, wie viele Nullen vor der Bildnummer stehen, damit die Bilder in der richtigen Reihenfolge aufgelistet werden.

Haben Sie keine Sequenzen in der Zeitleiste definiert, dann kann dieses Feld übergangen werden, weil nur das aktuelle Bild berechnet wird.

Nachdem Sie alle diese Voreinstellungen vorgenommen haben, kann die Szene gerendert werden. Klicken Sie nun in der Datei-Menüleiste auf „Rendern" und wählen Sie den Befehl „Im Bild-Manager rendern".

Daraufhin öffnet sich ein Fenster, in welchem das Bild berechnet und anschließend unter dem gewünschten Namen gespeichert wird. Sichern Sie Ihre Datei und lesen Sie im nächsten Abschnitt, wie die Szene mit verschiedenen Materialien versehen wird.

Abbildung 2.71: Ergebnis von Übung 1

3 Materialien

Spricht man innerhalb von Cinema 4D von einem Material, so handelt es sich hierbei um eine Komposition verschiedenster Oberflächeneffekte, welche einem 3D-Modell den notwendigen Realismus verleihen. Diese Effekte sind mit ihren Einstellungen jederzeit manipulierbar bzw. parametrisch veränderbar. Darüber hinaus können Materialien mit einem Pixelbild hinterlegt werden, so dass sich beispielsweise die Oberfläche von Holz oder Marmor innerhalb der Szene abbilden lässt (Kapitel 3.2).

Ein Material besteht folglich aus zwei Kategorien:
- Parameter (justierbare Effekte wie Spiegelung oder Farbe)
- Texturen (unterstützende Pixelbilder von Holz, Stein ...)

Der erste Teil dieses Kapitels beschäftigt sich mit den parametrischen Funktionen von Cinema 4D, welche ohne hinzugeladene Texturen zum Einsatz kommen.

Abbildung 3.1: Ergebnis von Übung 4

In den Abschnitten 3.3 bis 3.4 werden Materialien behandelt, welchen eine Textur zugrunde liegt. Der Umgang mit den Texturen wird daraufhin anhand zweier Workshops erläutert.

3.1 Parametrische Oberflächen

Öffnen Sie Ihre Datei mit den sechs Grundkörpern oder laden Sie die Datei „Übung_1" von der mitgelieferten CD. Wählen Sie daraufhin in der Menüleiste des Material-Managers im Menü „Datei" den Befehl „Neues Material".

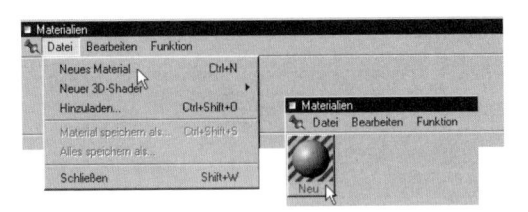

Abbildung 3.2: Erstellen eines neuen Materials im Material-Manager

Daraufhin erscheint das Icon des ersten Materials als kugelförmige Voransicht. Dieses Icon wird jeder Veränderung innerhalb des Materials automatisch angepasst, so dass sich meist auch ohne namentliche Kennzeichnung die jeweiligen Materialien leicht unterscheiden lassen. Vergeben Sie dennoch einen Materialnamen, indem Sie entweder in der Menüleiste unter „Funktion" den Befehl „Umbenennen" wählen oder gleich mit einem Doppelklick auf die Bezeichnung „Neu" die dazugehörige Dialogbox öffnen.

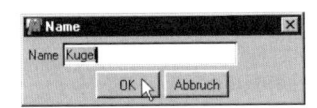

Abbildung 3.3: Umbenennen des Materials

Tragen Sie im Dialogfenster den Namen „Kugel" ein und bestätigen Sie mit „OK". Um das Material zu bearbeiten, klicken Sie jetzt doppelt auf das Icon des neuen Materials.

Im Material-Dialogfenster, welches sich daraufhin öffnet, werden alle Einstellungen vorgenommen, um ein realistisches Material zu erstellen. Hier lassen sich die jeweiligen Oberflächeneffekte (in Cinema 4D spricht man von „Kanälen") wie Farbe oder Transparenz bestimmen.

Das Material-Dialogfenster ist mehr oder weniger in zwei funktionale Hälften unterteilt. Im linken Bereich sehen Sie das Vorschaubild des Materials und die Liste der vorhandenen Kanäle, vor denen jeweils ein Kontrollkästchen steht. Das rechte Feld trägt derzeit den Namen „Farbe" bzw. „Textur" und bietet zahlreiche Einstellmöglichkeiten. Das System hierbei ist relativ einfach. Tragen Sie im linken Feld bei einem beliebigen Kanal ein Häkchen ein, um diesen zu aktivieren. Für die weitere Bearbeitung des Kanals klicken Sie auf den daneben stehenden Namen (z.B. Spiegelung) und in der rechten Hälfte des Fensters erscheinen die dazugehörigen Einstellmöglichkeiten.

Parametrische Oberflächen **95**

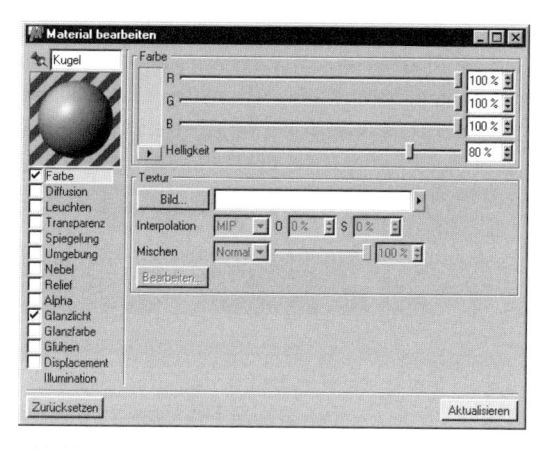

Abbildung 3.4: Material-Dialogfenster

3.1.1 Farbe-Kanal

Für die Kugel erstellen Sie nun ein blaues Material, welches ähnlich wie bei einer Billardkugel ein breites Glanzlicht aufweist.

Wir befinden uns mit Cinema 4D standardmäßig im so genannten RGB-Modus, welcher die drei Farben Rot, Grün und Blau umfaßt. Jede der 16 Millionen möglichen Farben enthält jeweils einen bestimmten Anteil dieser drei Farben. Bei einem hundertprozentigen Anteil von Rot, Grün und Blau entsteht die Farbe Weiß. Das hat mit der Intensität zu tun, mit welcher die Bildpunkte des Monitors angestrahlt werden, und weniger mit dem Farbkreis aus der Malerei.

- **Farbe:** Sie können nun entweder mit den Schiebereglern der einzelnen Farben einen blauen Farbton erstellen oder Sie wählen ihn direkt aus der Farbtabelle aus. Die Farbtabelle öffnet sich, indem Sie das derzeit graue Feld links neben den Farbreglern mit einem Doppelklick anwählen.

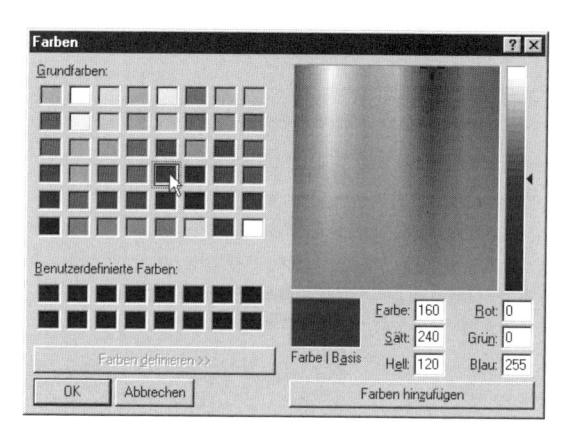

Abbildung 3.5: Farbtabelle mit den 48 Grundfarben

Wählen Sie aus dem Bereich „Grundfarben" der Farbtabelle ein reines Blau und bestätigen Sie mit OK.

Das Vorschaubild der Kugel hat die Änderung automatisch übernommen und zeigt sich nun im reinen Blau mit einem flachen Glanzlicht. Parallel dazu können Sie den Farbwert überprüfen, indem Sie die Einstellungen der Farbregler betrachten. Rot und Grün sind mit Null Prozent Farbanteil nicht im derzeitigen Material enthalten. Das Material besteht ausschließlich aus der Farbe Blau.

- **Helligkeit:** Hiermit regeln Sie, wie stark die Farbe des Materials in Erscheinung tritt. Ist der Helligkeitsregler bei 0%, dann beinhaltet dieses Material keinerlei Farbanteil und es entsteht die Farbe Schwarz.
  Stellen Sie den Helligkeitsregler auf 100%.
- **Textur:** Sie können hier ein beliebiges Pixelbild einfügen, welches auf das 3D-Objekt projiziert wird. Lesen Sie diesen Vorgang ausführlich in Kapitel 3.2.

Wechseln Sie nun in den Glanzlicht-Kanal, indem Sie die gleichnamige Bezeichnung in der linken Spalte des Material-Dialogfensters anklicken.

3.1.2 Glanzlicht-Kanal

Auf dieser Seite sehen Sie eine parabelförmige Darstellung des aktuellen Glanzlichts. Je höher die Kurve verläuft, desto stärker tritt das Glanzlicht in Erscheinung. Die Ausdehnung in der Breite gibt an, wie groß sich der Glanzpunkt auf dem Objekt verteilt.

Das darunter liegende Pop-Up-Menü „Modus" bestimmt den Typ des Glanzlichts. Darin befinden sich drei Einstellungen – Plastik, Metall und Farbig. Die Wahl dieser Modi beeinflußt vor allem die Gesamtwirkung des Materials.

- **Metall:** Der Modus „Metall" bewirkt ein wesentlich kühleres Erscheinungsbild, da sich die gewählte Farbe ausschließlich im Glanzpunkt widerspiegelt, während der Rest des Materials stark abgedunkelt wird.
- **Plastik:** Anders verhält es sich beim Modus „Plastik". Dort bleibt die Farbe des Materials erhalten und der Glanzpunkt tritt als reiner weißer Fleck auf.
- **Farbig:** Wird der Modus „Farbig" angewählt, so erscheint das Glanzlicht überaus flach, da für die Reflexion die Materialfarbe verwendet wird.
- **Breite:** Hier definieren Sie die Ausdehnung des Glanzpunkts. Je höher dieser Wert liegt, desto größer tritt die Reflexion auf.
- **Höhe:** Verringern Sie diesen Wert, je geringer die Reflexion erscheinen soll und umgekehrt.
- **Abnahme:** Eine neue Funktion der Version XL7. Der Übergang vom hellen Zentrum des Glanzpunkts zur farbigen Oberfläche kann intensiviert oder herabgesetzt werden.
- **Innere Breite:** Vergrößern Sie hiermit den hellen Bereich der Reflexion.

Stellen Sie im Glanzlicht-Kanal den Modus „Plastik" ein und justieren Sie mit den dazugehörigen Glanzlichtreglern die Breite auf 70% und die Höhe auf 90%.

Das Ergebnis in der Voransicht zeigt nun ein sehr kunststoffartiges Material, welches in seiner Wirkung einen mittleren Härtegrad vermuten lässt. Um diesem Material eine härtere Konsistenz zu verleihen, muss im weiteren Verlauf eine leichte Spiegelung hinzugefügt werden.

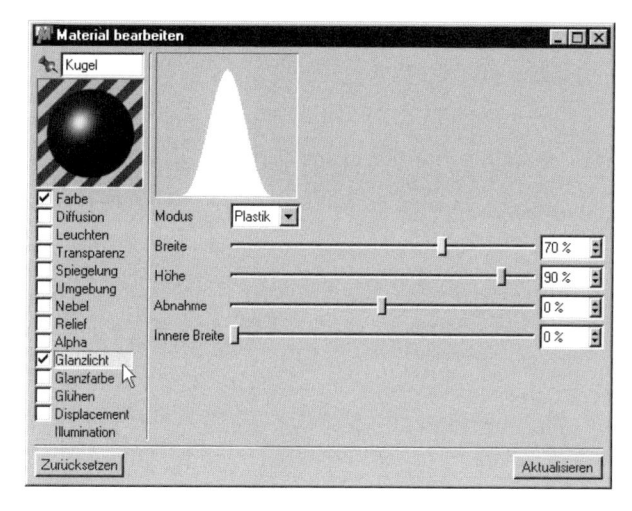

Abbildung 3.6: Erstellen Sie ein hohes und mittelbreites Glanzlicht

3.1.3 Spiegelung-Kanal

Wählen Sie zuerst das Kontrollkästchen für die Spiegelung an, um diesen Kanal zu aktivieren, und klicken Sie daraufhin auf den nebenliegenden Befehl „Spiegelung".

Alle dazugehörigen Einstellmöglichkeiten werden auf der rechten Seite des Dialogfensters sichtbar und in der Voransicht zeichnet sich die Spiegelung eines Baumes auf der Oberfläche der Kugel ab.

Die Darstellung des Baumes hat lediglich den Zweck, die Intensität der Spiegelung in der Voransicht zu veranschaulichen, und tritt nicht in Ihrem Modell auf.

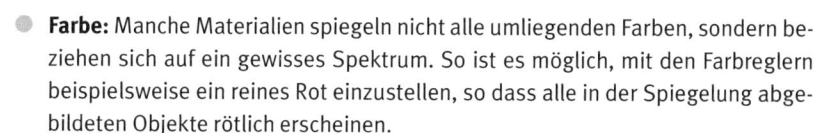

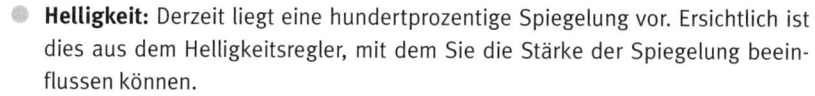

- **Farbe:** Manche Materialien spiegeln nicht alle umliegenden Farben, sondern beziehen sich auf ein gewisses Spektrum. So ist es möglich, mit den Farbreglern beispielsweise ein reines Rot einzustellen, so dass alle in der Spiegelung abgebildeten Objekte rötlich erscheinen.
- **Helligkeit:** Derzeit liegt eine hundertprozentige Spiegelung vor. Ersichtlich ist dies aus dem Helligkeitsregler, mit dem Sie die Stärke der Spiegelung beeinflussen können.

Schieben Sie den Helligkeitsregler auf 20%, worauf die Spiegelung schwächer wird und das Material an optischer Härte gewinnt.
- **Textur:** Hier lässt sich vorzugsweise ein Pixelbild in sehr kontrastreicher Ausführung (schwarz/weiß) hinzuladen. Dieses Bild wird anschließend als Textur auf das 3D-Objekt projiziert, wobei wahlweise die dunklen oder hellen Stellen des Pixelbildes eine Spiegelung verhindern.
- **Matt:** Mit dem Eingabefeld „Streuung" lässt sich beispielsweise der Effekt von matten Metalloberflächen erzeugen. Je höher dieser Wert liegt, desto unschärfer werden die gespiegelten Objekte dargestellt. Die Genauigkeit stellt die Feinheit der Unschärfe dar.

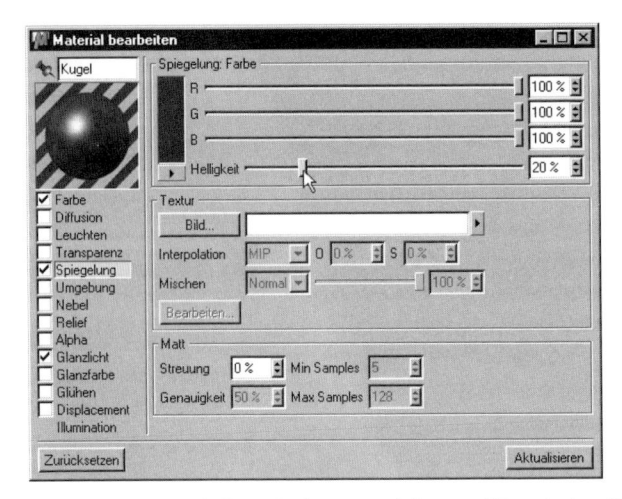

Abbildung 3.7: Verleihen Sie dem Material etwas Härte, indem Sie eine leichte Spiegelung beimischen

Um nun dieses Material der Kugel zuzuweisen, bestätigen Sie im Vorfeld Ihre Materialänderungen mit „Aktualisieren" und schließen daraufhin das Dialogfenster.

Greifen Sie das Icon „Kugel" aus dem Material-Manager, halten Sie die linke Maustaste gedrückt und ziehen Sie den Mauszeiger auf den Namen „Kugel" im Objekt-Manager. Der Mauszeiger ist während dieses Vorgangs mit einem kleinen Kästchen versehen.

Dieses Kästchen erhält ein Plus-Zeichen, wenn Sie das Material direkt in der 3D-Ansicht auf ein Objekt übertragen. Die Materialzuweisung über den Objekt-Manager ist allerdings etwas übersichtlicher.

In beiden Fällen erscheint daraufhin das Textur-Dialogfenster, welches erst in Kapitel 3.2 von Interesse sein wird und vorerst mit „OK" geschlossen werden kann.

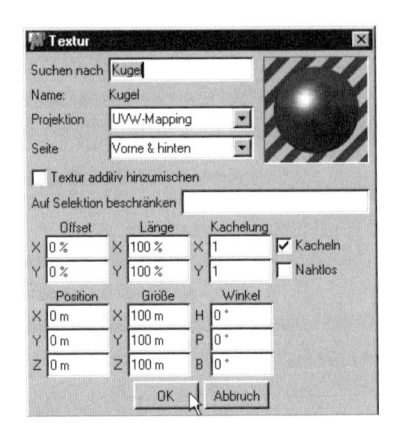

Abbildung 3.8: Übergehen Sie bei parametrischen Materialien das Textur- Dialogfenster

Der Objekt-Manager zeigt jetzt in der Zeile der Kugel das Icon Ihres Materials an. Mit dieser Darstellung kann man sehr leicht kontrollieren, welches Objekt mit welchem Material versehen ist.

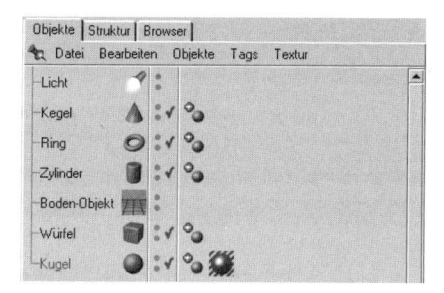

Abbildung 3.9: Das Material ist jetzt der Kugel zugewiesen

Rendern Sie Ihre Zeichnung nun im Ansichtsfenster.

3.1.4 Glühen-Kanal

Als Nächstes wird der Zylinder mit einem Material belegt, welches ähnlich wie ein Eisenstück glühen soll.

Erstellen Sie ein neues Material und benennen Sie es in „Zylinder" um.

Im Material-Dialogfenster wechseln Sie auf die Seite des Farbe-Kanals und stellen über die Schieberegler einen orangen Farbton ein (R = 100, G = 50, B = 25). Geben Sie als Nächstes einen Helligkeitswert von 100% ein.

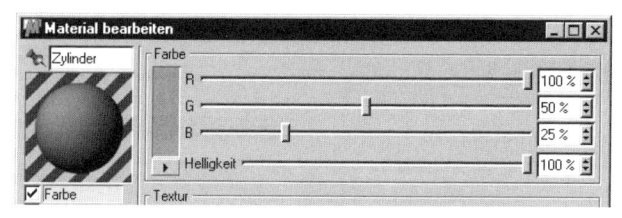

Abbildung 3.10: Farbwerte des Materials „Zylinder"

Da ein glühender Körper kein Glanzlicht aufweist, deaktivieren Sie diesen Kanal, indem Sie das Häkchen im dazugehörigen Kontrollkästchen entfernen. Aktivieren Sie stattdessen den Glühen-Kanal und wechseln Sie auf die entsprechende Eingabeseite. In der Voransicht können Sie bereits erkennen, wie dieser Effekt das Material beeinflusst.

- **Stärke innen:** Diese Einstellung gibt an, wie stark sich der Glüheffekt auf die Oberfläche des Körpers auswirkt. Das Material wird dadurch um den jeweiligen Wert erhellt.
- **Stärke außen:** Hiermit wird die Intensität der Abstrahlung des Glüheffekts angegeben. Je höher dieser Wert liegt, desto mehr wird der umliegende Raum durch das Glühen miteinbezogen.

- **Radius:** Bestimmen Sie dort, wie weit der Glüheffekt in den Raum vordringt. Für unser Beispiel tragen Sie als Radius einen Wert von 20 m ein.

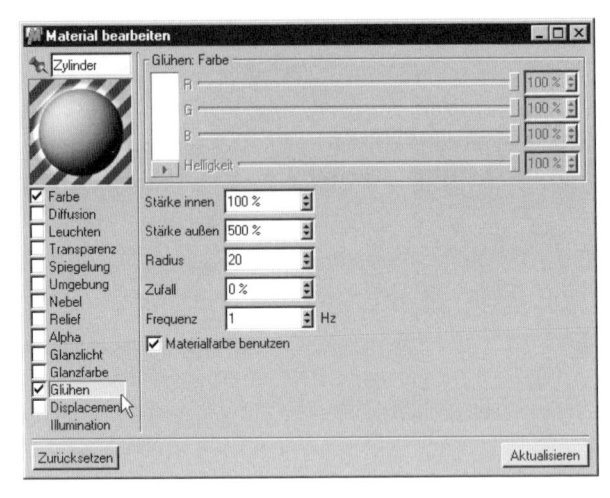

Abbildung 3.11: Verändern Sie den Radius des Glüheffekts auf 20 m

- **Zufall:** Dieser Wert spielt nur innerhalb von Animationen eine Rolle. Je höher der eingetragene Prozentwert, desto deutlicher treten Änderungen im Verhalten des Glüheffekts auf.
- **Frequenz:** In diesem Zusammenhang wird die Wiederholungsrate der bei „Zufall" angegebenen Glühveränderung eingestellt. Bei einer Animation mit 25 Bildern pro Sekunde bewirkt die Frequenz von 25 Hz eine Glühveränderung pro Bild. Damit ist beispielsweise das Flackern einer Leuchtschrift möglich.
- **Materialfarbe benutzen:** Ist dieses Kontrollkästchen mit einem Häkchen versehen, dann erscheint der Glüheffekt in genau dem Farbton, welcher im Farbe-Kanal eingestellt wurde. Soll jedoch der Farbton des Glühens unterschiedlich zur Materialfarbe sein, dann entfernen Sie dieses Häkchen und wählen Sie in der Farbtabelle des Glühen-Kanals die gewünschte Farbe aus.

Der Glüheffekt wird beim Rendervorgang erst nachträglich auf das Bild übertragen, da es sich hierbei um einen Farbfilter handelt. Wundern Sie sich daher nicht, wenn Sie beim Start des Rendervorgangs den Glüheffekt nicht sehen.

3.1.5 Leuchten-Kanal

Der Leuchten-Kanal wirkt sich nur auf die Schattierung einer Objektoberfläche aus. Stellen Sie sich eine Leuchtstoffröhre vor. Im ausgeschalteten Zustand wirkt sie durch die Schattierung der gerundeten Oberfläche sehr plastisch und es können sich auch einzelne Schatten von anderen Objekten darauf abzeichnen. Schaltet man sie ein, so erscheint die Oberfläche der Leuchtstoffröhre in einem einheitlichen Weiß ohne jegliche Schattierung und alle Schatten anderer Objekte sind verschwunden.

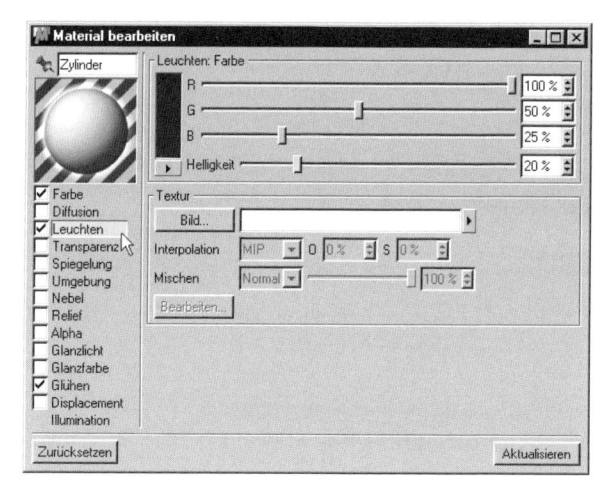

Abbildung 3.12: Der Leuchteffekt wirkt sich ohne Radiosity nicht auf die Umgebung aus

Dieser Effekt hat normalerweise keine beleuchtende Auswirkung auf die Umgebung, sondern eliminiert ausschließlich die abgedunkelten Bereiche auf der Materialoberfläche. Mit der Zusatzoption „Radiosity" in den Render-Voreinstellungen, lässt sich jedoch in der XL7-Version eine reelle Leuchtwirkung erzeugen, welche sich auf den umliegenden Raum auswirkt.

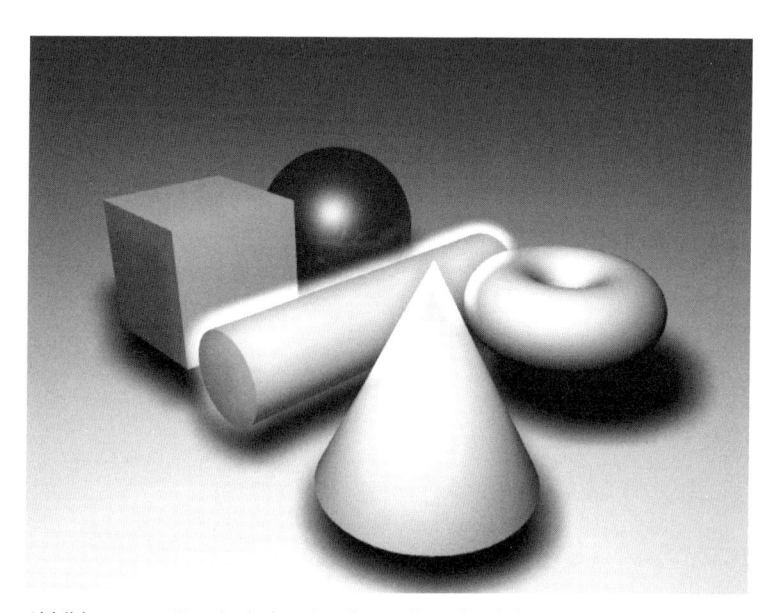

Abbildung 3.13: Datei mit den Kanälen Farbe, Glanzlicht, Glühen und Leuchten

Wenn in einer Szene einige Objekte sehr finster erscheinen, weil sie aufgrund der Beleuchtung zuwenig Licht reflektieren, dann könnte man sie mit dem Leuchten-

Kanal hervorheben. Der Leuchten-Kanal setzt sich je nach Intensität über jeden Schatten hinweg.

Geben Sie bei den Farbwerten für Rot = 100%, Grün = 50% und Blau = 25% ein und schieben Sie den Helligkeitswert des Leuchten-Kanals auf 20%. Aktualisieren Sie Ihr Material, übertragen Sie das Material wieder über den Objekt-Manager auf den Zylinder und rendern Sie Ihre Szene.

3.1.6 Transparenz-Kanal

Dieser Kanal muss in einem sehr ausgeklügelten Zusammenspiel verschiedener Faktoren gehandhabt werden, um ein absolut realistisch wirkendes gläsernes Material zu konfigurieren.

Erstellen Sie ein neues Material und nennen Sie es „Ring".

Ausschlaggebend ist in erster Linie der Farbanteil des Materials. Bekanntermaßen enthält z.B. Glas einen leicht grünlichen Farbton. Diese Farbe muss im Farbe-Kanal des Material-Dialogfensters eingetragen werden. Stellen Sie also sicher, dass der Farbe-Kanal mit einem Häkchen aktiv ist, und wählen Sie aus der Farbpalette ein dunkles Grün aus (R = 0%, G = 50%, B = 50%).

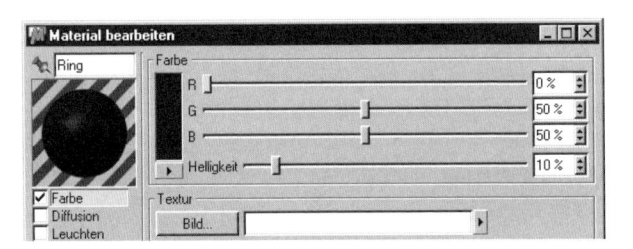

Abbildung 3.14: Einstellen des Farbanteils

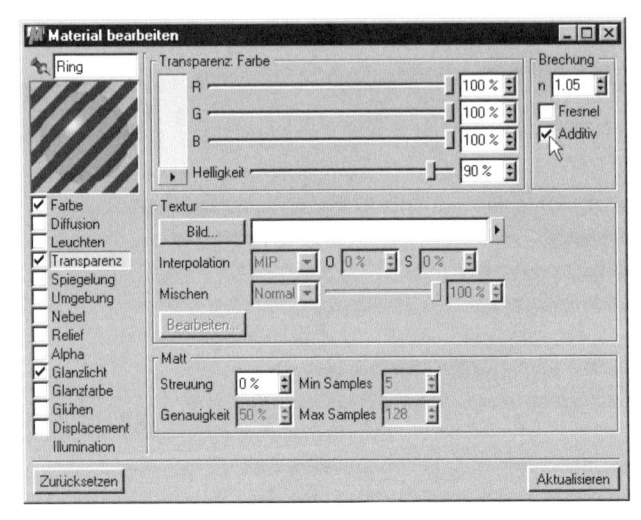

Abbildung 3.15: Beachten Sie die Aktivierung des Kontrollkästchens „Additiv"

Reduzieren Sie daraufhin den Farbanteil über den Helligkeitsregler auf 10%. Die Voransicht wirkt nun nahezu schwarz, jedoch reicht dieser Farbanteil aus, um der Transparenz später die richtige Wirkung zu verleihen.

Fügen Sie jetzt den Transparenz-Kanal hinzu und wechseln auf die dazugehörige Eingabeseite.

- **Farbe / Helligkeit:** In diesem Fall bestimmt die Helligkeit die Stärke der Transparenz, während sich die Farben direkt auf die Transparenz beziehen. Hätten Sie oben die Farbe Grün eingestellt, so würde das Material zwar transparent, aber durch und durch grün erscheinen.

Stellen Sie unter „Helligkeit" einen Wert von 90% ein, was zu einem nahezu durchsichtigen Material führt.

- **Brechung:** Von großer Bedeutung ist bei transparenten Materialien der Brechungsindex „n", welcher in physikalischer Weise die Ablenkung der Lichtstrahlen von der Auftritts- zur Austrittsfläche simuliert. Innerhalb eines festen durchsichtigen Körpers kann es zu Abweichungen in der Darstellung der dahinter liegenden Objekte kommen, wobei die Größe dieser Abweichungen hiermit einzustellen ist.
- **Fresnel:** Die Funktion „Fresnel" bewirkt eine Änderung des Brechungsindex je nach Betrachtungswinkel und spielt daher mehr oder weniger bei Animationen eine große Rolle.
- **Additiv:** Hiermit wird gewährleistet, dass zur eingestellten Transparenz auch die Farbanteile der anderen Kanäle (z.B. Farbe) hinzukommen.

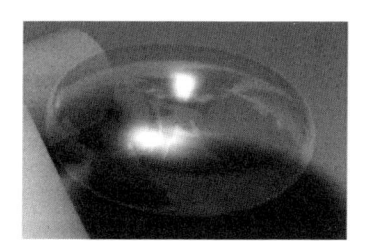

Abbildung 3.16: Material mit und ohne Brechungsindex

- **Textur:** Hier lässt sich vorzugsweise ein Pixelbild in sehr kontrastreicher Ausführung (schwarz/weiß) hinzuladen. Diese Bild wird anschließend als Textur auf das 3D-Objekt projiziert, wobei wahlweise die dunklen oder hellen Stellen des Pixelbildes eine Transparenz verhindern.
- **Matt:** Mit dem Eingabefeld „Streuung" lässt sich beispielsweise der Effekt von Milchglas erzeugen. Je höher dieser Wert liegt, desto mehr werden die durch das transparente Material betrachteten Objekte unscharf dargestellt. Die Genauigkeit stellt die Feinheit der Unschärfe dar.

Tragen Sie im Eingabefeld „Brechung n" den Wert von 1.05 ein und aktivieren Sie das Kontrollkästchen „Additiv". Fügen Sie dem Material anschließend noch ein Glanzlicht mit den Werten Breite = 35% bzw. Höhe = 80% hinzu und wählen Sie den Modus „Plastik".

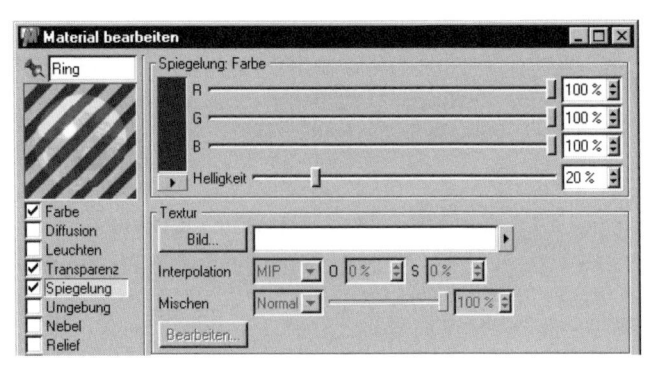

Abbildung 3.17: Hinzufügen der Spiegelung

Da Glas über eine Spiegelung verfügt, wenden Sie auch diesen Kanal an und geben Sie einen Spiegelungswert von 20% (Helligkeitsregler) ein. Weisen Sie daraufhin das Material dem Objekt „Ring" zu.

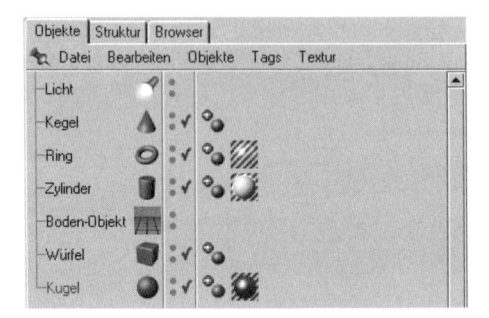

Abbildung 3.18: Die bisher zugewiesenen Materialien

Das Material könnte nahezu auf jede Glasfläche angewandt werden. Speichern Sie daher dieses Material ab, um auch in den nächsten Übungen bequem darauf zurückzugreifen.

Wählen Sie in der Menüleiste des Material-Managers „Datei" und daraufhin „Material speichern als...". Geben Sie im Eingabefeld den Namen „Glas" ein und sichern Sie Ihr Material vorzugsweise in einer separat eingerichteten Materialbibliothek.

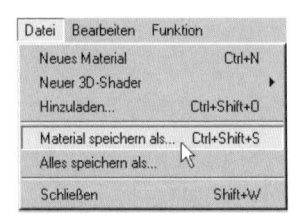

Abbildung 3.19: Ablegen des Materials in einer separaten Datenbank

3.1.7 Nebel-Kanal

Blickt man beispielsweise in einen mit Wasser gefüllten Pool, so verdunkelt sich das Wasser, je tiefer der Pool ist. Um diese zunehmende Farbintensität von Wasser oder auch Eis zu erzeugen, bedarf es eines Parameters, welcher die optische Dichte eines Materials berücksichtigt.

Erstellen Sie im Material-Manager ein neues Material und nennen Sie dieses „Würfel".

Deaktivieren Sie im Material-Dialogfenster den Farbe-Kanal bzw. das Glanzlicht und aktivieren Sie den Nebel-Kanal.

Das Vorschaufenster zeigt bereits die Wirkung dieses Effektes. Eine beliebig ausgewählte Farbe verdichtet sich zur Mitte der Kugel hin, welche in Abhängigkeit des Eingabefeldes „Distanz" ihre Durchsichtigkeit verliert.

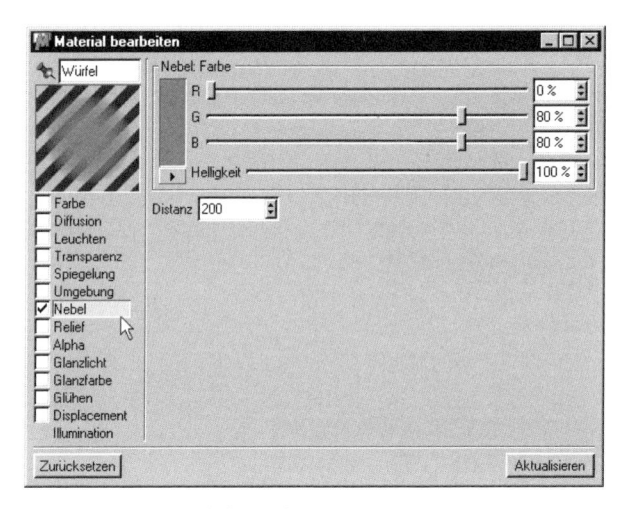

Abbildung 3.20: Nebel-Kanal

- **Farbe:** Wie auch beim Transparenz-Kanal, so lässt sich hier die Farbe des durchsichtigen Materialanteils eingeben.
Wählen Sie als Nebelfarbe ein leichtes Cyan aus (Rot = 0%, Grün = 80%, Blau = 80%).
- **Helligkeit:** Der Helligkeitsregler gibt die Stärke des Nebels an. Eine Helligkeit von 0% bewirkt keinerlei Durchsichtigkeit, während 100% den Nebel von Transparent auf Durchsichtig verlaufen lässt.
Belassen Sie den Helligkeitsregler auf 100%.
- **Distanz:** Der von Ihnen erstellte Würfel hat eine Kantenlänge von 150 m. Möchte man also erreichen, dass die Durchsichtigkeit auf die gesamte Größe des Würfels gesehen von 100% auf 0% abnimmt, muss der Wert von 150 m im Feld „Distanz" eingetragen werden. Eine geringere Distanz hätte zur Folge, dass der Würfel bereits vor dem Bereich des Mittelpunkts undurchsichtig erscheint.

Stellen Sie die Distanz auf 200 m ein. Aktivieren Sie den Farbe-Kanal und wechseln Sie auf die dazugehörige Seite im Material-Dialogfenster.

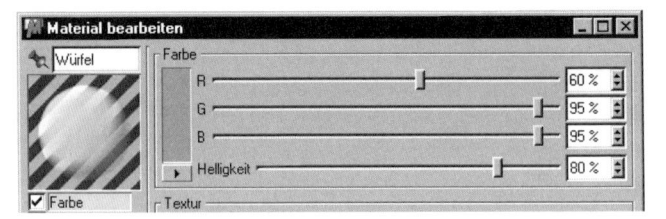

Abbildung 3.21: Farbe-Kanal des Materials „Würfel"

Durch das Beimischen von Materialfarbe lässt sich bewerkstelligen, dass sich auch die Oberfläche des Würfels abzeichnet, welche ja momentan noch kaum sichtbar ist.

Stellen Sie die Farben Rot = 60%, Grün = 95%, Blau = 95% und die Helligkeit auf 80% ein. Weisen Sie jetzt dieses Material dem Würfel zu und rendern Sie Ihre Szene.

3.1.8 Glanzfarbe-Kanal

Der letzte Kanal, den man ohne Textur-Koordinaten einsetzen kann, ist schließlich die Glanzfarbe. Glatte Objekte, welche ein Glanzlicht aufweisen, können diese Lichtfarbe aufgrund ihrer Materialbeschaffenheit unterschiedlich wiedergeben.

Erstellen Sie im Material-Manager das Material „Kegel" und rufen Sie das dazugehörige Material-Dialogfenster auf. Versuchen Sie nun, eine goldene Oberfläche für den Kegel herzustellen. Der erste Schritt hierfür ist die Bearbeitung der Materialfarbe im Farbe-Kanal.

Geben Sie in den Eingabefeldern für Rot = 85%, Grün = 60% und Blau = 2% ein. Stellen Sie anschließend den Helligkeitsregler auf 100%.

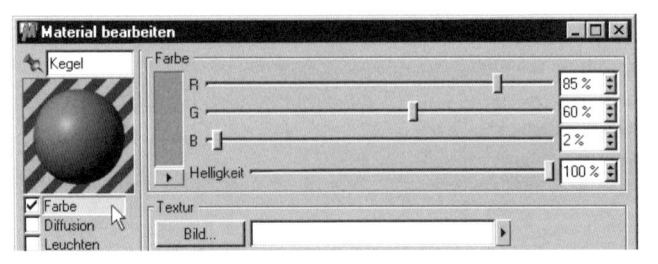

Abbildung 3.22: Farbe-Kanal des Materials „Kegel"

Sie erhalten eine matte Goldfarbe, welcher im Spiegelung-Kanal jetzt noch 20% Spiegelungsanteil (Helligkeit) hinzugefügt werden muss.

Im Glanzlicht-Kanal tragen Sie für die Breite = 70% und für die Höhe = 90% ein. Wenn Sie nun die Szene rendern, dann wirkt das Glanzlicht für ein goldenes Material zu intensiv.

Schwächen Sie daher den Effekt etwas ab, indem Sie den Glanzfarbe-Kanal aktivieren und anschließend die Einstellungen bearbeiten.

Parametrische Oberflächen **107**

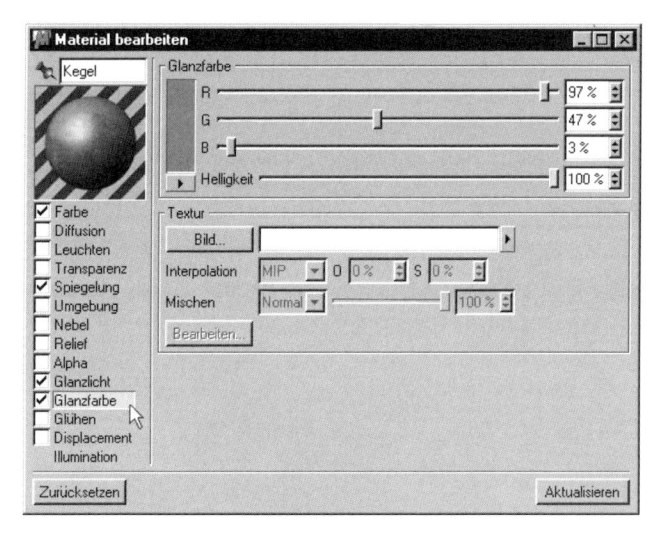

Abbildung 3.23: Stellen Sie eine rötliche Glanzfarbe ein

Justieren Sie im Glanzfarbe-Kanal die Farbregler auf Rot = 97%, Grün = 47% und Blau = 3%. Aktualisieren Sie abschließend Ihr Material, weisen Sie es dem Kegel zu und rendern Sie Ihre Szene.

Abbildung 3.24: Endergebnis von Übung 2

Sie haben nun alle gängigen parametrischen Funktionen von Cinema 4D kennen gelernt. Lesen Sie im nächsten Abschnitt, wie die Objekte mit naturgetreuen Texturen versehen werden.

3.2 Texturmapping

Der Einsatz von Texturen bewirkt eine Abbildung von Pixelbildern auf jedem beliebigen Objekt und kann entweder alleinstehend angewandt werden oder als Unterstützung für die Kanäle dienen. Zu beachten ist, dass die dafür verwendeten Bilddateien in einem relativ kleinen Dateiformat vorliegen, damit der Shading- oder Renderprozess nicht unnötig verzögert wird.

Werden Texturen auf einzelne Körper oder Flächen aufgetragen, so spricht man in diesem Fall von „Mapping". Die Software verwendet für diesen Vorgang unterschiedliche Projektionsweisen, um die Objekte mit den Texturen zu versehen.

Abbildung 3.25: Pixelbild Kiefernholz

Bilddaten liegen ausschließlich in rechteckiger oder quadratischer Form vor, so dass es bei einigen Objekten möglich ist, Texturen direkt auf die Flächen zu projizieren. Beispielsweise müssen aber bei gebogenen Oberflächen die Pixelbilder oftmals um das jeweilige 3D-Objekt herumgewickelt werden.

Hierbei sprechen wir von der Texturprojektion, deren Dialogfeld immer dann angezeigt wird, wenn ein Material einem Objekt zugewiesen wird.

Öffnen Sie für das nächste Beispiel wieder die Übung 1, bei welcher noch keine Materialien in der Zeichnung vergeben wurden.

3.2.1 Projektionsgitter

Erstellen Sie zunächst ein neues Material und nennen Sie dieses „Holz". Öffnen Sie das Material-Dialogfenster und wechseln Sie in den Farbe-Kanal. Dort können Sie im Feld „Textur" die gewünschte Bilddatei hinzuladen, indem Sie diese mit der Taste „Bild" aus dem jeweiligen Ordner Ihrer Festplatte entnehmen.

Wählen Sie den Ordner „Übungen\Übung_3\Tex" von der beiliegenden CD und laden Sie das Bild „Kiefer.jpg" hinzu.

Sollte an dieser Stelle die Fehlermeldung auftreten, dass sich die Datei nicht im Suchpfad befindet, so schließen Sie dieses Fenster mit der Taste „Nein". Cinema 4D stellt hier die Frage, ob eine Kopie dieser Textur im Ordner Ihrer derzeitigen Zeichnung erstellt werden soll. Beantwortet man diese Frage öfter mit „Ja", so sammeln sich mit der Zeit eine Menge Bilddaten in den Projektordnern an.

Für die Bearbeitung der Übungen in diesem Buch empfiehlt es sich, auf Ihrer Festplatte ein separates Verzeichnis (Texturbibliothek) anzulegen, in welchem alle

Texturen der beiliegenden CD abgespeichert sind. Sie haben dann die Möglichkeit, über die Datei-Menüleiste die Programm-Voreinstellungen aufzurufen und auf der Seite „Pfade" das entsprechende Verzeichnis einzutragen.

Cinema 4D entnimmt daraufhin alle Texturen aus besagtem Ordner.

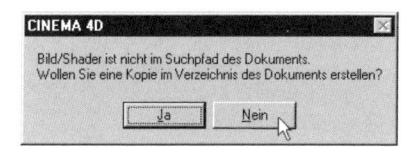

Abbildung 3.26: Stellen Sie bei dieser Fehlermeldung die Textur-Pfade ein

Wenn Sie die Textur erfolgreich geladen haben, dann erscheint diese in der kugelförmigen Voransicht, bzw. als flächige Abbildung mit den Werten der Bildgröße und der Farbtiefe.

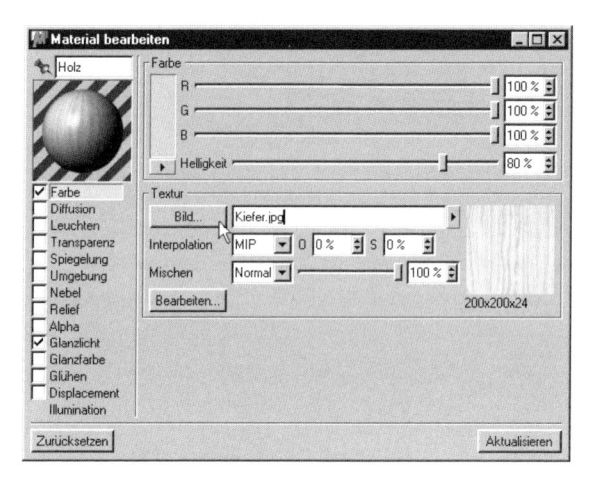

Abbildung 3.27: Einfügen der Textur

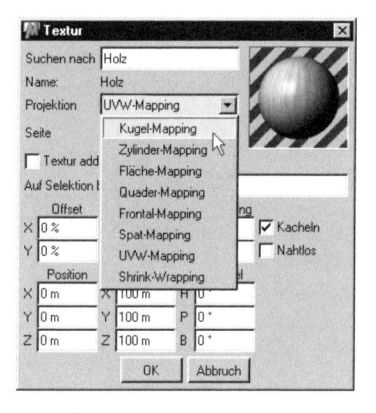

Abbildung 3.28: Textur-Dialogfenster

110 3 – Materialien

> *Im oberen Farbfeld ist derzeit die Farbe Weiß mit 80% Helligkeit (also Hellgrau) eingestellt. Sie könnten diese Farbe der Textur beimischen, indem Sie dafür den „Mischen-Regler" im Feld „Textur" verschieben.*

Bestätigen Sie Ihr Material mit „Aktualisieren" und ziehen Sie es auf den Eintrag „Würfel" im Objekt-Manager. Es öffnet sich das Dialogfenster „Textur".

Worauf es hierbei in erster Linie ankommt, ist der Eintrag im Pop-Up-Menü „Projektion". Wählen Sie für dieses Beispiel zunächst die Option „Kugel-Mapping".

Bestätigen Sie mit „OK" und rendern Sie den Ausschnitt um den Würfel.

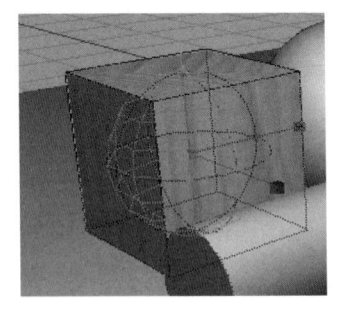

Abbildung 3.29: Ergebnis der kugelförmigen Projektion

Deutlich zu erkennen ist, dass die Jahresringe der Holzmaserung auf der oberen Fläche spitz zusammenlaufen. Wenn Sie das Icon für „Textur bearbeiten" oder „Textur-Achse bearbeiten" drücken, so taucht eine bläuliche Kugel (Projektionsgitter) inmitten des Würfels auf.

> *Um das Projektionsgitter zu sehen, muss das jeweilige Objekt im Objekt-Manager aktiv sein.*

Das Projektionsgitter zeigt an, wie das quadratische Pixelbild auf dem 3D-Körper angebracht wird. Der gesamte Umfang des kugelförmigen Projektionsgitters entspricht derzeit unserer Textur „Kiefer.jpg". Die flächige Textur wird also wie eine Gummimatte um das Gitter herumgewickelt. Das heißt aber nicht, dass nur im Bereich des Projektionsgitters eine Texturierung vorhanden ist, sondern dass die Textur ihre verhältnismäßige Größe nur im Bereich des Gitters aufweist. Die Textur wird also von der Kugel ausgehend nach außen auf den Würfel projiziert und im Größenverhältnis verzerrt.

Abbildung 3.30: Quaderförmige Projektion

Öffnen Sie nun erneut das Textur-Dialogfenster, indem Sie mit einem Doppelklick im Objekt-Manager das Material-Icon anwählen. Stellen Sie im Pop-Up-Menü „Projektion" die Option „Quader-Mapping" ein und bestätigen Sie mit „OK".

Das Ergebnis im Rendering zeigt, dass nun die Textur flächig auf jede Seite des Würfels aufgetragen wurde (vergleichbar mit einem Diaprojektor, der von allen Richtungen strahlt). Jede Seite des Projektionsgitters entspricht derzeit exakt der Größe unseres Pixelbilds.

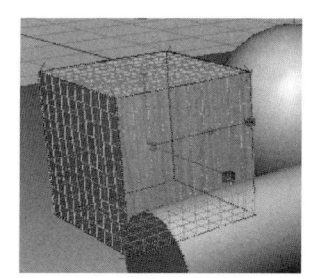

Abbildung 3.31: Ergebnis der quaderförmigen Projektion

Sollen jetzt die Jahresringe des Quaders in eine andere Richtung verlaufen, wie beispielsweise bei einer Treppenstufe, so kann man das Projektionsgitter drehen:
1. Stellen Sie sicher, dass der Würfel im Objekt-Manager aktiv ist.
2. Klicken Sie in der Bearbeiten-Palette auf „Textur-Achse bearbeiten".
3. Wählen Sie aus der Befehls-Palette die Funktion „Drehen" und aktivieren Sie die Drehachse „Z".
4. Klicken Sie mit der Maus an eine beliebige Stelle in der Perspektive oder im Grundriss und drehen Sie das Projektionsgitter um 90° um die Z-Achse.

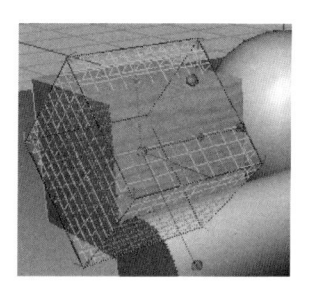

Abbildung 3.32: Drehen des Projektionsgitters

Den aktuellen Winkel des Projektionsgitters können Sie sowohl im Koordinaten-Manager als auch im Textur-Dialogfenster ablesen. Die Drehung um die Z-Achse erkennen Sie im Eingabefeld des B-Winkels. Selbstverständlich können Sie diesen Winkel abgesehen von einer manuellen Drehung auch numerisch bestimmen.

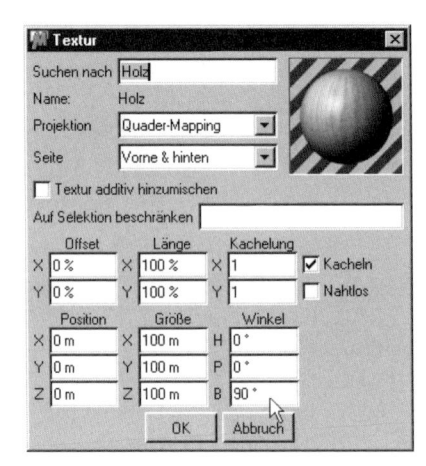

Abbildung 3.33: Drehwinkel B im Textur-Dialogfenster

Weisen Sie nun das gleiche Material dem Zylinder zu und wählen Sie im Pop-Up-Menü des Textur-Dialogfensters „Zylinder-Mapping" aus. Aktivieren Sie daraufhin den Zylinder im Objekt-Manager, damit das Projektionsgitter sichtbar wird.

Abbildung 3.34: Zylinderförmige Projektion

Derzeit wird das Pixelbild „Kiefer.jpg" um die Mitte des Zylinders herumgewickelt. Die Folge daraus ist, dass die Jahresringe aufgrund der großflächigen Projektion sehr weit auseinander liegen und die Textur zu kurz erscheint. Und obwohl die Projektion nicht die gesamte Fläche des Zylinders bedeckt, wird der Zylinder dennoch komplett texturiert. Cinema 4D setzt durch den Befehl „Kacheln" im Textur-Dialogfenster die Texturierung fort.

Abbildung 3.35: Kontrollfeld der Kachelung im Textur-Dialogfenster

- **Kachelung:** Ist das Kontrollfeld der Kachelung nicht aktiv, dann werden nur die Stellen mit einem Mapping versehen, die auch vom Projektionsgitter eingeschlossen sind. Bei einer aktiven Kachelung wird die Textur fortlaufend aneinander gereiht, wodurch in unserem Fall sichtbare Schnittstellen entstehen.

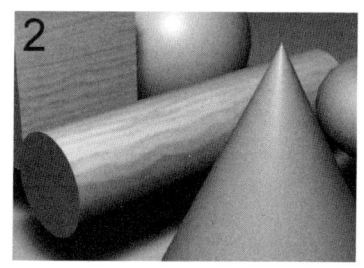

Abbildung 3.36: In Bild 1 ist die Schnittstelle der Texturkachelung deutlich sichtbar. Die Option „Nahtlos" verhindert dies, wie es Bild 2 zeigt.

- **Nahtlos:** Ganz anders verhält es sich, wenn zusätzlich zur Kachelung das Kontrollkästchen „Nahtlos" aktiviert wird. Die Textur wird daraufhin gespiegelt aneinander gesetzt, wodurch die Schnittkanten der Texturen nicht mehr auffallen. Versehen Sie das Kontrollkästchen „Nahtlos" mit einem Haken und bestätigen Sie das Fenster mit „OK". Das Rendering zeigt daraufhin eine einheitliche Texturierung.

Sie konnten bereits bei der Zuweisung der Textur erkennen, dass das Projektionsgitter zwar kürzer als der Zylinder ist, jedoch in der Breite wesentlich größer ausfällt. Dies führt dazu, dass die Jahresringe sehr weit auseinander liegen, da die Textur in die Breite gezogen wird. Sie haben nun die Möglichkeit, das Projektionsgitter optimal auf den Zylinder anzupassen:

Stellen Sie sicher, dass der Zylinder im Objekt-Manager aktiv ist, und drücken Sie das Icon für „Textur-Achse bearbeiten".

Wählen Sie daraufhin im Objekt-Manager das Menü „Textur" und drücken Sie den Befehl „Auf Objekt anpassen".

Überprüfen Sie die Maße des Projektionsgitters im Textur-Dialogfenster:

Sie können in den Eingabefeldern „Größe" die tatsächlichen Maße der Texturprojektion erkennen. In Y-Richtung beträgt diese 200 m, Y-Richtung daher, weil Sie in Übung 1 den Zylinder gedreht haben. Das Projektionsgitter richtet sich also nach dem Objekt-Koordinatensystem.

Abbildung 3.37: Anpassen des Projektionsgitters an den Zylinder

Damit die Textur nicht übermäßig in die Länge gezogen wird, tragen Sie für Y den Wert „100 m" ein und rendern Sie Ihre Zeichnung.

Abbildung 3.38: Verkürzen des Projektionsgitters

Bei genauem Hinsehen kann man erkennen, dass die Jahresringe an den Deckflächen spitz zusammenlaufen. Stellt man sich diesen Zylinder jedoch als Teil eines Treppenhandlaufs vor, so müssten die Jahresringe an den Enden waagerecht verlaufen. Dies ist mit der Projektion „Zylinder" aber nicht möglich.

Ändern Sie daher im Textur-Dialogfenster die Projektion auf „Quader-Mapping".

Abbildung 3.39: Verändern der Projektion

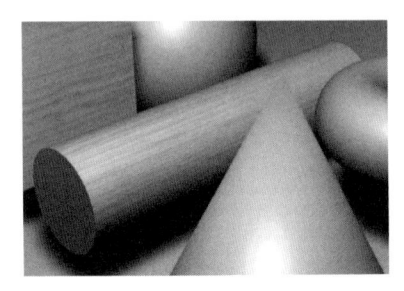

Abbildung 3.40: Zylinder mit quaderförmiger Texturprojektion

Aus den vorherigen Ergebnissen ist es ersichtlich, dass eine quaderförmige Projektion die Textur flächig von allen sechs Seiten anbringt und somit an den Stirnseiten des Zylinders einen waagerechten Jahresringverlauf gewährleistet.

3.2.2 Mischen von Farbe und Textur

Erstellen Sie nun ein neues Material und nennen es „Altmetall". Öffnen Sie das Material-Dialogfenster und laden Sie im Farbe-Kanal die Textur „Altmetall.jpg" aus dem Ordner „Übungen\Übung_3\Tex" hinzu. Das Vorschaufenster zeigt das Abbild einer leicht rötlichen verrosteten Metalloberfläche.

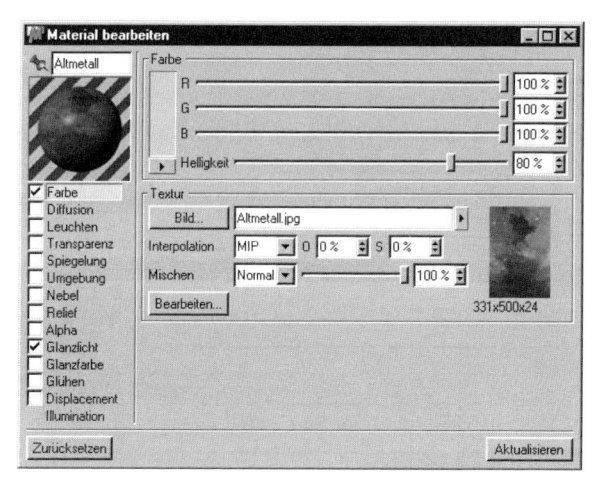

Abbildung 3.41: Textur „Altmetall"

Wechseln Sie in den Glanzlicht-Kanal und stellen Sie dort den Modus „Plastik" ein. Gleichen Sie die Breite und Höhe des Glanzlichts auf jeweils 40% an. Weisen Sie das Material nun der Kugel zu und betrachten Sie das Fenster der Texturprojektion. Dort wird nun eine „UVW-Projektion" angeboten. Ändern Sie diese auf die Projektion „Kugel-Mapping" und bestätigen Sie mit „OK".

Die Textur wird vollkommen um die Kugel herumgewickelt und es entsteht eine deutlich sichtbare Nahtstelle.

Wenn Sie nun die Größe der kugelförmigen Projektion verändern, so führt das zu unerwünschten Verzerrungen der Textur. Behalten Sie daher die Größe bei und ändern Sie lediglich die Wiederholung der Textur innerhalb der Projektion.

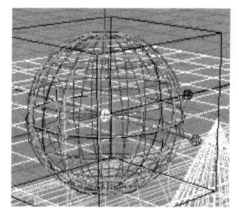

Abbildung 3.42: Ändern der Texturlänge

Dies lässt sich ebenfalls auf der Textur-Dialogseite einrichten, indem Sie in den Eingabefeldern „Länge" die X- und Y-Werte verringern. Eine Halbierung der voreingestellten Werte X und Y von 100% auf 50% führt dazu, dass die Textur viermal in der Projektionsform vorkommt. Das Projektionsgitter stellt sich daraufhin nur noch als Viertelkugel dar.

Tragen Sie also im Textur-Dialogfenster die Längenwerte X und Y = 50% ein und aktivieren Sie das Kontrollkästchen „Nahtlos".

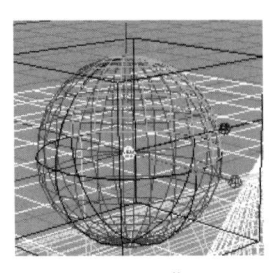

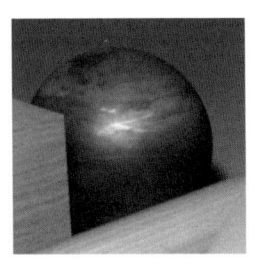

Abbildung 3.43: Änderung der Längenwerte der Texturprojektion

3.2.3 Relief-Kanal

Hierbei handelt es sich wahrscheinlich um den am häufigsten verwendeten textur-unterstützten Kanal. Es ist jedoch notwendig, diesen Kanal mit einem Pixelbild zu hinterlegen. Ohne Pixelbild ist der Relief-Kanal nicht einsatzfähig, weil sich sein Effekt ausschließlich durch die Farbwerte des Bildes ergibt.

Die Relieffunktion verändert die Oberfläche eines 3D-Objekts nach den dunklen und hellen Stellen der eingeladenen Textur. Alle dunklen Punkte des Pixelbildes wirken sich entweder als Erhöhung oder Vertiefung aus, ohne dass das Grundobjekt eine polygonale Struktur besitzen muss.

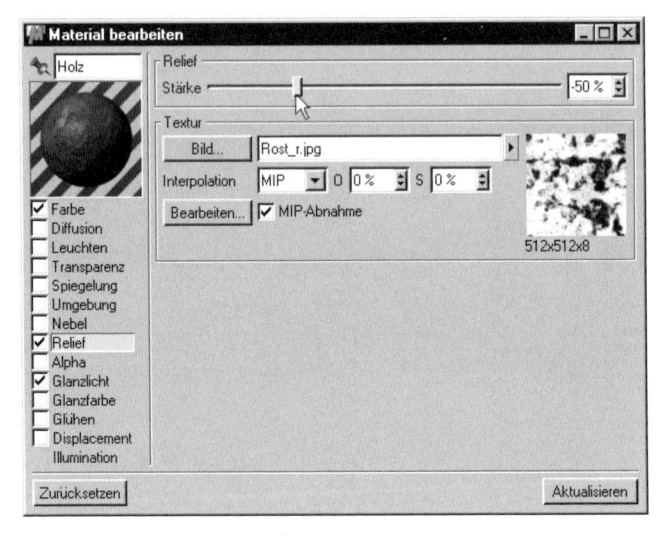

Abbildung 3.44: Relief-Kanal

Öffnen Sie das Material-Dialogfenster von „Holz" und laden Sie dort zunächst im Farbe-Kanal anstelle „Kiefer.jpg" die Textur „Rost.jpg" aus dem Verzeichnis „Übungen\Übung_3\Tex" hinzu.

Belassen Sie das Glanzlicht bei der derzeitigen Einstellung und aktivieren Sie das Kontrollkästchen des Relief-Kanals.

Laden Sie hier aus dem Verzeichnis „Tex" die Textur „Rost_r.jpg" ein. Es erscheint genau das gleiche Bild der Rost-Textur nur in invertierter Schwarzweißfassung.

Für diesen Effekt eignen sich vor allem Bilder, welche sehr kontrastreich sind, also hauptsächlich aus schwarzen und weißen Pixeln bestehen. Darüber hinaus kann jedes Bild für die Relieffunktion dienen, jedoch ist der Effekt bei Schwarzweißbildern umso deutlicher.

Die Stärke dieses Effekts lässt sich durch den gleichnamigen Schieberegler einstellen. Je geringer dieser Wert eingestellt wird, desto tiefer werden die dunklen Stellen des Pixelbildes optisch in die Oberfläche vertieft. Umgekehrt treten sie bei einem Wert im positiven Bereich stärker hervor.

Stellen Sie einen Wert von -50% ein.

Aktualisieren Sie Ihr Material und benennen Sie es in „Rost" um. Sie müssen dieses Material nun nicht mehr dem Zylinder bzw. Würfel zuweisen. Alle eingestellten Projektionsparameter gelten auch weiterhin.

Ändern Sie das Glanzlicht auf eine Breite von 40% bzw. auf eine Höhe von 40% und rendern Sie Ihre Zeichnung.

Abbildung 3.45: Vergabe von Rost und Altmetall

3.2.4 Spiegelung-Kanal mit Textur

Eine Textur innerhalb des Spiegelung-Kanals gibt an, welche Stellen im Pixelbild eine spiegelnde Wirkung haben und welche nicht. Beim Rendern des Zylinders können wir zwischen den rostigen Stellen auch noch einige unversehrte Stahlflächen erkennen. Diese haben im Gegensatz zu den rostigen Flächen eine spiegelnde Wirkung. Lädt man also hier die Schwarzweißtextur ein, so werden ausschließlich die hellen Stellen als reflektierend gehandhabt und die dunklen von der Reflexion ausgeschlossen.

Aktivieren Sie nun im Material-Dialogfenster des Materials „Rost" den Spiegelung-Kanal. Stellen Sie den Helligkeitsregler auf 0%, da sich sonst das gesamte Mapping spiegeln würde, und laden Sie stattdessen die Textur „Rost_s.jpg" ein, welche genau der Relief-Textur entspricht, aber invertiert ist.

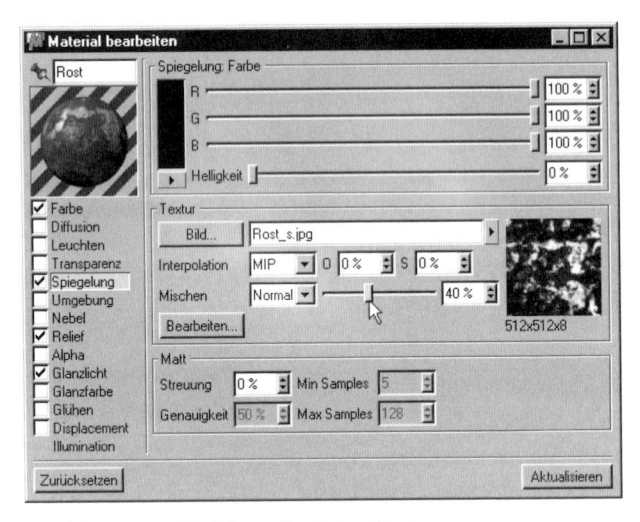

Abbildung 3.46: Einrichten der Spiegeltextur

Schieben Sie den Regler „Mischen" auf einen Wert von 40% und bestätigen Sie Ihr Material mit „Aktualisieren".

Im Rendering können Sie bei genauem Hinsehen erkennen, wie sich die Kontur des Kegels lediglich in den Zwischenräumen des Rosts auf dem Zylinder abzeichnet.

3.2.5 Alpha-Kanal

Alpha-Kanäle sind in 3D- und Grafikprogrammen für die Durchsichtigkeit von Farben verantwortlich. Man darf also diesen Kanal nicht mit der „Transparenz" verwechseln, da der Alpha-Kanal komplette Teile einer Textur ausblendet. In der Regel werden hierbei Schwarzweißkontraste verwendet.

Entfernen Sie nun das Material „Rost" vom Würfel, indem Sie dieses im Objekt-Manager anwählen und die Entfernen-Taste drücken. Richten Sie stattdessen ein neues Material ein und nennen Sie es „Gitter".

Wechseln Sie in den Farbe-Kanal und laden Sie aus dem Verzeichnis „Tex" das Mapping „Silber.jpg" ein. Setzen Sie das Glanzlicht auf die Werte Höhe = 80% bzw. Breite = 50% und weisen Sie dieses Material im Objekt-Manager dem Würfel zu.

Jetzt wählen Sie aus dem Textur-Dialogfenster die Projektion „Quader-Mapping" und bestätigen das Fenster mit „OK".

Im Rendering erscheint nun der Würfel als flacher, leicht silberfarbener Körper.

Abbildung 3.47: Quader mit Textur und Glanzlicht

Möchte man nun aus diesem Würfel einen Gitterkörper herstellen, ohne weitere Polygone einzusetzen, so kann man mit Hilfe des Alpha-Kanals eine Textur anbringen, welche die dunklen oder hellen Stellen im Bild ausschneidet.

Öffnen Sie wieder das Material-Dialogfenster „Gitter", aktivieren Sie den Alpha-Kanal und laden Sie dort die Textur „Gitter.jpg" ein.

Die Voransicht zeigt, dass die Teile des Objekts an den Stellen komplett verschwinden, wo sich in der Textur dunkle Pixel befinden. Der Effekt lässt sich ganz leicht umkehren, indem Sie das Kontrollkästchen „Invertieren" bestätigen. Jetzt erscheint die Voransicht als gewölbtes Gitter.

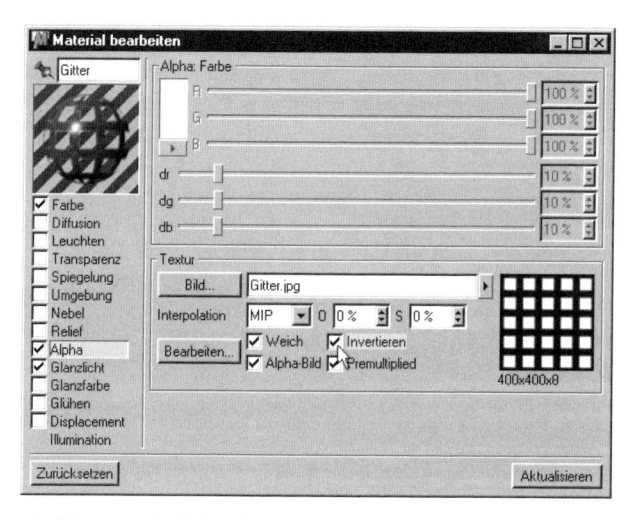

Abbildung 3.48: Alpha-Kanal

Rendern Sie Ihr Bild und Sie werden bemerken, dass sich der Alpha-Kanal sogar auf das Schattenbild auswirkt (am deutlichsten zeigt sich das bei einem harten Schatten). Hiermit lassen sich also alle speicherintensiven Körper wie Lochbleche oder Gitter sehr leicht realisieren.

Wenn der Gitterabstand zu groß oder zu klein erscheint, dann ändern Sie einfach die Seitenlängen der Projektion im Dialogfenster „Textur".

Abbildung 3.49: Alpha-Kanal

3.2.6 Displacement-Kanal

Diese Funktion lässt sich am besten durch das Beispiel des Reliefs auf dem Zylinder erklären. Die Relief-Textur wirkt sich in ihren Vertiefungen und Erhöhungen optisch nur auf die Fläche eines Körpers aus, die Konturen bleiben jedoch glatt, was bei extremen Vertiefungen zu Unstimmigkeiten führt. Displacement wirkt ähnlich reliefartig, beeinflusst jedoch das Erscheinungsbild der gesamten Geometrie.

Displacement ist von der Polygonanzahl abhängig, d.h., je feiner die Unterteilung des Trägerobjekts, desto exakter kommt der Displacement-Kanal zur Geltung.

Erstellen Sie ein neues Material, nennen Sie es „Blei" und laden Sie als Textur im Farbe-Kanal die Datei „Silber.jpg" hinzu.

Wechseln Sie in den Glanzlicht-Kanal und stellen Sie dort eine Breite von 50% und eine Höhe von 80% ein. Aktivieren Sie daraufhin den Relief-Kanal und fügen Sie auch hier die Textur „Blei.jpg" ein. Der Wert des Reliefs soll 20% betragen.

Derzeit fehlt noch eine Spiegelung. Weisen Sie diese dem Material zu, indem Sie im Spiegelung-Kanal den Helligkeitsregler auf 50% stellen, und aktualisieren Sie das Material.

Hier eignet sich eine quaderförmige Projektion am besten, da sich ansonsten die Textur an der Oberseite des Rings unnatürlich verzerren würde.

Weisen Sie also im Objekt-Manager dem Ring Ihr Material zu, stellen Sie die Projektion auf „Quader-Mapping" und passen Sie anschließend Ihr Material auf das Objekt an.

Abbildung 3.50: Glatter Umriss durch die Relieffunktion

Beachten Sie, dass die Kontur trotz des leichten Reliefeffekts absolut glatt erscheint.

Aktivieren Sie im Material-Dialogfenster den Displacement-Kanal und wechseln Sie auf die dazugehörige Seite. Laden Sie als Displacement-Textur ebenfalls die Datei „Blei.jpg" hinzu und stellen Sie den Stärkeregler auf 50% ein.

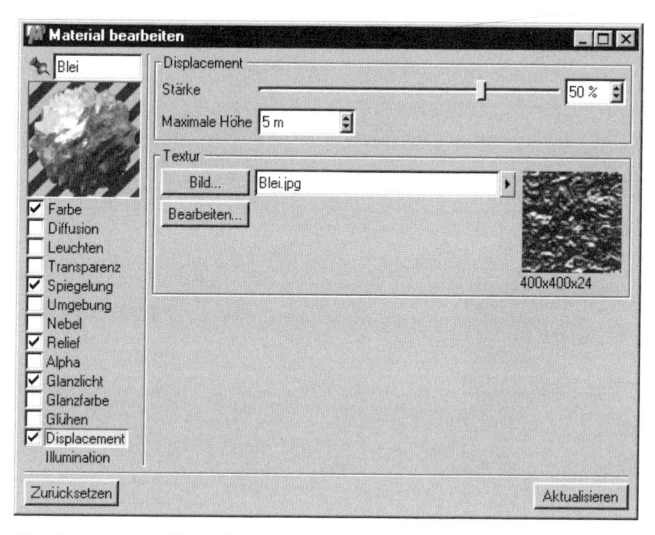

Abbildung 3.51: Einstellen von Displacement

Die Vorschau lässt erkennen, dass sich das Trägerobjekt anhand der hellen Stellen im Pixelbild vergrößert. Bei einer Einstellung im Minusbereich würden sich diese Bereiche vertiefen.

Aktualisieren Sie das Material und rendern Sie die Zeichnung. Es lässt sich deutlich erkennen, dass sich das Relief auf den Umriss des Rings auswirkt.

Abbildung 3.52: Veränderung der Körperkontur durch den Displacement-Kanal

3.2.7 Mischen von Materialien

Materialien lassen sich mischen, indem Anteile eines anderen Materials hinzugefügt werden. Am einfachsten ist es, wenn man ein zusätzliches Material verwendet, welches den Alpha-Kanal enthält. Da der Alpha-Kanal gewisse Stellen im Material herausschneidet, kann man die darunter liegende Textur erkennen.

Richten Sie im Material-Manager ein neues Material ein und benennen Sie es „Additiv1".

Im Farbe-Kanal soll lediglich die Textur „Marmor.jpg" aus dem Ordner „Übungen\Übung_3\Tex" hinzugeladen werden. Stellen Sie anschließend das Glanzlicht auf die Werte 30% Breite und 40% Höhe ein. Weisen Sie das Material dem Kegel zu und stellen Sie die Projektion auf „Zylinder-Mapping" ein.

Diese Projektion als solches erweist sich in manchen Fällen als problematisch, weil die Schnittstelle von Texturanfang und Texturende deutlich sichtbar ist. Dieses Problem lässt sich am leichtesten beheben, indem man die Länge der Texturprojektion verringert und eine nahtlose Kachelung einstellt.

Ändern Sie daher die Länge X auf 50%, aktivieren Sie die Funktion „Nahtlos" und bestätigen Sie mit „OK".

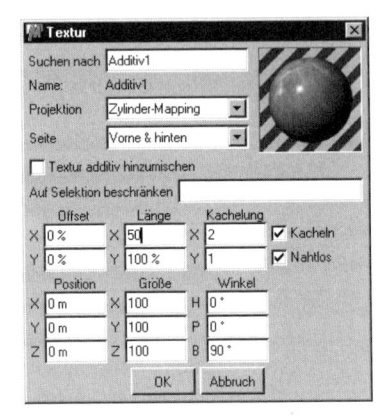

Abbildung 3.53: Zylinderförmige Projektion beim Material Additiv1

Nun soll der Marmor etwas verschmutzt werden.

Erzeugen Sie ein weiteres Material, und bezeichnen Sie es mit „Additiv2". Im Farbe-Kanal laden Sie das Bild „Schmutz.jpg" und stellen das Glanzlicht in Höhe und Breite jeweils auf 20% ein. Aktivieren Sie den Alpha-Kanal und laden Sie dort die Textur „ Schmutz_r.jpg" hinzu.

Diese gleicht exakt der herkömmlichen Schmutz-Textur, jedoch ist es ein reines Schwarzweißabbild, mit dessen Hilfe Sie gewisse Stellen aus dem Material ausblenden können. Mit dem Schalter „Invertieren" können Sie entscheiden, ob die schwarzen oder weißen Pixel für die Durchsichtigkeit dienen.

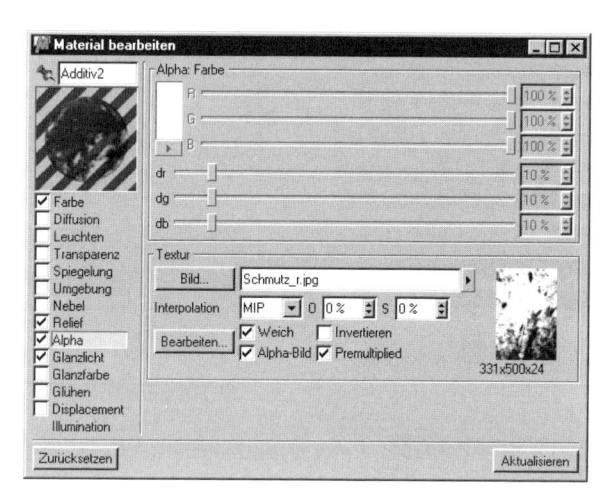

Abbildung 3.54: Sichtbarkeit des unteren Materials durch den Alphakanal

Für eine gewisse Plastizität dient jetzt noch der Relief-Kanal, in welchem ebenfalls die Textur „Schmutz_r.jpg" ihren Einsatz findet und der Verwitterung mit 40% beigefügt wird. Ziehen Sie auch dieses Material im Objekt-Manager auf den Kegel und justieren Sie die Projektion auf Zylinder-Mapping mit einer X-Länge von 50% unter Verwendung der nahtlosen Kachelung.

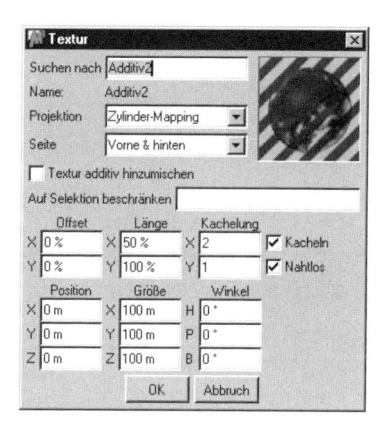

Abbildung 3.55: Verkleinerung der Zylinder-Projektion auf X = 50%

Jetzt erscheinen hinter dem Icon des Kegels zwei Materialien. Das an unterster Stelle ist immer das Material auf der linken Seite. Natürlich können Sie mehrere Materialien hinzufügen, diese würden dann ihrer entsprechenden Ebene nach rechts angeordnet.

Abbildung 3.56: Ergebnis von Übung_3

Die Übungen an den Grundkörpern sind nun abgeschlossen. In den weiteren Abschnitten soll verdeutlicht werden, wie diese Beispiele in der Praxis eingesetzt werden können und welche zusätzlichen Techniken sich dabei anbieten.

3.3 Objekttexturierung

Im folgenden Abschnitt sollen die bisher behandelten Themen an einem Objekt aus der Praxis demonstriert werden. Eine 3D-Detailzeichnung wurde in CAD erstellt und soll nun fotorealistisch in Szene gesetzt werden.

Diejenigen Objekte, welche in Cinema 4D später mit eigenen Materialien versehen werden, wurden hierbei auf separate Zeichenebenen (Layer) gelegt. In diesem Fall liegt beispielsweise das Profil des Türflügels auf dem gleichen Layer wie alle anderen Profile, da die Tür nicht animiert wird und somit auch nicht separat greifbar sein muss. Die in der CAD-Zeichnung verwendeten Farben spielen daher beim Datenexport keine Rolle, weil die einzelnen Zeichenebenen für die Trennung der Objekte verantwortlich sind.

Objekttexturierung **125**

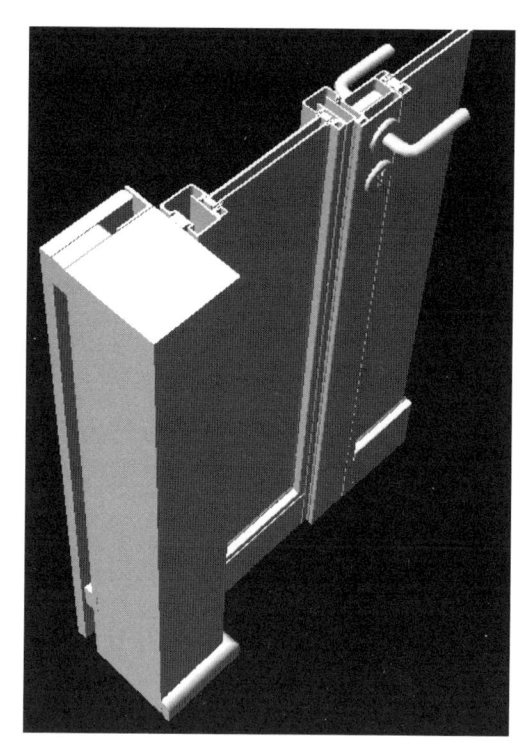

Abbildung 3.57: CAD-Detailkonstruktion

Abbildung 3.58: Anordnung der Ebenen

Weil bei dieser Konstruktion ausschließlich Volumenkörper verwendet wurden, hätte ein DXF-Export nach Cinema 4D nicht zum gewünschten Ergebnis geführt. Aus diesem Grund wurde der 3DS-Export vorgenommen, wie in Kapitel 1 beschrieben.

Starten Sie nun eine neue Zeichnung in Cinema 4D.

3.3.1 Einstellung der Maßeinheit

Da es sich bei dieser Zeichnung um eine Detailkonstruktion handelt, wurden alle Elemente in der Einheit „Zentimeter" erzeugt. Zur besseren Handhabung in Cinema 4D empfiehlt es sich daher, die Zeichnungseinheiten von Cinema 4D anzupassen.

Wählen Sie in der Datei-Menüleiste das Menü „Bearbeiten" und öffnen Sie dort die „Programm-Voreinstellungen". Auf der Seite „Allgemein" wählen Sie im Pop-Up-Menü „Maßeinheit" den Eintrag „Zentimeter" und bestätigen das Fenster mit „OK".

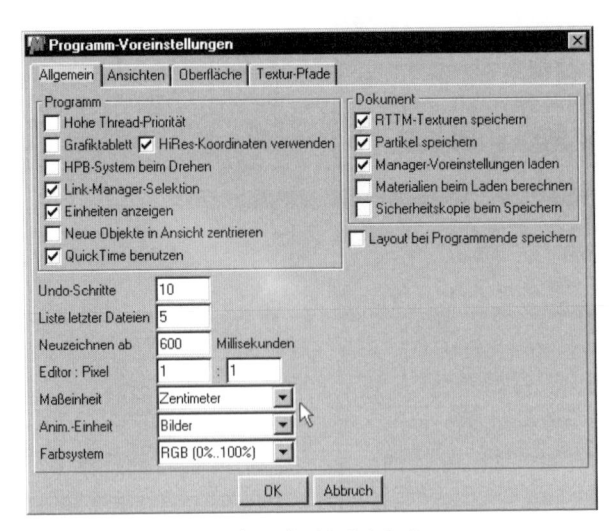

Abbildung 3.59: Verändern der Maßeinheiten

Laden Sie jetzt mit der Funktion „Datei\Hinzuladen" von der beigefügten CD die Datei „Übung_4.3ds" hinzu. Es erscheinen die oben abgebildeten Körper, wobei die Bezeichnung der Objekte durch den 3DS-Export auf acht Zeichen beschränkt wurde.

3.3.2 Einrichten der Perspektive

Teilen Sie Ihre Zeichenfläche in vier Ansichtsfenster auf, indem Sie in der Datei-Menüleiste der 3D-Ansicht im Menü „Ansicht" die Funktion „Alle Ansichten" wählen.

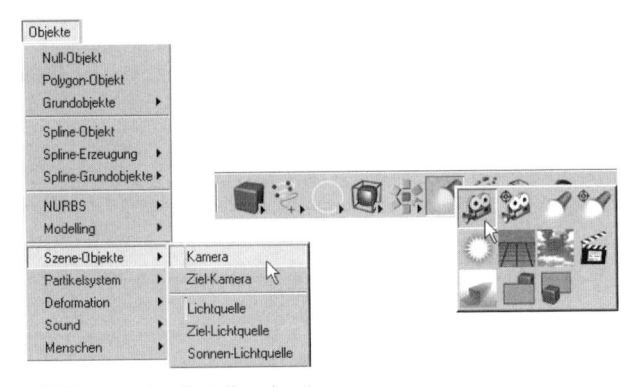

Abbildung 3.60: Erstellen der Kamera

Für eine exakt zu bestimmende Perspektive muss der Szene ein Kameraobjekt hinzugefügt werden. Dieses finden Sie (wie auch den Boden oder die Lichtquelle), in der Datei-Menüleiste unter „Objekte\Szene-Objekte\Kamera" oder in der Befehls-Gruppe „Szene-Objekte".

Die Kamera erscheint daraufhin als Eintrag im Objekt-Manager sowie als grün gekennzeichnetes Objekt in den einzelnen Ansichtsfenstern. Die Kamera wird im Gegensatz zu allen anderen in Cinema 4D eingesetzten Objekten nicht auf den Nullpunkt gesetzt, sondern der derzeit vorhandenen Perspektive in der 3D-Ansicht angepasst.

Achten Sie daher beim Einsetzen der Kamera darauf, dass Sie das perspektivische Fenster in der 3D-Ansicht aktiviert haben, da die Kamera ansonsten eine Ansichtsprojektion (von oben oder von vorne) ausführt. Sie können allerdings die Projektion der Kamera auch nachträglich verändern, indem Sie im Objekt-Manager zweimal auf das Symbol der Kamera klicken und im daraufhin erscheinenden Dialogfenster die Projektion z.B. auf „Zentralperspektive" stellen.

Um die Kamera zu aktivieren, bzw. durch sie hindurchzusehen, muss der dazugehörige Befehl in der Menüleiste der 3D-Ansicht ausgeführt werden. Klicken Sie dort auf das Menü „Kameras" und anschließend weiter auf „Szene-Kameras". Ihre erstellte Kamera ist dort aufgeführt und kann aktiviert werden.

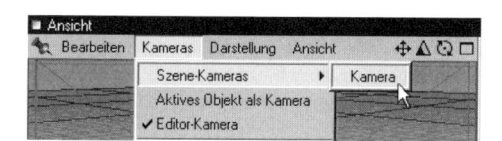

Abbildung 3.61: Aktivieren der Kamera

Daraufhin wird sich kaum eine Veränderung in der 3D-Ansicht bemerkbar machen, weil die Kameraperspektive und die voreingestellte Ansichtsperspektive identisch sind. Sie können jetzt aber die Kamera verschieben und eine eigene Perspektive erstellen:

① Die Kamera muss im Objekt-Manager angewählt sein.

② Klicken Sie in der Bearbeiten-Palette auf „Objekt bearbeiten".

③ Aktivieren Sie in der Befehls-Palette die Richtungen X und Z sowie die Funktion „Verschieben".

④ Wählen Sie anschließend das Welt-Koordinatensystem.

⑤ Verschieben Sie jetzt die Kamera in X- und Z-Richtung, indem Sie sich anhand des Grundrissfensters orientieren. Die Kamera sollte knapp links unterhalb der 3D-Objekte liegen (X = -64 cm, Z = -35 cm).

⑥ Schalten Sie daraufhin die Verschieberichtungen X und Z aus und aktivieren Sie die Richtung Y.

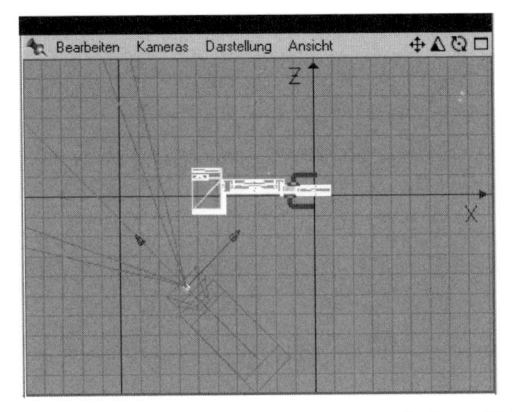

Abbildung 3.62: Verschieben der Kamera in X- und Z-Richtung

- Klicken Sie in das Fenster der Vorder- oder der Seitenansicht und verschieben Sie die Kamera auf die Höhe Y = 140 cm.

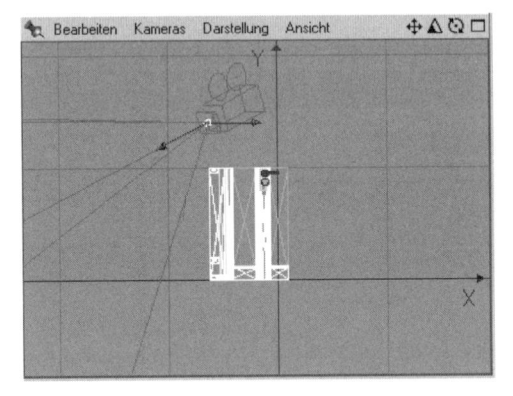

Abbildung 3.63: Einstellen der Kamerahöhe

- Die Kamera soll nun nach rechts gedreht werden. Wichtig ist, dass hierbei das Welt-Koordinatensystem aktiv ist, damit die Drehung um die senkrechte Y-Achse vollzogen werden kann. Klicken Sie auf die Funktion „Drehen" und stellen Sie die Kamera auf einen Winkel von H = -35°.
- Wenn die Kamera nun entlang ihrer eigenen X-Achse nach unten geneigt werden soll, so muss hierbei das Objekt-Koordinatensystem eingeschaltet werden. Klicken Sie in der Befehls-Palette das Welt-Koordinatensystem aus, wodurch das Icon für das Objekt-Koordinatensystem erscheint.
- Deaktivieren Sie nun in der Befehls-Palette die Y-Achse und aktivieren Sie die X-Achse.
- Wenn Sie nun die Vorder- oder Seitenansicht drücken, können Sie den Neigungswinkel der Kamera bestimmen (Winkel P = -46°).

Abbildung 3.64: Positions- und Winkelwerte der Kamera

Genau wie bei den Lichtquellen eignet sich eine numerische Kamerapositionierung in den meisten Fällen nicht. Jedoch sollten bei dieser Übung die Perspektiven einheitlich sein, damit die folgenden Einstellungen alle dieselben Ergebnisse zeigen:

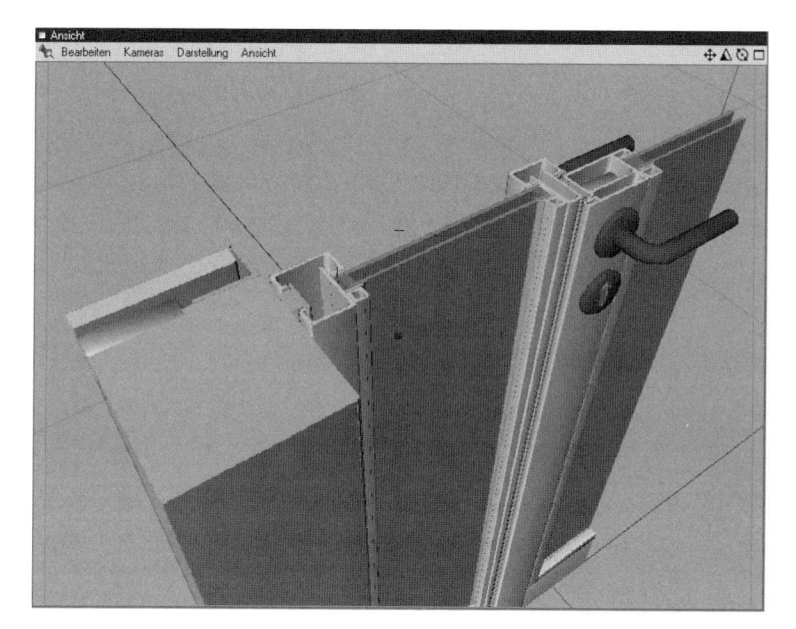

Abbildung 3.65: Fertige Perspektive

Sichern Sie daraufhin Ihre Zeichnung.

3.3.3 Zuweisen der Materialien

Derzeit ist aufgrund des 3DS-Imports jedes Objekt mit einem farbigen Material versehen. Zur besseren Übersicht empfiehlt es sich, die zugewiesenen Materialien im Objekt-Manager zu löschen (Entf-Taste). Daraufhin lässt sich auch der Material-Manager sehr leicht bereinigen, indem Sie in der Menüleiste unter „Funktion" den Befehl „Unbenutzte Materialien löschen" drücken.

Der Material-Manager ist nun leer und die Zeichnung erscheint im einheitlichen Grau.

Aluprofile

Erstellen Sie jetzt ein neues Material „Aluprofile" und öffnen Sie das Material-Dialogfenster. Für die Farbe stellen Sie ein leichtes Türkis ein, indem Sie im Farbe-Kanal die Werte für Rot = 3%, Grün = 97% und Blau = 70% eintragen. Der Helligkeitsregler sollte hierbei auf 100% gesetzt werden.

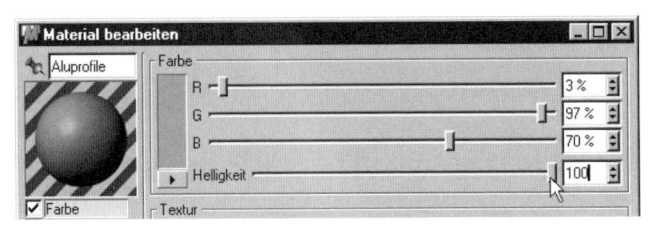

Abbildung 3.66: Farbwerte des Materials „Aluprofile"

Fügen Sie als Weiteres ein Glanzlicht mit einer Breite von 30% bzw. einer Höhe von 100% hinzu.

Da es sich bei diesem Material um eine lackierte Metalloberfläche handelt, zeichnen sich geringfügig leichte Unebenheiten ab. Aktivieren Sie daher den Relief-Kanal und laden Sie als Textur die Datei „Stahl.jpg" aus dem Ordner „Übungen\Übung_4\Texl" ein. Geben Sie als Reliefstärke den Wert 40% an und bestätigen Sie dieses Material mit „Aktualisieren".

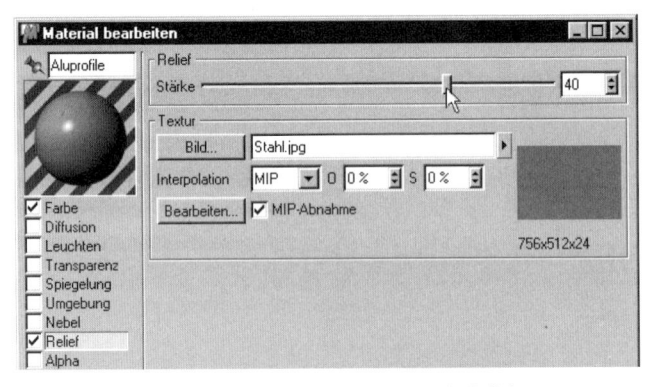

Abbildung 3.67: Beimischen eines geringen Reliefeffekts

Ziehen Sie das Material nun auf den Eintrag „Aluprofile" im Objekt-Manager, worauf sich das Textur-Dialogfenster öffnet. Normalerweise wäre bei einem rein parametrischen Material keine Projektionsform notwendig, aber aufgrund der leichten Reliefstruktur muss nun über eine Texturprojektion entschieden werden. Hierbei eignet sich die quaderförmige Projektion am besten, da die Oberflächeneigenschaften an allen Seiten gleich sein sollen.

Wählen Sie daher aus dem Pop-Up-Menü „Projektion" die Option „Quader-Mapping" aus. Die nahtlose Kachelung kann bei einem so geringfügigen Effekt außer Acht gelassen werden. Stellen Sie lediglich sicher, dass das Kontrollkästchen des Befehls „Kacheln" aktiv ist, da ansonsten nur ein geringer Teil des 3D-Modells mit der Textur belegt würde.

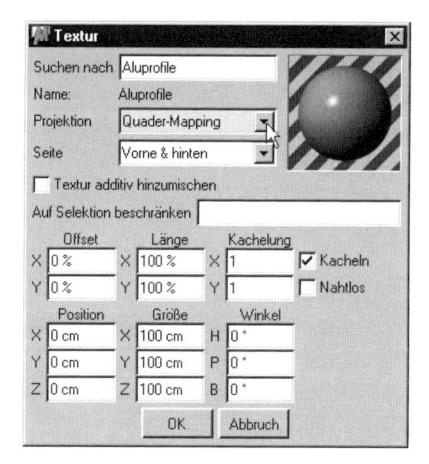

Abbildung 3.68: Einrichten der Texturprojektion

Schließen Sie das Textur-Dialogfenster mit OK und klicken Sie in der Bearbeiten-Palette das Icon „Textur bearbeiten" an. Nun zeigt sich ein relativ großes Projektionsgitter, welches nahezu die gesamte Szenerie einnimmt.

Wenn Sie nun die Szene rendern, dann zeichnet sich das Material sehr grob und übertrieben uneben aus. Der Grund dafür ist, dass die Relief-Textur in ihrer ganzen Größe über die Aluprofile verteilt ist. Das Gitter muss daher verkleinert werden, damit der Effekt nur schwach sichtbar wird.

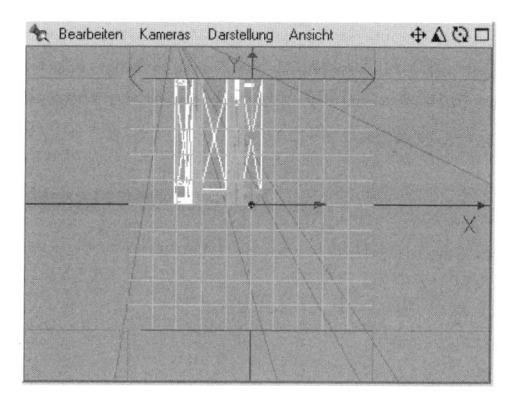

Abbildung 3.69: Das Projektionsgitter muss verkleinert werden

Öffnen Sie erneut das Textur-Dialogfenster und reduzieren Sie die Größenwerte in X-, Y- und Z-Richtung auf jeweils 10 cm.

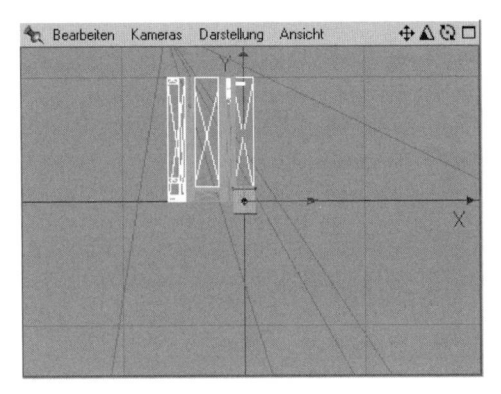

Abbildung 3.70: Projektionsgitter mit den Werten XYZ = 10 cm

Ganz egal, ob nun das Projektionsgitter lediglich einen geringen Teil des Objekts umschließt, mit der Funktion „Kachelung" wiederholt es sich und somit wird der gesamte Alurahmen texturiert. Eine andere Möglichkeit wäre die Verringerung der Längenwerte im Textur-Dialogfenster gewesen. Diese hätte aber nur einen Sinn, wenn das Objekt einen texturbedingten Aufbau hätte (wie z.B. bei einer Holzkonstruktion mit Jahresringen).

Glasscheibe

Laden Sie für den nächsten Schritt das Material „Glas.c4d" von der beiliegenden CD aus dem Verzeichnis „Materialien", indem Sie in der Menüleiste des Material-Managers unter „Datei" den Befehl „Hinzuladen" anwählen. Belegen Sie daraufhin im Objekt-Manager den Eintrag „Glasscheibe" mit dem Material „Glas". Die angegebenen Werte im Textur-Dialogfenster können übergangen werden, da es sich um ein rein parametrisches Material handelt.

Fügen Sie nun einen Boden hinzu, damit das Glas im Rendering besser sichtbar wird, und rendern Sie Ihre Zeichnung.

Abbildung 3.71: Durch den Boden wird das Glas besser sichtbar

Falzgummi / Glasdichtung

Ein sehr einfaches Material findet jetzt bei den Gummielementen seinen Einsatz. Erzeugen Sie ein neues Material „Gummi" und stellen Sie daraufhin im Farbe-Kanal den Helligkeitsregler auf 0%. Das Material erscheint Tiefschwarz und soll lediglich noch ein Glanzlicht mit einer Breite von 50% und einer Höhe von 100% aufweisen. Weisen Sie dieses sowohl auf das Objekt „Falzgummi" als auch auf die „Glasdichtung" zu.

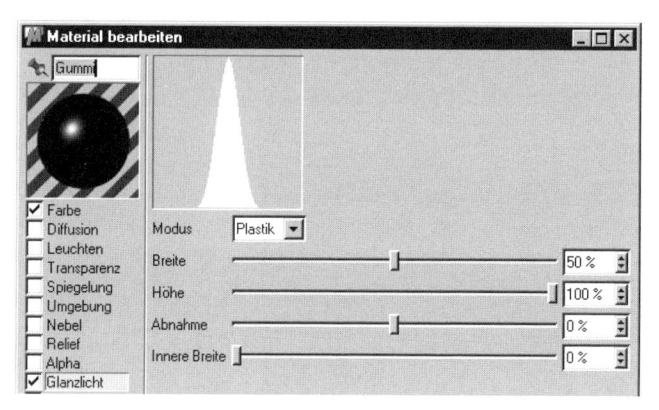

Abbildung 3.72: Material „Gummi"

Griff / Stahlwinkel

Ähnlich wird beim nächsten Material „Aluminium" verfahren. Dort beträgt der Farb-Helligkeitswert 80%, was zu einem hellen Grau führt. Zusätzlich sollen die Aluminiumteile einen leichten Spiegelungswert aufweisen. Aktivieren Sie also den Spiegelung-Kanal und stellen Sie dort den Helligkeitsregler auf 16%.

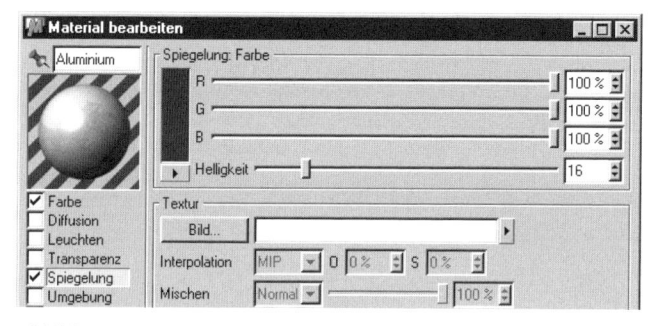

Abbildung 3.73: Blankes Aluminium

Die Einstellungen des Glanzlichts betragen auf der betreffenden Seite 50% in der Breite und 70% in der Höhe. Weisen Sie das Material nun den Objekten „Griff" und „Stahlwinkel" zu, wobei Sie auch hier das Dialogfeld der Texturprojektion übergehen können.

Betonwand

Das nächste Material soll die Betonwand bedecken. Erstellen Sie ein weiteres Material und nennen Sie es „Beton". Für die Textur im Farbe-Kanal wählen Sie aus dem Verzeichnis „Tex" die Datei „Beton.jpg".

Die eingeladene Textur soll nun etwas aufgehellt werden. Dies geschieht über den Schieberegler „Mischen" im unteren Bereich des Farbe-Kanals. Stellen Sie dort den Wert von 80% ein und Sie können das Ergebnis in der Voransicht begutachten. Mit dem Regler „Mischen" wird die im RGB-Bereich eingestellte Farbe der Textur hinzugefügt.

Da die Farbe derzeit aufgrund des 80%igen Helligkeitswertes ein leichtes Grau darstellt, ändern Sie diese in ein reines Weiß, indem Sie den Helligkeitsregler auf 100% setzen.

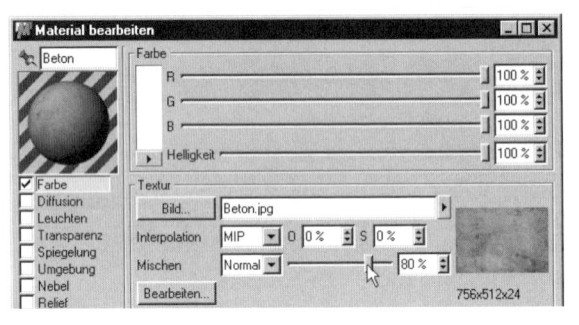

Abbildung 3.74: Material „Beton"

Schalten Sie daraufhin das Glanzlicht aus, da Beton kaum eine reflektierende Wirkung hat. Wichtiger ist nun die Relieffunktion. Die besten Ergebnisse erzielt man hierbei, wenn von der Textur ein Schwarzweißabbild vorhanden ist. Da unsere Beton-Textur aber kaum farbliche Nuancen aufweist, kann man sie auch für den Relief-Kanal gut verwenden.

Aktivieren Sie jetzt den Relief-Kanal und laden Sie dort ebenfalls die Textur „Beton.jpg" ein. Die Reliefstärke beträgt 60%. Aktualisieren Sie das Material und weisen Sie es der Betonwand zu.

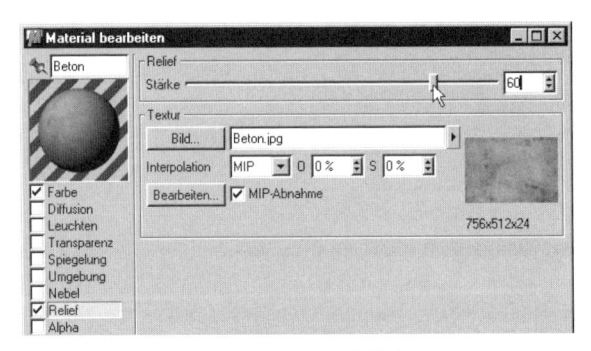

Abbildung 3.75: Einstellen des Reliefeffekts

Im Textur-Dialogfenster kommt nun ebenfalls die quaderförmige Projektion zum Einsatz, deren Größenwerte einheitlich auf 20 cm gesetzt werden.

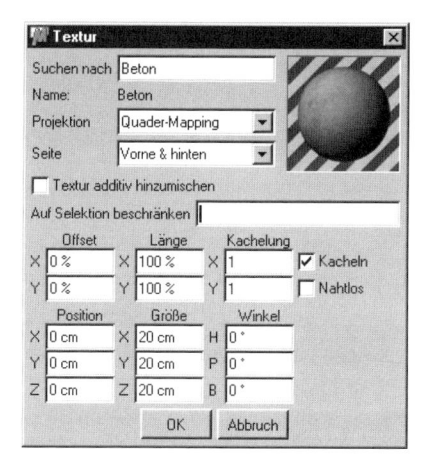

Abbildung 3.76: Verkleinerung des Projektionsgitters auf jeweils 20 cm

Es erübrigt sich hierbei, die Textur dem Objekt anzupassen, weil sonst aufgrund der länglichen Betonwand Verzerrungen innerhalb der Textur auftreten. Somit ist es also bei gleichmäßig texturierten Objekten völlig egal, ob das Projektionsgitter in irgendeiner Weise das Trägerobjekt berührt oder nicht. Der betroffene Körper wird automatisch mit dieser Textur belegt.

Abbildung 3.77: Betonwand nach Einstellung der Projektionsgröße

Holzverkleidung
Beim nächsten Körper, der Holzverkleidung, muss nun etwas genauer auf die Texturprojektion geachtet werden. Hierbei soll es sich um ein kurzes Stück massiven Leimholzes handeln, welches mittels der Lattung an der Betonwand befestigt ist.

Erstellen Sie ein neues Material und benennen Sie es „Holzverkleidung". Stellen Sie im Farbe-Kanal den Helligkeitsregler auf 100% und laden Sie als Textur das Bild „Kirschbaum.jpg" dazu. Deaktivieren Sie noch das Glanzlicht und aktualisieren Sie abschließend das Material.

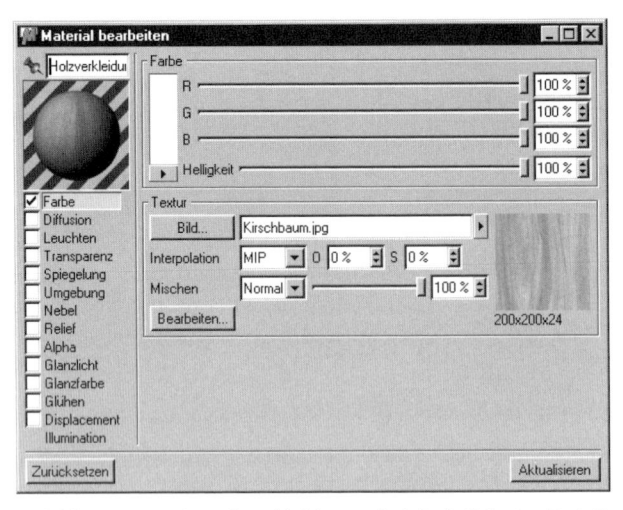

Abbildung 3.78: Die Holzverkleidung erhält lediglich eine Farb-Textur

Weisen Sie daraufhin das Material dem Eintrag „Holzverkleidung" im Objekt-Manager zu, stellen Sie die Projektion auf „Quader-Mapping" und bestätigen Sie mit „OK".

Um die Texturprojektion zu überprüfen, wählen Sie zunächst den Eintrag „Holzverkleidung" im Objekt-Manager und drücken das Icon für „Textur bearbeiten". Die quaderförmige Projektion hat derzeit noch die gleichen Ausmaße, wie anfangs die Aluprofile bzw. die Betonwand. Passen Sie jetzt die Textur dem Objekt „Holzverkleidung" in der optimalen Größe an (Objekt-Manager\Textur\Auf Objekt anpassen).

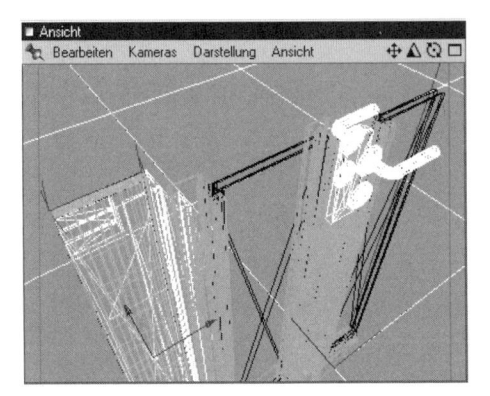

Abbildung 3.79: Angepasstes Projektionsgitter

Lattung

Das letzte Objekt für die Texturierung ist die Lattung zwischen der Betonwand und der Holzverkleidung. Sie soll aus einfachem Kiefernholz sein, wobei die Maserung jetzt quer verläuft.

Da sich dieses Material nur durch die Textur von dem bestehenden Material „Holzverkleidung" unterscheidet, bietet sich an dieser Stelle die Veränderung einer Materialkopie an. Aktivieren Sie im Material-Manager die „Holzverkleidung" und wählen Sie daraufhin in der Menüleiste des Material-Managers „Bearbeiten\Kopieren". Mit dem Befehl „Einfügen" erscheint die Kopie „Holzverkleidung.1", welche durch einen Doppelklick in „Lattung" umbenannt wird.

Öffnen Sie das Material und laden Sie statt der Textur „Kirschbaum.jpg" nun das Bild „Kiefer.jpg" hinzu. Wenn Sie dieses Material der Lattung zuweisen, dann verlaufen die weiteren Schritte zunächst ähnlich wie bei der Holzverkleidung. Stellen Sie die Projektion auf „Quader-Mapping" ein und passen Sie die Textur dem Objekt an.

Abbildung 3.80: Die Maserung des Kiefernholzes muss gedreht werden

Beim Rendern wird ersichtlich, dass die Jahresringe des Kiefernholzes an der Oberfläche der Lattung nicht in die gewünschte Richtung weisen. Das Projektionsgitter der Textur muss nun um 90° gedreht werden.

Die Jahresringe im Pixelbild „Kiefer.jpg" verlaufen in vertikaler Richtung (siehe Material-Dialogfenster). Dieses Bild wird beim „Quader-Mapping" auf alle Seiten des virtuellen Quaders projiziert. An der oberen und unteren Fläche des virtuellen Quaders wird das Bild mehr oder weniger „umgeklappt". Um nun also einen Jahresringverlauf in Längsrichtung zu erhalten, muss das Projektionsgitter um die Z-Achse gedreht werden.

1. Stellen Sie sicher, dass das Objekt „Lattung" im Objekt-Manager aktiviert ist.
2. Drücken Sie in der Bearbeiten-Palette das Icon für „Textur-Achse bearbeiten".
3. Wählen Sie aus der Befehls-Palette die Funktion „Drehen" und aktivieren Sie die Drehachse „Z".
4. Tragen Sie im Koordinaten-Manager für den H-Winkel den Wert 90° ein.
5. Passen Sie die Textur erneut an das Objekt „Lattung" an.

Abbildung 3.81: Richtige Ausrichtung der Maserung

Das Rendering zeigt nun den richtigen Jahresringverlauf.

3.3.4 Texturierung einzelner Polygone

Ein letzter Punkt der Texturierung ist die Ausarbeitung der Schnittflächen an den Aluminiumprofilen. Schneidet man die Profile in horizontaler Richtung, wie in unserem Beispiel gezeigt, dann weisen diese Körper lediglich an den Außenseiten eine lackierte Oberfläche auf, wohingegen an den Schnittflächen das blanke Aluminium zum Vorschein kommt. In diesem Fall gibt es zwei Möglichkeiten, um das Problem zu lösen:

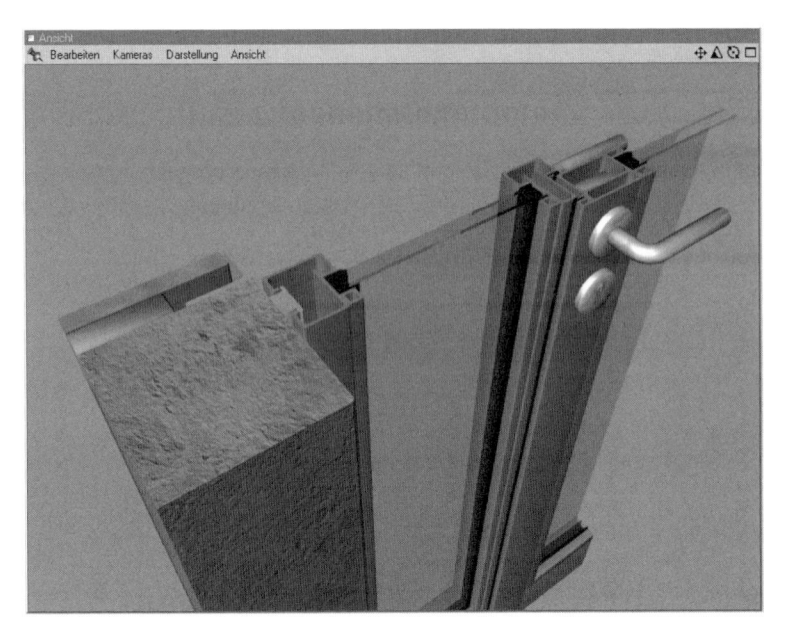

Abbildung 3.82: Ergebnis ohne Schnittflächen

Zum einen kann man bereits im CAD separate Flächen anlegen, welche sich an den jeweiligen Oberflächen befinden und gesondert texturiert werden können. Dies führt jedoch zu einer Erhöhung der Polygonanzahl und ist daher weniger zu emp-

Objekttexturierung **139**

fehlen. Eine wesentlich wirtschaftlichere Lösung ist die Trennung der gewünschten Flächen vom übrigen Modell.

① Schalten Sie in der 3D-Ansicht die Ansicht 4 aktiv und vergrößern Sie den Ausschnitt so, dass die Aluminiumprofile von vorne gut zu erkennen sind.

② Aktivieren Sie im Objekt-Manager die Aluprofile.

③ Drücken Sie in der Befehls-Palette das Icon für „Live Selektion", halten die linke Maustaste gedrückt und aktivieren Sie im Pop-Up-Menü das Icon „Rechteck Selektion".

④ Wechseln Sie nun im Koordinaten-Manager auf das Tab „Aktives Werkzeug", wo derzeit die Selektionseinstellungen abgebildet werden. Deaktivieren Sie das Kontrollkästchen „Nur sichtbare Elemente selektieren", damit bei der Auswahl auch die hinteren Polygone angewählt werden.

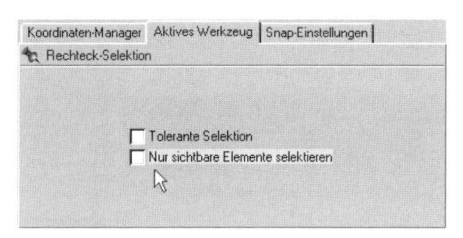

Abbildung 3.83: Selektionseinstellungen im Tab „Aktives Werkzeug"

⑤ Aktivieren Sie anschließend in der Bearbeiten-Palette die Funktion „Polygone bearbeiten".

⑥ Wenn Sie nun ein Auswahlrechteck über die Schnittflächen der Profile ziehen, werden die aktivierten Polygone rot dargestellt und es werden die dazugehörigen Flächennormalen als gelbe Linien abgebildet.

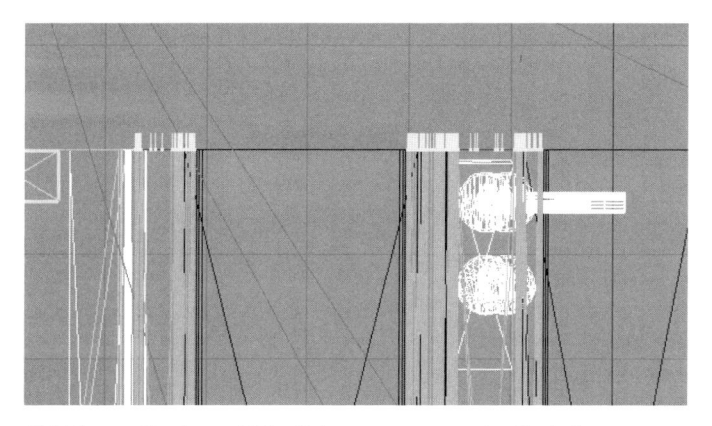

Abbildung 3.84: Auswahl der Polygone zur separaten Texturierung

Diese Selektion muss nun abgespeichert bzw. „eingefroren" werden. Wählen Sie in der Datei-Menüleiste das Menü „Selektion" und daraufhin den Befehl „Selektion einfrieren".

140 3 – Materialien

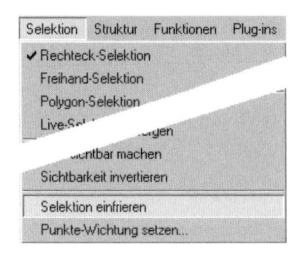

Abbildung 3.85: Einfrieren der ausgewählten Polygone

Im Objekt-Manager erscheint das dazugehörige Icon, welches die Selektion kenntlich macht.

Öffnen Sie mit einem Doppelklick auf das Selektions-Icon das dazugehörige Dialogfenster und tragen Sie dort den Namen „Schnittflächen" ein. Sollten in einer Zeichnung mehrere Polygongruppen bestehen, so können in diesem Dialogfenster die jeweiligen Gruppen verwaltet werden.

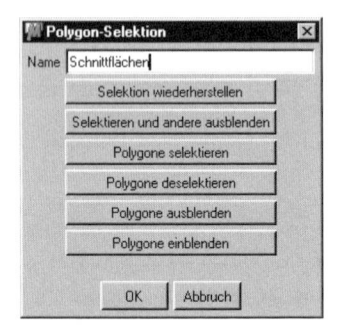

Abbildung 3.86: Dialogfenster der Polygon-Selektion

Bestätigen Sie das Dialogfenster mit „OK" und ziehen Sie das Material „Aluminium" aus dem Material-Manager auf den Eintrag „Aluprofile" im Objekt-Manager.

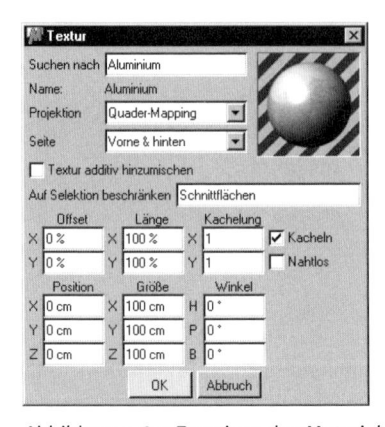

Abbildung 3.87: Zuweisen des Materials auf die ausgewählten Polygone

Im daraufhin erscheinenden Textur-Dialogfenster lässt sich bestimmen, dass nur die abgespeicherte Selektion mit dem neuen Material belegt wird. Tragen Sie dafür in die entsprechende Zeile „Auf Selektion beschränken" den Namen „Schnittflächen" ein und wählen Sie als Projektionsform „Quader-Mapping". Bestätigen Sie das Fenster mit „OK".

Beim Rendern erscheinen die Schnittflächen im Gegensatz zu den Außenflächen der Profile im blanken Aluminium.

3.3.5 Beleuchtung und Rendering

Für diese Szene kommt eine relativ einfache Beleuchtung zum Einsatz, wodurch dem Thema des nächsten Kapitels nicht vorgegriffen wird. Die Szene wird mit zwei Lichtquellen ausgeleuchtet, wobei die Hauptlichtquelle sehr intensiv sein wird und einen harten Schatten werfen soll. Die zweite Lichtquelle dient lediglich zum Aufhellen der dunklen Schattenstellen und wird etwas schwächer leuchten.

Erzeugen Sie in der Datei-Menüleiste unter „Objekte\Szene-Objekte" eine Lichtquelle und öffnen Sie das Dialogfenster über einen Doppelklick im Objekt-Manager.

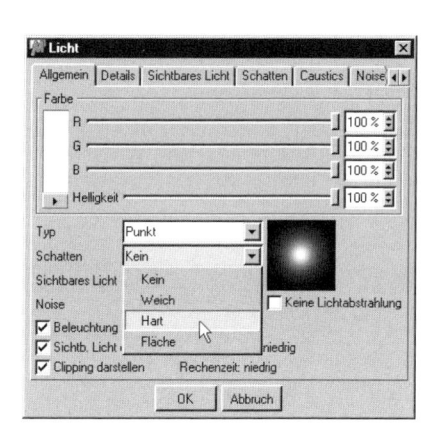

Abbildung 3.88: Einrichten der Hauptlichtquelle

Aktivieren Sie im Pop-Up-Menü „Schatten" den Eintrag „Hart" und bestätigen Sie mit „OK".

Diese Lichtquelle soll die Szene von links oben ausleuchten, wodurch sich der Schatten aus der aktuellen Perspektive sichtbar am Boden abzeichnen wird.

① Stellen Sie sicher, dass die Lichtquelle im Objekt-Manager aktiv ist.

② Klicken Sie in der Bearbeiten-Palette auf das Icon „Objekt bearbeiten".

③ Aktivieren Sie das Welt-Koordinatensystem.

④ Wählen Sie in der Befehls-Palette die Funktion „Verschieben" und aktivieren Sie die Richtungen X bzw. Z.

142 3 – Materialien

⑤ Halten Sie in der Draufsicht die linke Maustaste gedrückt und verschieben Sie die Lichtquelle auf die Koordinaten X = -80 cm, Z = -80 cm.

⑥ Nach dem Umschalten auf die Y-Achse erhält die Lichtquelle die Position Y = 220 cm.

Das Nebenlicht wird auf die gleiche Art und Weise erstellt wie das Hauptlicht. Der Helligkeitsfaktor beträgt diesmal lediglich 30%, damit die Szene nicht überstrahlt wird. Stellen Sie im Pop-Up-Menü „Schatten" die Einstellung auf „Kein" und bestätigen Sie abschließend mit „OK".

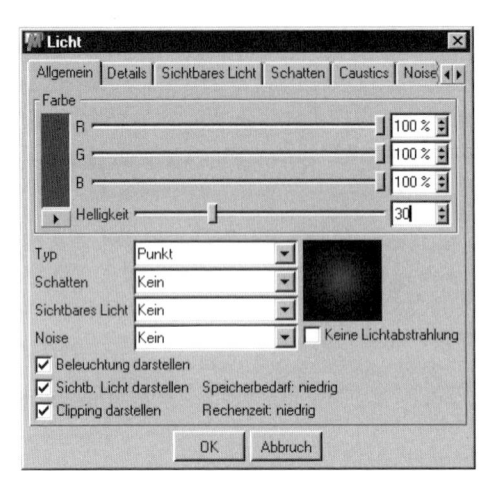

Abbildung 3.89: Einrichten der Nebenlichtquelle

Die Positionskoordinaten betragen hierbei X = 50 cm, Y = 150 cm und Z = -70 cm.

Öffnen Sie jetzt die Render-Voreinstellungen. Die Werte auf der Seite „Allgemein" sind bereits optimal eingestellt. Wählen Sie auf der Seite „Ausgabe" die Auflösung 1024x768 Pixel und wechseln Sie daraufhin auf die Seite „Speichern".

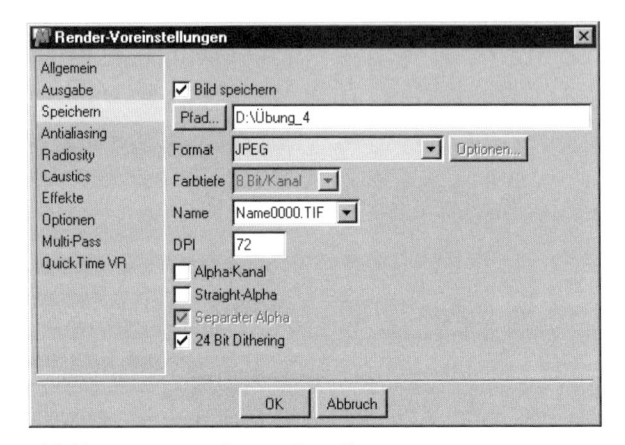

Abbildung 3.90: Render-Voreinstellungen

Stellen Sie dort das Ausgabeformat auf JPEG ein und wählen Sie mit dem Schalter „Pfad" das Zielverzeichnis für das Rendering aus.

Klicken Sie nun in der Bearbeiten-Palette auf das Icon „Im Bild-Manager rendern", damit das Ergebnis gespeichert wird.

Abbildung 3.91: Ergebnis von Übung_4

3.4 Szenentexturierung

In dieser Übung werden die Vorgänge der Objektverwaltung und Texturprojektion weiter vertieft.

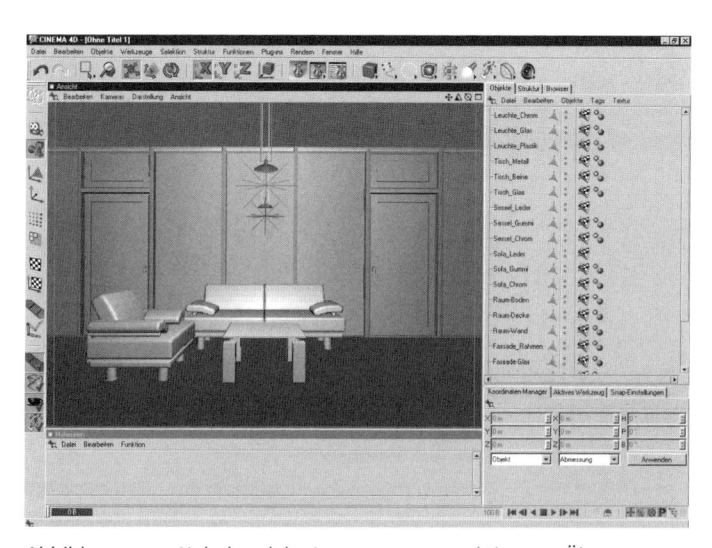

Abbildung 3.92: Unbehandelte Innenraumperspektive von Übung 5

Öffnen Sie hierfür die Datei „Übung 5.c4d".

Hierbei handelt es sich um eine Innenraumkulisse, welche bereits über einige Lichtquellen verfügt und lediglich eine Texturierung sowie die Vervollständigung der 3D-Elemente benötigt. Alle Objekte wurden im CAD so angelegt, dass sie mit einem eigenen Material belegt werden können, und werden dementsprechend im Objekt-Manager aufgelistet.

3.4.1 Kantenglättung im Objekt-Manager

Wenn man die oben abgebildete Szenerie mit dem Gouraud-Shading genauer betrachtet, dann fällt auf, dass sich polygonale Kanten sowohl am Sofa als auch am Sessel abzeichnen. Der Grund hierfür ist, dass an diesen Objekten keine Kantenglättung zum Einsatz kommt. Der in Kapitel 1.4.5 beschriebene Glättungswinkel lässt sich beim Datenexport in den einzelnen CAD-Programmen einstellen und wird in der neuen Zeichnung übernommen.

Dass bei den meisten Objekten eine Kantenglättung vorhanden ist, kann man im Objekt-Manager an den Glättungs-Tags erkennen. Klicken Sie doppelt auf ein beliebiges Glättungs-Tag, damit Sie den generell verwendeten Glättungswinkel erkennen können.

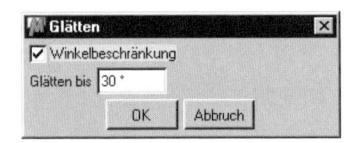

Abbildung 3.93: Dialogfenster des Glättungswinkels

Der Glättungswinkel beträgt 30°. Das heißt, dass alle Flächen, welche in einem geringeren Neigungswinkel als 30° zueinander stehen, optisch abgerundet werden.

Klicken Sie jetzt mit der linken Maustaste auf ein Glättungs-Tag, halten Sie die Strg-Taste gedrückt und kopieren Sie das Tag an die entsprechenden Stellen der Objekte „Sofa_Leder" und „Sessel_Leder". Die Einstellungen innerhalb des Glättungs-Tags werden damit übernommen.

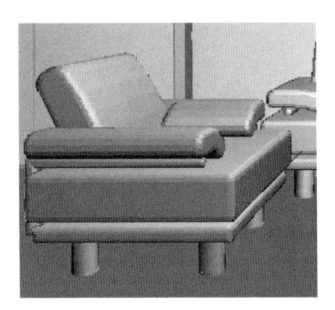

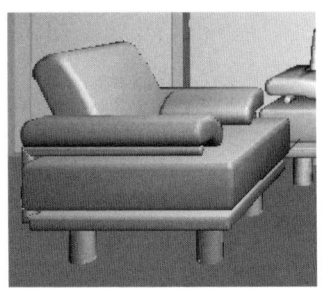

Abbildung 3.94: Ohne Kantenglättung (links) treten die Polygone am Sessel hervor

Hierbei kann auch der umgekehrte Effekt auftreten. Flächige Objekte (Tischplatten, Türflügel ...) die durch den Datenexport eine extreme Kantenglättung erhalten, können ungewöhnlich stark schattiert auftreten. Dieses Problem lässt sich leicht mit einem Fehler innerhalb der Beleuchtung verwechseln. In diesen Fällen ist es ratsam, das Glättungs-Tag aus dem Objekt-Manager komplett zu entfernen.

3.4.2 Gruppieren von Objekten

Um bei einer großen Anzahl von Elementen eine übersichtliche Struktur im Objekt-Manager zu erhalten, lassen sich einzelne Objektgruppen erstellen. Sortieren Sie zuerst mittels Drag and Drop die Elemente gleicher Zugehörigkeit im Objekt-Manager und wählen Sie daraufhin in der Menüleiste die Funktion „Objekte\Objekte gruppieren" aus.

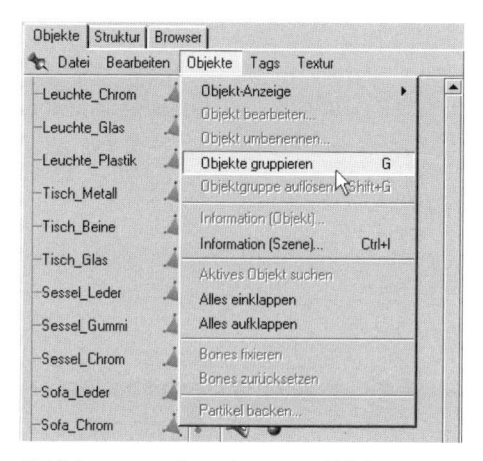

Abbildung 3.95: Gruppieren von Objekten

Der Mauszeiger verändert sich nach diesem Befehl in ein kleines Kreuz, mit welchem Sie ein Auswahlrechteck um alle Elemente ziehen können, die Sie zu einer Gruppe zusammenfassen wollen.

Wählen Sie mit dem Auswahlrechteck die drei Objekte „Leuchte_Chrom", „Leuchte_Glas" und „Leuchte_Plastik". Die daraus entstehende Gruppe trägt den Namen „Null-Objekt" und kann mit einem Doppelklick umbenannt werden. Nennen Sie diese Gruppe „Leuchten" und bestätigen Sie das Dialogfenster mit „OK".

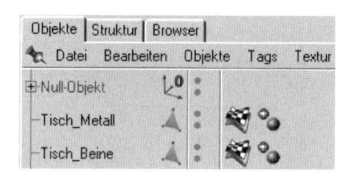

Abbildung 3.96: Erstellen von Objektgruppen

Gleichsam wird mit den anderen Objekten verfahren, so dass Ihr Objekt-Manager an Übersicht gewinnt. Sie können die Gruppen ähnlich wie Dateiordner im Windows-Explorer mit dem Plus- bzw. Minuszeichen öffnen und schließen. Möchten Sie anschließend einige Elemente aus der Gruppe herausnehmen oder in eine andere Gruppe hineinlegen, so lässt sich dieser Vorgang ganz leicht mittels Drag and Drop durchführen.

Um eine Gruppe aufzulösen, wählen Sie diese an und klicken anschließend in der Menüleiste des Objekt-Managers auf „Objekte\Objektgruppe auflösen".

Wenn Sie alle Objekte nach ihrer Zugehörigkeit zusammengefasst haben, dann sollten folgende Gruppen in Ihrem Objekt-Manager aufgelistet sein:

- Fassade
- Raum
- Sofa
- Sessel
- Couchtisch
- Leuchten

Die Objektstruktur ist nun soweit eingerichtet. Sichern Sie Ihre Datei und erstellen Sie ein erstes Proberendering.

3.4.3 Zuweisen von Render-Tags

Bereits kurz nach dem Start des Proberenderings wird deutlich, dass die Leuchten über dem Couchtisch einen ungewöhnlich großen Schatten an der Raumdecke abzeichnen.

Abbildung 3.97: Beachten Sie den Schatten an der Decke

Dieser Schatten ist der Effekt der beiden Lichtquellen, welche sich unterhalb der Leuchten befinden. Da der Raum ansonsten optimal ausgeleuchtet ist, hat es wenig Sinn, die Lichtquellen zu verändern. Wenn dieser Schatten also den einzigen Störfaktor darstellt, so ist es am einfachsten, die Schattenwirkung der Objektgruppe „Leuchten" zu entfernen.

Wählen Sie im Objekt-Manager die Gruppe der Leuchten an und drücken Sie daraufhin die rechte Maustaste. Hierbei erscheint ein Kontextmenü, welches zum Großteil die Befehle aus der Menüleiste des Objekt-Managers enthält.

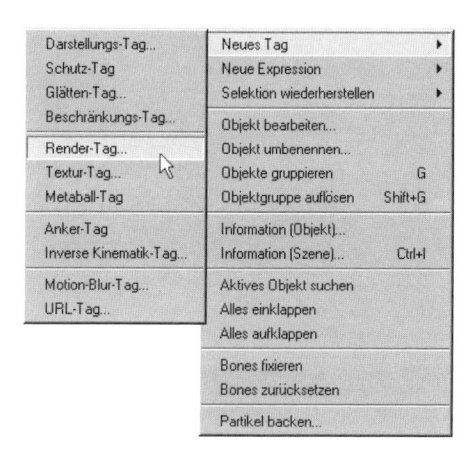

Abbildung 3.98: Drücken Sie für das Kontextmenü mit der rechten Maustaste auf die Gruppe „Leuchten"

Fahren Sie über den Befehl „Neues Tag" weiter auf das Untermenü und klicken Sie auf den Befehl „Render-Tag...".

Auf dem daraufhin erscheinenden Dialogfenster lassen sich mehrere Reaktionen bezüglich des Rendervorgangs für einzelne Objekte definieren:

- **Schatten werfen**: Die Kugel empfängt Licht und Schatten, ist im Renderer sichtbar, wirft aber selbst keinen Schatten auf umliegende Objekte wie beispielsweise den Boden.

- **Schatten empfangen**: Das Objekt selbst wirft zwar einen Schatten und ist für die Kamera sichtbar, jedoch wird seine Oberfläche nicht durch Schatten anderer Objekte abgedunkelt.

- **Sichtbar für Kamera**: Mit dem Deaktivieren dieses Kontrollkästchens werden Körper direkt für die Kamera unsichtbar, die Spiegelung der Kugel ist aber dennoch vorhanden.

- **Sichtbar für Strahlen**: Hiermit wird genau der umgekehrte Effekt erzielt. Die Kamera erfasst die Kugel, aber der Körper erzeugt auf der spiegelnden Fläche kein Abbild.

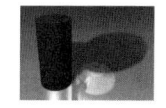

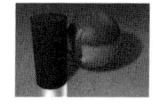

- **Hintergrund-Compositing**: Die beiden Körper befinden sich auf dem Boden, welcher den Schatten empfängt. Hierbei wird der Boden jedoch vom weiteren Rendervorgang ausgeschlossen, so dass der Lichtverlauf in Richtung des Horizonts nicht vorhanden ist. Die Darstellung eignet sich vor allem für Renderings, welche in Prospekte eingebunden werden und keine Bildbegrenzung aufweisen sollen.

Damit unsere Leuchten also keinen Schatten an der Raumdecke abzeichnen, muss im Dialogfenster des Render-Tags das Kontrollkästchen „Schatten werfen" deaktiviert werden.

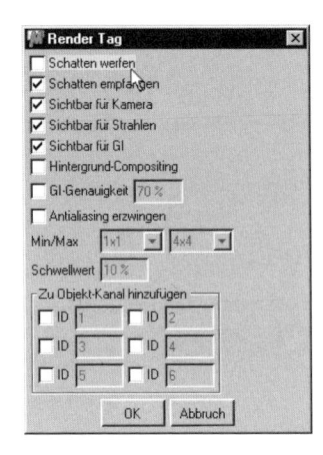

Abbildung 3.99: Deaktivieren des Schattenwurfs über das Render-Tag

Im Objekt-Manager erscheint daraufhin neben dem Eintrag der Gruppe „Leuchten" das Icon des Render-Tags.

3.4.4 Vergabe der parametrischen Materialien

Laden Sie nun im Material-Manager von der beiliegenden CD die Materialien „Chrom.c4d", „Aluminium.c4d" und „Glas.c4d" hinzu.

Hierfür klicken Sie in der Menüleiste des Material-Managers auf „Datei\Hinzuladen..." und wählen Sie das zutreffende Verzeichnis aus.

❶ Erzeugen Sie daraufhin ein neues Material und nennen Sie es „Lack".
❷ Stellen Sie den Helligkeitsregler im Farbe-Kanal auf 0% zurück.
❸ Das Glanzlicht erhält eine Breite von 60% und eine Höhe von 80%.

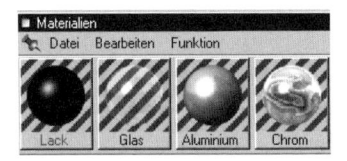

Abbildung 3.100: Übersicht der aktuellen Materialien

Szenentexturierung

Weisen Sie Ihre Materialien nun den folgenden Objekten zu und vernachlässigen Sie hierbei die Texturprojektion.

- Fassade
  - Fassade_Rahmen   Lack
  - Fassade_Glas   Glas
  - Fassade_Geländer   Chrom
  - Fassade_Griffe   Aluminium
- Sofa
  - Sofa_Leder   -
  - Sofa_Gummi   Lack
  - Sofa_Chrom   Chrom
- Sessel
  - Sessel_Leder   -
  - Sessel_Gummi   Lack
  - Sessel_Chrom   Chrom
- Couchtisch
  - Tisch_Metall   Aluminium
  - Tisch_Beine   -
  - Tisch_Glas   -
- Leuchten
  - Leuchte_Chrom   Chrom
  - Leuchte_Glas   -
  - Leuchte_Plastik   Lack

Wenn Sie jetzt Ihre Szene rendern, dann werden Sie zum einen erkennen, dass die Raumbeleuchtung extreme Lichtflecke auf der Glasfassade abzeichnet, und zum anderen wird durch die Spiegelung der Fenster deutlich bemerkbar, dass der Raum lediglich eine Kulisse ist.

Solche Lichtflecken treten auf allen Objekten auf, deren Material ein Glanzlicht enthält. Hierbei spielt der Höhenwert im Glanzlicht-Kanal die entscheidende Rolle.

Stellen Sie daher im Material „Glas" die Höhe des Glanzlichts auf 20% ein.
Was die Spiegelung betrifft, so ist es wichtig, dass sich der Sessel und die Leuchten auf den Glasscheiben abzeichnen. Deaktivieren Sie also nicht die Spiegelung im Material „Glas", sondern setzen Sie stattdessen ein „Render-Tag" für die Gruppe „Raum". Auf der Dialogseite des Render-Tags schalten Sie das Kontrollkästchen „Sichtbar für Strahlen" aus.

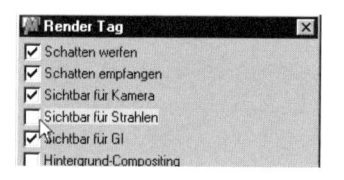

Abbildung 3.101: Die Spiegelung des Raums wird über ein Render-Tag ausgeschaltet

Abbildung 3.102: Rendering nach herabgesetztem Glanzlicht und ohne Spiegelung des Raums

3.4.5 Flächige Projektion

Laden Sie nun in den Material-Manager die beiden Materialien „Fliesen.c4d" und „Hintergrund.c4d" hinzu.

Belegen Sie innerhalb der Gruppe „Raum" den Boden mit dem Material „Fliesen" und wählen Sie im Pop-Up-Menü des Textur-Dialogfensters die Projektionsform „Fläche-Mapping" aus.

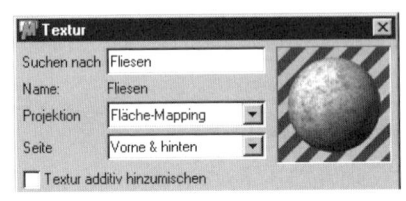

Abbildung 3.103: Einstellen der flächigen Projektion

Schalten Sie im Objekt-Manager das Element „Raum_Boden" aktiv und klicken Sie in der Bearbeiten-Palette auf das Icon „Textur-Achse bearbeiten". In der Vorderansicht wird das Flächengitter der Projektion sichtbar, welches derzeit senkrecht zum Boden steht.

Das Projektionsgitter soll nun um 90° gedreht werden, damit es parallel zum Boden liegt. Achten Sie darauf, dass im Objekt-Manager das Element

„Raum_Boden" aktiv ist, und tragen Sie daraufhin in den Koordinaten-Manager den Winkelwert P = 90° ein.

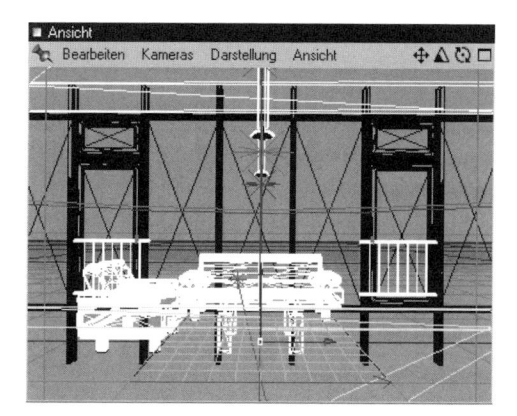

Abbildung 3.104: Umklappen des Projektionsgitters

Wenn man das Projektionsgitter betrachtet, dann ist der Raum momentan mit gewaltigen Fliesen ausgestattet. Das Projektionsgitter muss daher um mindestens ein Viertel verkleinert werden.

Am einfachsten ist es, im Koordinaten-Manager die Skalierungswerte X, Y und Z auf jeweils 25 cm herabzusetzen.

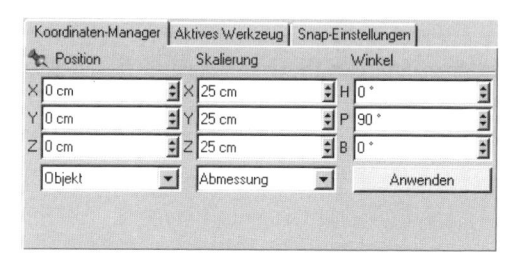

Abbildung 3.105: Abbildung 1.105: Skalieren des Projektionsgitters

Das Rendering zeigt daraufhin einen spiegelnden Fliesenboden. Sichern Sie jetzt Ihre Zeichnung.

In Cinema 4D können innerhalb des Koordinaten-Managers Rechnungen durchgeführt werden. Wenn Sie die Skalierungswerte z.B. dritteln möchten, dann fügen Sie in die jeweiligen Felder zusätzlich das Zeichen /bzw. die Zahl 3 ein und bestätigen mit der Return-Taste. Dieser Vorgang funktioniert bei Größen-, Skalierungs- und Winkelwerten. Verwenden Sie dafür die in der EDV üblichen mathematischen Zeichen +, -, /und *.

Abbildung 3.106: Flächige Projektion der Bodenfliesen

3.4.6 Frontale Projektion / Hintergrund

Als Nächstes wollen wir den Blick aus den Fenstern etwas attraktiver gestalten. Dazu wird ein Pixelbild auf einen Bildhintergrund flächig projiziert.

Erstellen Sie in der Datei-Menüleiste unter „Objekte\Szene-Objekte" einen „Hintergrund" und ziehen Sie das entsprechende Material „Hintergrund" auf den Eintrag im Objekt-Manager.

Im Textur-Dialogfenster stellen Sie ein „Frontal-Mapping" ein und bestätigen mit „OK". In der 3D-Ansicht wird daraufhin das eingeladene Mapping sichtbar.

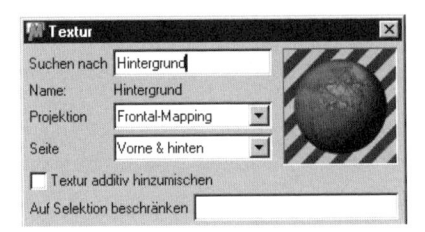

Abbildung 3.107: Stellen Sie die Projektion auf „Frontal-Mapping" ein

Abbildung 3.108: Voransicht des Hintergrundbildes in der 3D-Ansicht

Da der abgebildete Baum auf dem Bildhintergrund zum einen sehr groß und zum anderen etwas in der Höhe verzerrt erscheint, sollte das Bild in Y-Richtung ein wenig gestaucht werden:

Die Veränderungen werden nur anhand der Gittergröße und der Gitterposition sichtbar. Das in der 3D-Ansicht gezeigte Bild bleibt hierbei in seiner ursprünglichen Form erhalten.

1. Stellen Sie sicher, dass der Hintergrund im Objekt-Manager und die Funktion „Textur bearbeiten" angewählt sind.

2. Wählen Sie in der Befehls-Palette die Funktion „Skalieren" und aktivieren Sie die Y-Richtung.

3. Der Skalierungswert in Y-Richtung sollte etwa 75% betragen, so dass der untere Rand des Bildes mit den Fliesen an der Fassade abschließt.

Abbildung 3.109: Skalieren Sie das Hintergrundbild auf 75% in Y-Richtung

Eine frontal projizierte Textur wird nicht durch die Kamera beeinflusst. Durch transparente Objekte oder offene Stellen im 3D-Modell erscheint das Hintergrundbild immer an der gleichen Position, egal wohin die Kamera gerichtet ist. Genauso wenig können Sie sich auf das frontal projizierte Bild zu- oder von ihm fortbewegen.

Abbildung 3.110: Proberendering mit Hintergrundbild

3.4.7 Kopieren und Übertragen von Texturen

Um den Vorgang der Materialerstellung bzw. die Eingabe der Projektionsparameter zu verkürzen, lassen sich Materialien direkt im Material- und Objekt-Manager übernehmen und weiter verwenden.

Wählen Sie im Material-Manager das Material „Glas" aus und betätigen Sie in der Menüleiste des Material-Managers unter „Bearbeiten" den Befehl „Kopieren".

Klicken Sie erneut auf das Menü „Bearbeiten" und anschließend auf „Einfügen". Das eingefügte Material wird nun als „Glas.1" benannt und kann verändert werden, ohne die verwendeten Parameter von Neuem einzugeben.

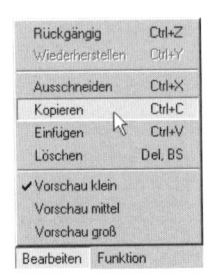

Abbildung 3.111: Befehl „Kopieren" im Material-Manager

Benennen Sie das Material in „Glastisch" um und öffnen Sie anschließend das Material-Dialogfenster. Stellen Sie im Transparenz-Kanal den Helligkeitsregler auf 70%. Das Glas erscheint jetzt etwas dunkler.

Aktualisieren Sie das Material und weisen Sie es dem Objekt „Tisch_Glas" in der Gruppe „Couchtisch" zu.

Kopieren von Materialien im Objekt-Manager

Laden Sie von der beiliegenden CD die Materialien „Leder.c4d", „Putz.c4d" und „Kiefer_Lack.c4d" in Ihren Material-Manager.

Belegen Sie im Objekt-Manager unter der Gruppe „Sofa" das Element „Sofa_Leder" mit dem entsprechenden Material. Im Textur-Dialogfenster stellen Sie ein „Quader-Mapping" mit den Größenwerten X, Y und Z = 20 cm ein.

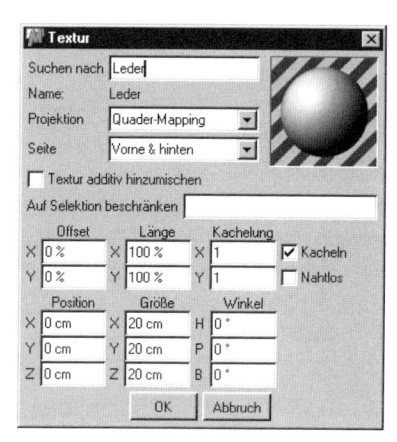

Abbildung 3.112: Projektionseinstellungen des Materials „Leder"

Da das Sofa und der Sessel über das gleiche Leder verfügen, kann man das Material im Objekt-Manager direkt weitergeben, ohne neue Projektionsparameter vergeben zu müssen. Öffnen Sie die Gruppe „Sessel", klicken Sie mit der linken Maustaste auf das Material-Icon „Leder" und ziehen Sie dieses mit gedrückter `Strg`-Taste aus der Gruppe „Sofa" neben den Eintrag „Sessel_Leder". Daraufhin erscheint kein Textur-Dialogfenster, alle Parameter wurden übernommen.

Weitergabe von Projektionseinstellungen

Abbildung 3.113: Kopieren des Materials „Leder" auf das Objekt „Raum_Decke"

> Die gleichen Projektionsparameter des Materials „Leder" werden bei der Zimmerdecke verwendet. Kopieren Sie jetzt im Objekt-Manager das Material-Icon „Leder" auf das Objekt „Raum_Decke". Hierbei soll die Decke nicht etwa mit Leder bespannt werden, sondern es sollen lediglich die Projektionsparameter übernommen werden.

Öffnen Sie jetzt das Textur-Dialogfenster von „Raum_Decke" und tragen Sie im Feld „Suchen nach" den Buchstaben P ein. Sofort erscheint das Wort „Putz", da sich in dieser Zeichnung kein anderes Material mit dem Anfangsbuchstaben P befindet. Bei diesem Vorgang hat sich nun lediglich das Material geändert, welches für die Projektion verwendet wurde.

Bestätigen Sie das Fenster mit „OK".

Belegen Sie anschließend das Objekt „Tisch_Beine" mit dem Material „Kiefer_Lack".

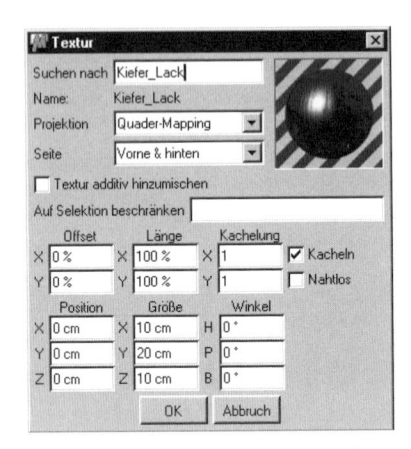

Abbildung 3.114: Projektionseinstellungen des Materials „Kiefer_Lack"

Die Projektion ist in diesem Falle wieder quaderförmig. Tragen Sie in den Feldern für „Größe" die Werte X = 10 cm, Y = 20 cm und Z = 10 cm ein.

Starten Sie ein weiteres Proberendering und sichern Sie anschließend Ihre Datei.

3.4.8 Kopieren von 3D-Objekten

Die Szene wird nun mit drei weiteren Sesseln und einem zweiten Couchtisch vervollständigt. Selbstverständlich hätten diese Objekte bereits beim Datenimport hinzugefügt werden können, aber um den Prozess der Materialzuweisung zu verkürzen, bietet sich die Kopie der vorhandenen texturierten Objekte an. Auch lassen sich auf diese Weise anfangs die Materialien besser überprüfen, da aufgrund der geringeren Polygonanzahl der Rendervorgang beschleunigt wird.

Markieren Sie nun im Objekt-Manager die Gruppe „Couchtisch" und wählen Sie in der dazugehörigen Menüleiste unter „Bearbeiten" den Befehl „Kopieren". Anschließend fügen Sie das kopierte Objekt, welches nun exakt über dem Ursprungsobjekt positioniert wird, wieder in Ihre Zeichnung ein.

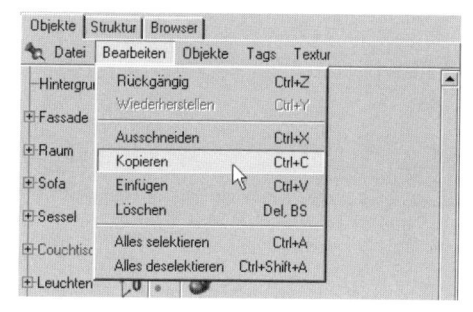

Abbildung 3.115: Kopieren des Couchtischs im Objekt-Manager

Alle kopierten und anschließend eingefügten Objekte werden wie die Materialien mit einem Index versehen, in diesem Falle „Couchtisch.1".

Jetzt muss dieser Couchtisch in Z-Richtung verschoben werden. Tragen Sie hierfür in den Koordinaten-Manager den Wert Z = -120 cm ein.

Kopieren Sie nun auch den Sessel und verschieben Sie diesen ebenfalls um Z = -120 cm.

Abbildung 3.116: Einfügen und Verschieben des Sessels und des Couchtischs

Die beiden Sessel auf der linken Seite werden ebenfalls durch Kopien eingesetzt. Allerdings muss die erste Kopie um 180° um den Achsenursprung gedreht werden. Der Achsenursprung befindet sich sichtbar mittig unter den Couchtischen und kann in seiner Position bleiben. Informationen über das Verschieben und Bearbeiten des Achsenursprungs lesen Sie in Kapitel 5.2.

① Kopieren Sie die Gruppe „Sessel.1" und fügen Sie die Kopie anschließend ein.
② Drehen Sie die eingefügte Gruppe „Sessel.2" um H = 180°.
③ Kopieren Sie die Gruppe „Sessel.2" und fügen Sie daraufhin die Kopie „Sessel.3" ein.
④ Verschieben Sie die Gruppe „Sessel.3" auf die Koordinate Z = 0 cm.

Abbildung 3.117: Der Raum im möblierten Zustand

Der letzte Vorgang in dieser Übung ist ein kleiner Schliff an den Glasflächen der Leuchten. Da die strahlenden Glasflächen unserer Leuchten ja weder einen Schatten aufnehmen können noch eine Farbschattierung besitzen, wird ihnen ein Material zugewiesen, welches die Objekte als reine weiße Flächen erscheinen lässt. Erstellen Sie ein neues Material, benennen Sie es „Leuchtflächen" und schalten Sie im Material-Dialogfenster den Leuchten-Kanal mit 100% aktiv.

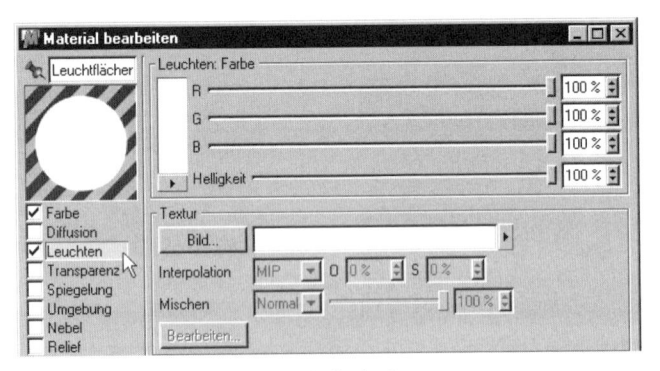

Abbildung 3.118: Material „Leuchtfläche"

Weisen Sie dieses Material dem Objekt „Leuchte_Glas" zu.

Sichern Sie nun Ihre fertige Zeichnung und rendern Sie diese im Bild-Manager.

Abbildung 3.119: Ergebnis von Übung_5

Farbteil I

Cinema 4D - Rendergalerie

Auf den folgenden Seiten finden Sie einige farbige Ergebnisse der Workshops aus diesem Buch. Im Anschluß daran folgen Bilder einzelner Projekte, welche durch die gemeinsame Anwendung von CAD-Programmen und Cinema 4D enstanden.

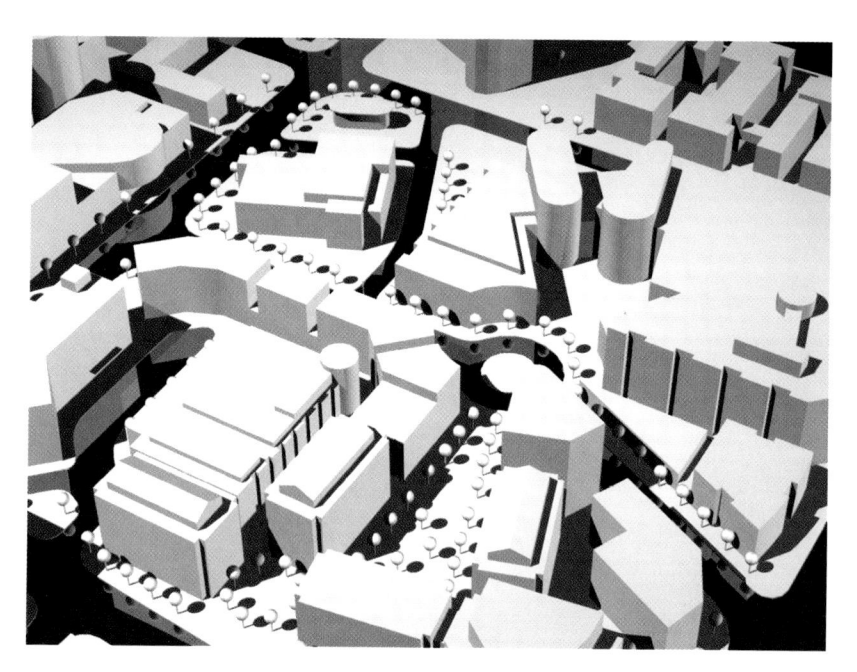

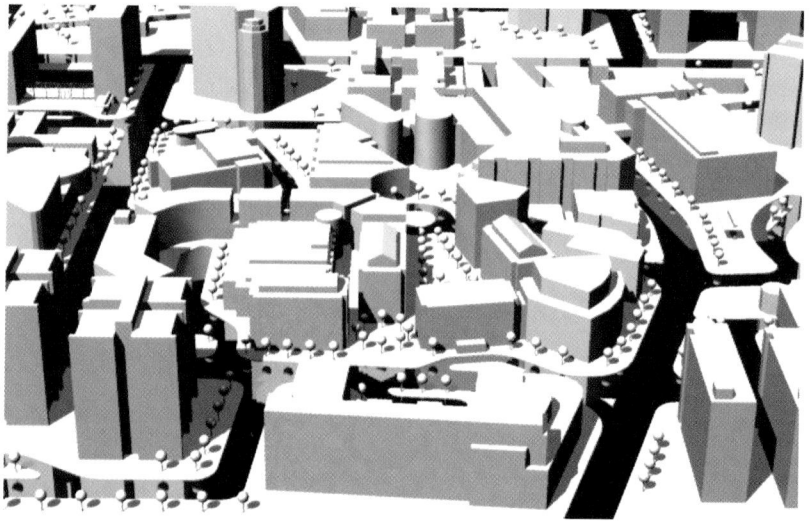

Kapitel 3 Materialien

Abbildung unten: Übung 3 -Texturierung von Grundkörpern

Abbildung rechts oben: Übung 4 - 3DS-Import mit anschließender Texturierung und Beleuchtung

Abbildung rechts unten: Übung 5 - Vergabe von Texturen und Rendereigenschaften

Farbteil   III

IV Farbteil

Kapitel 4 Beleuchtung

Übung 6 - Beleuchtung von Einzelobjekten mit Caustics

Farbteil **V**

Übung 7 - Innenraumbeleuchtung durch Anwendung der Radiosityfunktion von Cinema 4D XL7

Kapitel 5 Animation

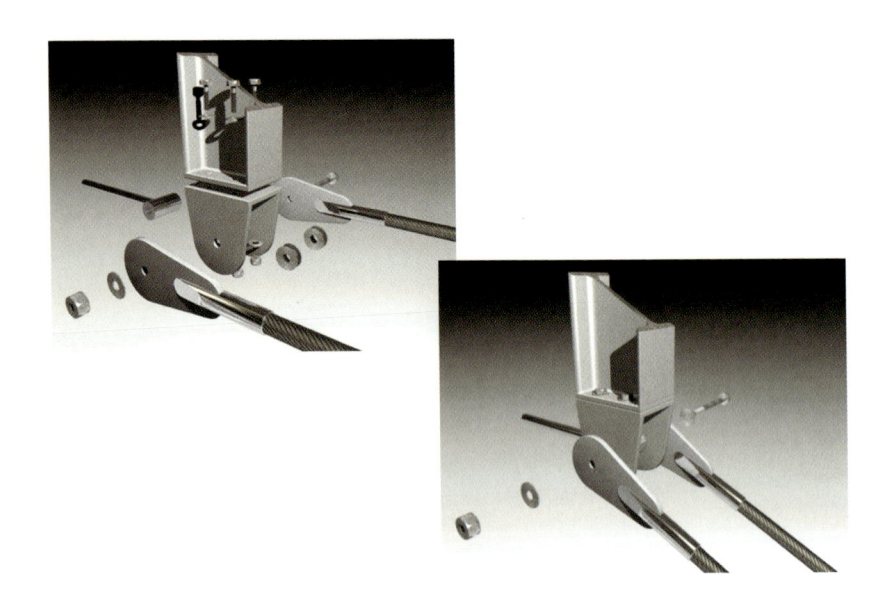

Übung 9 - Positions- und Winkelanimation mit Cinema 4D XL7

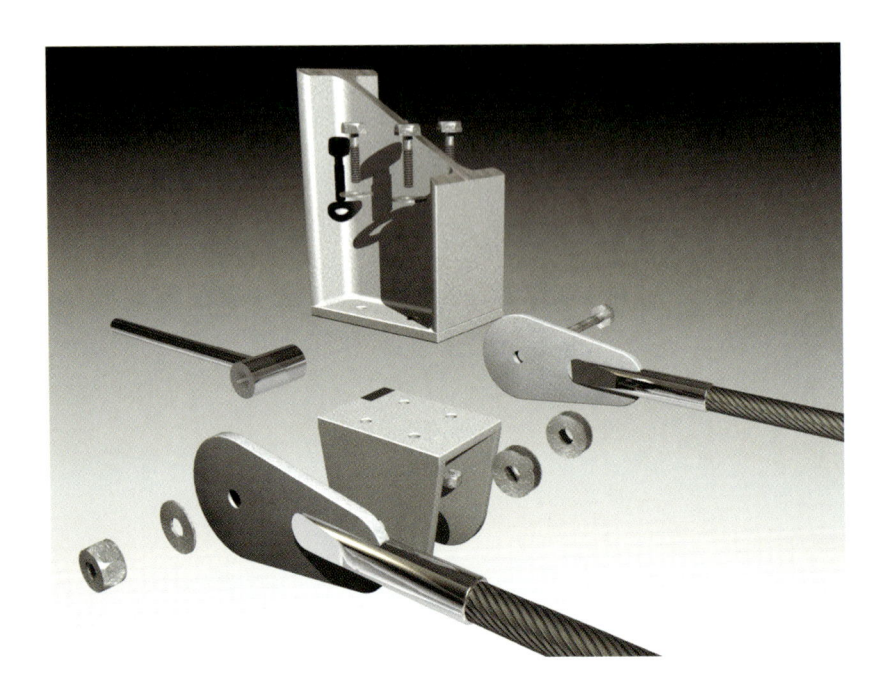

Farbteil **VII**

Übung 10 - Virtueller Kameraflug mit Animation von Türen und Lichtquellen

Architektur

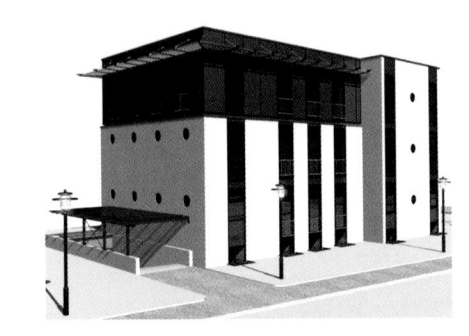

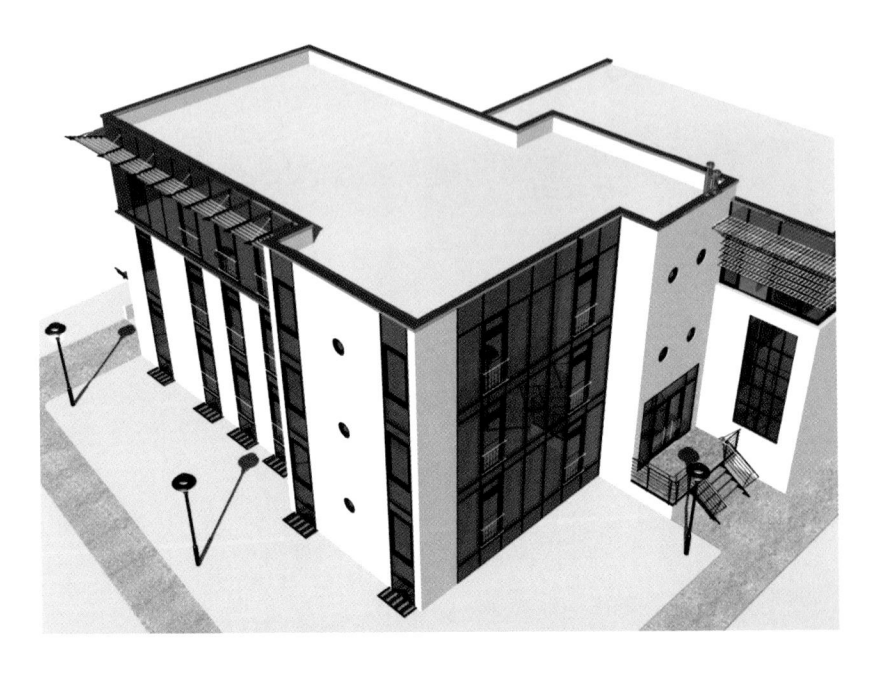

Farbteil **IX**

X   Farbteil

Möbeldesign

Farbteil **XI**

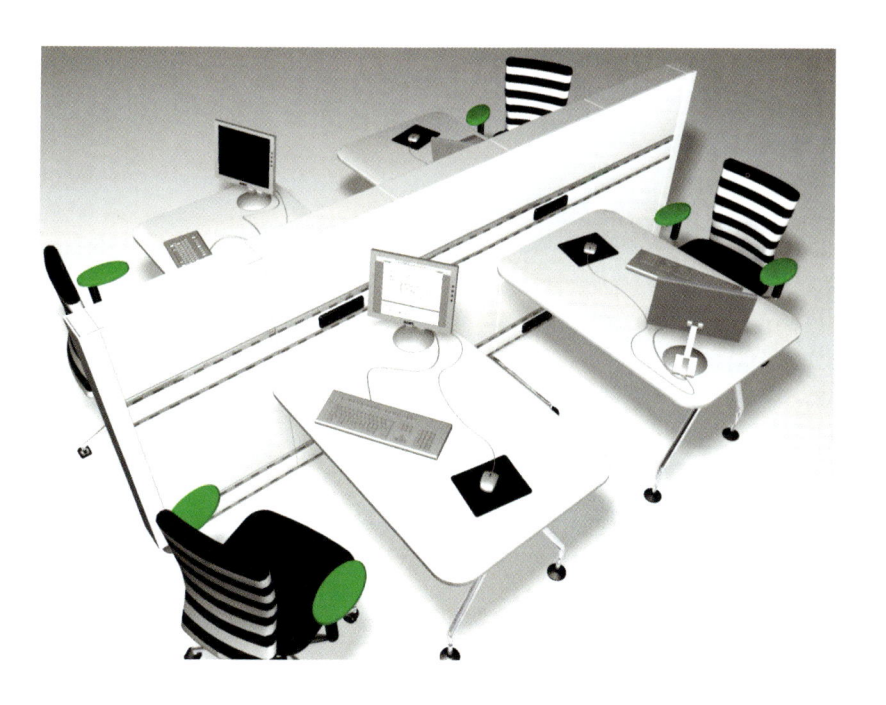

Innenarchitektur

Farbteil **XIII**

Produktdesign

Farbteil **XV**

Broadcasting

Spieledesign

4 Beleuchtung

Bei diesem Thema handelt es sich um das ausschlaggebende Kriterium, welches die Qualität einer Visualisierung auszeichnet. Ein 3D-Modell kann noch so gut ausgearbeitet und texturiert sein, letzten Endes ist es nur die Beleuchtung, welche der Szenerie den notwendigen Realismus verleiht.

Cinema 4D besitzt ein großes Repertoire an unterschiedlichen Lichtquellen, welche über einen weitaus größeren Umfang an Einstellmöglichkeiten bzw. Effekten verfügen. Die Kombinationen aus den verschiedenen Lichtquellen mit den unterschiedlichen Einstellungen sind der Schlüssel für eine ansprechende Visualisierung.

Abbildung 4.1: Ergebnis der Radiosity-Beleuchtung von „Übung_7b"

Ich werde in diesem Kapitel einige Musterbeispiele aufzeigen, welche man in vielen Fällen als Standardrichtlinien für die Beleuchtung anwenden kann. Da sich dieses Buch vorrangig an CAD-Anwender richtet, halte ich mich hierbei mit den Workshops an folgende Themenkreise:

- Beleuchtung von Einzelobjekten
- Innenraumbeleuchtung
- Großraumbeleuchtung

Das Thema der Innenraumbeleuchtung stellt mit zwei Workshops sowohl die Möglichkeit der Standardbeleuchtung als auch das Radiosity-Verfahren vor, welches sich jedoch nur mit der Version XL7 bearbeiten lässt.

- Am Ende dieses Kapitels sollten Sie in der Lage sein, 3D-Modelle soweit auszuleuchten, dass die jeweilige Szene einen plastischen und kontrastreichen Ausdruck erhält.

4.1 Fehlerquellen

Bevor ich auf die Lichtquellen und deren Anwendung eingehe, möchte ich zunächst einige Punkte ansprechen, welche bei der Beleuchtung grundsätzlich zu beachten sind.

4.1.1 Vergleich mit der Realität

Obwohl das menschliche Auge darauf geschult ist, Unstimmigkeiten aller Art in seiner Umgebung wahrzunehmen, behandeln viele Menschen jene Unstimmigkeiten, welche sie nicht erklären können, als Fehler innerhalb einer Geometrie.

Betrachtet man daraufhin einmal bewusst die Wirkung von Licht und Schatten im realen Raum, dann entdeckt man genau diese Punkte, welche in der Visualisierung den fehlenden Realismus darstellen. Hierfür einige Beispiele:

- Ein Schatten ist niemals tiefschwarz, sondern lässt immer das darunter liegende Material erkennen.
- Der Verlauf eines Schattens geht von scharf nach weich über.
- Das Licht überträgt die Farbe von Materialoberflächen auf die Umgebung.
- Ein Körper weist auf seiner Oberfläche unterschiedliche Helligkeitsbereiche auf und somit verschiedene Farbintensitäten.
- Wandflächen verdunkeln sich leicht zu den Raumecken.

Der Betrachter beurteilt die Qualität einer Visualisierung sehr oft unterbewusst anhand solcher Kriterien und überträgt sie auf die Geometrie der abgebildeten Szene. Das heißt, dass das Auge des Betrachters die Mängel zwar bemerkt, aber der Betrachter selbst die Fehler nicht kennt und daher die Fehlerquelle in der Textur oder schlimmstenfalls im 3D-Modell vermutet.

Werden solche Punkte außer Acht gelassen, dann kann das 3D-Modell noch so exzellent modelliert sein, die Wertung erfolgt unterbewusst über die Beleuchtung.

4.1.2 Scharfkantige Modelle

Damit einem 3D-Modell durch die Beleuchtung ein gewisses Maß an Plastizität verliehen wird, müssen alle Kanten gerundet oder zumindest leicht abgefast werden. Bei diesem Vorgang steigt zwar die Anzahl der Polygone steil an, aber Sie können sich selbst anhand eines beliebigen Objekts in Ihrer Umgebung davon überzeugen, dass es außer bei frisch gefrästen Teilen von Maschinenbauelementen nahezu keine scharfen Kanten gibt.

In der Visualisierung gilt allgemein, dass Körper, welche rechtwinklig zur Lichtquelle stehen, am stärksten bestrahlt werden. Die Helligkeit einer Fläche hängt also maßgeblich vom Lichteinfallswinkel ab. Aus diesem Grund treten die gerundeten Kanten bei 3D-Modellen entweder stärker oder schwächer als die übrigen Flächen hervor und betonen auf diese Weise die Plastizität des Körpers.

Abbildung 4.2: Im oberen Bild erscheint der Würfel sehr flächig und weniger plastisch. Erst durch die Rundungen an den Kanten wird die Räumlichkeit betont.

4.1.3 Linseneffekte

Fotografen oder Kameraleute sind stets bemüht, diese Effekte innerhalb ihrer Arbeiten zu vermeiden. Selbstverständlich verleihen Linseneffekte, welche in der Visualisierung eingesetzt sind, den Bildern ein wenig Realitätsnähe, jedoch sind sie für viele Betrachter ein regelrechter Störfaktor.

Diese Effekte lenken stark vom eigentlichen 3D-Modell ab, was der Betrachter nun entweder als beabsichtigt oder unbeabsichtigt ansehen kann. Der kritische Betrachter einer Visualisierung setzt die Einbindung dieser Lichteffekte aber meistens mit Effekthascherei gleich, weil sich dieser Effekt über die Szene hinwegsetzt und möglicherweise ein schlechtes Modell zwanghaft aufwerten soll.

Abbildung 4.3: Linseneffekte haben auch auf Papier eine blendende Wirkung und lenken vom eigentlichen Modell ab

Ich möchte hier nicht behaupten, dass man generell von der Anwendung der Linseneffekte absehen soll, sondern vielmehr darauf hinweisen, dass man den Einsatz der so genannten „Lensflare-Effekte" möglichst reduziert hält.

4.1.4 Lichtfarbe

Man kann sowohl einen Innenraum als auch ein Einzelobjekt durchaus wirklichkeitsgetreu darstellen, indem man die Feinheiten der Modellierung und der Texturierung beachtet. Um jedoch diesen Objekten eine Atmosphäre bzw. eine gewisse Stimmung aufzuerlegen, bedarf es des Einsatzes von farbigem Licht.

Ein Raum kann bei einer weißen Lichtfarbe sehr kalt erscheinen, obwohl die darin befindlichen Objekte von ihrer Form her einen gemütlichen Eindruck machen müssten. Mischt man allerdings einen geringen Anteil an gelblichem oder beigem Licht hinzu, dann entsteht ein wesentlich wärmeres Gesamtbild.

Anders ist es hingegen bei technischen Darstellungen. Dort könnte ein geringer Blauanteil die Stimmung ins Kühlere und auch Sterilere kehren.

Hierbei sollte allerdings nur ein ganz geringer Farbanteil gewählt werden, da ansonsten die ganze Szene bzw. die Materialien übertönt werden.

Abbildung 4.4: Vergleichen Sie die farbige Originaldatei auf der beiliegenden CD im Verzeichnis „Bilder\NewOff_04.jpg"

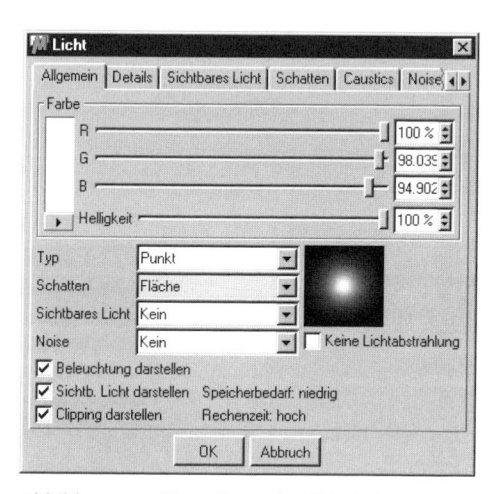

Abbildung 4.5: Einstellung der Lichtfarbe

4.2 Beleuchtung von Einzelobjekten

Um nun in das Thema der Beleuchtung einzusteigen, werden wir zunächst die Wirkung von Licht und Schatten anhand eines Einzelobjekts behandeln. 3D-Modelle, welche frei und ohne Umgebungselemente dargestellt werden, können mit einem bestimmten Schema der Lichtpositionierung überaus realistisch wiedergegeben werden, obwohl hierbei meist eine kleine Anzahl von Lichtern für die Szenenbeleuchtung ausreicht.

Abbildung 4.6: Ergebnis von Übung_6

Dieses Beleuchtungsschema kann auf nahezu alle Einzelobjekte übertragen werden oder es lässt sich direkt als Standardszene für spätere Visualisierungen abspeichern.

Die Beleuchtung, welche innerhalb dieses Workshops angewandt wird, bezieht sich in seiner Wirkung auf das Raytracing-Verfahren, welches den Einsatz von mehreren und unterschiedlich starken Lichtquellen erfordert.

4.2.1 Arbeiten im Raytracer

Beim Raytracing-Verfahren werden von der Lichtquelle ausgehend und von der Helligkeit abhängig Strahlenbündel ausgesandt, die jene Flächen im 3D- Modell beleuchten, auf welche die Lichtstrahlen auftreffen. Bei diesem Auftreffen auf einzelne Flächen werden die Lichtstrahlen unterbrochen, woraus der Raytracer den Objektschatten berechnet.

Im Gegensatz zum Radiosity-Verfahren (Kapitel 4.3.2) werden die Lichtstrahlen beim Kontakt mit den 3D-Objekten nicht reflektiert. Sie beleuchten daher nur jene Flächen, die direkt zur Lichtquelle weisen. Alle vom Licht abgewandten Flächen erhalten also keine Helligkeit.

Lichteinfallswinkel

Die Helligkeit auf den Flächen richtet sich hierbei zum einen nach der Intensität der Lichtquelle, und zum anderen nach dem Winkel, in welchem die Flächen zur Lichtquelle stehen.

Betrachten Sie die Helligkeitsunterschiede auf den Flächen in der folgenden Abbildung. Der Quader wird innerhalb einer Drehbewegung von 90° nach 45° dargestellt, während die Lichtquelle konstant auf der gleichen Position bleibt und die Helligkeit beibehält.

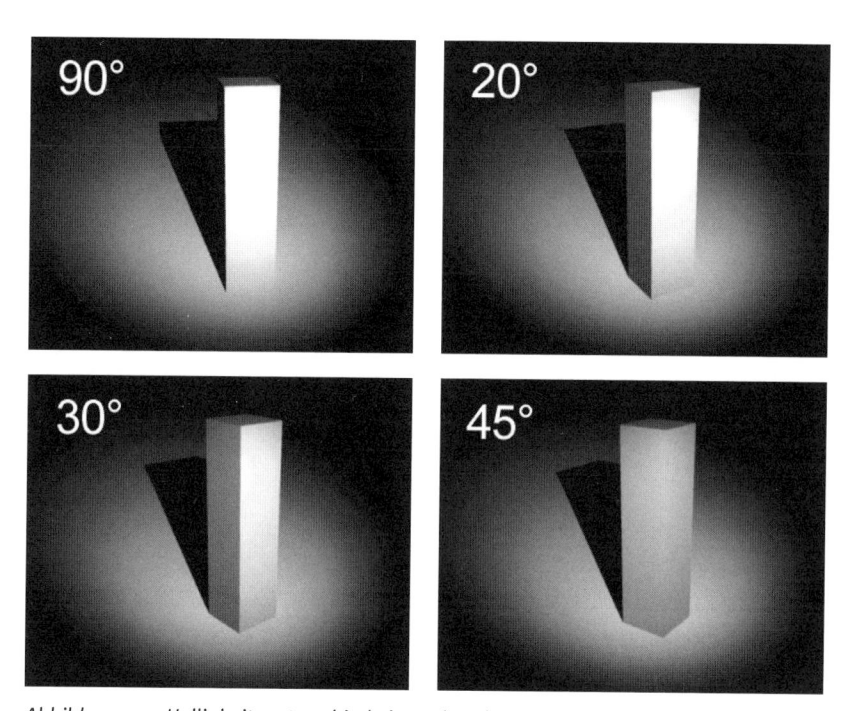

Abbildung 4.7: Helligkeitsunterschiede je nach Lichteinfallswinkel

Bei der 45°-Drehung wirkt die Oberfläche am wenigsten beleuchtet, da das Licht die Flächen nur noch streift.

Aus dieser Eigenschaft der Raytracing-Beleuchtung kann sich ein häufig vorkommendes Problem bei Innenraumvisualisierungen ergeben:

Obwohl beispielsweise die Wandflächen in einem virtuellen Innenraum lediglich einen geringen Abstand zueinander aufweisen, kann eine dieser Wände überaus gut beleuchtet sein, während die andere nebenan vergleichsweise dunkel erscheint (siehe Zimmerdecke bei Übung_7a).

Dieses Problem lässt sich nur mit dem Einsatz zusätzlicher Lichtquellen beheben. Beim Hinzufügen weiterer Lichtquellen muss allerdings darauf geachtet werden, dass die bereits gut ausgeleuchteten Flächen nicht überstrahlt werden.

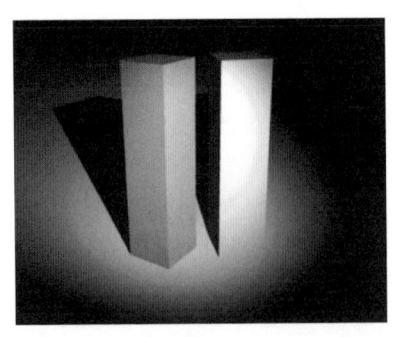

Abbildung 4.8: Durch winkelabhängige Lichtwirkung erscheinen manche Flächen dunkler

Man kann die Überstrahlung allerdings ganz einfach vermeiden, indem man sich die Auswirkung des Lichteinfallswinkels zunutze macht und die weiteren Lichtquellen so positioniert, dass lediglich die verdunkelten Flächen direkt angestrahlt werden.

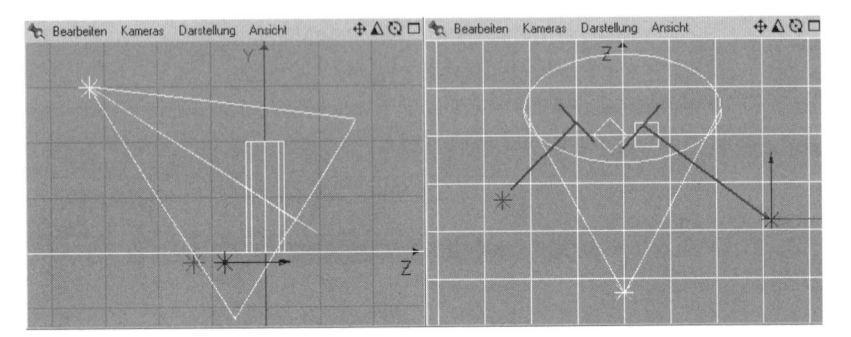

Abbildung 4.9: Die zusätzlichen Punktlichter beleuchten frontal nur die Flächen des gedrehten Quaders. Der vom Spot frontal beleuchtete Quader wird von den zwei weiteren Lichtern kaum in direkter Weise angestrahlt.

Um darüber hinaus eine Überbelichtung der Bodenfläche zu umgehen, kann man die Lichtquellen auch unterhalb des Bodens platzieren. Natürlich dürfen diese Lichtquellen dann keinen Schatten werfen.

Abbildung 4.10: Ergebnis mit den zwei weiteren Lichtquellen

Abgewandte Flächen und Schatten

Weil das Raytracing-Verfahren die Lichtstrahlen nicht reflektiert, erscheinen alle vom Licht abgewandten Flächen und auch der Objektschatten im tiefen Schwarz. Zwar kann man in Cinema 4D die Farbe des Objektschattens aufhellen, aber meistens wirkt ein heller Schatten hinter pechschwarzen Flächen doch etwas unnatürlich.

Daher sollte man auch hier die Komposition mehrerer Lichter mit verschiedenen Stärken und Eigenschaften anwenden.

In der folgenden Abbildung wird die Kugel von nur einer Lichtquelle (Hauptlicht mit 100% Helligkeit und Schattenwirkung) beleuchtet, was die abgewandten Flächen und auch den Schatten im Raytracer absolut schwarz erscheinen lässt.

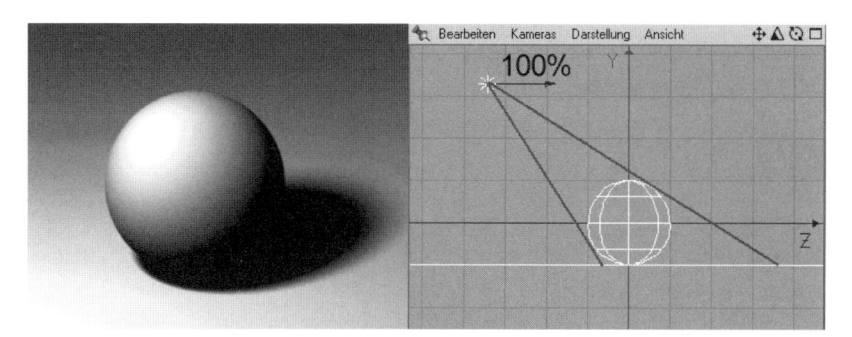

Abbildung 4.11: Die von der Kugel verdeckten Stellen werden von der Beleuchtung gänzlich ausgenommen

In der Natur würden die Lichtstrahlen vom Boden reflektiert und den hinteren Bereich bzw. den Schattenwurf der Kugel in geschwächter Form aufhellen. In geschwächter Form daher, weil das Licht in der Natur beim Auftreffen auf Flächen Energie verliert bzw. diese in Wärme umsetzt.

Diesen Vorgang imitieren wir durch das Hinzufügen einer zweiten Lichtquelle (Aufhell-Licht), welche wesentlich schwächer eingestellt ist und die reflektierten Lichtstrahlen ersetzen soll (30% Helligkeit und ohne Schatten).

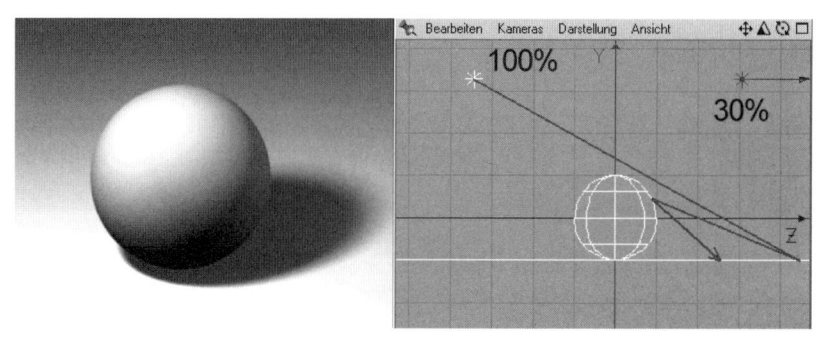

Abbildung 4.12: Aufhellen der Rückseite und des Schattens der Kugel

Was wir mit der zweiten Lichtquelle allerdings nicht erreichen, das ist die Beleuchtung des unteren Teils der Kugel. Dies geschieht normalerweise über die direkte Reflexion der Lichtstrahlen durch den Boden. Für diesen Vorgang bedarf es also noch einer dritten Lichtquelle, welche von unten die Kugel beleuchtet und nun definitiv keinen Schatten besitzen darf. Bezüglich ihrer Helligkeit kann diese der Einfachheit halber genauso eingestellt sein wie Lichtquelle Nummer 2.

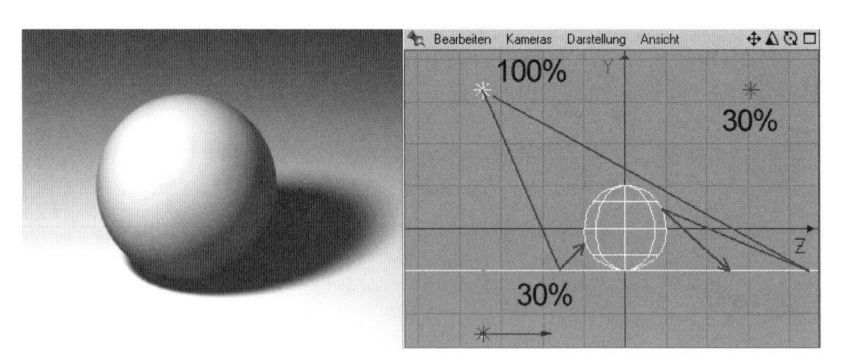

Abbildung 4.13: Aufhellen des unteren Kugelbereichs

Die Abbildung zeigt die Kugel jetzt mit einer relativ naturgetreuen Schattierung. Zwar gibt es auf der Rückseite der Kugel noch Stellen, welche nahezu unbeleuchtet sind, aber diese liegen nicht im Sichtbereich der Kamera und können daher vernachlässigt werden. Sollte allerdings eine Animation geplant werden, so muss man weitere Lichtquellen an ähnlichen Positionen hinzufügen.

4.2.2 Beleuchtung der Szene

Das gerade geschilderte Beleuchtungsschema werden wir nun auf ein Einzelobjekt übertragen. Hierbei handelt es sich um den Prototypen eines Büroarbeitsplatzes, welcher beispielsweise für eine Entwurfspräsentation in Szene gesetzt werden soll.

Öffnen Sie die Datei „Übung_6.c4d". Diese fertig texturierte Szene enthält neben einem Boden-Objekt bereits eine voreingestellte Kameraperspektive und muss daher nur noch beleuchtet werden.

Zu beachten ist, dass das Boden-Objekt ohne Texturierung beim Rendern in leichtem Grau erscheint. Aus diesem Grunde wurde ein neutrales weißes Material erstellt und dem Boden zugewiesen.

Beleuchtung von Einzelobjekten 171

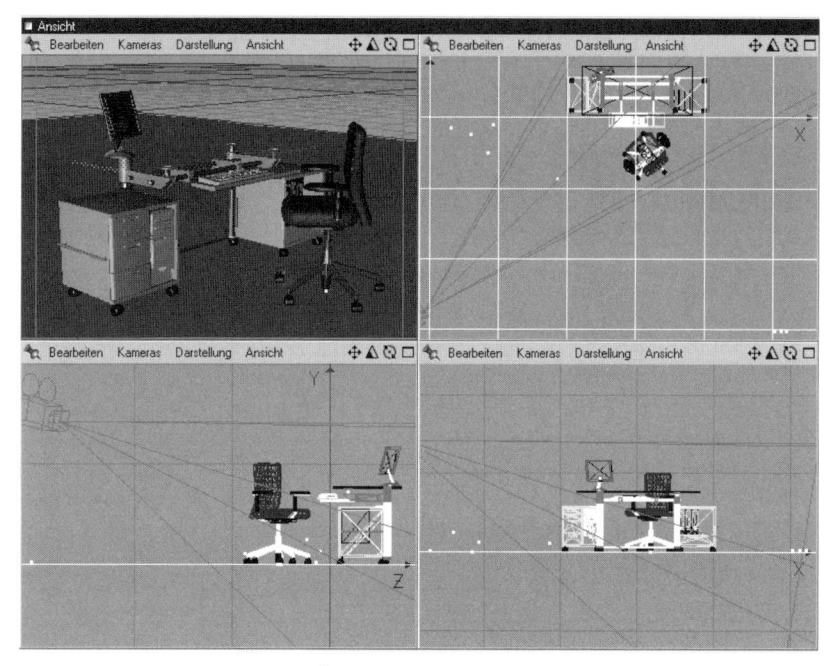

Abbildung 4.14: 3D-Ansicht von Übung_6

Der erste Schritt ist nun, das Hauptlicht für die Szene zu erstellen.

Hauptlicht

Diese Lichtquelle verfügt, wie auch im Beispiel mit der Kugel, über die stärkste Helligkeit und soll die Szene in etwa aus der Kameraperspektive beleuchten.

Erzeugen Sie hierfür jetzt eine Lichtquelle, indem Sie in der Datei-Menüleiste unter „Objekte\Szene-Objekte" den Befehl „Lichtquelle" auswählen, oder verwenden Sie das entsprechende Icon, welches in der Befehls-Gruppe „Szene-Objekte" vorliegt.

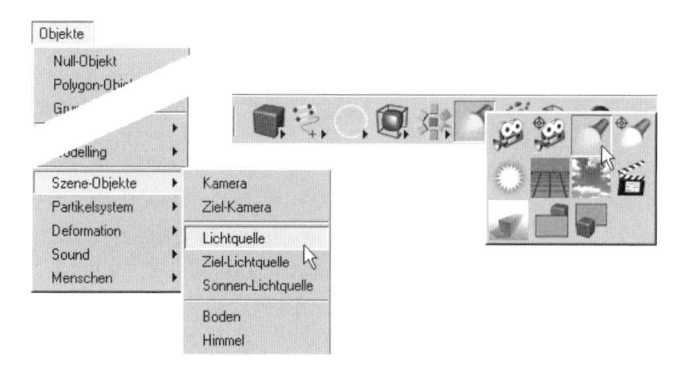

Abbildung 4.15: Erzeugen des Hauptlichts

Die Lichtquelle wird daraufhin auf dem Nullpunkt in der 3D-Ansicht eingefügt und erscheint als Eintrag im Objekt-Manager. Klicken Sie dort zweimal auf die Bezeichnung „Licht" und ändern Sie diese in „Hauptlicht".

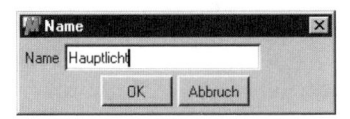

Abbildung 4.16: Benutzen Sie zur besseren Übersicht eigene Namen für die Lichtquellen

Öffnen Sie anschließend mit einem Doppelklick auf das dazugehörige Icon im Objekt-Manager das Dialogfenster des Hauptlichts. Dieses Fenster teilt sich in zahlreiche Tabs auf, wobei jedes der Tabs die Feineinstellung eines bestimmten Effekts beinhaltet. Betrachten Sie zunächst das Tab „Allgemein". Über dieses Tab lassen sich die Grundeigenschaften des Lichts definieren.

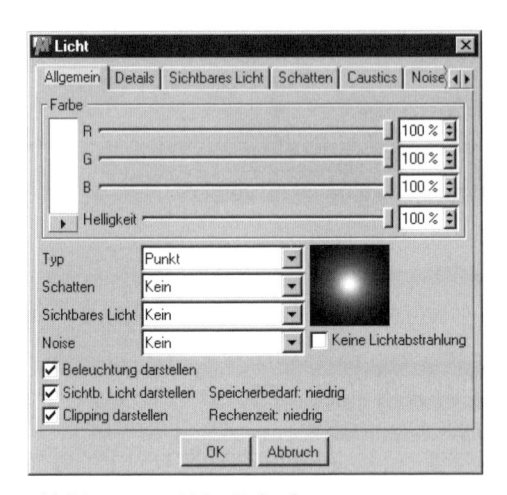

Abbildung 4.17: Licht-Dialogfenster

- **Farbe:** Licht hat die Eigenschaft, seinen Farbgehalt zu addieren. Wenn Sie beispielsweise drei Lichtquellen in eine Szene einsetzen, von welchen jeweils eine über einen hundertprozentigen Anteil von Rot, Grün oder Blau verfügt, dann ergibt sich an der Stelle, welche von allen Lichtquellen zusammen beleuchtet wird, die Farbe Weiß.
- **Helligkeit:** Hier stellen Sie die Stärke der Lichtquelle ein. Man kann durch einen numerischen Eintrag im Eingabefeld auch einen höheren Wert erzeugen (z.B. 150%). Allerdings führt dies meist zu einer Überbelichtung der Szene.
  Belassen Sie die Helligkeit auf 100%
- **Typ:** Wählen Sie hier zwischen den unterschiedlichen Arten der Lichtquellen aus. Für die meisten Anwendungen kann die Punktlichtquelle benutzt werden, welche sich ähnlich wie eine Glühbirne verhält und daher gleichmäßig in alle Richtungen strahlt.

Beleuchtung von Einzelobjekten **173**

Wählen Sie die Punktlichtquelle
- **Schatten:** Neben den beiden Standardschatten (weich und hart) verfügt Cinema 4D darüber hinaus über einen so genannten Flächenschatten. Dieser Schattentyp verursacht einen naturgetreuen Übergang vom scharfkantigen Ursprung zu einer weichen Kontur. Diese Form des Schattens ist relativ rechenintensiv und sollte daher nur für das endgültige Rendering verwendet werden.
Aktivieren Sie zunächst den harten Schatten
- **Sichtbares Licht:** Dieser Effekt ist vergleichbar mit einem Autoscheinwerfer in nebliger Umgebung und lässt sich hier lediglich aktivieren. Die Feineinstellung wird über das gleichnamige Tab geregelt.
- **Keine Lichtabstrahlung:** Mit diesem Kontrollkästchen können Sie erreichen, dass zwar alle Effekte des Lichts im Rendering sichtbar werden, aber das Licht keine beleuchtende Auswirkung auf die 3D-Körper hat.

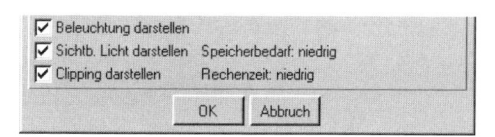

Abbildung 4.18: Im unteren Bereich des Licht-Dialogfensters lässt sich ablesen, wie speicher- und rechenintensiv sich diese Lichtquelle auf die Szene auswirkt.

Schließen Sie das Licht-Dialogfenster mit „OK".

Da dieses Hauptlicht unsere Szene am meisten beeinflusst, sollte es wie eingangs erwähnt, ungefähr aus der Blickrichtung der Kamera strahlen. Ein weiterer Grund für diese Positionierung ist, dass der Schatten nicht zum Betrachter weist, sondern in den Hintergrund rückt.

Verschieben Sie dieses Licht nun auf die Koordinaten X = 150 cm, Y = 230 cm und Z = -100 cm.

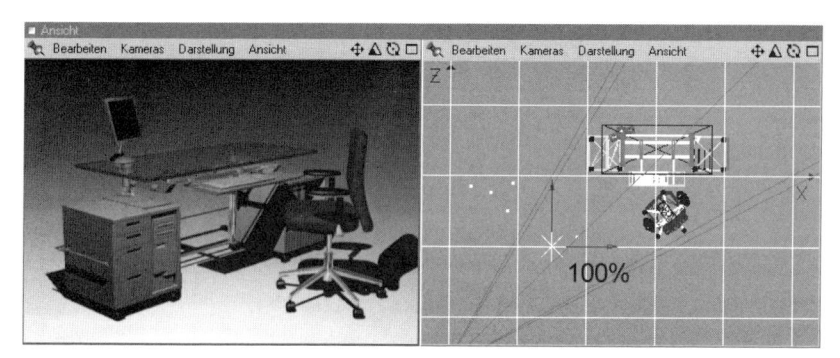

Abbildung 4.19: Ergebnis des Hauptlichts

Wenn Sie anschließend in der 3D-Ansicht ein Proberendering erstellen, dann zeichnet sich ein sehr starker Hell-Dunkel-Kontrast ab. Dieser Kontrast verschafft dem

Bild zwar eine relativ eindrucksvolle Wirkung, aber letztendlich geht es bei dieser Visualisierung um die Darstellung des Schreibtisches und der hebt sich noch viel zu wenig aus dem Gesamtbild hervor.

Aufhell-Lichter

Die Seitenflächen des Schreibtisches erhalten aufgrund des flachen Lichteinfallswinkels kaum Helligkeit von der Hauptlichtquelle. Daher ist es notwendig, eine weitere Lichtquelle zu setzen, welche diese Flächen mit einbezieht, ohne die vom Hauptlicht beleuchteten Flächen zu überstrahlen.

Dies erreicht man, indem man das zweite Licht aus dem Hintergrund leuchten lässt und ihm lediglich eine geringe Leuchtkraft zuweist.

Erzeugen Sie jetzt eine neue Lichtquelle und nennen Sie diese „Aufhell_hinten".

Öffnen Sie daraufhin das Licht-Dialogfenster und reduzieren Sie die Helligkeit auf 40%. Diese Lichtquelle sollte ebenfalls ein „Punktlicht" sein, aber in diesem Fall über keinen Schatten verfügen.

Bestätigen Sie Ihre Eingaben mit „OK" und verschieben Sie die Lichtquelle auf die Position X = 20 cm, Y = 160 cm, Z = 120 cm.

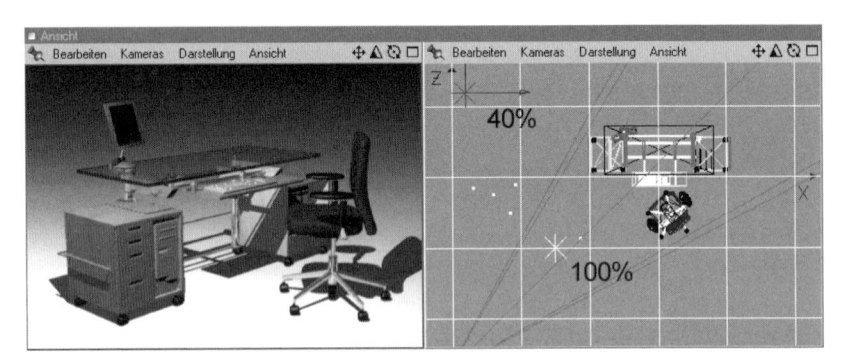

Abbildung 4.20: Ergebnis mit zusätzlichem Aufhell-Licht

Mit dieser zusätzlichen Lichtquelle werden neben den Seitenflächen vor allem die schwarzen Schatten am Boden aufgehellt. Betrachtet man jedoch die Details am linken Container, so stellt man fest, dass sowohl im Bereich der Griffmulden als auch am Computer immer noch dunkle Schatten vorhanden sind. Diese Schatten können vom Aufhell-Licht nicht beeinflusst werden, da die dazugehörigen Flächen nicht zum Licht weisen.

An dieser Stelle muss also eine weitere Lichtquelle eingefügt werden, welche die Schatten im Vorderbereich des Schreibtisches aufhellt.

Setzen Sie eine dritte Lichtquelle in Ihre Zeichnung ein und benennen Sie diese „Aufhell_unten". Im Licht-Dialogfenster können die gleichen Optionen eingestellt werden wie auch beim Licht „Aufhell_hinten".

Die Helligkeit beträgt somit 40% und es handelt sich ebenfalls um eine Punktlichtquelle ohne Schatten.

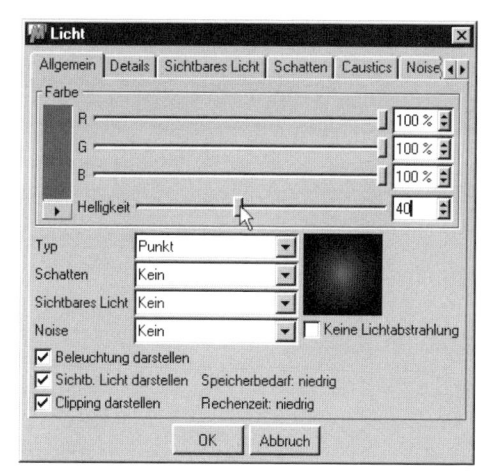

Abbildung 4.21: Werte der beiden Aufhell-Lichter

Damit allerdings die bereits gut ausgeleuchteten Oberflächen des Tisches und der Boden von der neuen Lichtquelle nicht überstrahlt werden, sollte diese unterhalb des Bodens platziert werden und mittig auf das Objekt scheinen.

Verschieben Sie die Lichtquelle auf die Koordinaten X = 410 cm, Y = -30 cm und Z = -200 cm.

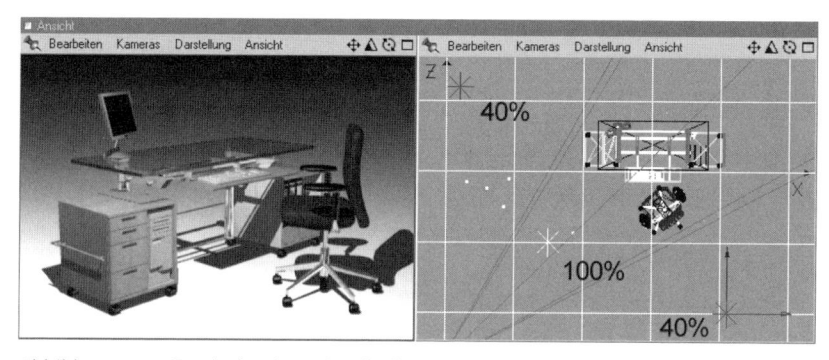

Abbildung 4.22: Ergebnis mit zwei Aufhell-Lichtern

Die Szene ist nun fast komplett ausgeleuchtet. Betrachtet man allerdings einmal die Fotografien von Einzelobjekten in Katalogen oder Prospekten, dann stellt man fest, dass diese Objekte meistens über mehr als nur einen Schatten verfügen. Dieser zweite Schatten ist sehr schwach sichtbar und resultiert entweder aus den reflektierten Lichtstrahlen der in der Praxis verwendeten Fotoschirme oder durch eine zweite Lichtquelle.

Für den zweiten, schwach sichtbaren Schatten sollte grundsätzlich nur ein weicher Schatten verwendet werden, welcher die Schattierung der Szene geringfügig untermalt.

Erzeugen Sie die letzte Lichtquelle für diese Szene und nennen Sie diese „Aufhell_rechts". Hierbei kommt nun wieder eine Punktlichtquelle zum Einsatz, welche neben 30% Helligkeit über einen weichen Schatten verfügt.

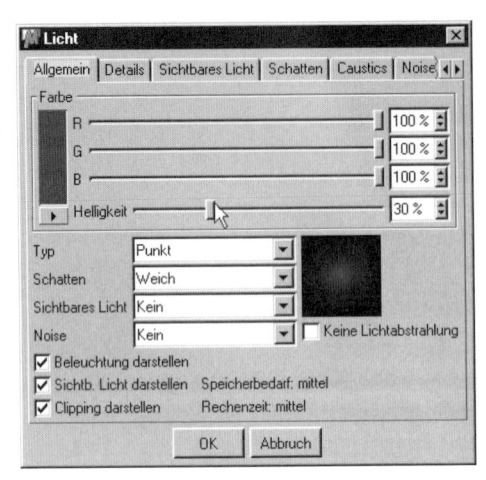

Abbildung 4.23: Werte der Lichtquelle „Aufhell_rechts"

Bestätigen Sie das Licht-Dialogfenster mit „OK", verschieben Sie die Lichtquelle auf die Position X = 450 cm, Y = 150 cm und Z = -180 cm und rendern Sie Ihre Szene.

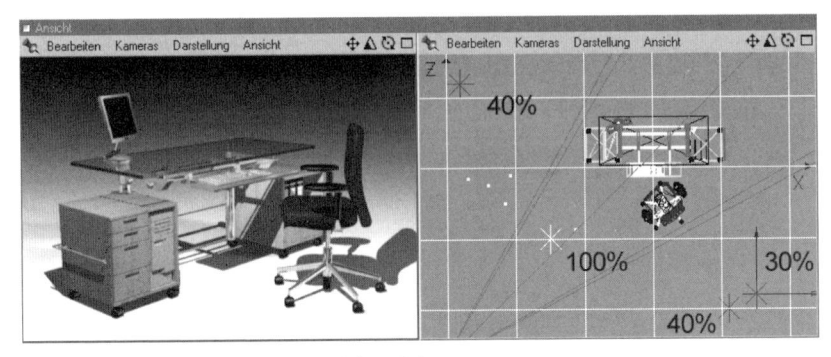

Abbildung 4.24: Beifügen eines weichen Schattens

Das Ergebnis ist weitgehend zufriedenstellend. Allerdings ist der Kontrast zwischen dem harten Schatten des Hauptlichts und dem schwachen weichen Schatten des Aufhell-Lichts ein wenig zu stark. Cinema 4D beinhaltet neben dem weichen und harten Schatten auch noch den so genannten Flächen-Schatten, welcher die Kante eines harten Schattens ins Weiche verlaufen lässt.

Beleuchtung von Einzelobjekten **177**

Öffnen Sie jetzt wieder das Dialogfenster des Hauptlichts und wählen Sie aus dem Pop-Up-Menü „Schatten" die Option „Fläche" aus.

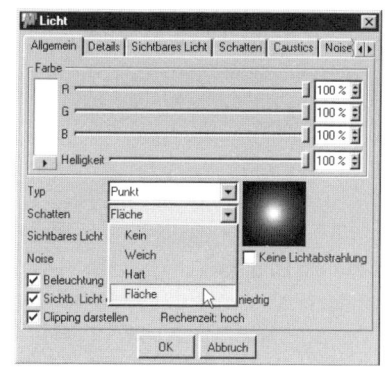

Abbildung 4.25: Einstellen des Flächen-Schattens am Hauptlicht

Die Berechnung dieses Schattenbildes ist relativ zeitaufwendig. Daher empfiehlt es sich, die Ausleuchtung der Szene zunächst mit harten und weichen Schatten vorzunehmen, da man sich auf diese Weise schnell von der Wirkung der jeweiligen Lichtquellen überzeugen kann. Wenn daraufhin alle Parameter richtig eingestellt sind, kann die Berechnung des eigentlichen Bildes mit dem Flächen-Schatten beginnen.

Bestätigen Sie das Licht-Dialogfenster mit „OK" und starten Sie abschließend das Rendering.

Der Renderprozess wird sich je nach vorhandener Hardware bei einer Auflösung von 800 x 600 Pixeln auf etwa 15 Minuten belaufen.

Abbildung 4.26: Zusammenspiel von weichem Schatten und Flächen-Schatten

4.2.3 Caustics (Version XL7)

Um nun dieser Szene den letzten Schliff zu geben, lassen sich innerhalb von Cinema 4D XL7 so genannte Caustics definieren. Hierbei handelt es sich um die Bündelung von Lichtstrahlen, welche sich in transparenten oder spiegelnden Materialien brechen und als Lichtflecke auf angrenzenden Objekten auftreten.

In unserer Szene lassen sich diese Effekte vor allem durch die Glasplatte erzeugen.

Caustics teilen sich in zwei Gruppen auf:

- **Oberflächen-Caustics:** Die gebrochenen Lichtstrahlen werden als helle Flecke auf anderen 3D-Körpern sichtbar.
- **Volumen-Caustics:** Jene Lichtstrahlen, welche die Oberflächen-Caustics erzeugen, werden als volumetrischer Strahl abgebildet.

Was transparente Materialien betrifft, so resultiert die Wirkungsweise bzw. Größe dieser Caustics in erster Linie aus dem Brechungsindex „n", der sich über das Material-Dialogfenster einstellen lässt.

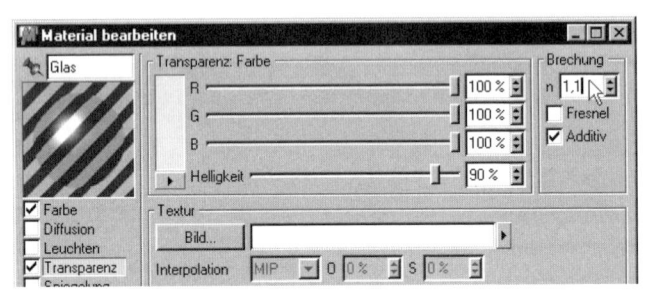

Abbildung 4.27: Einstellen der Brechung

Ein relativ hoher Brechungswert bündelt die Lichtstrahlen mehr als ein niedriger, wodurch der Lichtfleck stärker auf eine Stelle konzentriert wird.

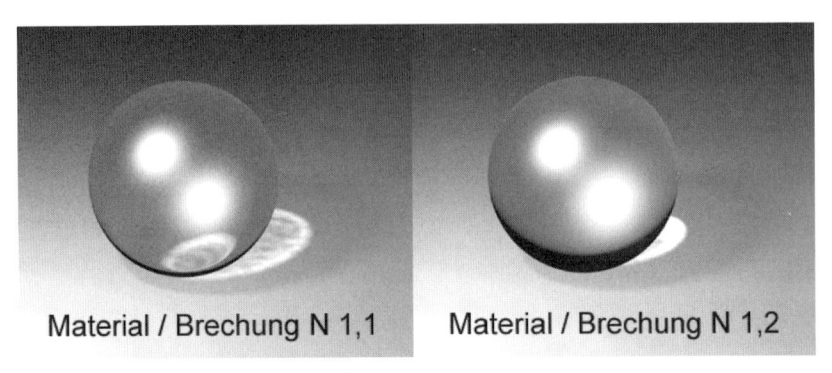

Abbildung 4.28: Verschiedene Brechungswerte

Die Einstellung des Brechungsindex allein erzeugt jedoch noch keine Caustics, sondern stellt lediglich deren Ausgangsbasis dar. Die Aktivierung der Caustics muss daraufhin in zwei Dialogfenstern vorgenommen werden.

Caustics-Tab

Jedes Licht-Dialogfenster in Cinema 4D XL7 beinhaltet ein eigenes Tab, auf welchem sich die Caustics ein- und ausschalten lassen. Generell sollten die Caustics nur bei jenen Lichtquellen aktiviert werden, welche innerhalb der Szene die größte Helligkeit und darüber hinaus einen Schatten besitzen.

Öffnen Sie also das Dialogfenster des „Hauptlichts", wechseln Sie auf das Tab der „Caustics" und aktivieren Sie die „Oberflächen-Caustics".

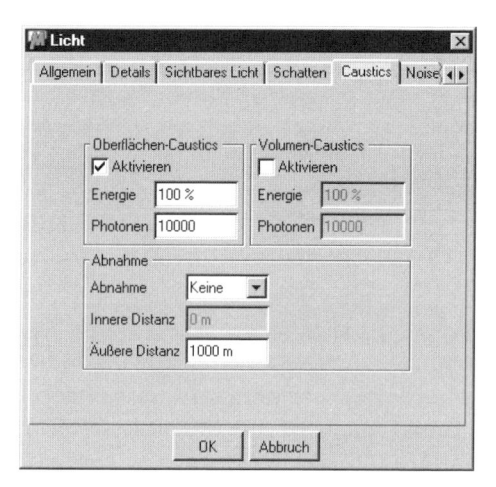

Abbildung 4.29: Caustics im Licht-Dialogfenster

Energie: Im darunter befindlichen Eingabefenster „Energie" können Sie die Helligkeit bestimmen, mit welcher die Caustics abgebildet werden. Je niedriger Sie diesen Wert einstellen, desto schwächer treten die Caustics hervor:

Abbildung 4.30: Einstellen der Helligkeit

Reduzieren Sie die Energie auf 50%.

Photonen: Die Photonenanzahl ist das Maß für die Auflösung der Caustics. Je höher dieser Wert eingestellt wird, desto genauer werden die Caustics erzeugt:

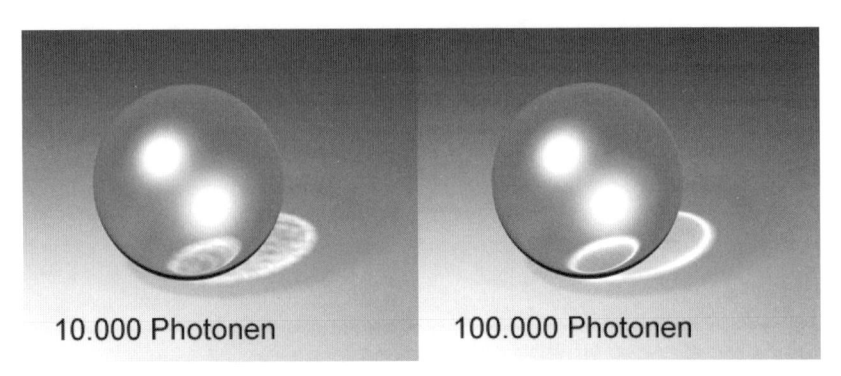

Abbildung 4.31: Einstellen der Photonenanzahl

Belassen Sie die Photonenanzahl auf 10.000

Render-Voreinstellungen

Damit die Caustics in den Renderprozess miteinbezogen werden, müssen diese auf der Dialogseite „Caustics" der Render-Voreinstellungen aktiviert werden.

Öffnen Sie die Render-Voreinstellungen und tragen Sie im Kontrollkästchen für „Oberflächen-Caustics" ein Häkchen ein.

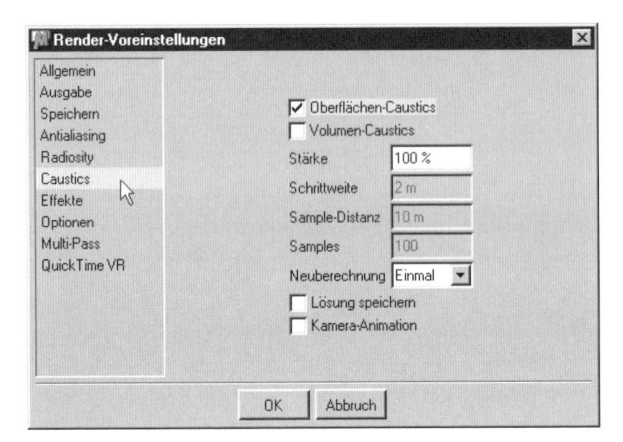

Abbildung 4.32: Dialogseite der Caustics in den Render-Voreinstellungen

Das Eingabefeld „Stärke" bezieht sich, ähnlich wie die Energie im Licht-Dialogfenster, auf die Helligkeit der erzeugten Caustics. Dieser Wert addiert sich allerdings zur eingestellten Energie und würde bei einer Reduzierung den Caustics weitere Helligkeit entziehen.

Nach der Aktivierung der Oberflächen-Caustics kann das Dialogfenster der Render-Voreinstellungen mit „OK" geschlossen werden.

Material-Dialogfenster

Dieses Fenster stellt die dritte Möglichkeit dar, um Einfluss auf die erzeugten Caustics zu nehmen. Die dazugehörigen Einstellungen befinden sich im Illuminations-Kanal, welcher den Abschluss in der Liste der Kanäle darstellt.

Diesen Kanal kann man nicht durch ein Kontrollkästchen aktivieren, da die Caustics automatisch von allen Materialien erzeugt werden, welche entweder spiegelnde oder transparente Eigenschaften besitzen.

- Öffnen Sie jetzt das Dialogfenster des Materials „Aluminium".
- Bezüglich der Caustics kann man hier bestimmen, ob das Material aufgrund seiner spiegelnden oder transparenten Oberfläche die Caustics erzeugen (generieren) oder empfangen soll.

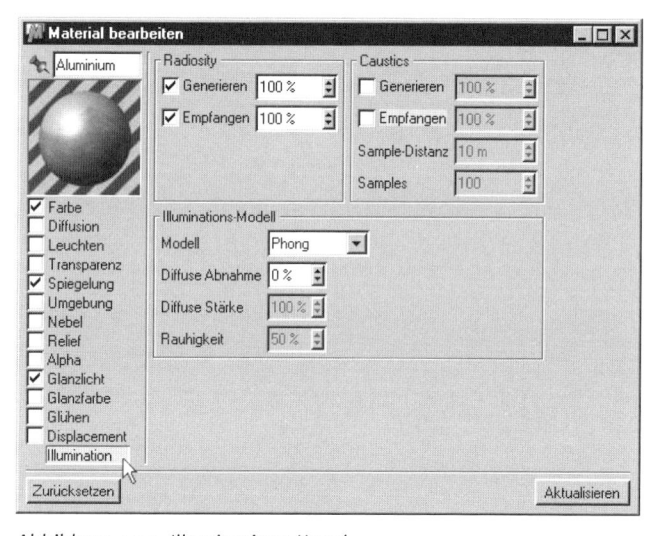

Abbildung 4.33: Illuminations-Kanal

Wir müssen damit rechnen, dass die Glasplatte in unserer Szene die hellen Aluminiumteile mit ihren Caustics überstrahlt. Deaktivieren Sie daher beide Kontrollkästchen und nehmen Sie das Material dadurch gänzlich aus dem Prozess der Caustics heraus.

Bestätigen Sie jetzt das Fenster mit „OK".

Öffnen Sie abschließend Ihre Render-Voreinstellungen und geben Sie die notwendigen Parameter für das Rendering ein. Der Renderprozess kann hierbei je nach Hardware jetzt weit über eine Stunde dauern.

Abbildung 4.34: Ergebnis von Übung_6

Das hier angewandte Schema der Beleuchtung kann auf nahezu jedes Einzelobjekt übertragen werden. Meistens reichen sogar drei Lichtquellen aus, um eine Szene realistisch darzustellen. Generell sollte man darauf achten, dass nicht zu viele Lichter in der Szene vorhanden sind, da ansonsten die Kontraste der einzelnen Flächen verringert werden.

4.3 Innenraumbeleuchtung

Da sich dieses Buch vorrangig an Fachpersonal aus dem CAD-Bereich richtet, muss ich nicht weiter darauf aufmerksam machen, dass der tägliche Einsatz von Visualisierungen von einem gewissen Zeit-Kosten-Faktor abhängig ist.

Aus diesem Grund gestaltet sich der folgende Workshop in zwei Teile:

- **Standardbeleuchtung:** Ein Innenraum wird zunächst mit einer ganz einfachen Beleuchtung ausgestattet, welche sehr schnell zu erzeugen ist und darüber hinaus nur eine geringe Rechenzeit erfordert. Dieses Beleuchtungsschema ist für den täglichen Einsatz besonders zu empfehlen.
- **Radiosity:** Dieser Workshop kann nur mit der Cinema 4D Version XL7 bearbeitet werden, da die Version ART nicht über die entsprechende Funktion verfügt. Das hierbei verwendete Beleuchtungsschema beruft sich auf die Reflexion von Lichtstrahlen, welche den Innenraum fotorealistisch ausleuchten. Die Ergebnisse heben sich deutlich von den üblichen Renderings im Raytracing-Verfahren ab, sind jedoch mit einem höheren Rechenaufwand verbunden.

Öffnen Sie für diesen Workshop die Datei „Übung_7a.c4d".

Abbildung 4.35: Unbeleuchtete Innenraumszene von Übung_7

Im Vergleich zum Innenraum von Übung_5 stellt dieser Raum keine Kulisse dar, sondern ist nach allen Seiten geschlossen. Der Blick aus den Fenstern zeigt keinen Hintergrund oder Himmel, da an dieser Stelle sichtbares Volumenlicht zum Einsatz kommen wird und einen eventuellen Hintergrund überstrahlen würde.

In allen beiden Übungen werden wir nun versuchen, eine tageslichtartige Stimmung zu erzeugen.

4.3.1 Standardbeleuchtung

Sonnenlicht

Das Hauptaugenmerk einer Tageslichtstimmung ist der Lichteinfall der Sonne durch die Fenster. Hierbei wird eine Distanz-Lichtquelle verwendet, welche sich durch die Geradlinigkeit des Schattenwurfs auszeichnet und letztendlich nur die Richtung definiert, aus welcher ein unendlich weit entferntes Licht strahlt.

Erzeugen Sie eine neue Lichtquelle, benennen Sie diese in „Sonne" um und öffnen Sie anschließend das Licht-Dialogfenster.
Wählen Sie aus dem Pop-Up-Menü „Typ" die Distanz-Lichtquelle aus und fügen Sie einen harten Schatten hinzu. Die Helligkeit kann auf 100% belassen werden.
Bestätigen Sie das Dialogfenster mit „OK".
Die Sonne soll nun ein wenig schräg von vorne in den Raum hinein strahlen.

Verschieben Sie die Lichtquelle zunächst auf die Koordinaten X = 100 cm, Y = 500 cm und Z = 500 cm.

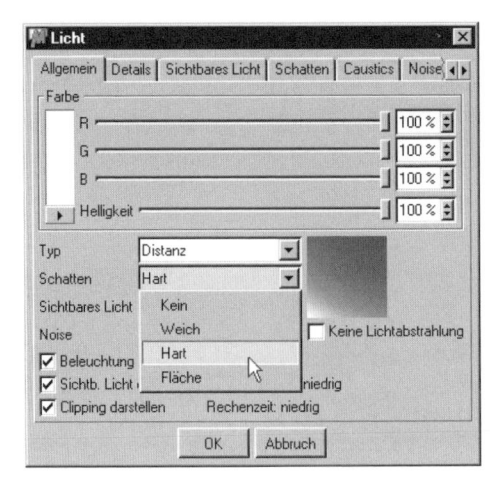

Abbildung 4.36: Werte des Sonnenlichts

Damit das Licht schräg in den Raum scheint, muss dieses um die Z-Achse gedreht werden. Der betreffende H-Winkel beträgt hierbei -165°.

Neigen Sie anschließend die Lichtquelle um -30° entlang der X-Achse nach unten und beachten Sie, dass hierbei das Objekt-Koordinatensystem aktiv sein muss.

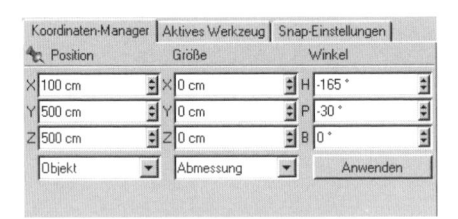

Abbildung 4.37: Positions- und Winkelwerte der Lichtquelle „Sonne"

Die gerenderte 3D-Ansicht ähnelt jedoch derzeit noch eher einem Raum um Mitternacht bei Vollmond.

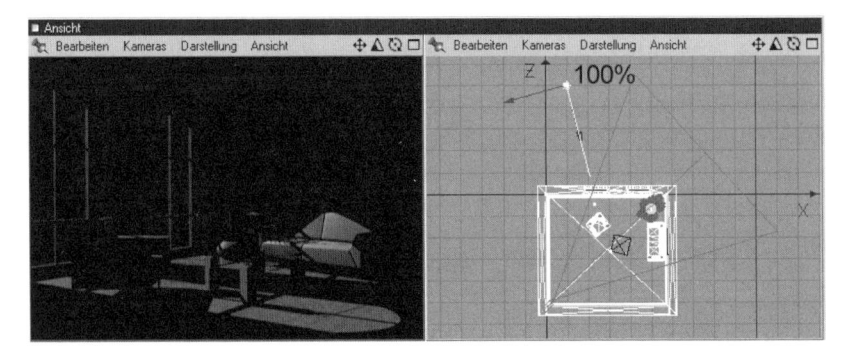

Abbildung 4.38: Wirkung der Distanz-Lichtquelle

Hauptlicht

Während die Sonne in diesem Workshop nur den Effekt der Lichtflecke verursacht, wird erst das Hauptlicht den Innenraum mit allen Details sichtbar machen.

Fügen Sie eine neue Lichtquelle in die Zeichnung ein und tragen Sie als Namen „Hauptlicht" ein.

Bei dieser Lichtquelle handelt es sich wieder um ein Punktlicht. Allerdings muss darauf geachtet werden, dass nun das Hauptlicht keinen harten Schatten werfen darf, da bereits ein markanter Schattenwurf durch die Sonne erfolgt.

Zwei harte Schatten in verschiedene Richtungen würden der Szene einen unnatürlichen Eindruck verschaffen.

Da jedoch in Wirklichkeit das Licht der Sonne innerhalb des Raums reflektiert würde, entständen durchaus noch weitere Schatten, welche dann aber weiche Kanten besitzen würden. Weisen Sie deshalb dem Hauptlicht einen weichen Schatten zu und stellen Sie die Helligkeit auf 90% ein.

Damit der Raum entsprechend des Lichteinfalls eine leichte Nachmittagsstimmung erhält, sollten Sie dem Licht den Hauch einer beigen Farbe verleihen. Die Farbe sollte bewusst nur ganz gering eingestellt werden, da der Raum ansonsten sehr schnell durch und durch eingefärbt wird.

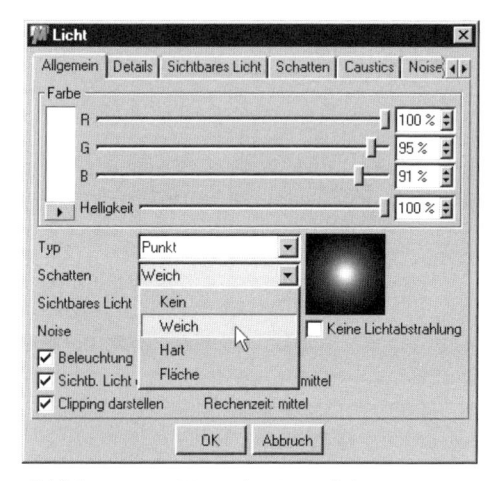

Abbildung 4.39: Werte des Hauptlichts

Geben Sie bei den Farbreglern nun folgende Werte ein: R = 100%, G = 95%, B = 91% und bestätigen Sie das Fenster mit „OK".

Um mit dem Hauptlicht die effektivste Beleuchtung zu erreichen, sollte es genau wie in Übung_6 in etwa aus der Blickrichtung der Kamera strahlen. Auf diese Weise sind die verdunkelten Flächen für den Betrachter nicht sichtbar.

Schieben Sie die Lichtquelle nahe zur linken unteren Raumecke (X = 100 cm, Z = -400 cm) und anschließend knapp unterhalb an die Decke (Y = 250 cm).

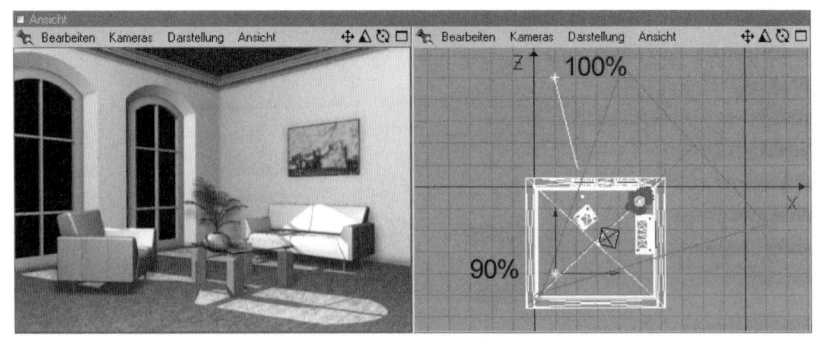

Abbildung 4.40: Wirkung des Hauptlichts

Aufhell-Lichter

Wenn Sie nun von Ihrer Szene ein Proberendering erstellen, dann fällt auf, dass zwar alle Objekte und Wände nahezu ausreichend beleuchtet sind, aber die Zimmerdecke immer noch in tiefem Schwarz erscheint. Dafür gibt es einen ganz einfachen Grund:

Ein Punktlicht verteilt seine Lichtstrahlen gleichmäßig in alle Richtungen. Da sich diese Lichtquelle jedoch knapp unterhalb der Decke befindet, haben die Lichtstrahlen keine Möglichkeit, sich nach oben auszubreiten, sie können die Decke nur streifen (flacher Lichteinfallswinkel). Würden Sie die Kamera nun drehen und den Raum aus der Position der Zimmerpflanze betrachten, dann könnten Sie erkennen, dass die beiden anderen Wände einen ähnlichen Effekt aufweisen.

Man könnte nun theoretisch ein weiteres Punktlicht knapp über dem Boden positionieren, um die Decke auszuleuchten, was jedoch zu einer Überstrahlung der Wände und Möbel führen würde.

Wesentlich einfacher ist es, ein flaches Parallellicht zu setzen, welches wirklich nur die Decke beleuchtet.

Parallellichter haben ähnliche Eigenschaften wie die Distanz-Lichter, jedoch ist ein Parallellicht mit einer großen Scheibe zu vergleichen, welche gleichmäßig und rechtwinklig Lichtstrahlen aussendet. Schneidet sich diese Scheibe mit einem Objekt, dann tritt ein deutlicher Helligkeitsunterschied auf den Objektflächen auf.

In unserem Fall wird das parallele Licht jedoch rechtwinklig nach oben strahlen, so dass die Schnittkante nicht sichtbar wird.

Erstellen Sie ein weiteres Licht und benennen Sie dieses „Aufhell_oben".

Nachdem Sie im Pop-Up-Menü „Typ" die parallele Lichtquelle eingestellt haben, müssen Sie dieselben Farbwerte vergeben, welche auch das Hauptlicht beinhaltet (R = 100%, G = 95%, B = 91%), da ansonsten ein deutlicher Farbunterschied auftritt.

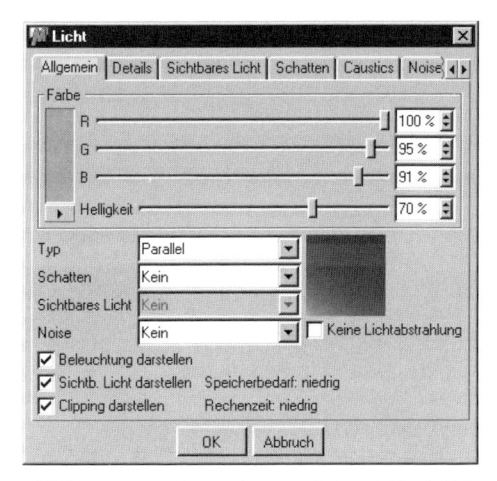

Abbildung 4.41: Werte des parallelen Aufhell-Lichts

Die Decke eines Raums ist bei Tageslicht meistens dunkler als die Wände (hängt von den Fenstern ab). In unserem Fall muss die Helligkeit des Aufhell-Lichts auf etwa 70% reduziert werden.

Betrachten Sie daraufhin die parallele Lichtquelle in der 3D-Ansicht. Die Z-Achse gibt hierbei die Richtung an, wohin das Licht seine Strahlen aussendet. Damit die Raumdecke beleuchtet wird, müssen Sie die Lichtquelle um 90° entlang der X-Achse nach oben drehen.

Da eine parallele Lichtquelle eine unendlich große und gleichmäßig strahlende Fläche darstellt, könnte sie theoretisch auch außerhalb des Raums positioniert werden. Für eine bessere Übersicht der Lichtquellen bietet es sich allerdings an, das parallele Licht inmitten des Raums zu platzieren.

Verschieben Sie demzufolge die Lichtquelle im Grundriss auf die Position X = 250 cm und Z = -250 cm.

Damit wirklich nur die Zimmerdecke aufgehellt wird (und nicht die Türstürze), muss das Parallellicht möglichst weit nach oben geschoben werden (Y = 280 cm).

Abbildung 4.42: Position des Lichts „Aufhell_oben"

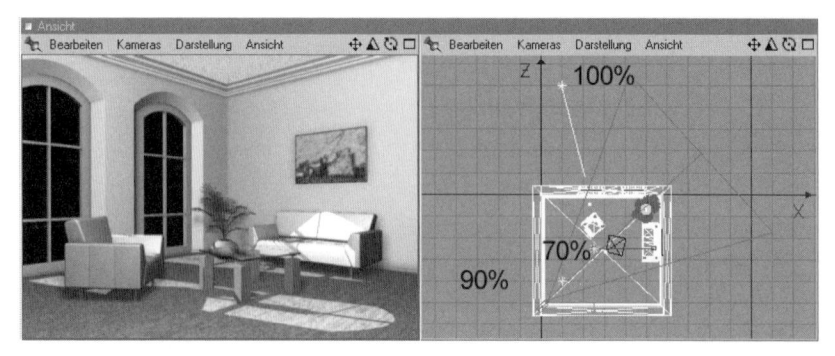

Abbildung 4.43: Nur die Decke wird durch das parallele Licht bestrahlt

Beim Rendern passt sich die Decke jetzt der Helligkeit aller anderen Objekte an.

Nun besteht nur noch eine Stelle in der Zeichnung, die geringfügig aufgehellt werden muss und dabei handelt es sich um den rechten Abschluss der Couch. Die dazugehörigen Flächen sind so stark zum Hauptlicht gedreht, dass sie keine Helligkeit erhalten können. Folglich muss die nächste Lichtquelle in der rechten unteren Raumecke positioniert werden.

Nennen Sie die neue Lichtquelle „Aufhell_rechts" und öffnen Sie das Licht-Dialogfenster.

Stellen Sie dort den Typ „Punktlicht" ein und weisen Sie dem Licht die gleichen Farbwerte zu wie auch bei den anderen.

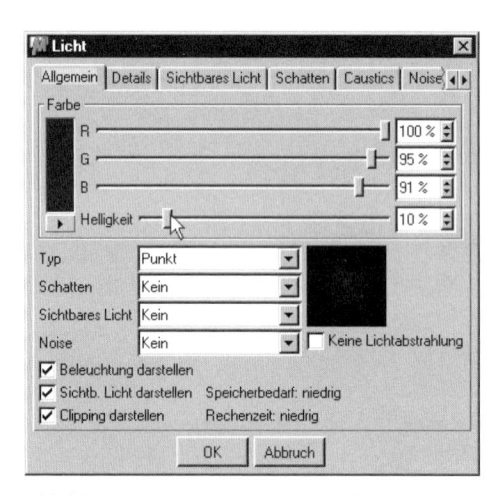

Abbildung 4.44: Werte der Lichtquelle „Aufhell_rechts"

Da diese Lichtquelle nur geringfügig zur allgemeinen Helligkeit beitragen soll, stellen Sie einen Helligkeitswert von 10% ein.

Anschließend verschieben Sie das Licht auf die Position X = 500 cm, Y = 50 cm und Z = -450 cm.

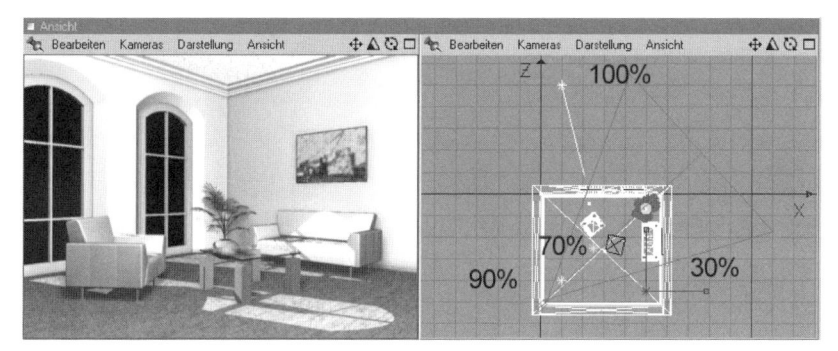

Abbildung 4.45: Geringfügige Beleuchtung durch das zweite Aufhell-Licht

Im Großen und Ganzen ist die Beleuchtung der Szene so weit abgeschlossen. Damit der Blick aus den Fenstern etwas attraktiver gestaltet wird, könnte man wie in Übung_5 ein Hintergrundbild einfügen oder eine leicht bläuliche Farbe für den Himmel wählen.

Es gibt allerdings noch eine weitere Möglichkeit, welche zur gesamten lichtdurchfluteten Atmosphäre des Raums beiträgt:

Sichtbares bzw. volumetrisches Licht

Bei diesen Effekten handelt es sich um eine Zusatzfunktion, welche sich nur bei bestimmten Lichtquellen einstellen lässt:
① Punktlichtquellen
② Spotlichter
③ Parallele Spotlichter
④ Röhrenlichter

Wird das sichtbare Licht im Licht-Dialogfenster aktiviert, dann werden dem Lichtstrahl kleine Partikel hinzugefügt, welche das Licht reflektieren und folglich diesen Lichtstrahl erkennbar abzeichnen. In der Natur tritt dies vor allem bei Nebel, Staub oder Rauch auf (wie bei einem Autoscheinwerfer auf nebliger Straße).

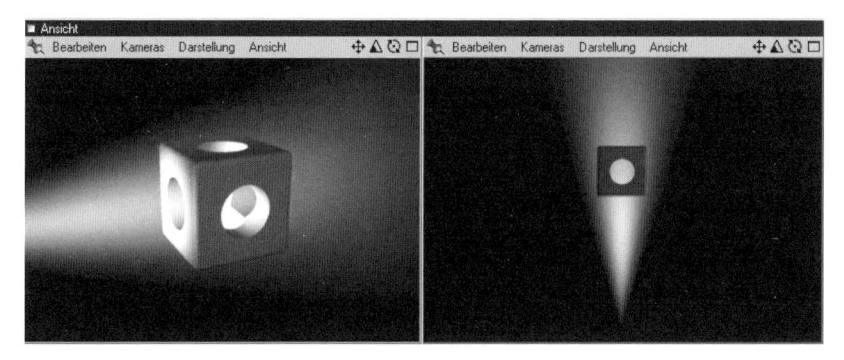

Abbildung 4.46: Sichtbares Licht bei einem Spot

Volumetrisches Licht tritt genauso wie das sichtbare Licht auf, nur dass der sichtbare Lichtstrahl von dazwischen liegenden Flächen unterbrochen wird und daher eher der Realität entspricht.

Der dafür notwendige Rechenaufwand ist nur geringfügig höher als beim puren sichtbaren Licht, wodurch der Renderprozess kaum beeinflusst wird.

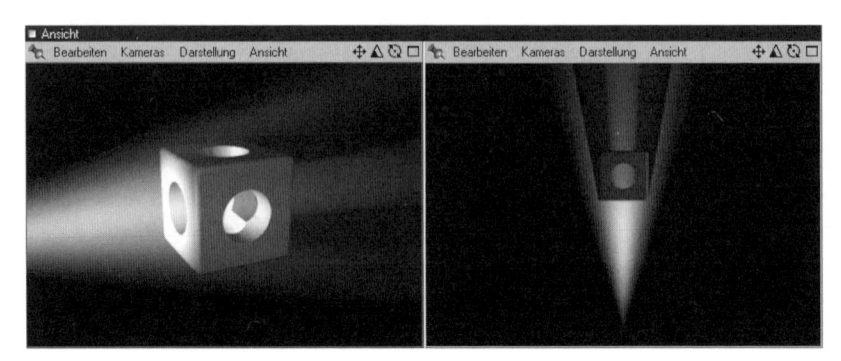

Abbildung 4.47: Volumenlicht

Da wir für das Sonnenlicht in unserer Zeichnung eine Distanz-Lichtquelle verwendet haben, kann das sichtbare Licht nicht über diese Lichtquelle erzeugt werden. Wir müssen also eine weitere Lichtquelle einfügen, welche nur über den Effekt des sichtbaren Lichts verfügt und die Szene nicht weiter beleuchtet.

Hierbei empfiehlt es sich, die Sonnen-Lichtquelle zu kopieren und die Kopie dementsprechend zu verändern, da man auf diese Weise die Position des Lichts nicht neu definieren muss.

Kopieren Sie also die Lichtquelle „Sonne" und benennen Sie die Kopie in „Volumen" um.

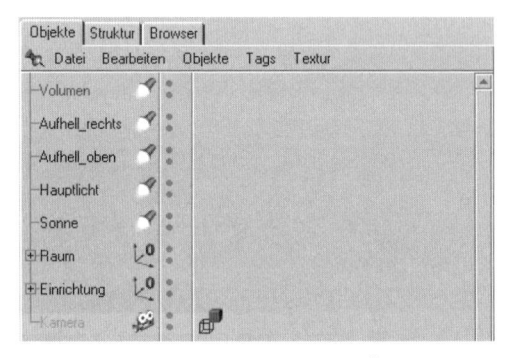

Abbildung 4.48: Alle Lichtquellen der Übung_7

Schalten Sie in dem dazugehörigen Licht-Dialogfenster den Lichttyp auf „Punktlicht" um und aktivieren Sie im Pop-Up-Menü „Sichtbares Licht" den Eintrag „Volumetrisch".

Innenraumbeleuchtung

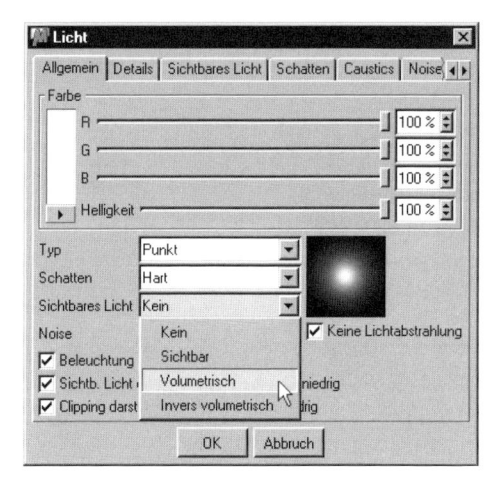

Abbildung 4.49: Aktivieren des Volumenlichts

Schalten Sie jetzt unbedingt die Beleuchtungswirkung der Lichtquelle aus, indem Sie unter dem Vorschaubild das Kontrollkästchen „Keine Lichtabstrahlung" mit einem Haken versehen, und überzeugen Sie sich, dass der harte Schatten aktiviert ist.

Wenn Sie diese Einstellungen vorgenommen haben, dann wechseln Sie auf das Tab „Sichtbares Licht", um die Feineinstellungen für diesen Effekt vorzunehmen.

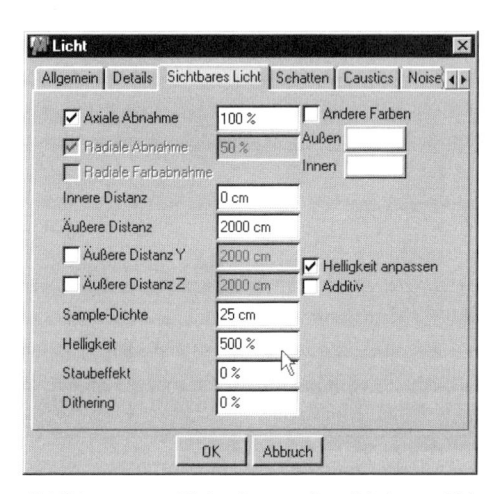

Abbildung 4.50: Dialogfenster des sichtbaren Lichts

- **Axiale Abnahme** bedeutet, dass sich das sichtbare Licht innerhalb einer bestimmten Strecke auflöst. Das daneben liegende Eingabefenster gibt hierfür den Startwert betreffend der Dichte des sichtbaren Lichts an.
- **Innere Distanz:** Wenn dieser Wert auf Null gestellt ist, dann beginnt die Abnahme des sichtbaren Lichts direkt nach seinem Ursprung an der Lichtquelle.

- **Äußere Distanz:** Dieser Wert bestimmt die Reichweite des sichtbaren Lichts, bzw. gibt die Distanz an, ab welcher sich das sichtbare Licht aufgelöst hat.
  Tragen Sie hier den Wert von 2000 cm ein
- **Sample-Dichte:** Sollten sich innerhalb der Lichtquelle so genannte Artefakte (Störeffekte) abzeichnen, dann kann dieser Wert herabgesetzt werden. Die Sample-Dichte bezieht sich auf die Intensität, wie stark das sichtbare Licht berechnet wird.
- **Helligkeit:** Damit bestimmen Sie letztendlich, wie stark sich das sichtbare Licht abzeichnen soll.
  Erhöhen Sie die Helligkeit auf 500%
- **Staubeffekt:** Dieser Effekt kehrt den Prozess des sichtbaren Lichts in das pure Gegenteil um. Während sich das normale sichtbare Licht als heller Lichtstrahl abzeichnet, entzieht dieser Effekt dem vorhandenen Licht seine Helligkeit. Würden wir für unser Beispiel den Staubeffekt erhöhen, so käme statt der hellen Lichtstrahlen ein schwarzer Rauch zu den Fenstern herein.

Bestätigen Sie jetzt das Dialogfenster mit „OK" und rendern Sie Ihre Szene im Bild-Manager.

Abbildung 4.51: Innenraumszene mit einfacher Standardbeleuchtung

Dieses Schema sollte wegen der wenigen Lichtquellen nur für kleinere Innenräume benutzt werden. Für großflächige Anlagen lesen Sie bitte Kapitel 4.4.

4.3.2 Radiosity (Version XL7)

Beim Radiosity-Verfahren findet in Cinema 4D XL7 ein vollkommen anderer Prozess bezüglich der Beleuchtung statt, als bei der Berechnung mittels des normalen Raytracing. Die von einer Lichtquelle ausgesandten Strahlen werden nun von den einzelnen Flächen Ihres 3D-Modells reflektiert und gelangen somit auch an jene Stellen, die normalerweise im Dunklen liegen.

Dabei wird der Energieverlust der reflektierten Lichtstrahlen berücksichtigt, was zu harmonischen Helligkeitsübergängen im 3D-Modell führt. Schwarze Schatten werden automatisch aufgehellt und abgewandte Flächen erhalten eine leichte Schattierung.

Ein weiteres Resultat der Beleuchtung mittels Radiosity ist, dass die reflektierten Lichtstrahlen die Farbinformationen der einzelnen Flächen aufnehmen und diese auf die anschließenden Flächen übertragen.

Abbildung 4.52: Wirkung einer einzigen Lichtquelle durch Radiosity

Die Helligkeit einer Lichtquelle wirkt sich beim eingeschalteten Radiosity-Verfahren wesentlich höher auf die Szene aus als im Raytracer, da sich die indirekten Lichtstrahlen additiv zur direkten Beleuchtung beimischen.

Zwar lassen sich all diese Effekte auch durch ein ausgeklügeltes Beleuchtungskonzept mit dem Raytracing-Verfahren bewerkstelligen, jedoch erfordert dies eine hohe Anzahl an Lichtern, die genau positioniert und eingestellt werden müssen.

Für unsere Zwecke ergibt sich jedenfalls der Vorteil, dass wir für Visualisierungen einen hochgradigen Fotorealismus erreichen können, ohne den Einsatz von zahlreichen Lichtquellen in Kauf nehmen zu müssen.

Vorbereitungen / Polygonzähler

Öffnen Sie nun die Datei „Übung_7b.c4d". Hierbei handelt es sich um die gleiche Szene, wie in Kapitel 4.3.1, nur dass jetzt die Sonnen-Lichtquelle und das Volumenlicht ohne Leuchtwirkung bereits in der Szene vorhanden sind (für alle Leser, welche die vorherige Übung 7a nicht bearbeitet haben).

Wie wir gerade erfahren haben, resultiert die Radiosity-Beleuchtung aus der Reflexion der Lichtstrahlen durch die jeweiligen Flächen. Das bedeutet natürlich, dass die Berechnung eines Bildes umso länger dauert, je mehr Flächen in der Datei vorhanden sind.

Um hierbei relativ wirtschaftlich vorzugehen, sollte man sich überlegen, welche Objekte tragend zur Licht- und Farbreflexion beitragen und welche man getrost davon ausschließen kann.

Cinema 4D verfügt zu diesem Zweck über einen so genannten Polygonzähler, mit dem man sowohl die Gesamtanzahl der in der Szene verwendeten Flächen als auch direkt die Polygonanzahl eines beliebigen Objekts bzw. einer Gruppe ermitteln kann.

Klicken Sie im Objekt-Manager auf das Menü „Objekte" und wählen Sie dort den Befehl „Information (Szene)...". Es erscheint ein kleines Informationsfenster, in welchem Sie die wichtigsten Angaben zur Datengröße Ihrer Szene ablesen können.

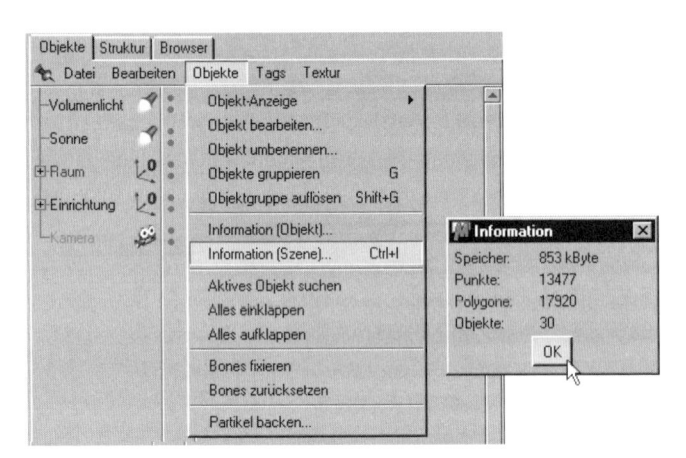

Abbildung 4.53: Ermitteln der Größe der Gesamtszene

Für uns ist in erster Linie immer die Anzahl der Polygone wichtig, da wir durch den CAD-Import ausschließlich polygonale Körper in den Dateien erhalten und sich somit sehr bequem die Render-Geschwindigkeit und die Belastung des Arbeitsspeichers abschätzen lässt.

Was erfahren wir nun konkret? In unserer gesamten Zeichnung liegen knapp 18.000 Polygone vor. Für diese Szene ist das ein wenig viel, obwohl natürlich zahlreiche Rundungen an den einzelnen Kanten der Wände und Möbel vorhanden sind.

Klicken Sie jetzt im Objekt-Manager auf die Gruppe „Raum" und wählen Sie im Menü „Objekte" den Befehl „Information (Objekt)...". Jetzt werden Sie feststellen, dass der Raum lediglich über ein Zehntel der gesamten Polygone verfügt.

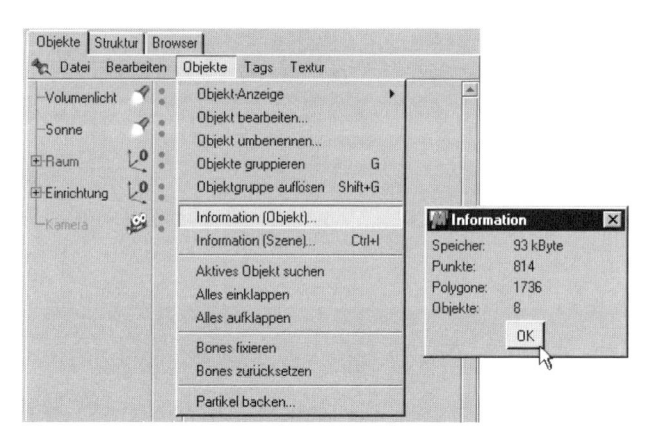

Abbildung 4.54: Ermitteln der Polygonanzahl des Objekts „Raum"

Folglich liegt die Wurzel allen Übels in der Gruppe „Einrichtung" versteckt. Ermitteln Sie jetzt nacheinander die Polygonanzahl der fünf Einrichtungsgegenstände und Sie werden feststellen, dass über ein Viertel der Polygone in der kleinen Pflanze steckt.

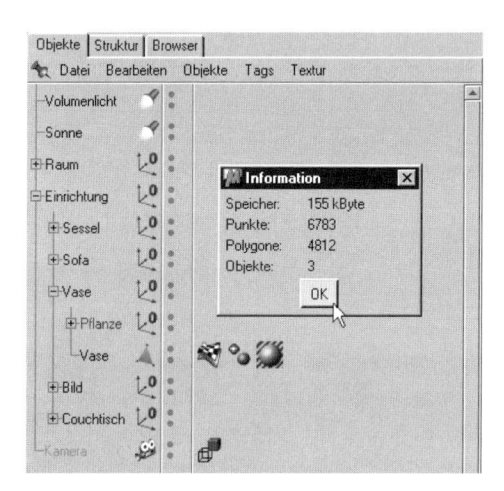

Abbildung 4.55: Die Pflanze beinhaltet die meisten Polygone

Hierbei muss klar gesagt werden, dass die Polygonanzahl der Pflanze durch ihre detaillierte Modellierung vollkommen gerechtfertigt ist, nur sollte sie nicht zur Radiosity-Funktion hinzugezogen werden. Das Resultat der Licht- und Farbreflexion wäre durch die Blätter der Pflanze nur so gering, dass hierfür der extreme Rechenaufwand nicht notwendig ist.

Ausschließen vom Radiosity-Verfahren

Weisen Sie der Gruppe „Pflanze" ein Render-Tag zu, welches dafür sorgt, dass das Radiosity-Verfahren nicht auf die Pflanze angewandt wird.

Klicken Sie dafür mit der rechten Maustaste auf die Gruppe „Pflanze" und wählen Sie das Untermenü „Neues Tag" und anschließend den Befehl „Render-Tag...". Im daraufhin erscheinenden Dialogfenster müssen Sie jetzt das Kontrollkästen „Sichtbar für GI" (Global Illumination) deaktivieren.

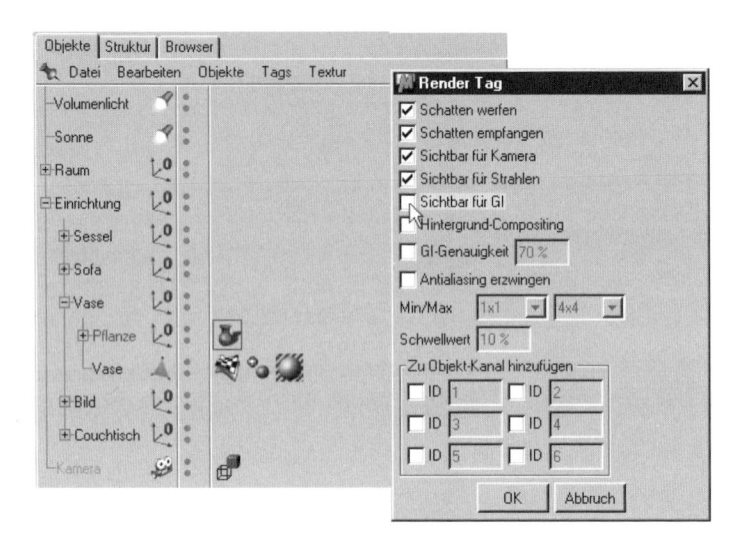

Abbildung 4.56: Ausschließen vom Radiosity-Verfahren

Da die anderen geometrischen Objekte ansonsten für das Radiosity-Verfahren keine größeren Schwierigkeiten darstellen, kann nun mit der Bildberechnung begonnen werden.

Für die Einstellungen der Radiosity-Parameter stehen zwei Dialogfenster zur Verfügung. Das Material-Dialogfenster und die Render-Voreinstellungen.

Material-Dialogfenster

Im Material-Dialogfenster haben Sie die Möglichkeit, im Illuminations-Kanal die Stärke der Lichtreflexion und das Empfangen von reflektierten Lichtstrahlen einzustellen.

Wie auch bei den Caustics so stehen hier die Eingabefelder mit den dazugehörigen Kontrollkästchen der Eigenschaften „Generieren" und „Empfangen". Wenn Sie also der Meinung sind, ein bestimmtes Material sollte die Lichtstrahlen und den dazugehörigen Farbwert weniger reflektieren, dann reduzieren Sie dafür den Wert von „Generieren".

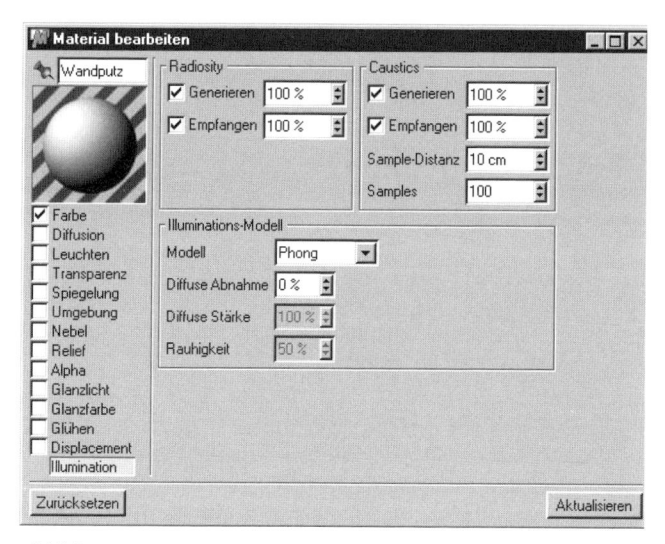

Abbildung 4.57: Radiosity-Einstellungen im Material-Dialogfenster

Sie können hier auch höhere Werte als 100% eingeben. Je nachdem, wie stark Ihr Material reflektieren soll, können Sie bis zu 10.000% eintragen.

Das Illuminations-Modell (drei verschiedene Shader) gibt an, auf welche Weise Ihr Material die Lichtstrahlen reflektieren soll. Manche Materialien wie z.B. Stoffe streuen das reflektierte Licht stärker als andere:
- **Phong:** Standardeinstellung für die meisten (glatten) Materialien
- **Blinn:** Ähnliche Wirkung wie beim Phong-Shading, nur erscheinen die Glanzlichter etwas runder
- **Oren Nayaer:** Für weiche Materialien mit einer stärkeren Streuung des Lichts (z.B. Teppiche)

Render-Voreinstellungen

Öffnen Sie die Render-Voreinstellungen und wechseln Sie auf die Seite „Radiosity". Der erste Schritt ist nun, die Szene generell für das Radiosity zu definieren. Aktivieren Sie hierfür das gleichnamige Kontrollkästchen.

Erst jetzt haben Sie die Möglichkeit, die zu reflektierenden Lichtstrahlen und deren Wirkung einzustellen:
- **Stärke:** Dieser Wert gibt die Helligkeit des Radiosity-Effekts an. Sie können beispielsweise die Wirkung der reflektierten Lichtstrahlen erhöhen und somit eine stärkere indirekte Ausleuchtung des Raums erreichen. In den folgenden Abbildungen ist die Szene zuerst mit einer Stärke von 100% und anschließend mit einer Stärke von 300% dargestellt.

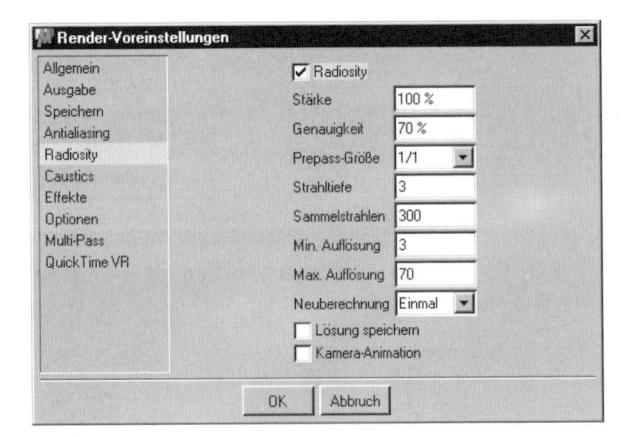

Abbildung 4.58: Radiosity-Einstellungen in den Render-Voreinstellungen

- Beachten Sie, dass die Beleuchtung lediglich durch eine einzige Lichtquelle erfolgte und der Raum dennoch weitgehend aufgehellt wird. Wenn also später eine weitere Lichtquelle hinzugefügt wird, dann muss diese sehr schwach eingestellt werden, da ansonsten die reflektierten Strahlen die Szene überbelichten.

Abbildung 4.59: Radiosity-Stärke 100%

Abbildung 4.60: Radiosity-Stärke 300%

Auffallend ist, dass der Raum bei extremer Radiosity-Stärke deutlicher hervor tritt, da den indirekten Lichtstrahlen mehr Helligkeit innewohnt. An jenen Stellen, wo die reflektierten Lichtstrahlen konzentrierter auftreten, herrscht allerdings eine starke Überstrahlung.

Belassen Sie den Wert auf 100%.
- **Genauigkeit:** Je geringer die Genauigkeit eingestellt wird, desto unschöner treten die Übergänge von den indirekt beleuchteten Stellen (reflektierte Strahlen) zueinander auf. Betrachten Sie den Schattenwurf der Couch, der durch das indirekte Licht an der Wand auftritt. Der Übergang des indirekten Schattens zur indirekten Wandbeleuchtung ist durch die hohe Genauigkeit relativ harmonisch. Wäre dieser Wert niedriger, dann würde ein stufenartiger Übergang des Schattens zur Wand entstehen.
Belassen Sie den Wert auf 70%.
- **Sammelstrahlen:** Hier definieren Sie die Anzahl der Punkte, welche für die Reflexion auf einem Körper verantwortlich sind. Je höher dieser Wert liegt, desto genauer zeichnet sich der Radiosity-Effekt innerhalb der Szene ab, da mehr Licht- und Farbinformationen übertragen werden. Der voreingestellte Wert von 300 Sammelstrahlen ist für die meisten Zeichnungen allerdings überaus großzügig gewählt.
Reduzieren Sie den Wert auf 200 Sammelstrahlen.
- **Min. Auflösung und Max. Auflösung**: Nehmen wir wieder das Beispiel des Schattens der Couch an der Wand. Die indirekte Beleuchtung der Wand erfor-

dert eine geringere Genauigkeit des Radiosity als beispielsweise der Schattenwurf (da dieser auf kleinem Raum unterschiedliche Helligkeitsgrade beinhaltet). Man kann also genau definieren, wie stark solche minimalen Flächen (wie die Wand) bzw. wesentlich kritischere Stellen (wie der Schatten der Couch) vom Radiosity-Vorgang betroffen werden.

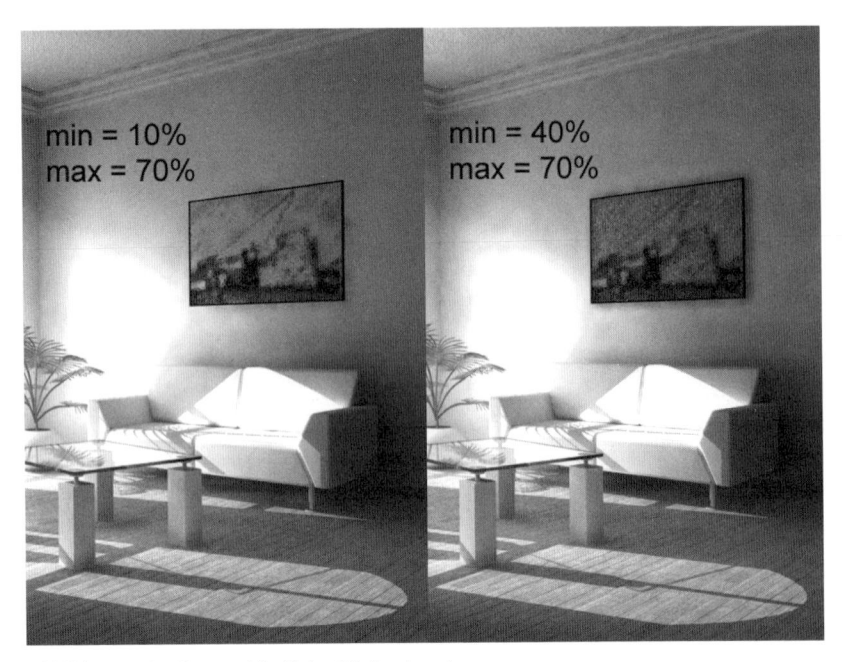

Abbildung 4.61: Unterschiedliche Minimalwerte

Betrachten Sie die Schattierung der Wand in den beiden Abbildungen. Bei der Wand handelt es sich doch um ein Objekt, welches vom Radiosity-Effekt relativ gleichmäßig ausgeleuchtet wird. Für diese Beleuchtung müssen also nur wenige Feinheiten berücksichtigt werden. Anders ist dies beim Schatten der Couch. Um diesen Schatten deutlich und in einer guten Qualität abzubilden, muss das Radiosity-Verfahren eine wesentlich genauere Berechnung stellen. Da die Wand in der rechten Abbildung durch den Minimalwert von 40% eine hohe Beachtung des Radiosity findet, zeichnen sich die reflektierten Lichtstrahlen viel zu stark ab, was zu unschönen Oberflächen führen kann.

Geben Sie für die minimale Auflösung 10% ein und belassen Sie die maximale Auflösung auf 70%.

Vergleichen Sie jetzt noch einmal die eingestellten Parameter der Render-Voreinstellungen und erstellen Sie anschließend ein Proberendering.

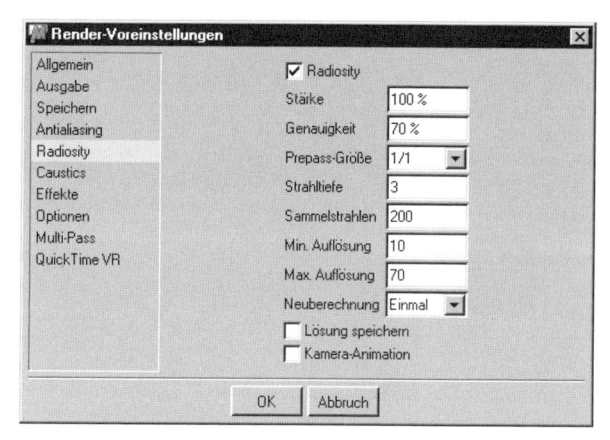

Abbildung 4.62: Einstellungen für die Radiosity-Berechnung

Abbildung 4.63: Ergebnis mit einer Lichtquelle

Aufhellen und Rendern der Szene

Damit der Raum einen etwas helleren und wärmeren Tageslichtcharakter erhält, muss noch eine zweite Lichtquelle mit einer geringfügigen Helligkeit hinzugefügt werden. Geringfügig daher, weil auch dieses Licht mit seiner indirekten Beleuchtung zur allgemeinen Helligkeit beiträgt.

Erzeugen Sie jetzt eine Punktlichtquelle mit dem Namen „Innenbeleuchtung", welche keinen Schatten verursacht und lediglich eine Helligkeit von 17% aufweist.

4 – Beleuchtung

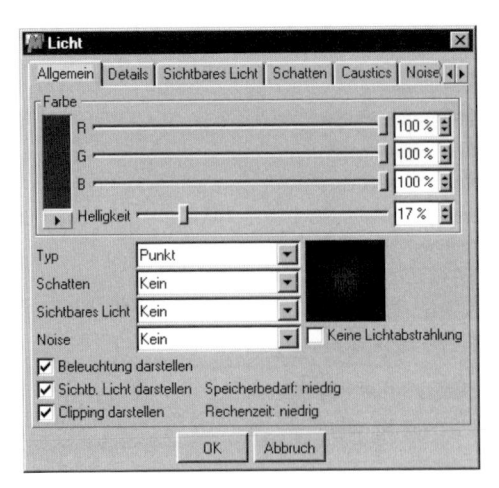

Abbildung 4.64: Werte der Innenbeleuchtung

Positionieren Sie anschließend das Innenlicht auf die Koordinaten X = 300 cm, Y = 230 cm und Z = -350 cm.

Rendern Sie jetzt Ihre Szene. Je nach Hardware kann der Rendervorgang eine halbe Stunde und mehr in Anspruch nehmen. Wie auch bei allen anderen Übungen finden Sie das fertig berechnete Bild im Verzeichnis Ihrer aktuellen Datei (Übung_7b.tif).

Abbildung 4.65: Ergebnis von Übung 7b

4.4 Großraumbeleuchtung

Sollte die Planung größere Bereiche wie Eingangshallen, Besprechungssäle oder Großraumbüros umfassen, dann ist die Beleuchtung mittels der normalen Punktlichtquellen weitgehend problematisch. Der Grund hierfür ist, dass sich die Strahlen dieser Lichtquellen bis weit in den Raum hinein ausbreiten und die entfernten Objekte dadurch wesentlich mehr Helligkeit aufweisen als die naheliegenden Objekte.

Man kann sich bei groß angelegten Räumen allerdings dadurch behelfen, dass man den einzelnen Lichtquellen ein Abnahmeverhalten auferlegt, welches einen bestimmten Bereich definiert, in welchem die Lichtstrahlung ausschließlich vorhanden ist. Auf diese Weise lassen sich mehrere Lichter in die Zeichnung einsetzen, welche nur den gewünschten Bereich beleuchten und sich nicht in ihrer Helligkeit auf entfernten Flächen summieren.

Der folgende Workshop greift nun ein wenig der Übung_10 vor, welche in Kapitel 5 für die Animation bearbeitet wird.

Öffnen Sie die Datei „Übung_8.c4d".

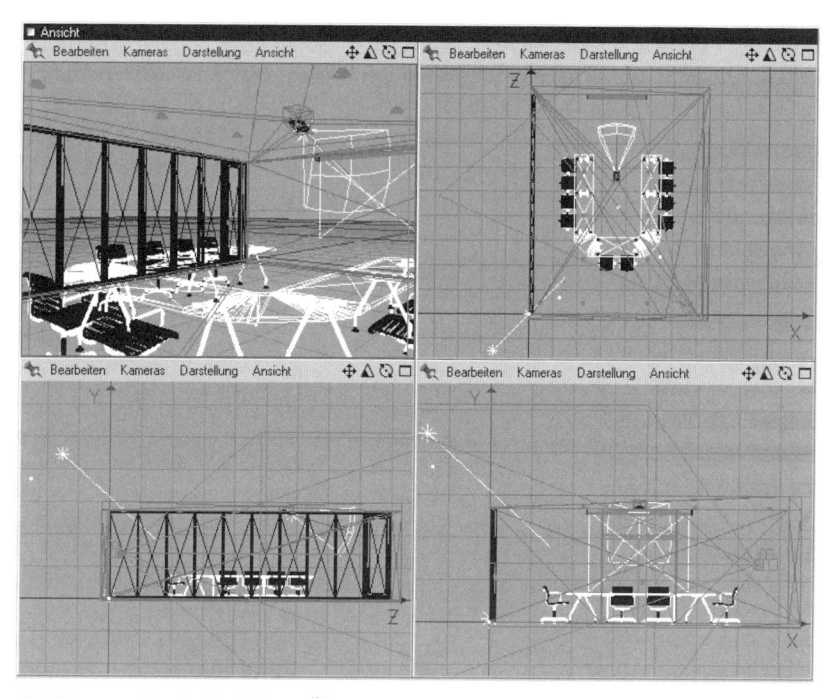

Abbildung 4.66: 3D-Modell von Übung_8

Bei diesem Modell handelt es sich um den Besprechungssaal eines Konferenzgebäudes, welches in ähnlicher Form auf dem Vitra-Betriebsgelände in Weil am Rhein steht. Den Entstehungsprozess bezüglich der Texturierung lesen Sie bitte in Kapitel 5.

4.4.1 Lichtraster

Wenn mehrere gleichartige Lichter für die Beleuchtung innerhalb einer Planung verwendet werden, dann ist es hilfreich, sich bereits im CAD die Stellen zu markieren, an welchen später die Lichtquellen eingesetzt werden.

Zu diesem Zweck wurden die 3D-Körper der Leuchten, also das Glas und die Halterungen, im CAD auf die entsprechenden Stellen verteilt und nach Cinema 4D importiert.

Öffnen Sie im Objekt-Manager zunächst die Gruppe „Gebäude" und schalten Sie dort die Elemente „Parkett" und „Decke" aus. Zur besseren Übersicht sollten Sie auch die Gruppe „Einrichtung" ausblenden.

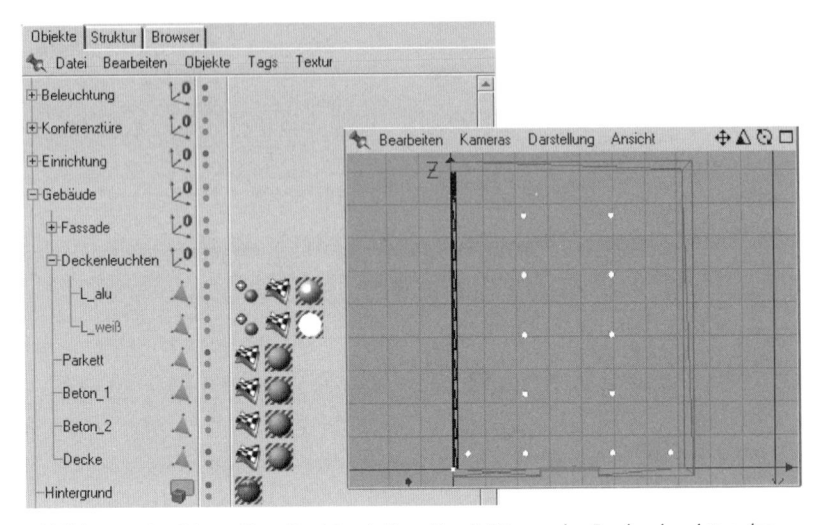

Abbildung 4.67: Die weißen Punkte stellen die 3D-Körper der Deckenleuchten dar

Wenn Sie jetzt die Gruppe „Deckenleuchten" öffnen, dann finden Sie darin zwei Objekte. Das erste Objekt (L_weiß) steht für das Glas der Leuchte, welches mit einem leuchtenden Material versehen ist. Das zweite (L_alu) beinhaltet die Halterung der Leuchte.

Diese Objekte definieren die Positionen, an welchen die Lichtquellen in etwa eingesetzt werden.

Sollten Sie in Ihrer Planung keine 3D-Modelle der Leuchten verwenden, dann kann man die Verteilung der Lichtquellen auch anhand des Rasters von Cinema 4D vornehmen. Dafür müssen Sie im Koordinaten-Manager auf das Tab „Snap-Einstellungen" wechseln und das Kontrollkästchen „Snapping aktiv" mit einem Häkchen versehen.

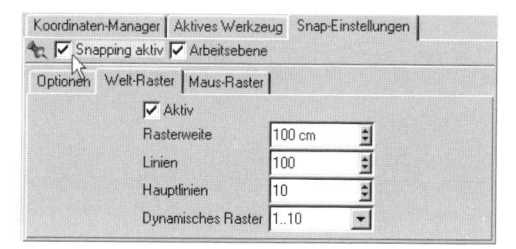

Abbildung 4.68: Einschalten des Rasterfangs

Im Dialogfeld „Rasterweite" können Sie den Abstand Ihres Rasters beliebig definieren.

4.4.2 Lichtabnahme

Erzeugen Sie jetzt eine Punktlichtquelle mit einer Helligkeit von 60% und weichem Schatten. Nennen Sie diese „Licht_referenz".

Verschieben Sie die Lichtquelle unter die rechte obere Deckenleuchte (Koordinaten X = 495 cm, Y = 250 cm und Z = 765 cm).

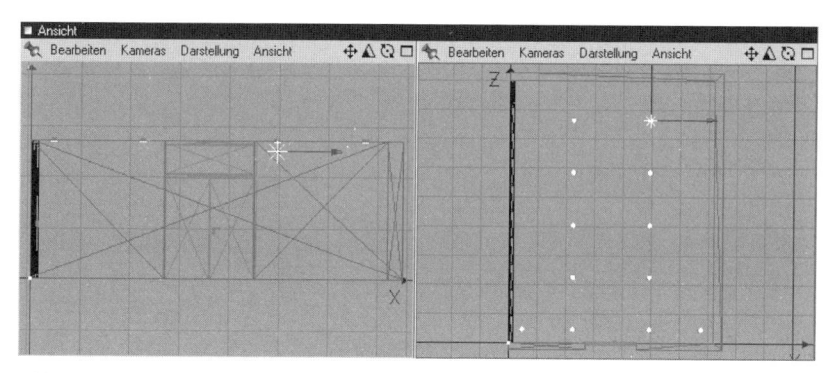

Abbildung 4.69: Position von „Licht_referenz"

Damit das Deckenlicht so aussieht, als wäre es eingeschaltet, sollten Sie die Lichtquelle knapp unterhalb der Raumdecke positionieren. Der angrenzende Bereich wird durch die kugelförmige Abstrahlung der Punktlichtquelle dezent aufgehellt, während die restliche Raumdecke keine weitere Lichtstrahlung von der Punktlichtquelle erhält.

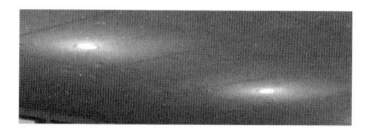

Abbildung 4.70: Die Punktlichtquelle erhellt den Bereich um das Deckenlicht

Um jetzt die Abnahme des Punktlichts zu definieren, öffnen Sie das Licht-Dialogfenster und wechseln auf das Tab „Details".

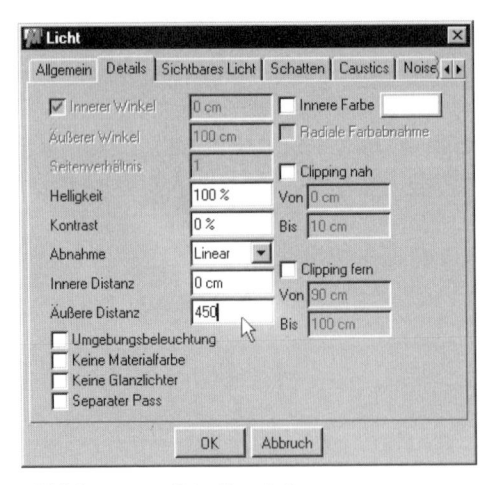

Abbildung 4.71: Tab „Details"

Aktivieren Sie die Lichtabnahme, indem Sie im gleichnamigen Pop-Up-Menü die Option „Linear" auswählen.

Sie haben daraufhin die Möglichkeit, eine „Innere Distanz" zu definieren, d.h., ab welcher Entfernung die Abnahme beginnt. Belassen Sie den voreingestellten Wert auf 0 cm und tragen Sie dagegen im Eingabefeld „Äußere Distanz" einen Wert von 450 cm ein. Dies bedeutet, dass alle Objekte, welche sich außerhalb der Reichweite von 4 m befinden, keinerlei Helligkeit durch die Lichtquelle erhalten.

Bestätigen Sie anschließend das Dialogfenster mit „OK".

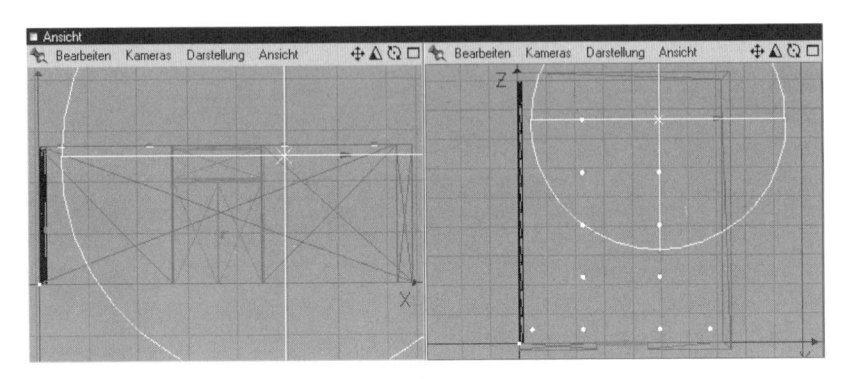

Abbildung 4.72: Darstellung der Lichtabnahme

In Ihrer Zeichnung erscheint die Lichtquelle nun innerhalb einer Kugel, welcher Sie die Reichweite des Lichts entnehmen können. Daraus ist unter anderem ersichtlich, dass der Boden des Konferenzraums durch die Lichtquelle noch gut erhellt wird.

4.4.3 Erzeugen von Instanzen

Stellen Sie sich vor, Sie hätten den abgebildeten Konferenzraum mit zwölf Lichtquellen versehen und würden anschließend merken, dass die Beleuchtung für diese Szene nicht ausreichend ist. Daraufhin müssten Sie in mehreren Arbeitsschritten jede einzelne Lichtquelle neu einrichten.

Wesentlich einfacher ist es dagegen, eine Lichtquelle als Referenzobjekt zu erzeugen und alle anderen Lichtquellen als so genannte Instanzen zu kopieren. Diese Instanzen richten sich daraufhin nach den Eigenschaften des Quellobjekts (der Referenz) und übernehmen automatisch alle Änderungen, welche am Quellobjekt vorgenommen werden.

Erzeugen Sie jetzt die erste Instanz unserer Referenz-Lichtquelle, indem Sie in der Datei-Menüleiste unter „Modelling" den betreffenden Befehl „Instanz" anklicken.

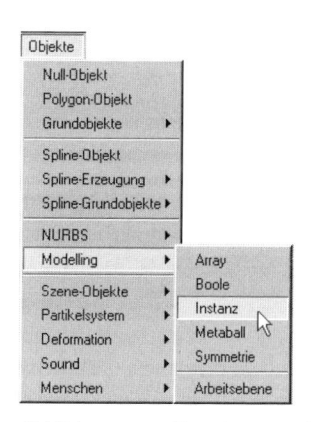

Abbildung 4.73: Einsetzen von Instanzen

Die Instanz tritt nun ebenfalls als Lichtquelle in Ihrer Zeichnung auf und wird auf dem Nullpunkt von Cinema 4D eingesetzt.

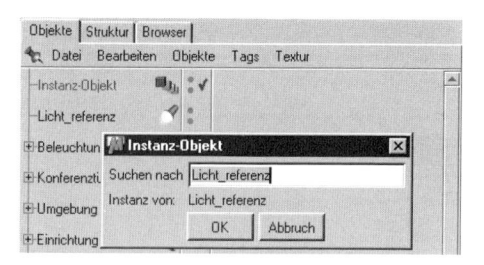

Abbildung 4.74: Zuweisen der Instanz

Zwar bezieht sich die eben eingefügte Instanz automatisch auf die Referenz-Lichtquelle, aber man sollte sich grundsätzlich davon überzeugen, dass dieser Bezug korrekt ist. Klicken Sie dafür zweimal im Objekt-Manager auf das Icon der Instanz und prüfen Sie, ob im Eingabefeld das Objekt „Licht_referenz" verzeichnet ist.

✓ Schieben Sie anschließend die Instanz unter das linke obere Deckenlicht und beachten Sie, dass Sie auch die gleiche **Y-Richtung** zugewiesen haben (Koordinaten X = 225 cm, Y = 250 cm und Z = 765 cm).

Erstellen Sie jetzt von der Instanz weitere zehn Kopien, bis unter jedem Deckenlicht eine Lichtquelle vorhanden ist.

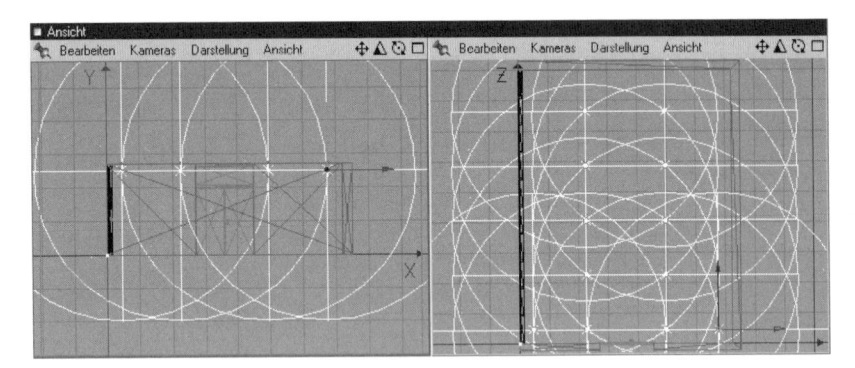

Abbildung 4.75: Instanzen der Referenz-Lichtquelle

Da diese Darstellung der Lichtquellen nicht gerade zur Übersichtlichkeit des Objekt-Managers beiträgt, sollten Sie die Referenz-Lichtquelle sowie alle dazugehörigen Instanzen zu einer Gruppe zusammenfassen und anschließend ausblenden.

Schalten Sie nun alle anfangs ausgeblendeten Objekte wieder ein und erstellen Sie ein erstes Proberendering.

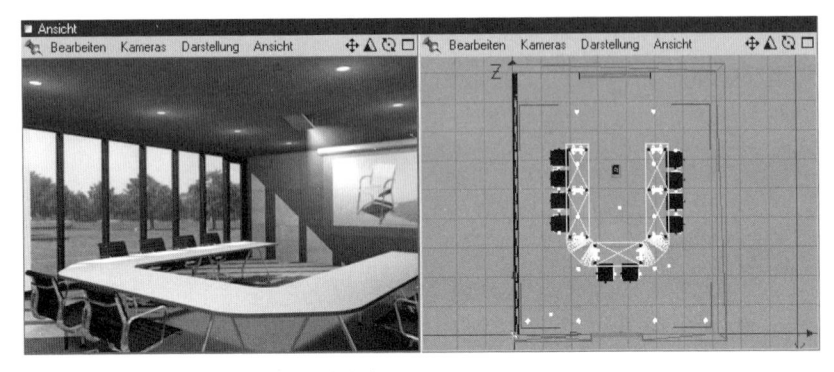

Abbildung 4.76: Wirkung der Punktlichter

4.4.4 Ausleuchten der Decke

Da den Punktlichtern nach oben zu wenig Raum für eine Lichtverteilung zur Verfügung steht, muss die Decke nachträglich aufgehellt werden. Hierzu dient genau wie in Übung 4.3.1 eine parallele Lichtquelle, welche um 90° rechtwinklig zur Decke strahlt.

Erzeugen Sie eine parallele Lichtquelle und benennen Sie diese in „Aufhell_Decke" um.

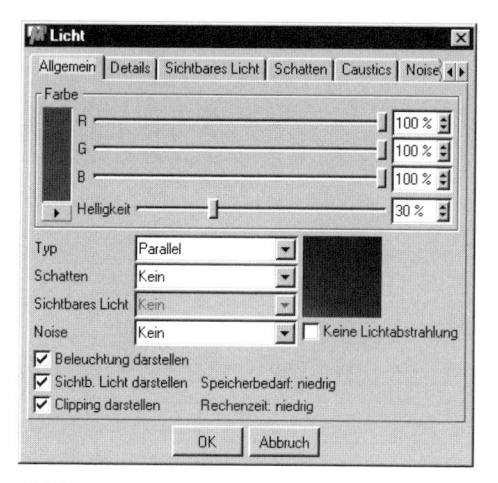

Abbildung 4.77: Paralleles Deckenlicht

Stellen Sie den Helligkeitsregler auf 30% und schließen Sie das Licht-Dialogfenster.

Drehen Sie die Lichtquelle um 90° entlang der X-Achse, so dass der P-Winkel im Koordinaten-Manager den entsprechenden Wert anzeigt.

Verschieben Sie anschließend die Lichtquelle um 250 cm in Y-Richtung.

Hierfür ist es nicht unbedingt notwendig, die Lichtquelle in der Mitte des Raums zu positionieren, da diese keinen Schatten aufweist und daher alle Objekte ab einer Höhe von 250 cm aufhellt.

Rendern Sie anschließend erneut Ihre Szene.

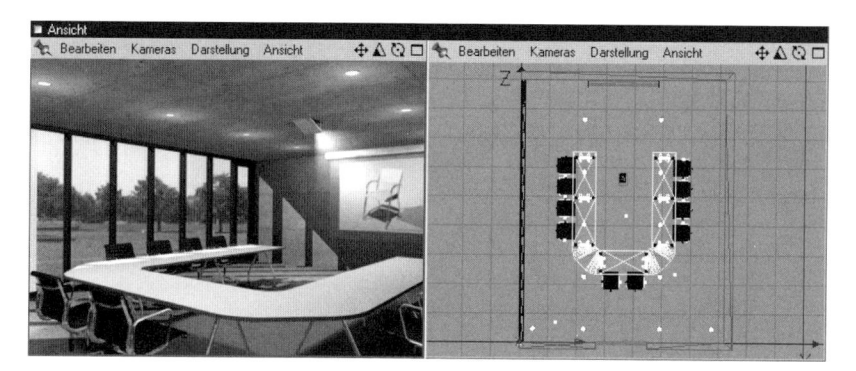

Abbildung 4.78: Wirkung des Lichts „Aufhell_Decke"

4.4.5 Ändern der Instanzen / Rendering

Wenn Sie nun der Meinung sind, dass die Lichtwirkung der Punktlichter zu stark oder zu schwach ausfällt, so können Sie ganz einfach alle Lichtquellen innerhalb eines Arbeitsschritts ändern.

Öffnen Sie dazu im Objekt-Manager das Dialogfenster der Referenz-Lichtquelle und stellen Sie beispielsweise eine Helligkeit von 50% ein. Beim nächsten Proberendering erscheinen nun alle Instanzen mit der gleichen geschwächten Lichtstrahlung.

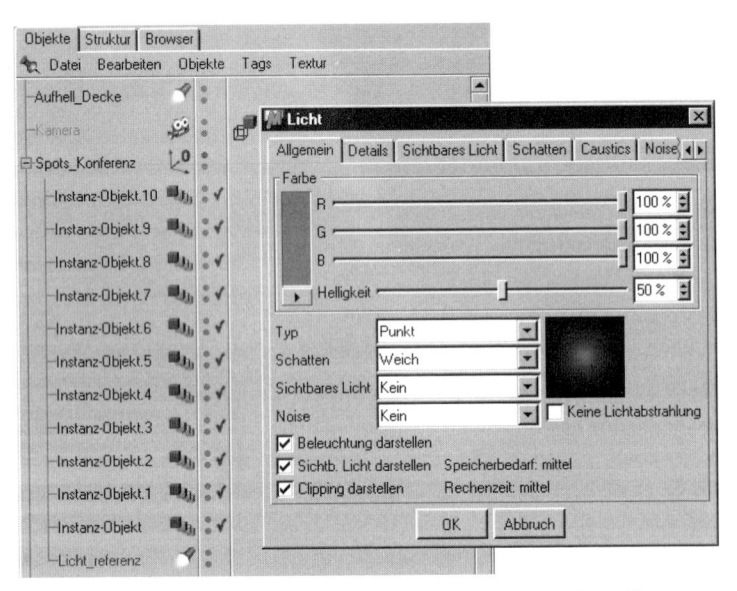

Abbildung 4.79: Ändern Sie nur die Werte in der Referenz-Lichtquelle

Hiermit ist das Kapitel der Beleuchtung so weit abgeschlossen. Selbstverständlich handelt es sich bei diesem Thema um einen breit gefächerten Bereich, welcher nicht annähernd innerhalb dieses Buches behandelt werden kann. Allerdings sollten hiermit einige Grundlagen geschaffen worden sein, welche Ihnen die Beleuchtung Ihrer Projekte in Zukunft zumindest etwas erleichtern.

Für das letzte Kapitel muss ich nun alle Anwender der Cinema 4D-Version ART bitten, die Übungen anhand der beiliegenden Demoversion von Cinema 4D XL7 nachzuvollziehen.

Abbildung 4.80: Ergebnis von Übung_8

5 Animation

CAD-Filme stellen derzeit unbestritten die Attraktion innerhalb jeder Präsentation dar. Egal ob auf Messen, Roadshows oder bei Wettbewerben, bewegte Bilder ziehen die Aufmerksamkeit des Betrachters unweigerlich auf sich. Aufgrund dieser meist positiven Resonanz werden CAD-Animationen immer häufiger zur Grundvoraussetzung für erfolgreiche Projekte.

Abbildung 5.1: Beispielszene einer CAD-Animation

Der Hauptgrund für diese Begeisterung liegt darin, dass die meisten Anwender glauben, die Filmerzeugung sei überaus kompliziert und nur mit einem großen Erfahrungsschatz zu meistern. Hier besteht ein klarer Trugschluss. Die Erzeugung eines Filmablaufs ist innerhalb dieses Themas das geringste Problem, da dieser Prozess relativ schnell zu erlernen ist und einem bestimmten Schema folgt.

Die eigentliche Problematik bei einem CAD-Film besteht darin, dass er flüssig und in einer guten Qualität auch an fremden Computern abläuft. Aus diesem Grund möchte ich am Anfang dieses Kapitels einige wichtige Punkte bezüglich der Animation ansprechen, welche dazu beitragen, dass die in der Praxis häufig auftretenden Probleme gleich im Vorfeld umgangen werden können.

5.1 Grundlagen der Animation

Anwendern, denen das Gebiet der Computeranimation vollkommen neu ist, möchte ich an einem kurzen Beispiel das Prinzip einer Animationserzeugung aufzeigen. Diese Prinzip ist in allen Animationsprogrammen (3D Studio Max, Maya ...) gleich.

Beispiel Kamerafahrt:

Innerhalb eines 3D-Modells wird eine Kamera positioniert. Die Koordinaten dieser Kamera werden gespeichert und zwar bezüglich eines gewissen Zeitpunkts. So befindet sich die Kamera beispielsweise zum Zeitpunkt 0 Sekunden auf der Koordinate A. Man verschiebt nun diese Kamera auf eine beliebige weitere Koordinate B und speichert auch diese Koordinate ab. Der Kamerapfad ist in der folgenden Abbildung als gelbe Linie dargestellt.

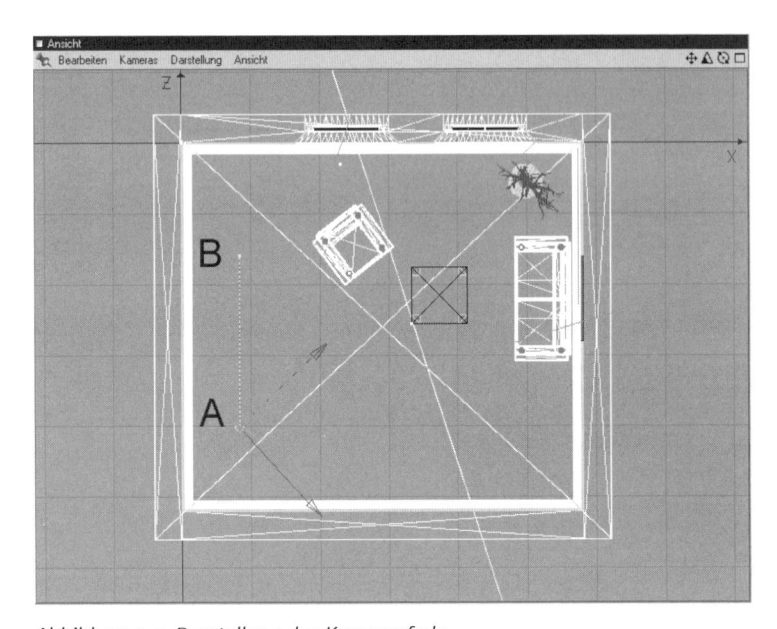

Abbildung 5.2: Darstellung des Kamerapfads

Nun wird festgelegt, dass sich die Koordinate B auf die Zeit 10 Sekunden bezieht. Würde man diese kleine Animation probeweise in Cinema 4D ablaufen lassen, dann fährt die Kamera innerhalb von 10 Sekunden von A nach B, wobei alle Zwischenschritte automatisch erzeugt werden.

Diesen Film könnten wir nun in Echtzeit in der 3D-Ansicht betrachten. Jedoch wissen wir, dass die 3D-Ansicht keine Schatten anzeigt und bestenfalls im Gouraud-Shading dargestellt wird. Darüber hinaus könnte nur derjenige die Animation betrachten, auf dessen Computer Cinema 4D XL7 installiert ist.

Daher müssen alle Positionen, welche die Kamera auf ihrem Weg einnimmt als Einzelbilder gerendert und abschließend zu einem Filmformat zusammengefasst werden.

5.1.1 Abschätzen der Rechenzeiten

Bekanntlich laufen bei einem Film 25 Bilder pro Sekunde ab. Für diese 10 Sekunden müsste der Computer folglich 250 Einzelbilder rendern.

Je nach Dateigröße können Renderings durchschnittlich zwischen 2 und 20 Minuten Rechenzeit beanspruchen. Nehmen wir den Mittelwert von 10 Minuten an, so dauert die Berechnung einer Filmsekunde mit 25 Bildern über 4 Stunden.

Räumen Sie Ihren Projekten daher soviel Zeit ein, dass der notwendige Rechenaufwand mit eventueller Fehlerbehebung keine Terminschwierigkeiten verursacht. Die beste Vorgehensweise ist die Erzeugung mehrerer Proberenderings an unterschiedlichen Stellen des Films. Notieren Sie die dafür aufgebrachte Rechenzeit und erstellen Sie daraus einen Durchschnittswert. Multiplizieren Sie diesen mit 25 Bildern pro Sekunde, um zu ermitteln, wie lange Ihr Computer für den gesamten Film rechnen muss. Beachten Sie, dass Sie den Computer in dieser Phase für keine andere Anwendung benutzen können, da die Prozessorleistung komplett ausgeschöpft wird.

Abbildung 5.3: Systemdiagramm der CPU-Nutzung beim Rendervorgang

5.1.2 Animationsdauer

Betrachter eines CAD-Films werden durchschnittlich nach 2,5 Minuten unruhig, fangen das Reden an oder wechseln den Standort. Dieses Phänomen kommt uns hier zugute, da dieser Zeitraum anhand der benötigten Bildanzahl relativ überschaubar ist.

5.1.3 Einfügen von Bewegungspausen

Kontinuierliche Kamerafahrten strengen das Auge an und ermüden. Erstellen Sie Ihre Animationen daher mit zahlreichen Ruhepausen, damit der Betrachter für 2–3 Sekunden auch die Details Ihrer Konstruktion wahrnehmen kann. Diese Pausen haben vor allem den Vorteil, dass man die Animationszeit strecken kann und Rechenzeiten spart. Man muss die 75 Bilder einer Ruhepause nicht alle separat berechnen, sondern kann diese im schlimmsten Fall kopieren.

5.1.4 Ausgabegröße von Animationen

Auch wenn die Darstellung einer Animation auf der vollen Monitorbreite am attraktivsten ist, so lässt sich dies aufgrund der Datentransferrate derzeit nur mit sehr gut ausgestatteten Rechnern bewerkstelligen.

Ein erster Schritt ist die Überlegung, mit welchem Medium der Film gezeigt wird. Wählt man hierbei den Fernseher bzw. Videorecorder mit Projektor, so bestehen zwei genormte Bildauflösungen:

- 768 x 576 PAL: Europäische Norm für Fernsehauflösungen mit einer Bildrate von 25 Bildern pro Sekunde.
- 640 x 480 NTSC: Auflösung des amerikanischen Fernsehformats. Dieses System verwendet im Gegensatz zum PAL-System 30 Bilder pro Sekunde. Grund hierfür ist die amerikanische Stromnetzfrequenz, welche mit 60 Hz taktet (Europa 50 Hz).

Für die Wiedergabe am Monitor gibt es weder eine festgelegte Bildgröße noch eine bestimmte Bildrate.

- 480 x 360: Für hochwertige Animationen ist dies das Minimum der Bildgröße. Bei geringeren Formaten verlieren Filmdateien leicht an Attraktivität. Jedoch hat dieses kleine Format zwei bedeutende Vorteile. Zum einen verkürzen sich die Rechenzeiten erheblich und zum anderen ist durch die geringe Dateigröße des erstellten Films ein flüssiger Ablauf auch auf schwächeren Computern gewährleistet.
- 640 x 480: Optimale Auflösung unter Berücksichtigung der Rechenzeiten und der Datentransferrate.
- 800 x 600: Maximale Bildgröße. Eine höhere Auflösung ist nicht zu empfehlen, da sich ab hier unter den gegebenen Kompressionsoptionen zweifellos ein Ruckeln im Film abzeichnen wird.

5.1.5 Bildrate

Je weniger Bilder der Computer pro Sekunde verarbeiten muss, desto besser findet der Datentransfer zum Monitor statt. Im Gegensatz zu Videoproduktionen muss man bei Computerpräsentationen keine feste Bildrate einhalten. Der verträgliche Bereich beginnt bei 18 Bildern pro Sekunde. Unterhalb dieser Grenze wird das Auge durch den deutlich sichtbaren Bildwechsel belastet.

Obwohl eine Bildrate von 25 Bildern pro Sekunde einen deutlich höheren Rechenaufwand darstellt, kann man sicher sein, dass der erzeugte Film auch auf Video ausgegeben werden kann und auf dem Monitor einen absolut flüssigen Ablauf erkennen lässt. Bei einer Rate von 25 Bildern müssen jedoch die notwendigen Kompressionseinstellungen optimal vorgenommen und die Bildgröße maximal auf 768 x 576 Pixel beschränkt werden.

5.1.6 Einzelbildserie

Cinema 4D bietet die Ausgabe eines kompletten Films an. Hierbei werden alle Bewegungsabläufe als Einzelbilder gerendert und zu einem lauffähigen Film zusammengefasst. Die gerenderten Bilder werden bei diesem Vorgang in den Zwischenspeicher gelagert und nach der Zusammenfassung wieder gelöscht. Selbstverständlich ist dieser Vorgang relativ praktisch, da man nach Ablauf der benötigten Zeit einen fertigen Film erhält.

Nehmen wir aber an, Sie erzeugen eine Animation von zwei Minuten Länge. Dieser Prozess dauert bei einer Rechenzeit von beispielsweise fünf Minuten pro Bild mehr als zehn Tage. Wenn Sie innerhalb dieses Films daraufhin einen Fehler bemerken, dann bleibt keine andere Möglichkeit, als den Film neu zu berechnen. Sie haben keinen Zugriff mehr auf die abgespeicherten Bilder, da diese aus dem Zwischenspeicher gelöscht wurden. Auch die Gefahr, dass der Computer nach einigen Tagen unabsichtlich abgeschaltet wird oder eine Sicherung versagt, kann diese Art der Filmerstellung weit über die geplante Zeit hinausschieben.

Wenden Sie diese Vorgehensweise daher nur bei kurzen Animationen an.

Der weitaus sicherere Weg ist, die berechneten Bilder als Einzelbildserie in einer Datenbank abzuspeichern und anschließend mit einem Schnittprogramm (Adobe Premiere, Quick Time Pro ...) zusammenzufassen. Wenn Ihnen dann im zusammengefassten Film ein Fehler auffällt, müssen Sie nur noch die jeweiligen Bilder nachberechnen, in welchen sich der Fehler befindet.

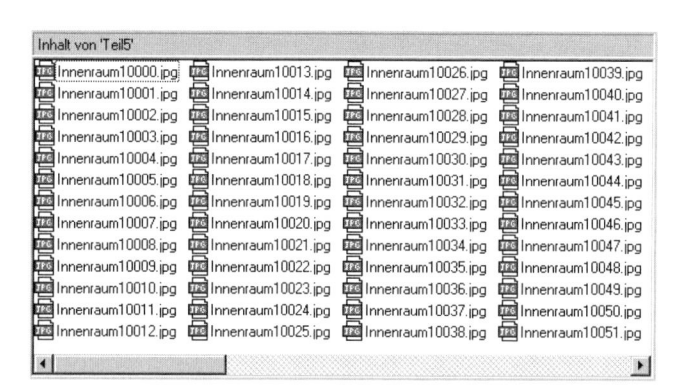

Abbildung 5.4: Mit einer Einzelbildserie haben Sie jederzeit Zugriff auf die berechneten Bilder

Wenn Sie einen Film zuerst in Einzelbildern ausgeben, können Sie die Berechnung jederzeit unterbrechen und an einer beliebigen Stelle innerhalb der Sequenzen fortfahren. Denken Sie daran, Sie haben jederzeit Zugriff auf die Bilder und Sie sparen immense Rechenzeiten bei der Fehlerbehebung.

Sollten die gerenderten Bilder vor der Zusammenfassung mit dem Schnittprogramm noch einmal grafisch überarbeitet werden, dann empfehle ich Ihnen, die Dateiausgabe im TIFF-Format zu wählen, um Qualitätsverluste zu vermeiden. Beachten Sie, daß die TIFF-Bilder einen sehr großen Speicherplatz beanspruchen.

Bei allen Animationen, welche nicht für die professionelle Videoproduktion eingesetzt werden, kann ich jedem Anwender nur dringend raten, die Einzelbilder im JPEG-Format zu erstellen, da ansonsten die Bearbeitung der Daten ohne leistungsstarke Hardware sehr schwerfällig wird.

5.1.7 Filmformate

Wenn Sie eine Animation in Cinema 4D XL7 berechnen lassen und anschließend gleich als Film ausgeben (keine Datenbank), dann bietet Cinema 4D XL7 zwei gängige Dateiformate an:

- **AVI (Audio-Video Interleaved):** Es handelt sich hierbei um das Standardformat für Windows. Die Datei wird mit einem frei wählbaren „Kompremierer" zusammengefasst und anschließend unter besagtem Format abgespeichert. Allerdings verhalten sich die Komprimierungseinstellungen (nächster Abschnitt) anders als beispielsweise unter Quick Time Movie. Die Wiedergabe eines AVI-Films ist jedoch unter jeder Windows-Plattform gewährleistet.
- **MOV (Quick Time Movie):** Filme, die im Quick Time Movie-Format abgespeichert werden, sind etwas kleiner als die AVI-Filme und daher flüssiger im Ablauf. Hierfür ist es nicht unbedingt notwendig, dass der Quick Time Player auf Ihrem Rechner installiert ist, denn der Windows Media Player unterstützt neben den üblichen AVI-Formaten auch das Quick Time Movie-Format.

Prinzipiell empfehle ich an dieser Stelle, alle Filme im Quick Time-Format abzuspeichern und mit dem Windows Media Player oder der Active Movie-Steuerung vorzuführen.

5.1.8 Kompremierer

Egal ob Sie die erzeugte Einzelbildserie mit einem Schnittprogramm zu einem Film zusammenfassen oder den Film in Cinema 4D automatisch berechnen lassen, in beiden Fällen liegt eine große Anzahl an Bildern entweder im Zwischenspeicher oder auf Ihrer Festplatte vor. Diese Bilder belegen einen gewissen Speicherplatz und müssen daher für den Film komprimiert werden, um einen schnellen Datentransfer zu ermöglichen. Die Datenkomprimierung findet automatisch in Cinema 4D oder einem beliebigen Schnittprogramm statt, wenn das Filmmaterial zu einem Dateiformat (*.avi oder *.mov) zusammengefasst wird.

Eine Filmdatei läuft selbstverständlich umso flüssiger ab, je kleiner ihr Dateivolumen ist. Für diesen Zweck entwickelte man Komprimierungsprogramme, welche innerhalb der gängigen Softwareprodukte als Standard definiert wurden. Eines haben diese Kompremierer jedoch gemeinsam: Je kleiner der Film, desto schlechter die Qualität. Daher bedarf es einer gewissen Zeit des Ausprobierens, bis die Resultate befriedigend sind und sich für den jeweiligen Zweck eignen.

Sie haben nur Einfluss auf die Kompremierer, wenn Sie als Dateiformat AVI-Film-System oder Quick Time-Film-System wählen. In den anderen Fällen wie beispielsweise „AVI-Film klein" gibt Cinema 4D einen Kompremierer vor.

Öffnen Sie die Speichern-Seite unter den Render-Voreinstellungen und wählen Sie z.B. das Format „AVI-System". Klicken Sie auf das nebenstehende Feld „Optionen" und Sie erhalten eine Liste der vorhandenen Kompremierer.

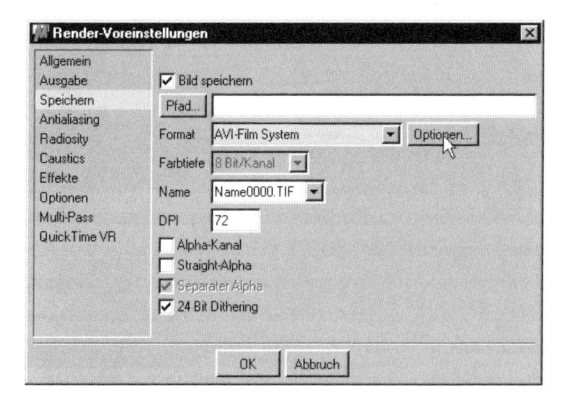

Abbildung 5.5: : Wählen Sie „AVI-Film-System", um die Kompremierer auszuwählen

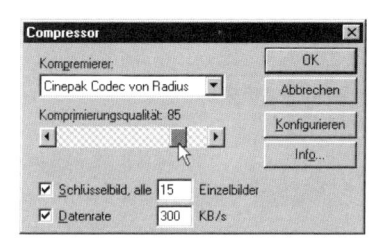

Abbildung 5.6: Menüfenster der Kompremierer

Mit jedem Kompremierer können Sie die Ausgabequalität im Verhältnis zur Dateigröße festlegen. Bei einer Qualität von 100% wird der Film in seiner besten Qualität zusammengefasst, aber eine relativ große Datei erzeugt, welche oftmals nicht flüssig abläuft.

Das beste Verhältnis erzielen Sie mit einer Komprimierungsqualität zwischen 80 und 90%.

Letztendlich hängt die Qualität des Films aber maßgeblich von der Art des Kompremierers ab. Sehr gute Ergebnisse erzielen Sie unter „Quick Time-Film System" mit dem Kompremierer „Indeo". Sollte dieser nicht in Ihrer Liste aufgeführt sein, können Sie das notwendige Plug-in kostenlos im Internet herunterladen (www.ligos.com).

Beachten Sie, dass gleiche Kompremierer unter den Formaten AVI und MOV verschiedene Qualitäten erzeugen.

Sie werden Kompremierer in allen gängigen Programmen finden, welche Optionen zur Filmerzeugung anbieten. Daher lohnt es sich, auf diesem Gebiet seine bevorzugten Einstellungen zu suchen.

5.2 Objektanimation

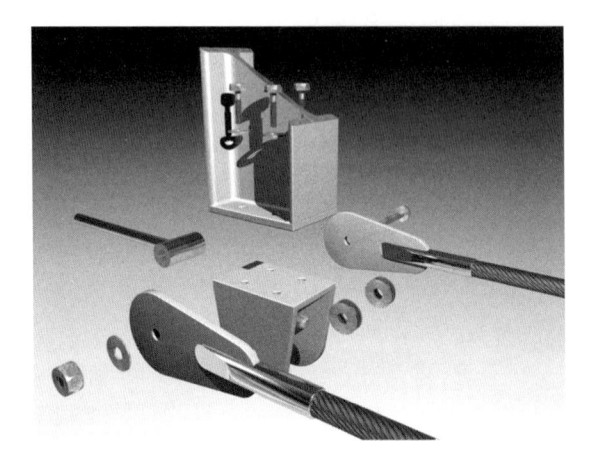

Abbildung 5.7: Übungsziel Kapitel 5.2

In diesem Workshop soll nun anhand eines bestehenden und texturierten Modells eine Beispielanimation erstellt werden. Es handelt sich hierbei um das Detail einer Stahlseilkonstruktion, dessen Bestandteile sich innerhalb der Animation nacheinander zusammensetzen sollen.

Sie lernen in diesem Workshop:
- Den Umgang mit der Zeitleiste
- Positionsanimation
- Winkelanimation
- Kopieren von Spuren und Sequenzen

Am Ende erhalten Sie einen kompletten und lauffähigen Film im Movie-Format.

Öffnen Sie die Datei „Übung_9.c4d" von der beiliegenden CD und stellen Sie die Maßeinheit von Cinema 4D auf „Zentimeter" um.

5.2.1 Aufteilung der Objekte

Die Konstruktion wurde im zusammengesetzten Zustand aus dem CAD exportiert und die Strukturierung der Ebenen wurde so vorgenommen, dass alle Teile, welche mit einem bestimmten Material versehen sind, als separat greifbares Objekt vorliegen. Darüber hinaus wurden weitere Ebenen angelegt, auf welchen die animierbaren Elemente liegen.

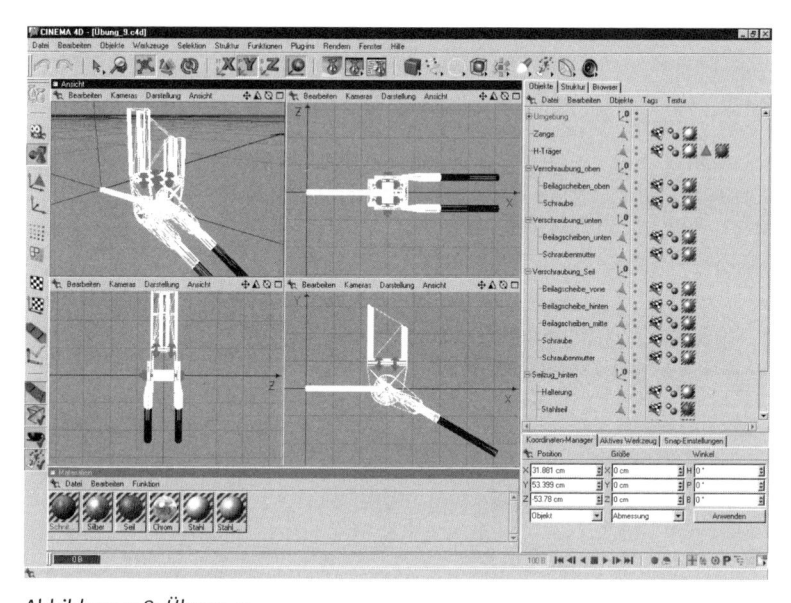

Abbildung 5.8: Übung_9

Ein Beispiel hierfür sind die Beilagscheiben. Alle Beilagscheiben verfügen über das gleiche Material. Hierfür könnten sie im CAD auf ein und dieselbe Ebene gelegt werden. Allerdings müssen in der Animation einige der Beilagscheiben gesondert animiert werden, so dass es notwendig war, auch diese auf separate Zeichenebenen zu legen.

Die Sortierung der Objekte in die jeweiligen Gruppen fand daraufhin in Cinema 4D statt. Betrachten Sie die Struktur des Objekt-Managers:
- Da die Lichter, der Boden und die Kamera nicht animiert werden, konnten diese zu einer Gruppe (Umgebung) zusammengefasst werden, so dass eine bessere Übersicht im Objekt-Manager entsteht. Um zu vermeiden, dass Sie unabsichtlich die Kamera verschieben und folglich die Perspektive verändern, wurde die Kamera mit einem „Schutz-Tag" versehen.
- Die Zange stellt das Verbindungsstück dar, an welchem sowohl der H-Träger als auch die Seilzüge und die Zugstange anschließen.

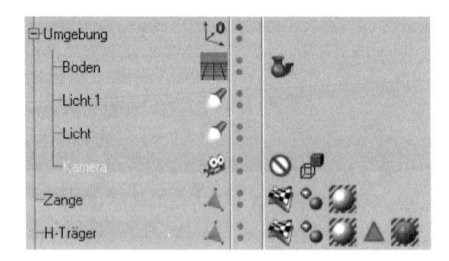

Abbildung 5.9: Gruppe Umgebung sowie Zange und H-Träger

- Genau wie die Zange, so ist auch der H-Träger separat aufgeführt. Zwar könnten diesem Objekt sinngemäß die Gruppen der Verschraubungen untergeordnet werden, jedoch würden daraus sehr verschachtelte Gruppen entstehen, was für diese erste Übung nicht von Vorteil wäre.
Für die Verschraubung der Konstruktion sind drei Gruppen vorhanden.
- Die Gruppe „Verschraubung_oben" bilden sowohl die Beilagscheiben als auch jene Schrauben (hier als ein Objekt aufgeführt), welche von oben durch die Kopfplatte des H-Trägers gesteckt werden.

Abbildung 5.10: Gruppen der Schraubenteile

Objektanimation

- Den Zusammenhalt dieser Konstruktion ermöglichen die Beilagscheiben und die Schraubenmuttern in der Gruppe „Verschraubung_unten".
- Jene Schraubenteile, welche die Seilzüge und die Zugstange an die Zange binden, liegen in der Gruppe „Verschraubung_Seil".
- Die letzten beiden Gruppen bilden die Seilzüge (Seilzug_hinten und Seilzug_vorne). Darin befinden sich lediglich Objekte, welche aufgrund ihrer Texturierung unterteilt werden mussten.
- Die Zugstange liegt als separates Objekt vor.

Klicken Sie die jeweiligen Elemente und Gruppen im Objekt-Manager an, damit Sie einen besseren Überblick über alle verwendeten Einzelteile erhalten.

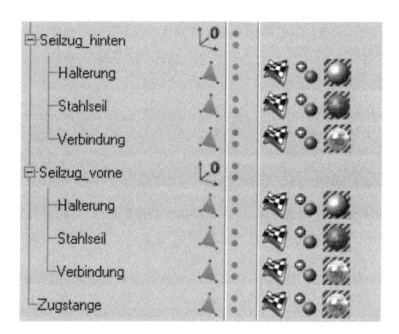

Abbildung 5.11: Gruppen der Seilzüge und die Zugstange

5.2.2 Erste Schritte mit der Zeitleiste

Wählen Sie nun in der Datei-Menüleiste das Menü „Fenster" und öffnen Sie die „Zeitleiste". Es erscheint ein Fenster, in welchem alle Objekte ähnlich wie im Objekt-Manager aufgelistet sind.

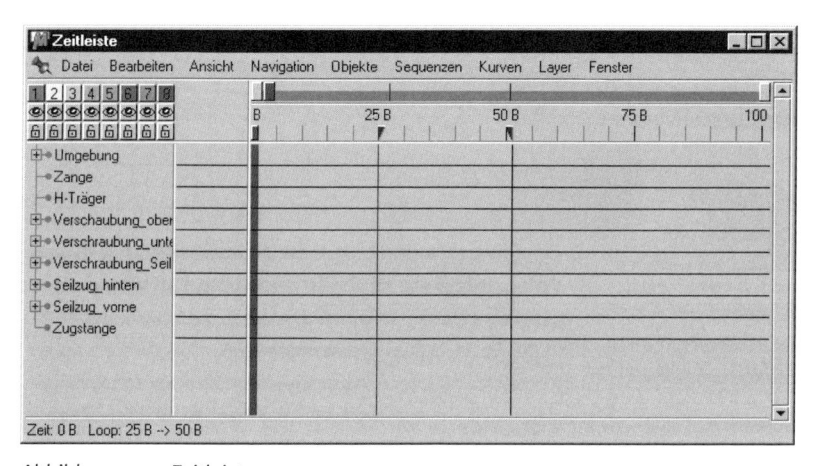

Abbildung 5.12: Zeitleiste

Die Zeitleiste stellt ein Werkzeug dar, mit dem man den gewünschten Elementen in seiner Zeichnung bestimmte Animationseigenschaften (Position, Winkel ...) zuordnen kann. Ich verwende hierbei bewusst den Ausdruck Elemente, weil man neben den normalen 3D-Objekten auch alle anderen Elemente wie Licht, Kameras, Texturen usw. animieren kann.

Die Übersicht innerhalb der Zeitleiste spiegelt die Ordnung im Objekt-Manager wieder. Wenn daher im Objekt-Manager irgendwelche Änderungen anhand der Objektstruktur stattfinden, so werden diese automatisch in die Zeitleiste übertragen.

Man hat jedoch innerhalb der Zeitleiste nicht die Möglichkeit, Änderungen an Objekten vorzunehmen. Sie können also hier keine Elemente löschen oder kopieren.

Animation der Zange

Wenn unser Konstruktionsdetail zusammengesetzt wird, so ist hierbei der erste Schritt die Verbindung der Zange mit dem H-Träger. In diesem Fall soll sich die Zange auf den H-Träger zubewegen.

Um die folgenden Vorgänge besser überblicken zu können, müssen alle Teile der Zeichnung außer der Zange und dem H-Träger mit den Ampelschaltern ausgeblendet werden (grauen Punkt im Objekt-Manager zweimal anklicken).

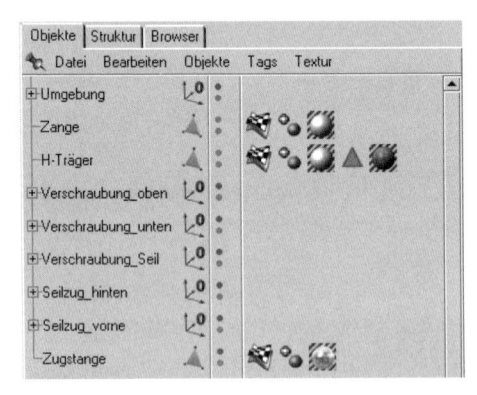

Abbildung 5.13: Ausblenden der Objekte, welche nicht für die erste Bearbeitung nötig sind

Die Zange soll sich nun von unten dem H-Träger nähern. Doch Moment! Wenn wir unsere Zeichnung betrachten, dann ist sie ja schon in ihrem endgültigem Zustand – warum ist die Konstruktion nicht zerlegt aus dem CAD exportiert worden?

Der Grund für einen zusammengesetzten Datenexport besteht darin, dass man Teile einer Konstruktion ohne größere Probleme einfach an eine beliebige Stelle verschieben kann und nicht auf eine exakte Positionierung achten muss. Im umgekehrten Falle wäre es um Einiges mühseliger, die CAD-Elemente an die absolut exakte Position zu bringen.

Das soll nicht heißen, dass dies mit Cinema 4D XL7 nicht machbar wäre, denn dafür gibt es Objektfänge. Es ist nur wesentlich leichter, den umgekehrten Weg zu nehmen.

Somit ergeben sich für die Zange innerhalb ihres Bewegungsablaufs zwei Positionen:
1. Nach unten verschobene beliebige Ausgangsposition
2. Am Träger exakt anschließende gegenwärtige Endposition

Da sich die Zange also in unserer Zeichnung bereits an ihrer Endposition befindet, kann man diese Position festhalten. Aktivieren Sie das Objekt „Zange", öffnen in der Zeitleiste das Menü „Datei" und wählen Sie dort den Befehl „Neue Spur\Geometrie\Position".

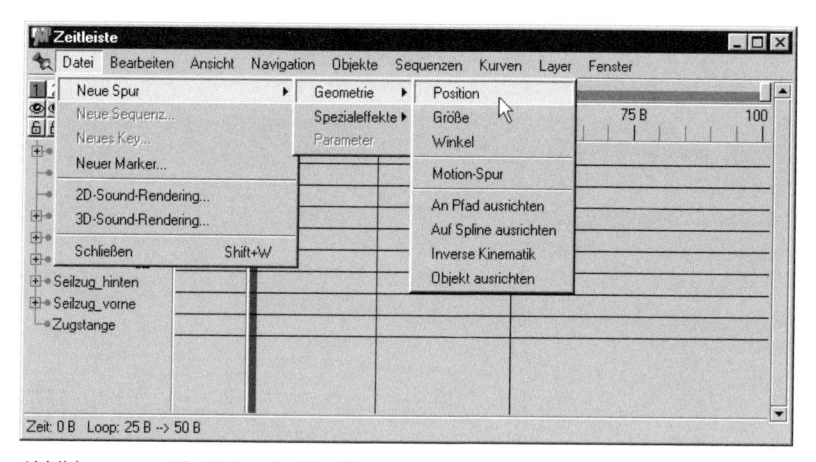

Abbildung 5.14: Einrichten der Positionsspur

Wenn Sie in der Zeitleiste mit der rechten Maustaste auf den Eintrag eines Objektes klicken, dann öffnet sich ein Kontextmenü mit den Befehlen der Spurerzeugung.

Daraufhin erscheint neben dem Objekt „Zange" der Eintrag „Position". Diesen Eintrag bezeichnet man in Cinema 4D als „Spur".

- **Spur**
  Eine Spur ist praktisch die Information, dass diesem Objekt ein gewisser Animationseffekt zugewiesen wurde. In unserem Falle ist es eine Positionsänderung. Ein Objekt ist allerdings nicht an eine einzelne Spur gebunden. Vielmehr lassen sich unterschiedliche Spuren definieren, je nach Komplexität der Animation.
- **Sequenzen**
  Rechts neben der Spur befindet sich nun ein horizontaler roter Balken. Hierbei handelt es sich um eine „Sequenz", welche mit der Spur automatisch eingefügt wurde. Die Sequenz gibt den Zeitraum an, wie lange der Animationseffekt der Spur wirksam ist. Diese Länge ist sowohl im „Zeitlineal" als auch in der „Statusleiste" abzulesen.

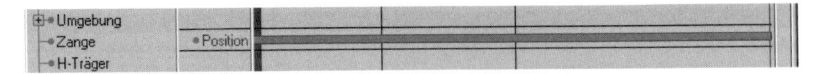

Abbildung 5.15: Positionsspur mit Sequenz

- **Zeitlineal**
  Die Skala des Zeitlineals befindet sich am oberen Ende der Zeitleiste und reicht derzeit von 0 bis 100. Diese Angaben beziehen sich auf die Einzelbilder unserer Animation. Sehr praktisch ist es hierbei, in 25er Schritten zu zählen, da Animationen aller Art vorwiegend mit 25 Bildern pro Sekunde ablaufen. Die Länge des Zeitlineals ist nicht festgelegt. Mit der Verlängerung der Sequenzen wächst auch das Zeitlineal.
- **Statusleiste**
  Den Abschluss der Zeitleiste bildet am unteren Ende die Statusleiste. In ihr können Sie unter anderem sowohl alle Angaben zur gegenwärtigen Position innerhalb der Zeitleiste ablesen als auch Informationen über die Länge von Sequenzen erhalten.

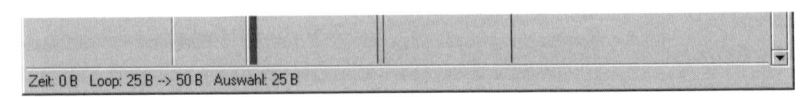

Abbildung 5.16: Statusleiste

- **Keys**
  Legen Sie nun die derzeitige Position der Zange auf der Sequenz fest. Dies bewerkstelligen Sie, indem Sie ein so genanntes „Key" definieren. Wählen Sie wieder in der Menüleiste das Menü „Datei" und klicken Sie auf den Befehl „Neues Key".

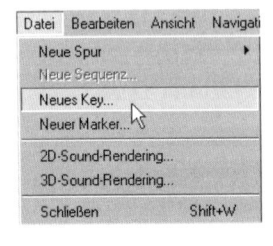

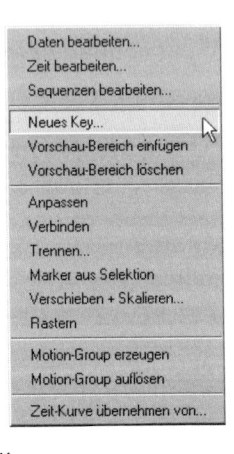

Abbildung 5.17: Platzieren eines Keys

Hierfür ist es notwendig, dass nur die Sequenz und nicht die Spur angewählt ist, in welcher das Key platziert werden soll. Sie können allerdings auch mit der rechten Maustaste auf die jeweilige Sequenz klicken, um ein Kontextmenü zu öffnen, dessen Inhalt sich automatisch auf die gewählte Spur bezieht. Bei umfassenden Animationen ist diese Vorgehensweise überaus zeitsparend!

Wenn Sie diesen Vorgang ausgeführt haben, öffnet sich ein Dialogfenster, in welchem bestimmt wird, zu welchem Zeitpunkt diese Position eingenommen werden soll. Da sich die Zange innerhalb von einer Sekunde auf den Träger zubewegen soll, tragen Sie im Eingabefeld „25" ein.

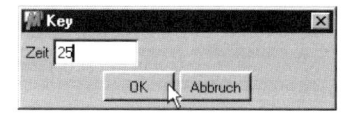

Abbildung 5.18: Eingabe des Zeitwerts

Auf der Positionssequenz der Zange erscheint daraufhin ein kleines Rechteck. Hierbei handelt es sich um das von Ihnen erzeugte Key.

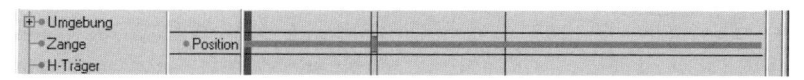

Abbildung 5.19: Darstellung eines Keys auf der Sequenz

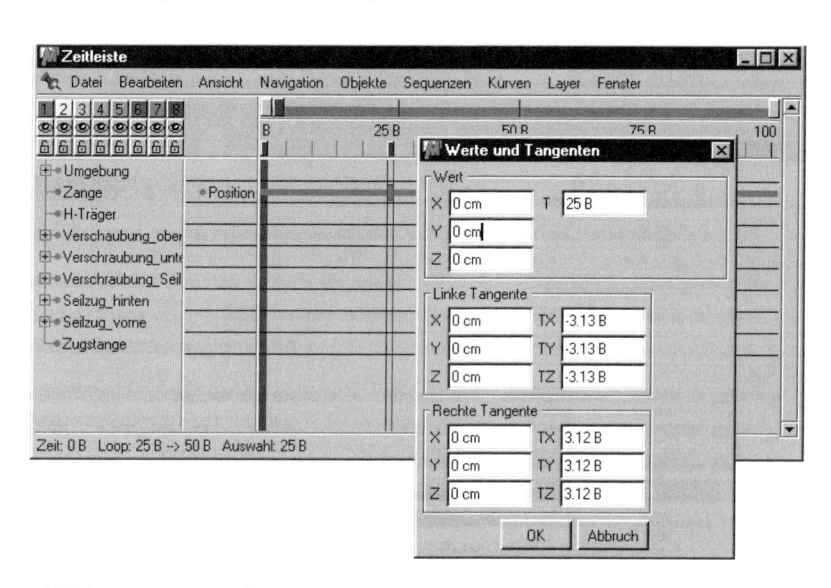

Abbildung 5.20: Dialogfenster der Positionswerte

Doppelklicken Sie nun auf das Key und es öffnet sich das Dialogfenster, in welchem alle Positionswerte der Zange vermerkt sind.

Momentan liegen alle Koordinatenwerte bei 0 cm. Die Eingabefelder der Tangenten werden unter der Pfadanimation in Kapitel 5.3 behandelt und müssen hierbei nicht beachtet werden. Bestätigen Sie das Fenster mit „OK".

Schließen Sie jetzt die Zeitleiste, damit Sie Ihre 3D-Ansicht wieder komplett überblicken können.

Wählen Sie nun im Objekt-Manager die Zange an und verschieben Sie diese auf die Position Y = -10 cm, indem Sie den Wert in den Koordinaten-Manager eingeben.

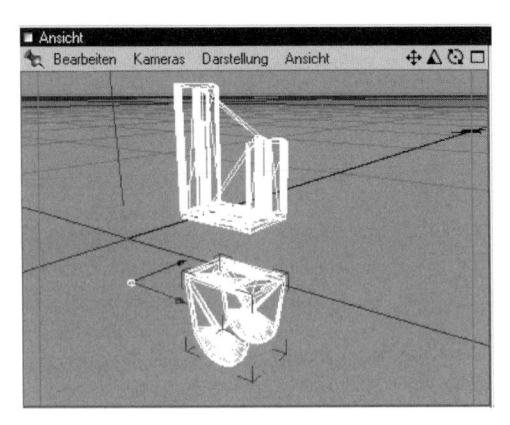

Abbildung 5.21: Verschieben der Zange

Diese Position ist die Ausgangslage der Zange, von welcher sie sich auf den Träger zubewegen soll. Halten Sie diese Position mit einem Key fest:
① Öffnen Sie die Zeitleiste.
② Klicken Sie mit der rechten Maustaste auf die Positionssequenz.
③ Erstellen Sie ein neues Key auf dem Zeitpunkt Bild 0.

Im Dialogfenster des neuen Keys werden Sie feststellen, dass die derzeitige Position der Zange direkt übernommen wurde. Doppelklicken Sie dafür auf das zuletzt eingefügte Key in der Positionssequenz.

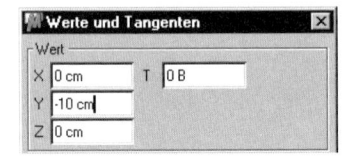

Abbildung 5.22: Die aktuellen Koordinaten wurden automatisch übernommen

Ein neues Key orientiert sich grundsätzlich an der aktuellen Lage des aktiven Objekts und übernimmt die jeweiligen Koordinaten.

5.2.3 Zeitmanager-Werkzeugpalette

Wenn Sie die eingegebene Animation nun betrachten wollen, so können Sie dies über die Zeitmanager-Werkzeugpalette bewerkstelligen (ich werde mich im weiteren Verlauf dieses Buches auf die Bezeichnung „Zeit-Manager" beschränken). Diese Palette ähnelt in ihren Funktionen zum Teil einem Videorecorder. Sie können die Animation vor- und rückwärts ablaufen lassen, stoppen oder zum Anfang bzw. Ende spulen.

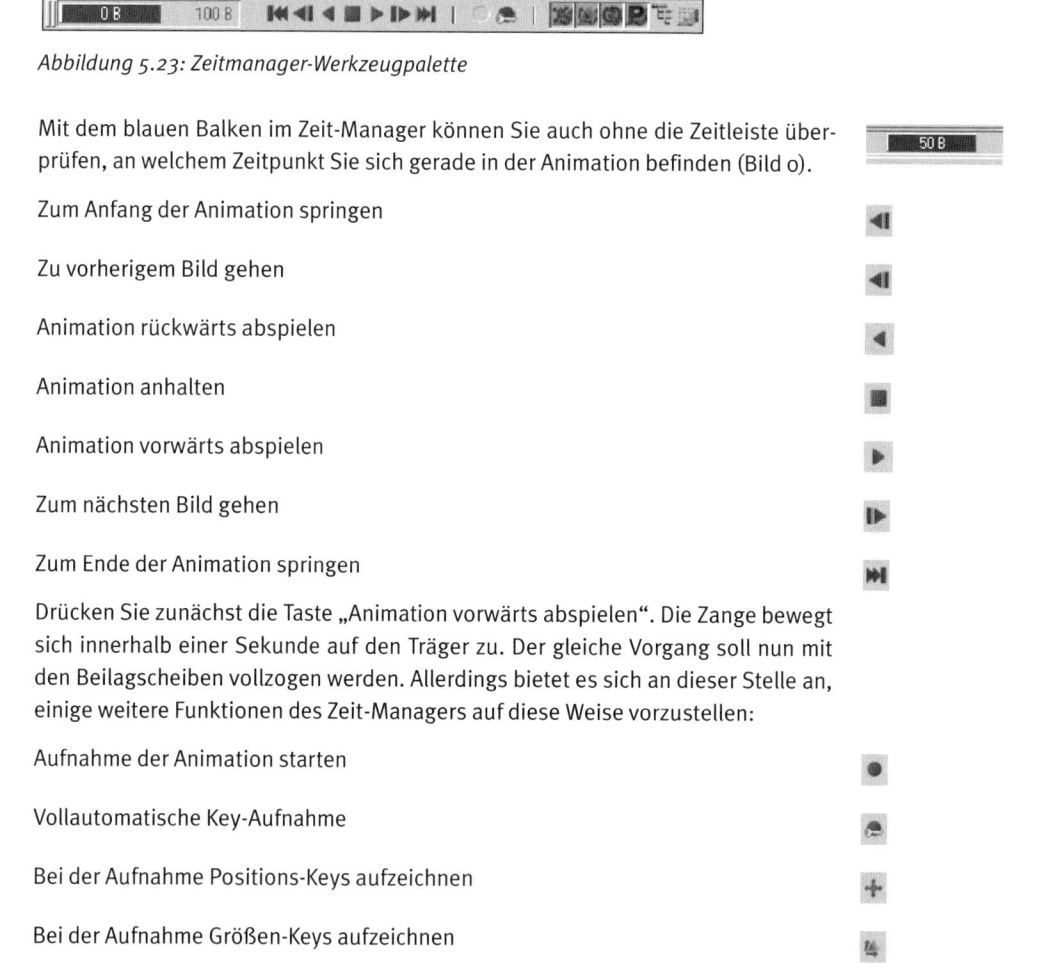

Abbildung 5.23: Zeitmanager-Werkzeugpalette

Mit dem blauen Balken im Zeit-Manager können Sie auch ohne die Zeitleiste überprüfen, an welchem Zeitpunkt Sie sich gerade in der Animation befinden (Bild o).

Zum Anfang der Animation springen

Zu vorherigem Bild gehen

Animation rückwärts abspielen

Animation anhalten

Animation vorwärts abspielen

Zum nächsten Bild gehen

Zum Ende der Animation springen

Drücken Sie zunächst die Taste „Animation vorwärts abspielen". Die Zange bewegt sich innerhalb einer Sekunde auf den Träger zu. Der gleiche Vorgang soll nun mit den Beilagscheiben vollzogen werden. Allerdings bietet es sich an dieser Stelle an, einige weitere Funktionen des Zeit-Managers auf diese Weise vorzustellen:

Aufnahme der Animation starten

Vollautomatische Key-Aufnahme

Bei der Aufnahme Positions-Keys aufzeichnen

Bei der Aufnahme Größen-Keys aufzeichnen

Bei der Aufnahme Winkel-Keys aufzeichnen

Bei der Aufnahme Parameter-Keys aufzeichnen

Optionen

Animation der oberen Verschraubung

Machen Sie die Gruppe „Verschraubung_oben" sichtbar und aktivieren Sie das Objekt „Beilagscheiben_oben". Auch dieses Objekt sitzt bereits an seiner Endposition. Allerdings soll es diese erst bei Bild 50 einnehmen.

Wir werden nun den Prozess der Key-Aufzeichnung ein wenig abkürzen, indem wir die Positionen bzw. Winkeleinstellungen der Körper mit dem Zeit-Manager direkt festhalten.

An dieser Stelle muss jedoch darauf hingewiesen werden, dass bei einer Aufnahme über den Zeit-Manager die Positionswerte der Objekte interpoliert werden, d.h. eine zusätzliche Bewegungsinformation beigefügt wird. Die Interpolation könnte beispielsweise so aussehen, dass die Verschraubung vor Beginn der eigentlichen Bewegung etwas Schwung holt (weiche Interpolation). Um dies zu vermeiden, muss in Cinema 4D vor der Aufzeichnung über den Zeit-Manager „Harte Interpolation" eingestellt werden.

Klicken Sie daher im Zeit-Manager auf das Options-Icon (ganz rechts unten) und wählen Sie aus dem erscheinenden Kontextmenü „Harte Interpolation" aus.

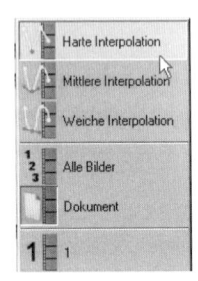

Abbildung 5.24: Stellen Sie eine harte Interpolation ein

Verschieben Sie nun den blauen Balken im Zeit-Manager nach rechts auf Bild Nr. 50. Sie können die aktuelle Bildzahl im blauen Balken direkt ablesen.

Achten Sie nun darauf, dass im Zeit-Manager das Icon für „Positions-Keys aufzeichnen" gedrückt ist, und deaktivieren Sie die daneben liegenden Icons für Größen- und Winkel-Keys.

Wenn Sie nun einmal die Aufnahmetaste drücken, dann wird in der Zeitleiste automatisch beim Objekt „Beilagscheiben_oben" eine Positionsspur eingerichtet. Außerdem wird das betreffende Key an die gewünschte Zeitposition gesetzt.

Öffnen Sie die Zeitleiste und sehen Sie sich das Ergebnis an.

Abbildung 5.25: Erstellen eines Keys über die Zeitmanager-Werkzeugpalette

Wir wollen diesen Weg nun fortführen, indem wir das Ausgangskey der Beilagscheiben auf dieselbe Weise erzeugen.

① Stellen Sie im Objekt-Manager sicher, dass das Objekt „Beilagscheiben_oben" aktiv ist.
② Verschieben Sie im Zeit-Manager den blauen Balken auf Bild 25.
③ Tragen Sie daraufhin im Koordinaten-Manager für die Beilagscheiben den Wert Y = 10 cm ein.
④ Drücken Sie abschließend im Zeit-Manager die Aufnahme-Taste.

Wenn Sie jetzt Ihre Animation starten, dann werden Sie bemerken, dass die Beilagscheiben von der Koordinate Y = 10 cm starten, obwohl sich kein Positions-Key auf Bild 0 befindet. Die Erklärung hierfür ist, dass Cinema 4D das erste Key in der Sequenz als Ausgangssituation betrachtet, egal auf welchem Zeitpunkt es platziert ist.

Hätten wir das Key mit der Positionsinformation Y = 10 cm auf das Bild 0 gesetzt, dann würden sich die Beilagscheiben sofort bei Beginn der Animation in Bewegung setzen. In dieser Übung soll sich das gesamte Objekt jedoch nacheinander zusammensetzen.

5.2.4 Kopieren von Sequenzen

Das nächste Objekt, welches sich in dieser Animation auf seinen richtigen Platz zubewegen soll, ist das Objekt „Schrauben" in der Gruppe „Verschraubung_oben". Diese Elemente sollen in derselben Zeit einen ähnlichen Weg durchlaufen wie die Beilagscheiben.

Sie können hierbei Zeit sparen. Es ist nicht notwendig, für dieses Objekt eine neue Spur bzw. Sequenz einzurichten, sondern man kann in diesem Fall die Spur der Beilagscheiben kopieren und nachträglich verändern.

① Öffnen Sie die Zeitleiste.
② Wählen Sie die Positionsspur des Objekts „Beilagscheiben_oben".
③ Klicken Sie mit der linken Maustaste auf die Spurbezeichnung „Position", halten Sie die Maustaste und die [Strg]-Taste Ihrer Tastatur gedrückt, worauf ein

Pluszeichen an Ihrem Mauszeiger erscheint. Nun können Sie diese Spur ganz einfach per Drag and Drop auf das Objekt „Schrauben" übertragen.

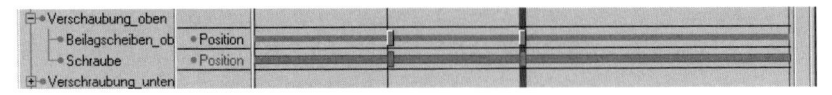

Abbildung 5.26: Übertragen der Positionsspur

In der Animation verhalten sich jetzt beide Objekte gleich. Sowohl die Schrauben als auch die Beilagscheiben starten vom relativen gleichen Ausgangspunkt und bewegen sich innerhalb von 25 Bildern ihrem Ziel entgegen.

An dieser Übung wird deutlich die Funktion des Nullpunkts in Cinema 4D sichtbar. Ist es nicht verwunderlich, dass durch die Kopie der Positions-Keys die beiden Objekte nicht ineinander verschoben werden? Eigentlich sitzen die Beilagscheiben und die Schrauben ja an unterschiedlichen Stellen innerhalb der Zeichnung und trotz der Kopie der für die Beilagscheiben verwendeten Koordinaten bleiben beide Körper in relativem Abstand zueinander.

Der Grund hierfür sind die Objekt-Achsen der einzelnen 3D-Elemente. Alle Körper wurden ursprünglich gemeinsam aus dem CAD in Cinema 4D eingelesen. Daher orientierten sich auch alle Körper an dem gemeinsamen Nullpunkt, um an ihrer richtigen Position eingefügt zu werden. Die Folge daraus ist, dass auch die Objekt-Achsen derzeit alle an der gleichen Stelle liegen. Klicken Sie in der Zeichnung auf ein beliebiges Objekt. Sie werden bemerken, dass sich das Achsenkreuz jedes Elements an der gleichen Stelle befindet.

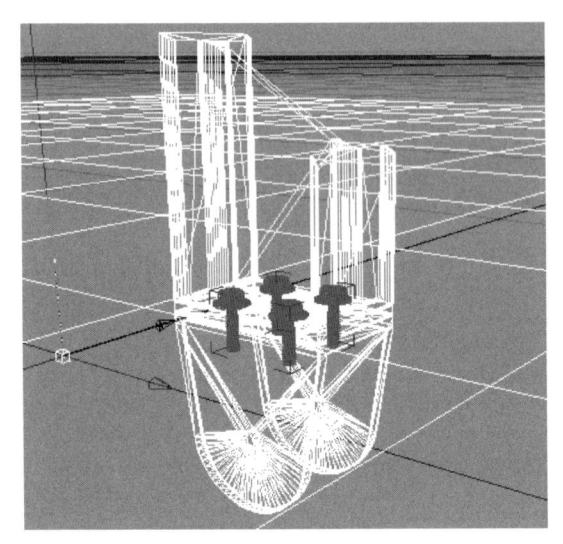

Abbildung 5.27: Die Objekt-Achsen eines jeden Elements liegen auf dem Nullpunkt

Wenn daher eines der Objekte verschoben wird, so wirkt das Key in der Zeitleiste auf die Position der Objekt-Achsen. Folglich werden alle Körper in relativem Abstand zueinander bewegt.

5.2.5 Ändern von Keys und Sequenzen

Um diesen Bewegungsablauf etwas interessanter zu gestalten, sollten die Schrauben nicht mit den Beilagscheiben gleichzeitig am Endpunkt ankommen. Vielmehr wäre es geeigneter, die Schrauben von einer höheren Position aus starten zu lassen und etwas später auf die Endposition zu setzen.

Öffnen Sie mit einem Doppelklick das erste Key der Schrauben und ändern Sie die Startkoordinate:

Derzeit entspricht die Startposition der Schrauben noch dem gleichen Y-Wert wie die Beilagscheiben (10 cm). Ändern Sie diese auf 15 cm und bestätigen Sie mit „OK".

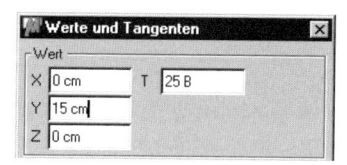

Abbildung 5.28: Verändern der Key-Information

In der Animation wird sichtbar, dass die Schrauben zwar an einem höheren Punkt starten, aber für den längeren Weg genauso lange benötigen wie die Beilagscheiben für die etwas kürzere Strecke. Um diesen Ablauf harmonischer zu gestalten, muss die Bewegungsphase der Schrauben verlängert werden. Verschieben Sie daher das zweite Key der Schrauben in der Zeitleiste auf Bild 65. Orientieren Sie sich währenddessen anhand der Statuszeile über die aktuelle Bildnummer.

Abbildung 5.29: Verschieben des Keys von Bild 50 auf Bild 65

Geben Sie jetzt noch eine Verzögerung des Startvorgangs der Schrauben an, indem Sie einfach die gesamte Positionssequenz der Schrauben um 15 Bilder verschieben. Klicken Sie dafür mit der linken Maustaste auf die Sequenz, halten Sie die Maustaste gedrückt und ziehen Sie die Sequenz um 15 Bilder nach rechts.

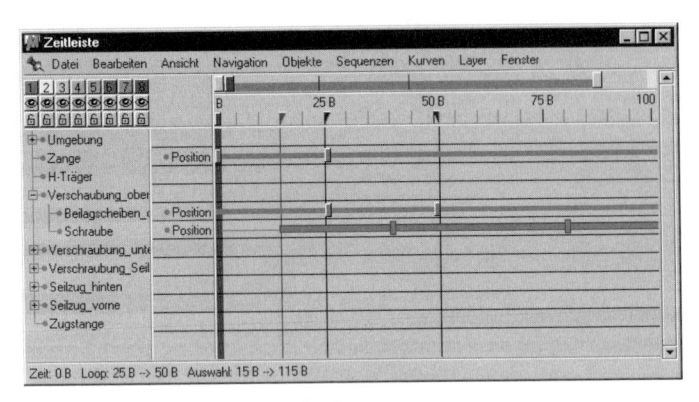

Abbildung 5.30: Verschieben der Sequenz

Animation der unteren Verschraubung

Die Konstruktion soll nun mit den Schraubenmuttern von unten gesichert werden. Hierbei ist es ratsam, den von unten anschließenden Objekten neue Spuren und Keys zuzuweisen, da es durch die entgegengesetzte Bewegungsrichtung leicht zu Verwirrungen mit kopierten Keys kommen kann.

1. Machen Sie die Gruppe „Verschraubung_unten" im Objekt-Manager sichtbar.
2. Klicken Sie mit der rechten Maustaste in der Zeitleiste auf das Objekt „Beilagscheiben_unten".
3. Erstellen Sie über das erscheinende Kontextmenü eine Positionsspur.

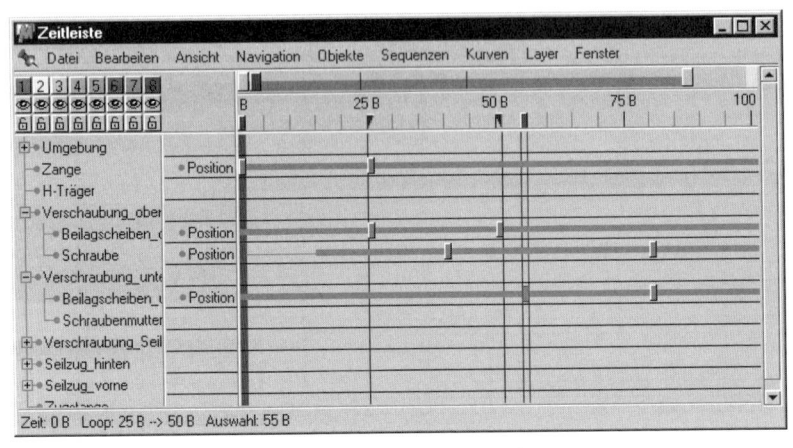

Abbildung 5.31: Positionsspur der unteren Beilagscheiben

Objektanimation **235**

❹ Klicken Sie mit der rechten Maustaste auf die automatisch eingefügte Positionssequenz und erstellen Sie ein neues Key auf Bild 80. Hiermit ist die aktuelle Endposition gesichert.
❺ Fügen Sie anschließend ein weiteres Key auf Bild 55 ein.
❻ Klicken Sie zweimal auf das Key bei Bild 55 und tragen Sie für die Startposition den Y-Wert von -12 cm ein.

Abbildung 5.32: Ändern des Y-Werts

❼ Kopieren Sie die neu erstellte Positionsspur mittels gedrückter [Strg]-Taste auf das Objekt „Schraubenmutter".
❽ Verlängern Sie den Bewegungsablauf der Schraubenmuttern, indem Sie das rechte Key von Bild 80 auf Bild 90 verschieben.
❾ Verschieben Sie jetzt die gesamte Sequenz für das Objekt „Schraubenmutter" um zehn Bilder nach rechts.

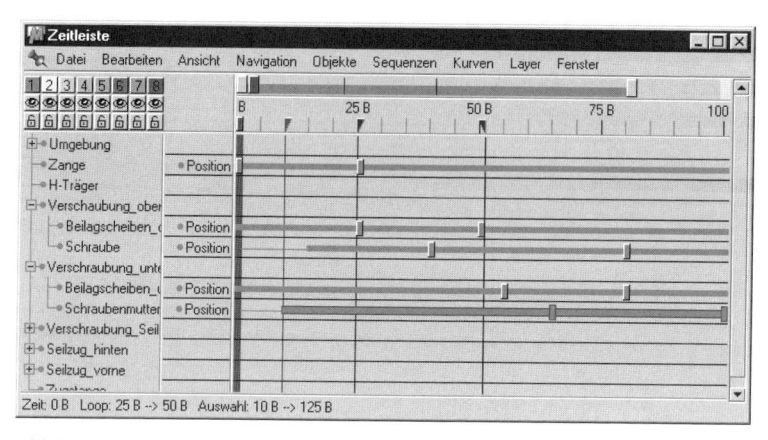

Abbildung 5.33: Positionsspur der Schraubenmuttern

❿ Klicken Sie abschließend zweimal auf das Key bei Bild 65 und tragen Sie den Wert Y = -15 cm ein.

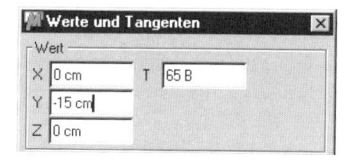

Abbildung 5.34: Ändern des Startwerts der Schraubenmuttern auf Y = -15 cm

Wenn Sie die Animation ablaufen lassen, dann fügt sich der erste Teil der Konstruktion im korrekten Ablauf zusammen. Zwar werden die Schraubenmuttern lediglich auf die Gewinde der Schrauben gesteckt, aber eine Drehbewegung wäre bei diesen entfernten Objekten in der Animation kaum nachvollziehbar.

Animation der Zugstange

① Machen Sie die Zugstange im Objekt-Manager sichtbar, erstellen Sie eine Positionsspur und legen Sie die aktuelle Position mit einem Key auf Bild 110 fest.

② Stellen Sie daraufhin den blauen Balken im Zeit-Manager auf Bild 95 und verschieben Sie die Zugstange auf die Position X = -20 cm.

③ Drücken Sie im Zeit-Manager die Aufnahme-Taste.

Betrachten Sie jetzt Ihre Zeitleiste. Derzeit reicht das Zeitlineal lediglich von Bild 0 bis 100. Folglich können Sie das Key auf Bild 110 nicht sehen, was jedoch kein Problem darstellt, da man die Zeitleiste beliebig skalieren kann. Hierfür dienen die beiden grauen Schieberegler im so genannten „Powerslider" über dem Zeitlineal.

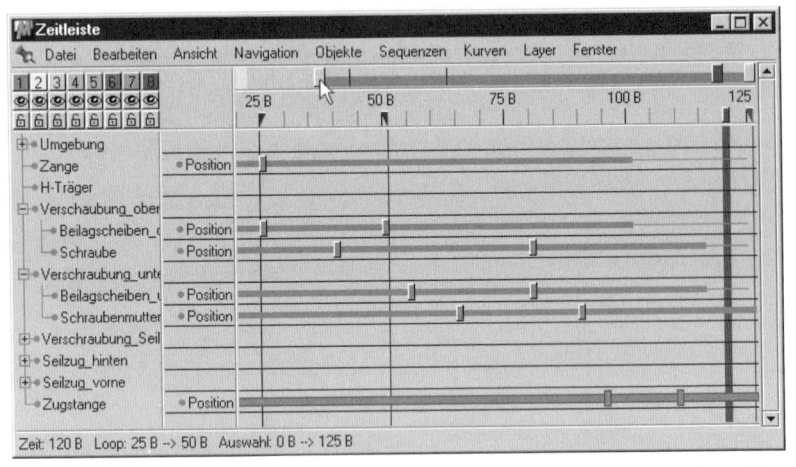

Abbildung 5.35: Mit den grauen Schiebereglern im Powerslider kann man die Zeitleiste verschieben oder auf Sequenzen zoomen

Wenn Sie beispielsweise den linken der beiden Schieberegler nach rechts bewegen, so zoomen Sie in Ihre Sequenzen hinein. Bei Animationen mit schnellen Bewegungsabläufen kann man auf diese Art und Weise sehr bequem die jeweiligen Keys bearbeiten. Wenn Sie den rechten Schieberegler weiter nach rechts bewegen, dann vergrößern Sie die Übersicht über die Sequenzen.

5.2.6 Winkel-Keys

Animation der Seilzüge

Für die Seilzüge wird nun eine etwas komplexere Bewegung eingegeben. Diese sollen während der Positionsänderung eine Drehung nach unten vollziehen. Hierfür lernen Sie die Verwendung der Objekt-Achsen kennen.

Wie wir bereits wissen, liegen die Objekt-Achsen beider Seilzüge auf dem Nullpunkt von Cinema 4D.

① Machen Sie zunächst für die Bearbeitung die Seilzüge im Objekt-Manager sichtbar und aktivieren Sie einen der Seilzüge.

② Klicken Sie in der Bearbeiten-Palette das Icon für „Objekt bearbeiten" an.

③ Bei den Richtungs-Icons soll jetzt die Z-Achse aktiv sein.

④ Wählen Sie daraufhin in der Befehls-Palette die Funktion drehen.

Wenn Sie nun den gewählten Seilzug um die Z-Achse drehen, dann wird wie erwartet die Drehung durch den Nullpunkt von Cinema 4D durchgeführt. Der Seilzug soll sich aber nicht um diesen Punkt drehen, sondern um das Zentrum der Schraubenbohrung.

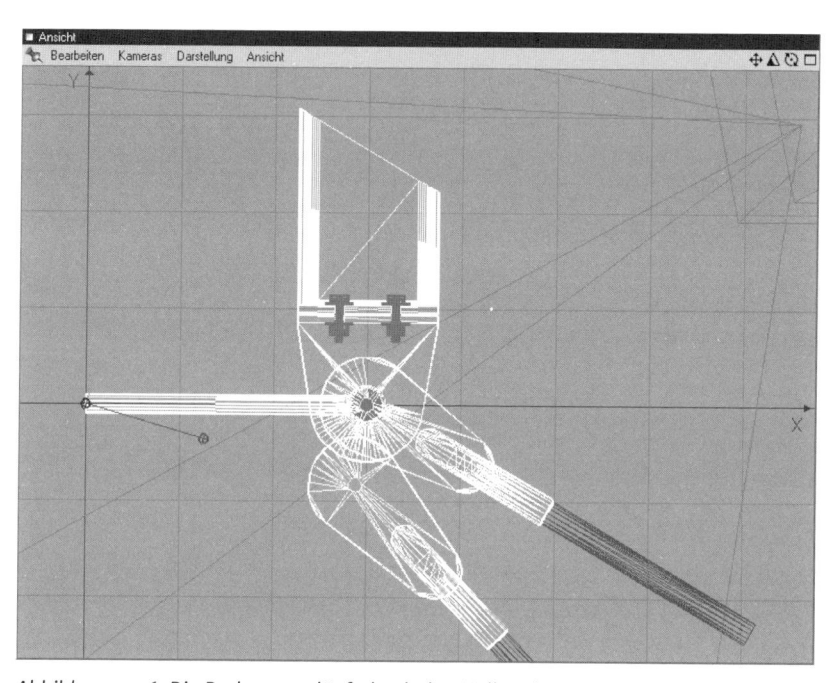

Abbildung 5.36: Die Drehung verläuft durch den Nullpunkt

Hierfür müssen die Objekt-Achsen verschoben werden:

① Führen Sie im Menü „Bearbeiten" einen Rückgängig-Schritt aus, um den Seilzug wieder in die ursprüngliche Position zu bringen
② Schalten Sie in Ihrer 3D-Ansicht auf die Vorderansicht (Ansicht 4) um und aktivieren Sie in der Bearbeiten-Palette die Funktion „Objekt-Achse bearbeiten".
③ Klicken Sie in der Befehls-Palette das Icon „Verschieben" an.
④ Schalten Sie die Verschieberichtung X ein.
⑤ Verschieben Sie die Objekt-Achse so, dass der Ursprung inmitten der Schraubenbohrung liegt (Koordinate X = 30 cm).
⑥ Aktivieren Sie im Objekt-Manager die andere Gruppe der Seilzüge und weisen Sie auch hier den Objekt-Achsen die gleiche Position von X = 30 cm zu.
⑦ Schalten Sie abschließend wieder die Funktion „Objekt bearbeiten" ein.

Wenn Sie jetzt eine der beiden Objektgruppen drehen, dann wird die Drehung wie gewünscht durch die Mitte des Bohrlochs ausgeführt.

Diese Position der Objekt-Achse gilt allerdings nur für die jeweilige Gruppe. Bei allen darin befindlichen Objekten liegen die Objekt-Achsen immer noch auf dem Nullpunkt. Da wir aber die Gruppe insgesamt drehen, gilt hierfür auch die Objekt-Achse der Gruppe als Drehpunkt.

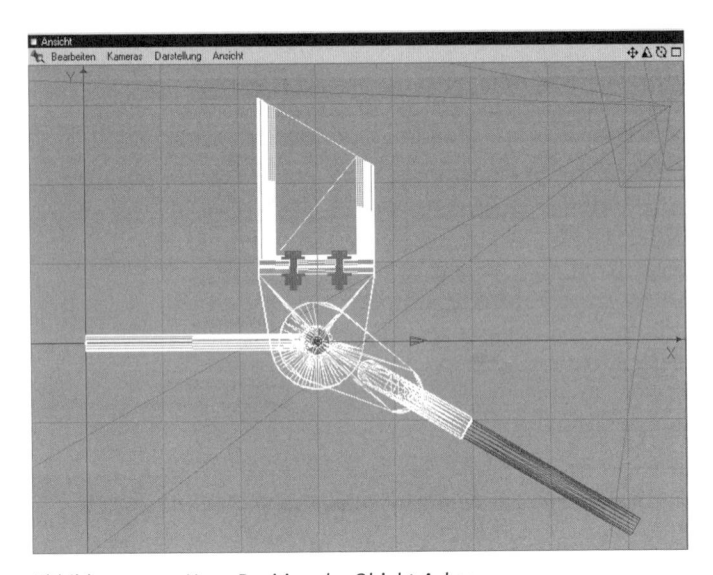

Abbildung 5.37: Neue Position der Objekt-Achse

Legen Sie in der Zeitleiste für die Gruppe „Seilzug_vorne" eine Winkelspur an. Für die Vergabe der Keys wird wie bei allen anderen Spuren nach genau dem gleichen Schema verfahren, wie bei der Positionsspur.

Objektanimation **239**

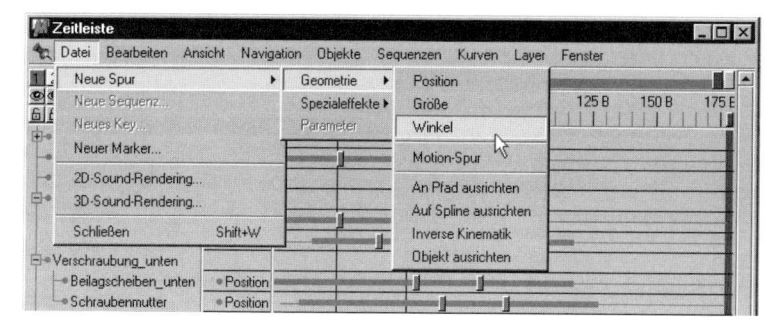

Abbildung 5.38: Anlegen der Winkelspur

① Sichern Sie den aktuellen Drehwinkel mit einem Key auf Bild 125.
② Stellen Sie daraufhin den blauen Balken im Zeit-Manager auf Bild 105.
③ Tragen Sie im Koordinaten-Manager für die Gruppe „Seilzug_vorne" den B-Winkel von -30° ein.
④ Schalten Sie im Zeit-Manager alle Aufnahmeparameter bis auf „Winkel-Keys aufnehmen" aus.
⑤ Drücken Sie die Aufnahmetaste.
⑥ Kopieren Sie nun die Winkelspur der Gruppe „Seilzug_vorne" auf die Gruppe „Seilzug_hinten".

Als Nächstes sollen die beiden Seilzüge jeweils um eine Positionsspur erweitert werden:

① Stellen Sie den blauen Balken im Zeit-Manager auf Bild 125.
② Aktivieren Sie im Objekt-Manager die Gruppe „Seilzug_vorne".
③ Sichern Sie diese Position mit einem Positions-Key.
④ Verschieben Sie den blauen Balken auf das Bild 105 und geben Sie im Koordinaten-Manager den Z-Wert von -15 cm ein.
⑤ Sichern Sie diesen Wert durch ein weiteres Positions-Key.
⑥ Kopieren Sie die Positionsspur auf das Objekt „Seilzug_hinten".
⑦ Ändern Sie abschließend den Z-Wert der Gruppe „Seilzug_hinten" im Key von Bild 105 auf +15 cm.

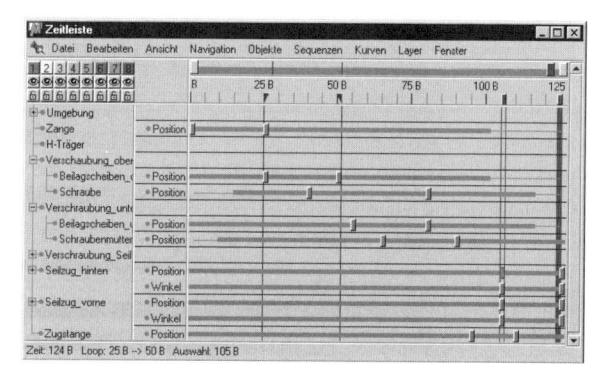

Abbildung 5.39: Aktuelle Ansicht der Zeitleiste

Nun ist die Animation fast fertig. Was jetzt noch fehlt, ist die Verschraubung der Seilzüge mit der Zugstange bzw. der Zange.

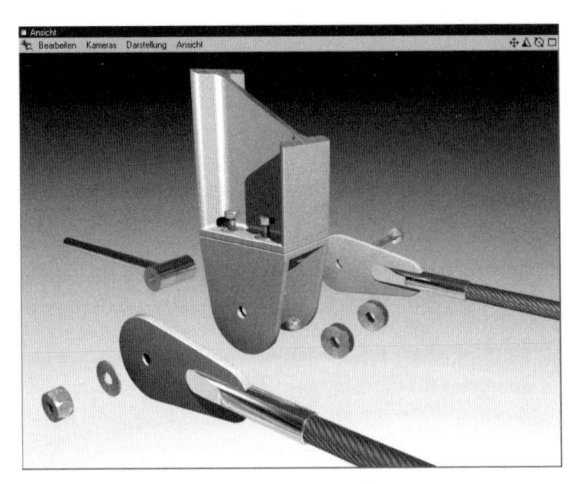

Abbildung 5.40: Aktueller Stand von Übung_9

Animation der Seilverschraubung
Nachdem Sie die Gruppe „Verschraubung_Seil" im Objekt-Manager sichtbar gemacht haben, öffnen Sie die Gruppe und überblicken Sie zunächst den Inhalt:

Abbildung 5.41: Inhalt von „Verschraubung_Seil"

Bei allen Objekten kann im gleichen Schema einer Positionsanimation verfahren werden. Das einzige Element, welches eine Winkelanimation erhält, ist die Schraubenmutter.

Wir beginnen nun mit dem Objekt „Beilagscheiben_mitte". Es handelt sich hierbei um vier Beilagscheiben, welche gemeinsam verschoben werden können. Eingefügt wird das Objekt von rechts zwischen Zange und Zugstange. Hierbei ist es notwendig und auch praktisch, dass dieses Objekt zur gleichen Zeit ankommt wie die Zugstange.

Man kann sich in diesem Fall die Positionsspur der Zugstange zu Nutzen machen, denn Sie enthält erstens die zeitlich richtig gesetzten Keys und zweitens beinhaltet das letzte der Keys die identische Endposition. Da die Objekt-Achse der Zugstange nach wie vor auf dem Nullpunkt liegt, kann man diese Einstellungen verwenden und nur die Startposition in Bild 95 ändern.

Kopieren Sie einfach die Positionsspur der Zugstange auf das Objekt „Beilagscheiben_mitte" und ändern Sie im ersten Key die Startkoordinate von X = -20 cm auf X = 15 cm.

Die Objekte „Beilagscheibe_vorne" und „Beilagscheibe_hinten" sollen etwas zeitversetzt zu den Seilzügen ankommen.

Hierbei kann man die Positionsspur der Seilzüge nicht übernehmen, da die Objekt-Achsen einen anderen Ursprung haben.

1. Definieren Sie für das Objekt „Beilagscheibe_vorne" eine neue Positionsspur.
2. Sichern Sie die aktuelle Position auf Bild 125.
3. Verschieben Sie den blauen Balken im Zeit-Manager auf Bild 105.
4. Geben Sie als Startposition für die Beilagscheibe im Koordinaten-Manager den Wert Z = -20 cm ein.
5. Sichern Sie diese Position.
6. Kopieren Sie die Spur auf das Objekt „Beilagscheibe_hinten".
7. Ändern Sie im Key auf Bild 105 die Z-Koordinate in Z = 20 cm.
8. Verschieben Sie beide Sequenzen in der Zeitleiste um zehn Bilder nach rechts, damit die Beilagscheiben etwas später ihr Ziel erreichen als die Seilzüge. Aktivieren Sie hierfür mit gedrückter SHIFT-Taste beide Sequenzen und verschieben Sie diese, während Sie sich in der Statuszeile bei „Auswahl" über die Verschiebung orientieren.

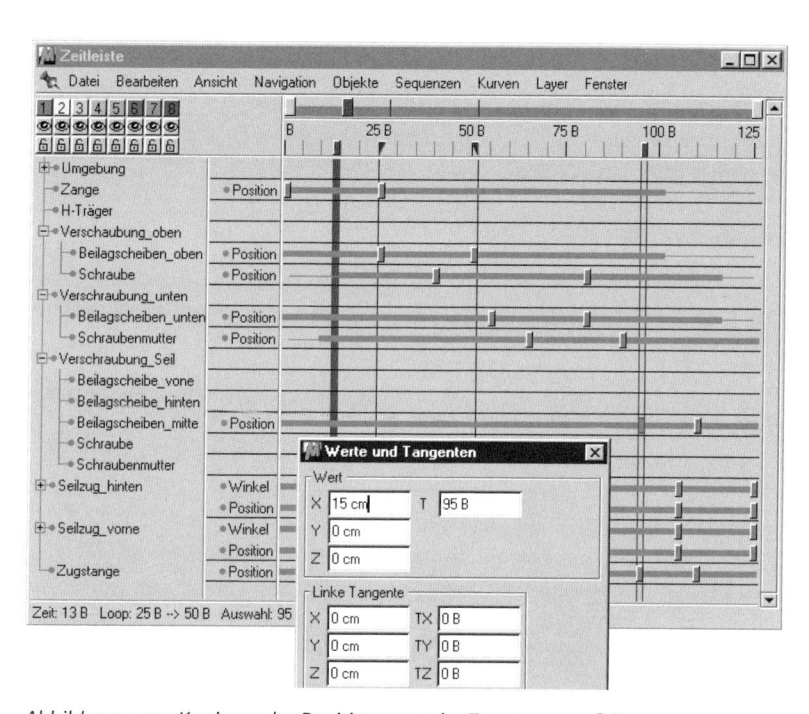

Abbildung 5.42: Kopieren der Positionsspur der Zugstange auf die Beilagscheiben_mitte

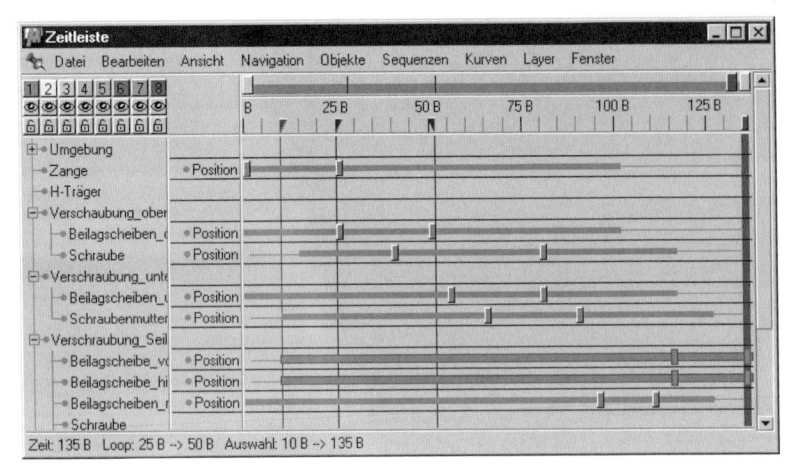

Abbildung 5.43: Achten Sie in der Statusleiste auf die Angaben bei „Auswahl"

Animation der Schraube

① Kopieren Sie die Positionsspur des Objekts „Beilagscheibe_hinten" auf das Objekt „Schraube".
② Verändern Sie die Startkoordinate im Key auf Bild 115 in Z = 35 cm.
③ Verschieben Sie die Positionssequenz der Schraube um zehn Bilder nach rechts.

5.2.7 Verlängern von Sequenzen

Das letzte Objekt in dieser Animation soll die Verschraubung der Konstruktion mittels der Schraubenmutter sein. Wie bei den Seilzügen werden auch hier zwei Spuren definiert (Position und Winkel).

Animation der Schraubenmutter

Durch die folgende Drehbewegung der Schraubenmutter muss als Erstes das Objekt-Koordinatensystem in das Zentrum des Schraubenlochs verschoben werden.

① Aktivieren Sie im Objekt-Manager die Schraubenmutter.
② Klicken Sie in der Bearbeiten-Palette auf das Icon für „Objekt-Achse bearbeiten".
③ Schalten Sie in die Vorderansicht (Ansicht 4).
④ Aktivieren Sie in der Befehls-Palette die Funktion „Verschieben".
⑤ Schieben Sie das Objekt-Koordinatensystem um 30 cm nach rechts.
⑥ Klicken Sie abschließend wieder das Icon für „Objekt bearbeiten" an.

Erstellen Sie jetzt in der Zeitleiste für die Schraubenmutter eine Positionsspur. Sie werden merken, dass die Länge der eingefügten Sequenz der Dauer unserer Animation entspricht. Durch das Verschieben der einzelnen Sequenzen hat unsere Animation derzeit eine Länge von 145 Bildern (die am weitesten verschobene Sequenz bezieht sich hierbei auf die Schraube).

Klicken Sie mit der rechten Maustaste auf die Positionssequenz und es erscheint das Kontextmenü:

Wählen Sie dort den Befehl „Zeit bearbeiten...".

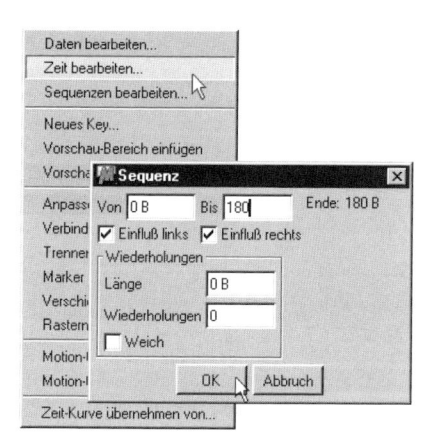

Abbildung 5.44: Dialogfenster der Sequenzdauer

Erweitern Sie die Sequenz auf 180 Bilder, indem Sie im Kontrollfeld „Bis:" den entsprechenden Wert eingeben.

Bestätigen Sie das Dialogfenster mit „OK" und verschieben Sie den rechten grauen Schieberegler im Powerslider so weit nach rechts, bis Sie Ihre gesamte Animation überblicken können.

Sichern Sie die derzeitige Position der Schraubenmutter auf Bild 175, erstellen Sie anschließend ein neues Key auf Bild 135 und ändern Sie die Z-Koordinate des neuen Keys in Z = -25 cm. Wenn Sie jetzt eine neue Spur für die Winkeländerung erstellen, so ist auch diese automatisch 180 Bilder lang.

Richten Sie über die Zeitleiste eine neue Winkelspur ein und sichern Sie den derzeitigen Winkel auf Bild 175.

Nun soll der Zeitpunkt ermittelt werden, wann die Schraubenmutter das Gewinde der Schraube berührt und sich drehen muss. Aktivieren Sie dafür in Ihrer 3D-Ansicht die Ansicht 3 (Seitenansicht).

① Verschieben Sie den blauen Balken im Zeit-Manager langsam, so dass Sie den Bewegungsvorgang gut überblicken können.
② Der Zeitpunkt der Berührung liegt auf Bild 170.
③ Sichern Sie diesen Zeitpunkt nun mit einem Winkel-Key.
④ Öffnen Sie das Dialogfenster des neuen Keys und tragen Sie im Feld des B-Winkels den Wert 720° ein. Die Schraube wird sich zweimal um die eigene Achse drehen.

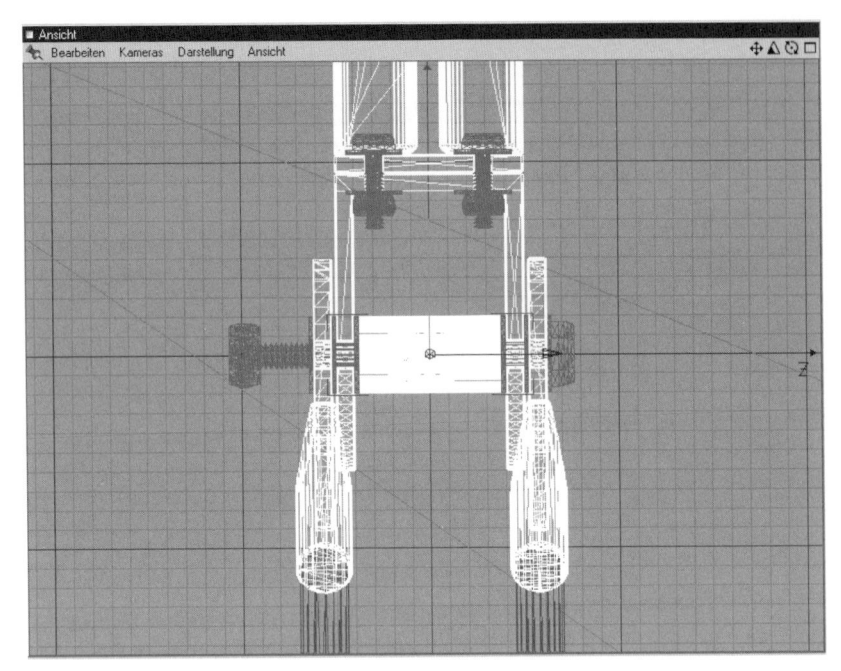

Abbildung 5.45: Berührungszeitpunkt der Schraubenmutter mit der Schraube

Zwar müsste sich die Schraubenmutter weitaus öfter drehen, aber das wäre bei dieser kurzen Animation nicht zu erkennen.

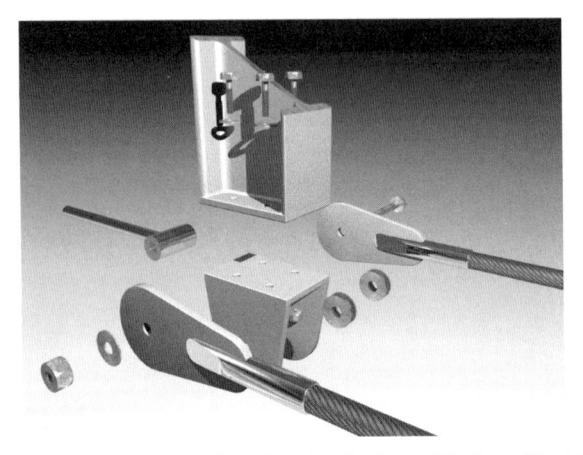

Abbildung 5.46: Für die Animation fertig positionierte Objekte

5.2.8 Berechnen der Animation

Die Animation ist fertig zusammengestellt und soll als Film berechnet werden. Da es sich hierbei lediglich um eine sehr kurze Animation handelt, muss nicht unbe-

Objektanimation 245

dingt eine Einzelbildserie erstellt werden. Diese Animation wird durch die geringe Dateigröße relativ flüssig ablaufen.

Öffnen Sie die Render-Voreinstellungen:
Auf der Seite „Allgemein" können die Standardwerte beibehalten werden. Obwohl wir jetzt eine Animation berechnen, kann der Filter „Standbild" angewählt bleiben, da eine leichte Unschärfe des Filters „Animation" bei konstanter Kameraposition nicht notwendig ist.

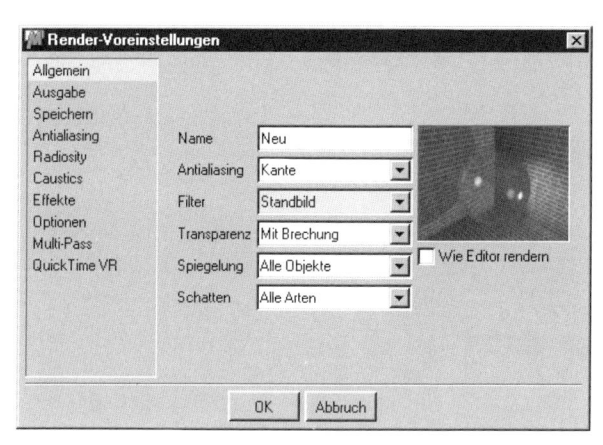

Abbildung 5.47: Standardwerte auf der Seite „Allgemein"

Wechseln Sie auf die nächste Seite „Ausgabe".
Die Auflösung soll auf das NTSC-Format 640 x 480 NTSC gestellt werden.

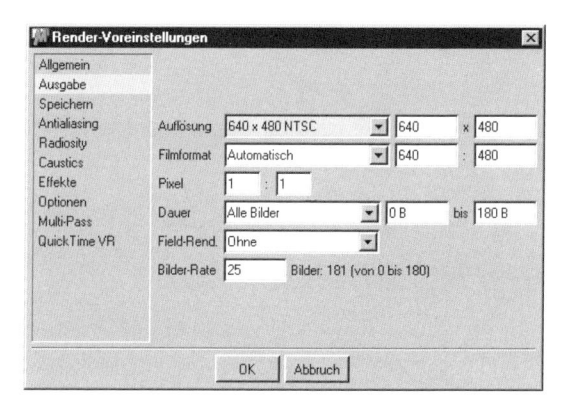

Abbildung 5.48: Beachten Sie die Filmdauer

Wählen Sie im Pop-Up-Menü für „Dauer" unbedingt „Alle Bilder", da ansonsten nur ein Einzelbild berechnet würde. Der Eintrag „Manuell" würde es Ihnen erlauben, einen gewissen Teil der Animation zu berechnen. In den nebenliegenden Feldern könnte daraufhin die Zeitspanne bzw. die Bildspanne eingegeben werden.

Wechseln Sie jetzt auf die Seite „Speichern" und wählen Sie aus dem Pop-Up-Menü das Format „Quick Time-Film System" aus. Mit dieser Einstellung haben Sie die Möglichkeit, die Kompressionsoptionen zu beeinflussen. Klicken Sie auf die Schaltfläche „Optionen..." und wählen Sie dort aus dem Pop-Up-Menü den Kompremierer „Cinepak Codec von Radius" aus.

Justieren Sie das Qualitätsverhältnis auf 90%. Mit dieser Einstellung haben Sie kaum nennenswerte Qualitätseinbußen, aber die Datei wird merklich kleiner und flüssiger im Ablauf.

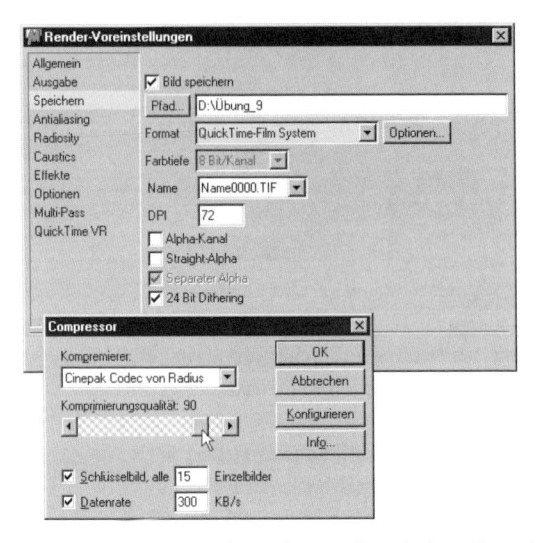

Abbildung 5.49: Speichern als AVI-Film mit dem Cinepak Kompremierer

Geben Sie abschließend einen Ausgabepfad für die erzeugte Datei an und schließen Sie die Render-Voreinstellungen mit „OK".

Klicken Sie nun auf das Icon „Im Bild-Manager rendern" und es werden die 180 Bilder nacheinander berechnet und abschließend zu einem Quick Time-Film komprimiert (der fertige Film liegt im Verzeichnis von Übung_9).

5.3 Kamera- und Parameteranimation

Im folgenden Workshop soll nun eine virtuelle Kamerafahrt durch ein Konferenzgebäude erstellt werden, dessen Besprechungssaal Sie bereits in Übung 8 kennengelernt haben.

Das Gebäude finden Sie fertig modelliert, texturiert und beleuchtet auf der beiliegenden CD im Verzeichnis „Übung_10".

Da bei diesem Modell abgesehen von der besonderen Texturierung auch eine spezielle Konstruktion für die Außenanlage notwendig war, werde ich im ersten Abschnitt dieses Kapitels den Entstehungsprozess der gesamten Datei zum besseren Verständnis aufzeigen.

Abbildung 5.50: Innenansichten des Konferenzgebäudes

Daraufhin werden folgende Punkte im Workshop erarbeitet:
- Kameraanimation (virtueller Flug durch das Gebäude)
- Winkelanimation (Öffnen der Türen)
- Parameteranimation (Einschalten der Beleuchtung)
- Kurventangenten (bogenförmige Kamerapfade)
- Videomapping (Projizieren eines fertigen Films auf eine modellierte Leinwand)

Am Ende erhalten Sie einen kompletten und lauffähigen Film im Movie-Format bzw. eine Einzelbildserie zur nachträglichen Zusammenfassung.

Öffnen Sie die Datei „Übung_10.c4d" von der beiliegenden CD.

5.3.1 Entstehungsprozess der Datei

Konstruktion des 3D-Modells

Das entscheidende Merkmal dieses Bauwerks ist die Gestaltung der Wandflächen durch geschliffenen Sichtbeton. Dabei wird die Schalung des Betons auf ein bestimmtes Raster gelegt (Tatamimaß 180 x 90 cm), so dass sich das gesamte Gebäude optisch aus einzelnen rechteckigen Feldern zusammensetzt. Diese Felder weisen nach dem Entfernen der Schalung die markanten Befestigungslöcher im Beton auf.

Grundlage für die Datei war somit ein Raster im Abstand von 180 cm, worauf der gesamte Baukörper angeordnet wurde.

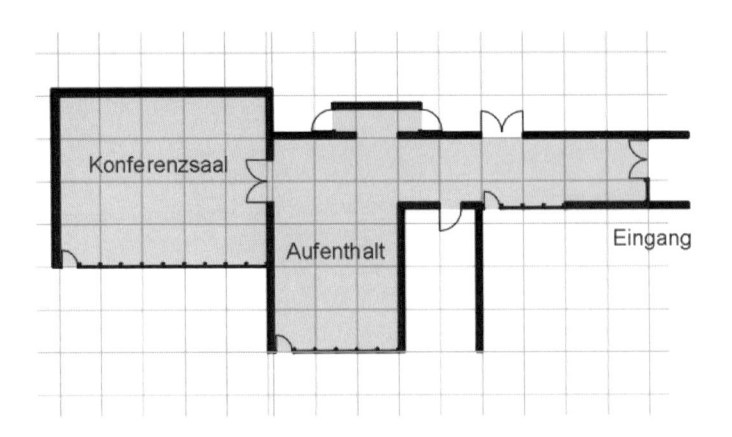

Abbildung 5.51: Grundriss des 3D-Modells

Das Erscheinungsbild der Schalungsfelder sollte im Anschluss über eine Textur gelöst werden, wodurch keine polygonale Unterteilung der Wände und Decken notwendig war.

Um zu vermeiden, dass zu viel Zeit und Polygone in ein 3D-Modell investiert werden, sollte man sich wie bereits in Kapitel 1 erwähnt im Vorfeld über das Drehbuch bzw. den Ablauf des Films im Klaren sein. Ich habe daher für diese Übung folgenden Verlauf des virtuellen Kameraflugs vorgesehen:

- ① Kamera befindet sich vor der Eingangstür.
- ② Beide Flügel der Eingangstür öffnen sich.
- ③ Nacheinander schaltet sich die Beleuchtung des Gangs ein.
- ④ Die Kamera fliegt vom Eingang in den Aufenthaltsbereich.
- ⑤ Die Türen des Konferenzsaals öffnen sich.
- ⑥ Der Kameraflug bewegt sich in den Saal hinein.
- ⑦ Auf der Leinwand wird ein Präsentationsfilm abgespielt.

Aus diesem kleinen Drehbuch wird sichtbar, dass abgesehen vom Konferenzsaal alle weiteren Räume, welche hinter den Innentüren liegen, im Film nicht zu sehen sind. Daher wurden diese Räume natürlich auch nicht modelliert. Lediglich an einer Stelle war es notwendig, eine freie Wandscheibe zu konstruieren, da der Blick vom Eingang aus durch die Glasfassade den anschließenden Raum vermuten lässt.

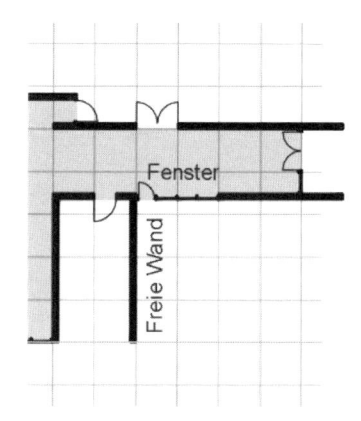

Abbildung 5.52: Vortäuschen des Raums durch die freie Wandscheibe

Struktur der Ebenen

Das Drehbuch gibt als Weiteres vor, welche Objekte aufgrund ihrer Animation auf eine eigene Ebene gelegt werden müssen, damit sie nach dem Datenexport in Cinema 4D greifbar sind.

Die Glasfassade bleibt in der Animation unverändert, lediglich die Eingangstüren an der Fassade mussten getrennt werden. Darüber hinaus fallen unter die Trennung der Eingangstüren auch das dazugehörige Glas und die Türgriffe.

Das Gleiche gilt für die Innentüren. Während die vier Blindtüren im Gang geschlossen bleiben, mussten zumindest die Türflügel und die Griffe der Konferenztür getrennt werden.

Texturierung

Nach dem Datenimport in Cinema 4D wurden die Wand- und Deckenelemente mit der Textur des Sichtbetons versehen. Für das Material dienten hierfür zwei Pixelbilder: zum einen eine Farb-Textur mit den angedeuteten Löchern und zum anderen ein Schwarzweißabbild für die Relieffunktion.

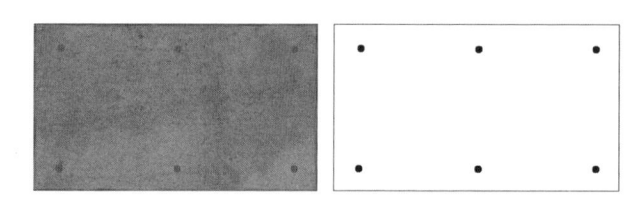

Abbildung 5.53: Farb- und Relief-Textur des Sichtbetons

Beide Texturen mussten jedoch das Größenverhältnis 1 zu 2 aufweisen, damit bei der Texturprojektion keine Verzerrungen auftreten.

Das Projektionsgitter wurde daraufhin bei den Wänden zunächst senkrecht zum Raum gedreht und anschließend relativ exakt in einer Raumecke platziert, damit die Kachelung der Schalungsfelder dem ursprünglichen Raster entspricht.

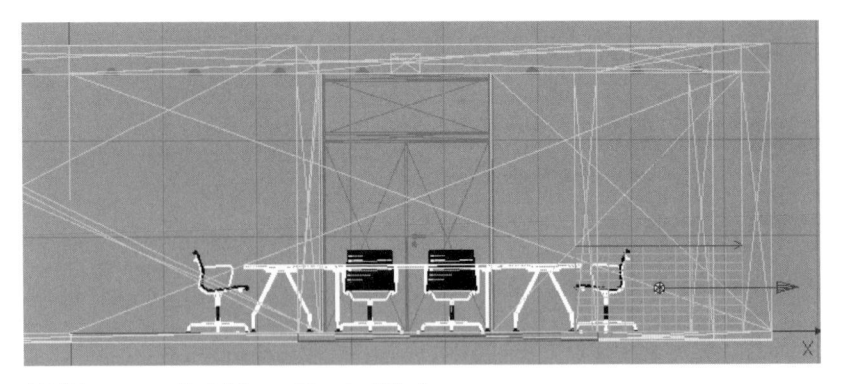

Abbildung 5.54: Projektionsgitter der Wände

Da bei der Decke des gesamten Baukörpers die gleiche Betonstruktur vorhanden ist, musste auch hier eine flächige Projektion angewandt werden. Dies allerdings mit der Auflage, dass die Nahtstellen der Texturkachelung mit denen der Wandflächen genau übereinstimmen.

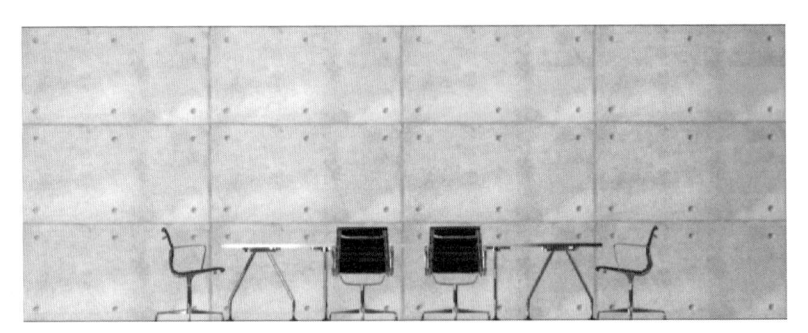

Abbildung 5.55: Schalungsfelder des Sichtbetons

Gestaltung der Umgebung

Da sich durch die Glasfassade des Gebäudes ein großzügiger Blick auf die Umgebung bietet, musste diese zumindest als Kulisse in Cinema 4D erzeugt werden. Problematisch hierbei ist, dass man in diesem Fall keine frontal projizierte Hintergrundtextur benutzen kann, da innerhalb der Animation perspektivische Veränderungen auftreten. Die Umgebung muss sich also mit der Kamerabewegung verschieben bzw. leicht drehen.

- **Himmel**:
Für den Himmel dient innerhalb dieser Szene ein normales Hintergrundobjekt, dem eine wolkenlose bläuliche Textur zugewiesen wurde. Dabei ist zu beachten, dass der Himmel nicht konstant die gleiche blaue Farbe verfügt, sondern einen leichten Farbverlauf zum Horizont aufweist. Daher wurde in einem Grafikprogramm ein Pixelbild mit besagtem Farbverlauf erstellt und anschließend frontal projiziert. Weil die Kamera in dieser Animation keine Höhenunterschiede vollzieht, fällt es auch nicht auf, dass die Textur immer an der gleichen Stelle liegt.

Abbildung 5.56: Textur für den Himmel

- **Umgebungskulisse**:
In einem großen Bogen spannt sich eine halbkreisförmig gekrümmte Fläche um unser Konferenzgebäude, worauf ein sehr langes Pixelbild eines Waldgebiets abgebildet ist. Durch diese gebogene Fläche ergibt sich der Eindruck, das Gebäude würde inmitten dieser Landschaft stehen, da das Ende der Fläche in der Animation nicht sichtbar wird.

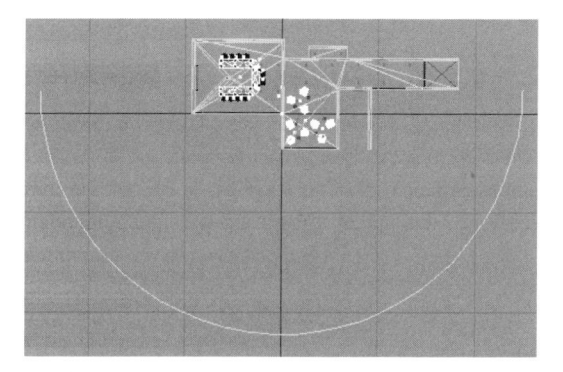

Abbildung 5.57: Die Textur für den Horizont wird auf eine gebogene Fläche um das Gebäude gelegt

Wenn jetzt die Kamera innerhalb des Gebäudes eine Drehung vollzieht, so drehen sich die Bäume am Horizont leicht mit, was der Realität entspricht. Die Textur wurde mittels des Alpha-Kanals so weit ausgeschnitten, dass sich über den Baumkronen die Textur des Himmels abzeichnen kann.

Abbildung 5.58: Textur für die Umgebung

Abbildung 5.59: Zusammenspiel von Himmel und Umgebung

Theoretisch wäre es natürlich möglich gewesen, die Textur der Umgebung von vorneherein mit einem bläulichen Himmel zu versehen. Allerdings hätte die gekrümmte Fläche, auf welche die Umgebungstextur gelegt wurde, sehr weit in Y-Richtung skaliert werden müssen. Dadurch wäre die Zeichenfläche unserer Datei unnötig angewachsen.

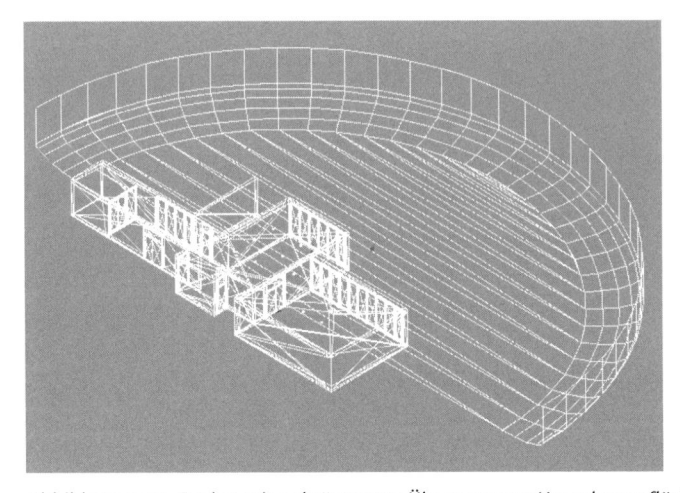

Abbildung 5.60: Boden mit gekrümmtem Übergang zur Umgebungsfläche

- **Übergangsfläche**:
  Um zu vermeiden, dass der Anschluss der Umgebungsfläche mit dem Boden durch die resultierende Kante in der Animation sichtbar wird, habe ich ähnlich wie bei einer Fotoleinwand den Übergang gerundet ausgebildet.

Als Textur diente das Bild eines Rasens, welches in der Helligkeit dem des Umgebungsbildes angepasst wurde. Auf diese Art und Weise entsteht bei einem Blick aus dem Inneren des Gebäudes der Eindruck eines fließenden Übergangs vom Boden zur Umgebung und von der Umgebung zum Himmel.

Beleuchtung

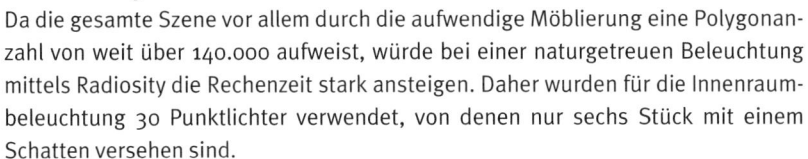

Da die gesamte Szene vor allem durch die aufwendige Möblierung eine Polygonanzahl von weit über 140.000 aufweist, würde bei einer naturgetreuen Beleuchtung mittels Radiosity die Rechenzeit stark ansteigen. Daher wurden für die Innenraumbeleuchtung 30 Punktlichter verwendet, von denen nur sechs Stück mit einem Schatten versehen sind.

Aufgrund des Deckenrasters mussten die Lichter an bestimmte Stellen innerhalb des Modells gesetzt werden. Dies bringt den Vorteil mit sich, dass die Beleuchtung im Inneren des Gebäudes relativ harmonisch verläuft, da immer der gleiche Abstand von Licht zu Wand bzw. Decke besteht.

Als Lichtquellen wurden hierbei generell Punktlichter mit einer linearen Abnahme von 400 m eingesetzt, was zu einer unregelmäßigen Lichtverteilung und somit zu einer relativ realitätsnahen Schattierung der Objekte führt.

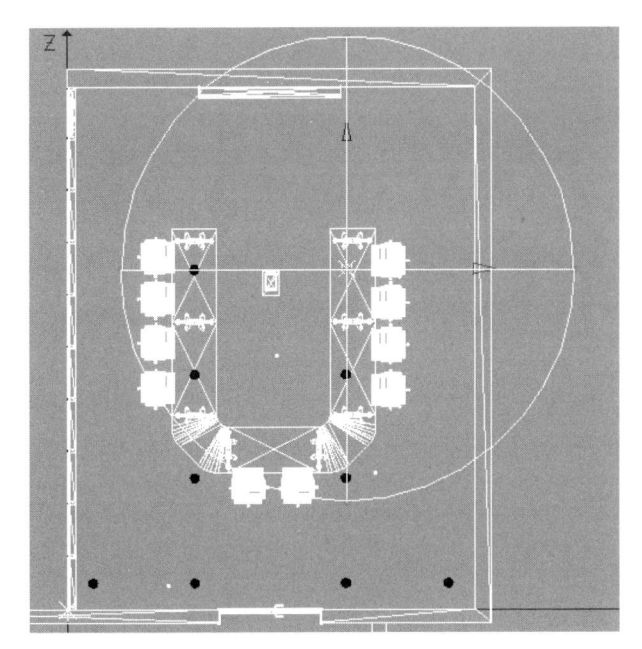

Abbildung 5.61: Die schwarzen Punkte stellen den Standort der Punktlichter im Konferenzsaal dar

> Durch die Verteilung der Lichter in unterschiedliche Bereiche bot sich hier des Weiteren die Verwendung von Instanzen an (siehe Übung_8).

Da die Punktlichter in einem knappen Abstand unterhalb der Decke liegen, besteht lediglich eine geringe Lichtabstrahlung nach oben. Allerdings reicht diese Lichtabstrahlung genau dafür aus, dass sich der Bereich um die modellierten Deckenleuchten erhellt.

> Dadurch entsteht der Effekt, dass die Leuchten eingeschaltet sind und man kein gesondertes Material mit Glühen-Kanal vergeben muß. Allerdings würde diese Beleuchtung die Decke nur geringfügig aufhellen, so dass ein paralleles Licht notwendig ist, welches die Decke gleichmäßig beleuchtet.

Selbstverständlich gibt es außer den Punktlichtern noch ein außerhalb liegendes paralleles Licht, welches die Sonneneinstrahlung darstellen soll. Mit einem harten Schatten versehen, besteht eine Helligkeit von 80%, um die Wände und den Boden nicht zu überstrahlen.

Abbildung 5.62: Wirkung der Punktlichter an der Raumdecke

5.3.2 Parameteranimation

Nachdem Sie die Datei „Übung_10.c4d" geöffnet haben, befindet sich die Kamera an ihrer Ausgangsposition vor der Eingangstür. Der erste Schritt in der Animation wird daher das Öffnen der Türen durch zwei Winkel-Keys sein. Wenn Sie zuvor die Übung_9 bearbeitet haben, dann dürfte dieser Teil für Sie lediglich eine kleine Wiederholung darstellen.

Abbildung 5.63: Ausgangsposition der Kamera

Animation der Eingangstüre

Öffnen Sie im Objekt-Manager die Gruppe „Eingangstüre".

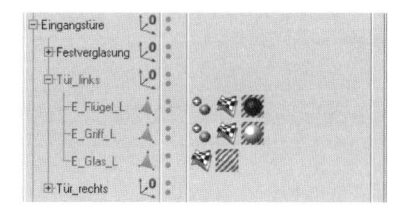

Abbildung 5.64: Gruppe „Eingangstüre"

Darin befinden sich drei Untergruppen, wobei die „Festverglasung" den statischen Teil der Türkonstruktion darstellt. Animiert werden lediglich die beiden Gruppen „Tür_links" und „Tür_rechts". Diese zwei Gruppen beinhalten sowohl das Profil der jeweiligen Türe als auch die Glasscheibe und die Stangengriffe.

① Wechseln Sie in die Ansicht 2 (Draufsicht).
② Aktivieren Sie im Objekt-Manager bzw. im Verzeichnis „Eingangstüre" die Gruppe „Tür_links".
③ Wählen Sie in der Bearbeiten-Palette die Funktion „Objekt-Achse bearbeiten".
④ In der Befehls-Palette aktivieren Sie die Funktion „Verschieben" sowie die Richtungen X und Z.

⑤ Ziehen Sie die Objekt-Achsen der Gruppe „Tür_links" auf den abgebildeten Drehpunkt bzw. die Koordinate X = 365, Y = 0, Z = -1472

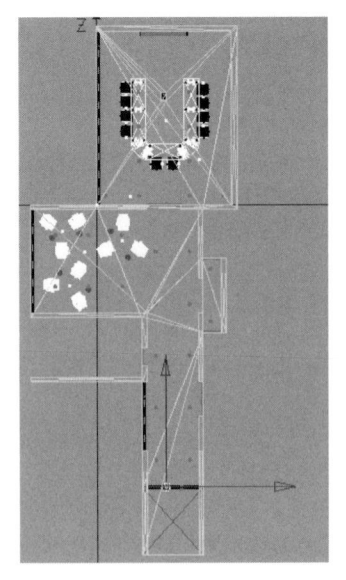

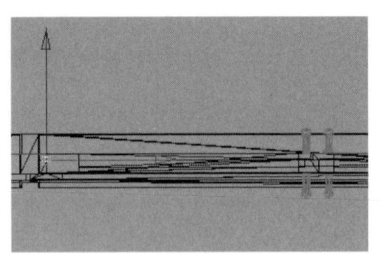

Abbildung 5.65: Drehpunkt des linken Türflügels

⑥ Wählen Sie daraufhin die Gruppe „Tür_rechts" und vergrößern Sie wieder Ihren Bildausschnitt.
⑦ Verschieben Sie die dazugehörigen Objekt-Achsen auf den Drehpunkt der rechten Türe bzw. auf die Koordinate X = 532, Y = 0, Z = -1472.
⑧ Klicken Sie abschließend auf das Icon für „Objekt bearbeiten".

Hiermit sind die Drehpunkte der beiden Türflügel definiert. Öffnen Sie nun Ihre Zeitleiste und erzeugen Sie für die Gruppe „Tür_links" eine Winkelspur.

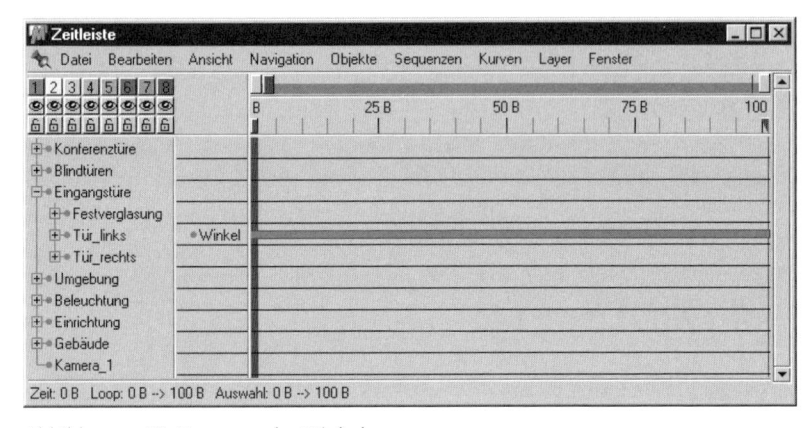

Abbildung 5.66: Erzeugen der Winkelspur

Damit beim späteren Start unseres Films die Türen nicht schlagartig aufgehen, sollte das erste Winkel-Key auf den Zeitpunkt Bild 25 gesetzt werden.
① Klicken Sie mit der rechten Maustaste auf die Winkelsequenz und wählen Sie im Kontextmenü den Befehl „Neues Key".
② Tragen Sie in der daraufhin erscheinenden Dialogbox für die Position des Keys den Zeitwert 25 ein.

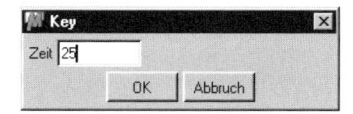

Abbildung 5.67: Das Key soll auf Bild 25 gesetzt werden

③ Tragen Sie jetzt im Koordinaten-Manager für den H-Winkel der linken Tür den Wert von 90° ein und erzeugen Sie über das Menü in der Zeitleiste ein weiteres Key auf Bild 75.

Da sich beide Türen gleichzeitig öffnen sollen, können die erstellten Keys nun mitsamt der Winkelspur auf die Gruppe „Tür_rechts" übertragen werden. Klicken Sie mit der linken Maustaste auf die Winkelspur, halten Sie dabei die Strg-Taste gedrückt und ziehen Sie die Spur auf die Gruppe „Tür_rechts".

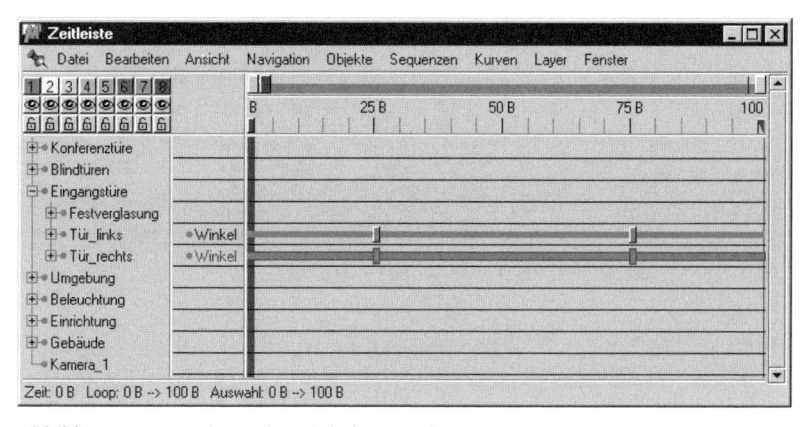

Abbildung 5.68: Kopieren der Winkelspur auf die Gruppe „Tür_rechts"

Hierbei wurden alle Werte der Gruppe „Tür_links" übernommen. Zu beachten ist allerdings, dass sich die Drehwinkel der beiden Gruppen unterscheiden. Derzeit schwingt die linke Tür nach innen auf, während sich die rechte nach außen öffnet. Der Winkel auf Bild 75 muss daher für die rechte Tür neu eingerichtet werden.

Klicken Sie in der Winkelsequenz der Gruppe „Tür_rechts" auf das Key bei Bild 75, um das zugehörige Dialogfenster zu öffnen.

Tragen Sie dort für den H-Winkel einen Wert von –90° ein und bestätigen Sie mit OK.

Abbildung 5.69: Ändern der Drehrichtung über das Key-Dialogfenster

Wenn Sie Ihre Animation nun starten, dann schwingen beide Türen im Zeitraum von zwei Sekunden nach innen auf.

Animation der Lichtquellen

Wenn sich innerhalb einer Animation beispielsweise die Helligkeitseinstellungen von Lichtquellen ändern sollen, so spricht man hierbei von einer Parameteranimation. Hierfür wird in der Zeitleiste zunächst eine Parameterspur angelegt. Setzt man nun ein Key auf die Parametersequenz und öffnet dieses anschließend, dann erscheint das dazugehörige Dialogfenster, welches mit dem typischen Dialogfenster der Lichtquellen im Objekt-Manager identisch ist. Folglich hat man die Möglichkeit, jeden Lichtparameter in einem Key zu verändern.

Für unsere Animation soll nun der Effekt erzeugt werden, dass sich nach dem Öffnen der Eingangstüren nacheinander die Lichter im Gang einschalten.

Wechseln Sie jetzt in die Zeitleiste und öffnen Sie zuerst die Gruppe „Beleuchtung" und anschließend die Untergruppe „Spots_Gang". Hierin befinden sich sechs weitere Gruppen, wobei in jeder zwei Lichtquellen vorhanden sind. Diese Gruppen beziehen sich auf die Reihenfolge der Lichter vom Eingang bis zur Konferenztür am Ende des Gangs.

Abbildung 5.70: Inhalt der Gruppe „Spots_Gang"

In der Animation sollen nun nacheinander die Lichter von Reihe_2 bis Reihe_6 aufleuchten. Die beiden Lichter vor der Eingangstür (Reihe_1) sollten von Anfang an eingeschaltet sein, da ansonsten die ersten Sekunden der Animation relativ düster verlaufen würden.

① Aktivieren Sie in der Zeitleiste das Objekt „Licht_2a" und erstellen Sie eine Parameterspur unter „Datei\Neue Spur\Parameter".

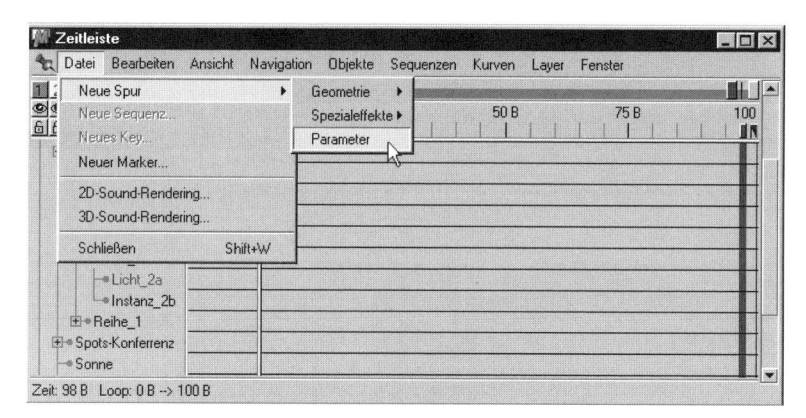

Abbildung 5.71: Erzeugen einer Parameterspur

② Wählen Sie daraufhin die Sequenz an und erstellen Sie ein neues Key auf Bild 75 und anschließend ein weiteres Key auf Bild 90.

Der Ablauf soll so gestaltet werden, dass das Licht_2a bis zu Bild 75 ausgeschaltet ist und ab diesem Zeitpunkt innerhalb 15 Bilder aufleuchtet.

③ Klicken Sie zweimal auf das Key bei Bild 75, woraufhin sich das Dialogfenster der Lichtquelle öffnet.

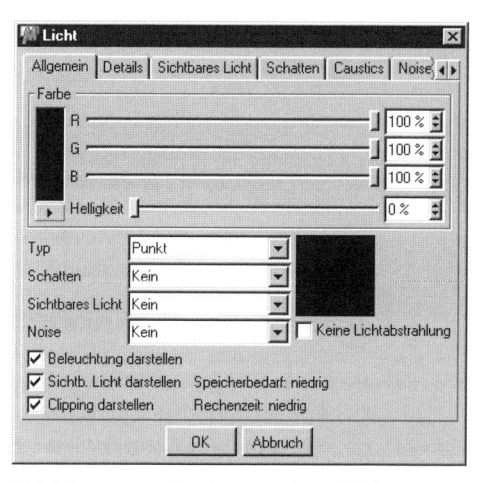

Abbildung 5.72: Herabsetzen der Helligkeit

④ Stellen Sie den Schieberegler der Helligkeit auf 0%. Damit ist die Lichtquelle inaktiv.

Vergleichen Sie jetzt den Inhalt des Keys auf Bild 90. Dort liegt die Helligkeitseinstellung des Lichts wie gehabt auf 80%. Wenn nun die Animation berechnet wird, dann erhöht Cinema 4D automatisch die Helligkeit innerhalb 15 Bilder von 0 auf 80%.

> *Diese Parameterspur kann nun auf die anderen Lichter kopiert werden. Allerdings ist es nicht notwendig, innerhalb einer Gruppe (z.B. Reihe_2) die Spur auf die zweite Lichtquelle zu übertragen, da es sich hierbei um eine Instanz handelt. Wie in Kapitel 4 behandelt, übernimmt eine Instanz automatisch die Einstellungen des Quellobjekts.*

Kopieren Sie jetzt die Parameterspur von „Licht_2a" auf alle Lichtquellen (aber nicht auf die Instanzen) in den Gruppen Reihe_3 bis Reihe_6.

Schieben Sie im Zeit-Manager den blauen Balken auf Bild 75 und erstellen Sie ein Proberendering in der 3D-Ansicht. Das Ergebnis zeigt, dass zu diesem Zeitpunkt tatsächlich alle Lichtquellen im Gangbereich ausgeschaltet sind.

Es wäre jedoch etwas unspektakulär, wenn alle Lichter plötzlich gleichzeitig angeschaltet würden. Wesentlich interessanter ist es, die Lichtquellen in kurzen Abständen nacheinander anzuschalten.

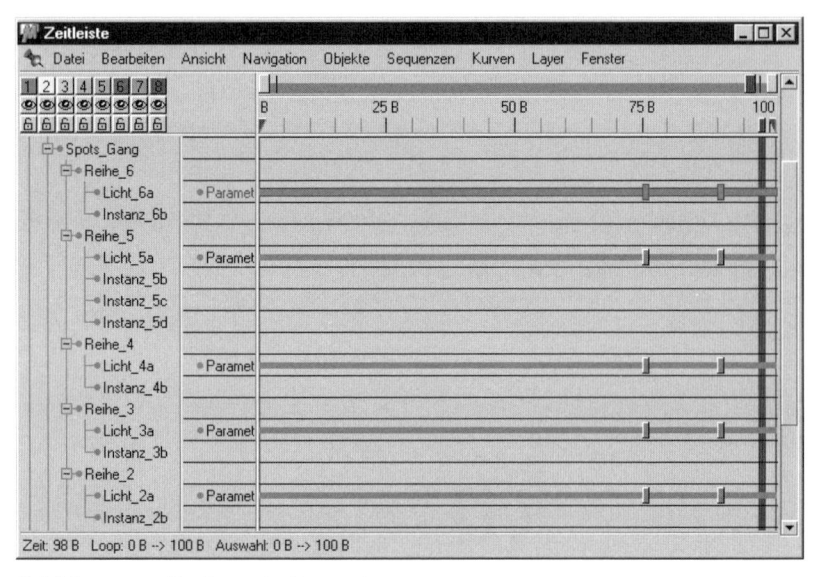

Abbildung 5.73: Kopieren der Parameterspuren

Am einfachsten hinsichtlich der zeitlichen Orientierung ist es, nach dem Aufflammen der beiden Lichter von Reihe_2 unmittelbar Reihe_3 usw. einzuschalten. Verschieben Sie dafür die Sequenz von Licht_3a um 15 Bilder nach rechts, so dass das erste Key von Reihe_3 genau über dem letzten Key von Reihe_2 liegt. Verfahren Sie daraufhin genauso mit allen weiteren Sequenzen.

Kamera- und Parameteranimation **261**

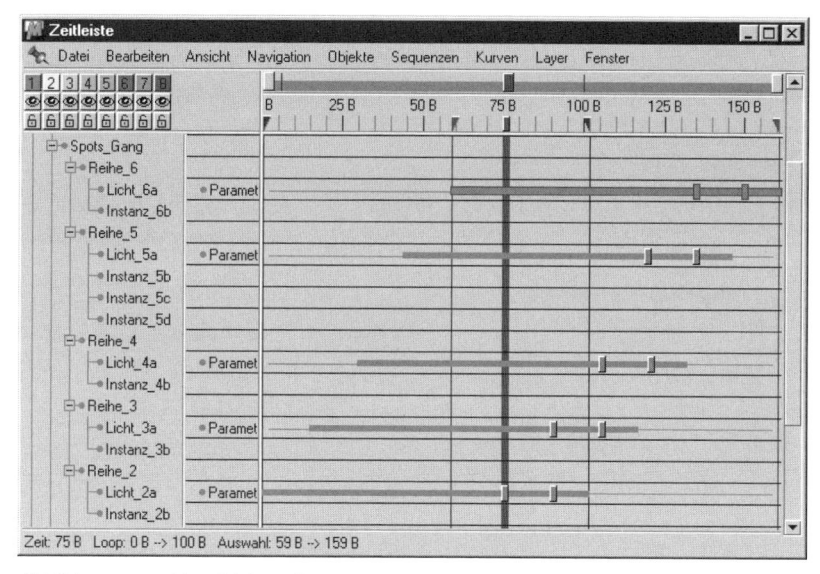

Abbildung 5.74: Verschieben der Parametersequenzen

Benutzen Sie die grauen Schieberegler im Powerslider, um Ihren Bildausschnitt der Zeitleiste zu vergrößern.

Abbildung 5.75: Wirkung der Lichtparameter

Kameraanimation

Da jetzt die Eingangstür geöffnet und der Gangbereich mit allen Lichtquellen ausgeleuchtet ist, kann der Kameraflug durch das Konferenzgebäude beginnen. Im Vorfeld sollte man sich jedoch anhand des Grundrisses über die Route innerhalb des Gebäudes im Klaren sein.

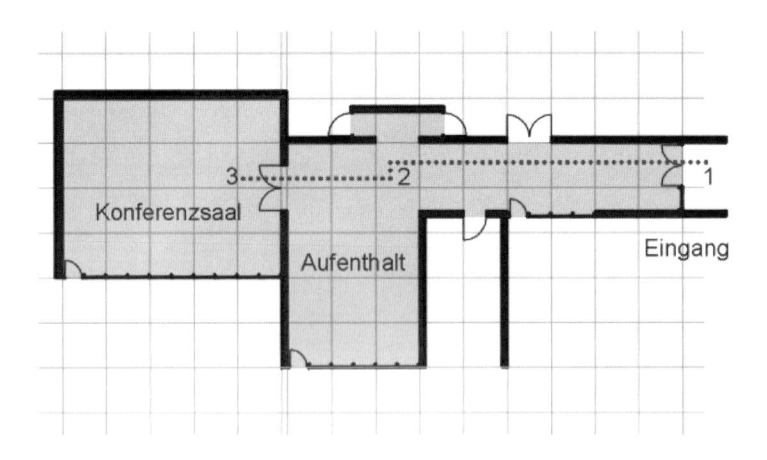

Abbildung 5.76: Route des Kameraflugs

- Die Kamera beginnt bei Position 1 und fliegt geradeaus durch den Gang in Richtung Aufenthaltsbereich (Position 2).
- Damit die Einrichtungsgegenstände sowie der Ausblick auf die Umgebung sichtbar wird, muss die Kamera eine Drehung in den Aufenthaltsbereich vollziehen.
- Der Blick in den Aufenthaltsbereich soll in eine neue Kameraeinstellung übergehen, und zwar mit Blickrichtung auf die Konferenztüre.
- Anschließend muss sich die Konferenztür mittels einer Winkelspur öffnen und der Kameraflug verläuft geradeaus in den Konferenzsaal hinein.

Der Zeitpunkt, an dem sich die Kamera in Bewegung setzt, ist unmittelbar nach dem Aufleuchten der letzten Lichter bei Bild 150.

1. Aktivieren Sie im Objekt-Manager die Kamera.
2. Schieben Sie anschließend den blauen Balken im Zeit-Manager auf Bild 150.
3. Öffnen Sie die Zeitleiste und definieren Sie eine Positionsspur.
4. Aktivieren Sie in der Zeitleiste die Sequenz der Kamera und setzen Sie ein Key für die Startposition auf Bild 150.
5. Bevor wir jetzt ein weiteres Key setzen, muss die Positionssequenz der Kamera verlängert werden. Wechseln Sie in die Zeitleiste, aktivieren Sie die Positionssequenz und wählen Sie in der Menüleiste den Befehl „Sequenzen\Zeit bearbeiten".
6. Tragen Sie im Feld „Bis" einen Wert von 500 Bildern ein und bestätigen Sie mit „OK".

Kamera- und Parameteranimation **263**

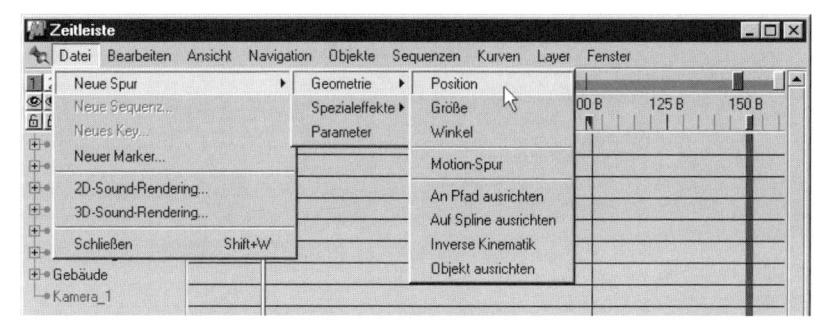

Abbildung 5.77: Die Kamera erhält eine Positionsspur

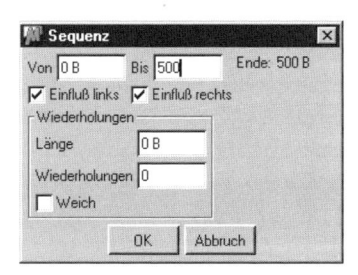

Abbildung 5.78: Verlängern der Sequenz

- Teilen Sie die 3D-Ansicht in vier Ansichten auf, und stellen Sie sicher, dass die Funktion „Objekt bearbeiten" aktiv ist.
- Weisen Sie der Kamera im Koordinaten-Manager eine neue Position (Z = -560) zu und bestätigen Sie die Eingabe mit „Anwenden".

Abbildung 5.79: Numerische Eingabe von Position 2

- Sichern Sie die neue Position mit einem Key auf Bild 275.

Wenn Sie jetzt Ihre Animation ablaufen lassen, können Sie die Geschwindigkeit der Kamerafahrt am besten beurteilen, indem Sie den Darstellungsmodus „Quader" wählen. Das Modell enthält doch eine beachtliche Polygonanzahl und es kann beim Probeablauf der Animation zu kleinen Verzögerungen kommen.

Abbildung 5.80: Ausschnitt der Kamerafahrt (Bild 200)

Die Kamera ist jetzt bei Bild 275 an der „Position 2" innerhalb des Drehbuchs angekommen. Als nächsten Schritt soll sie eine Drehung nach links in den Aufenthaltsbereich vollziehen.

Allerdings würde bei der Animation ein sehr hektischer Eindruck entstehen, wenn die Kamera sofort nach ihrem Eintreffen auf Position 2 in eine Drehbewegung übergeht. Gewähren Sie dem Betrachter eine Sekunde Ruhepause mit Blick auf die Konferenztür und starten Sie die Drehbewegung bei Bild 300.

① Stellen Sie den blauen Balken im Zeit-Manager auf Bild 300.
② Weisen Sie der Kamera zusätzlich zur Positionsspur eine Winkelspur zu.

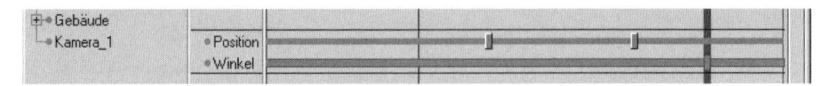

Abbildung 5.81: Einrichten einer zweiten Spur

③ Sichern Sie den aktuellen Winkel mit einem Key auf Bild 300.
④ Setzen Sie ein weiteres Key auf Bild 400 und öffnen Sie die Dialogseite des Winkel-Keys.
⑤ Tragen Sie dort für den H-Winkel den Wert 60° und bestätigen Sie mit „OK".

Sichern Sie Ihre Zeichnung und lassen Sie die Animation probeweise ablaufen, damit ist der erste Schritt in das Konferenzgebäude vollzogen.

Abbildung 5.82: Blick in den Aufenthaltsbereich

Nach zwei Sekunden Pause soll nun an dieser Stelle ein Blickwechsel auf die Konferenztür erfolgen, welche sich langsam öffnet.

Abbildung 5.83: Blickwechsel auf die Konferenztür

Am geeignetsten ist in diesem Fall ein direkter Wechsel der aktuellen Kameraposition zu einem neuen Blickwinkel, da eine erneute Drehung der Kamera in Richtung der Konferenztür relativ unspektakulär wäre.

5.3.3 Stage-Objekt

Zurzeit befindet sich unsere Kamera bei Bild 400 an der abgebildeten Position.

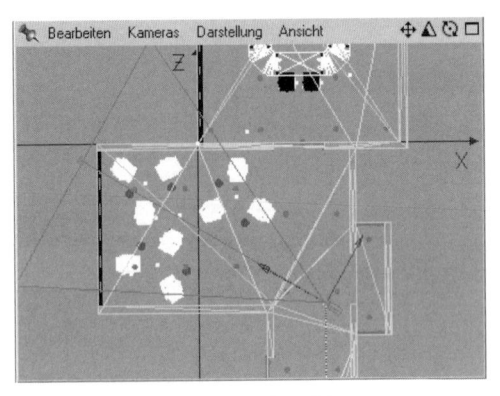

Abbildung 5.84: Kamera auf Position 2

Es wäre für den Betrachter am anschaulichsten, wenn der Blick in den Aufenthaltsbereich für etwa 3 Sekunden beibehalten und anschließend direkt auf eine neue Perspektive gewechselt wird.

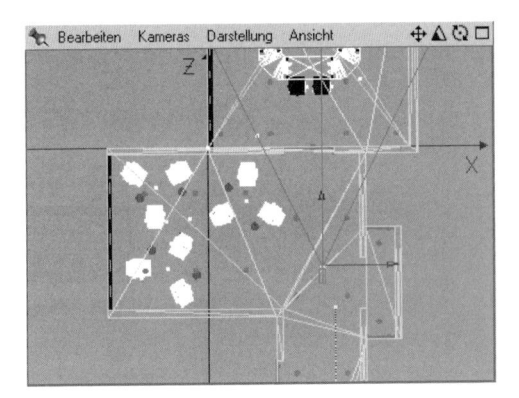

Abbildung 5.85: Blickwechsel auf die Konferenztür

Cinema 4D bietet die Möglichkeit an, innerhalb der Animation zwischen einzelnen Kameraperspektiven zu wechseln. Dies geschieht über das so genannte „Stage-Objekt" welches durch Parameter-Keys die aktuelle Kamera definiert. Darüber hinaus lassen sich auch andere Objekte wie beispielsweise „Himmel" oder „Hintergründe" austauschen.

Wählen Sie jetzt in der Datei-Menüleiste unter „Objekte\Szene-Objeke" das „Stage-Objekt" aus, oder klicken Sie auf das entsprechende Icon in der Befehls-Gruppe.

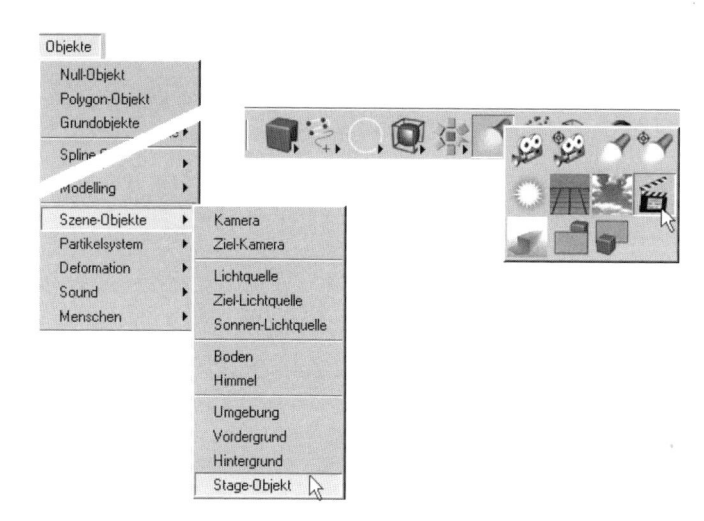

Abbildung 5.86: Einfügen eines Stage-Objekts

Das Objekt erscheint nun mit dem dazugehörigen Icon im Objekt-Manager.

Um von einer Kameraperspektive in eine andere zu wechseln, muss eine neue Kamera in die Zeichnung eingefügt werden. Wählen Sie in der Datei-Menüleiste „Objekte\Szene-Objekte\Kamera".

Achten Sie darauf, dass sich die Kamera namentlich von der bisherigen Kamera unterscheidet. Vergeben Sie am besten die Bezeichnung „Kamera_2".

Kontrollieren Sie darüber hinaus, ob die Einstellungen der neuen Kamera_2 mit denen von Kamera_1 übereinstimmen (Projektion, Kameraobjektiv, Brennweite ...). Klicken Sie dafür im Objekt-Manager auf das jeweilige Icon der Kameras.

Aktivieren Sie die Kamera_2 im Objekt-Manager und tragen Sie die Werte X = 405 cm / Z = -400 cm für die neue Perspektive im Koordinaten-Manager ein. Stellen Sie darüber hinaus alle Winkel auf 0° ein.

Abbildung 5.87: Position von Kamera_2

Der Übergang von Kamera_1 auf Kamera_2 wird jetzt durch das Stage-Objekt in der Zeitleiste definiert. Erzeugen Sie zunächst für das Stage-Objekt eine Parameterspur.

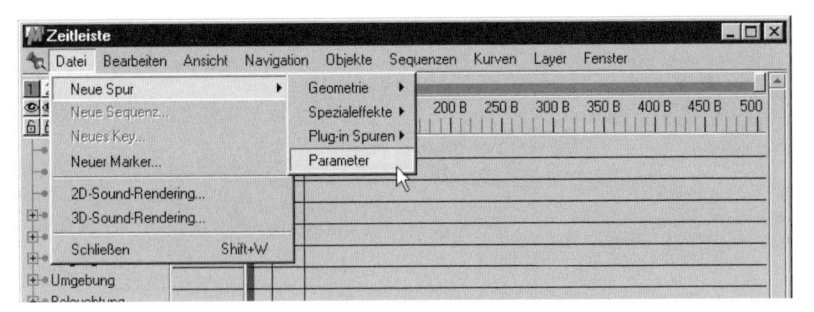

Abbildung 5.88: Hinzufügen einer Parameterspur für das Stage-Objekt

Verlängern Sie die Sequenz der Parameterspur auf 725 Bilder („Sequenzen\Zeit bearbeiten...").

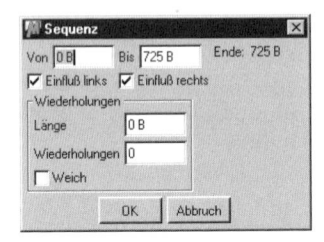

Abbildung 5.89: Verlängern der Parametersequenz

Legen Sie auf der Parametersequenz zwei neue Keys an. Das erste Key soll sich auf Bild 0 und das zweite auf Bild 475 befinden. 475 ist jenes Bild, wo Kamera_2 aktiv wird. Diese Aktivierung findet nun innerhalb der Keys auf der Parameterspur statt. Klicken Sie zweimal auf das Key bei Bild 0, worauf sich das Dialogfenster des Stage-Objekts öffnet.

Tragen Sie im Eingabefeld „Kamera" das Objekt „Kamera_1" ein und bestätigen Sie mit „OK".

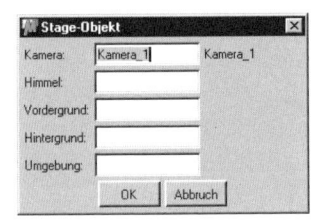

Abbildung 5.90: Inhalt des Keys auf Bild 0

Öffnen Sie anschließend das zweite Key auf Bild 475 und tragen Sie dort im Eingabefeld „Kamera_2" ein.

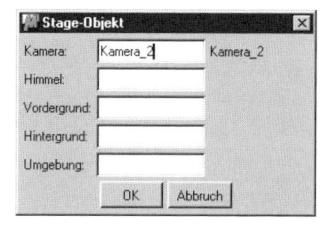

Abbildung 5.91: Inhalt des Keys auf Bild 475

Damit ist der Kamerawechsel innerhalb der Animation definiert. Lassen Sie jetzt die Animation probeweise ablaufen und beobachten Sie den Effekt.

Abbildung 5.92: Neue Kameraposition auf Bild 475

Öffnen der Konferenztüre

Als Nächstes soll sich die Konferenztür öffnen und den Blick auf den Besprechungsraum freigeben.

Um dieser Animation etwas Realitätsnähe zu verleihen, muß sich im Vorfeld die Türklinke senken:

1. Öffnen Sie im Objekt-Manager zuerst die Gruppe „Konferenztüre" und anschließend die Gruppe „K_Flügel_rechts".
2. Aktivieren Sie das Objekt „K_Griff" und wählen Sie in der Bearbeiten-Palette das Icon „Objekt-Achse bearbeiten".
3. Verschieben Sie jetzt die Objekt-Achsen auf die Position X = 368.8 / Y = 100 / Z = 0.
4. Klicken Sie in der Bearbeiten-Palette auf „Objekt bearbeiten".
5. Tragen Sie in der Zeitleiste für das Objekt „K_Griff" eine Winkelspur ein.
6. Sichern Sie den aktuellen Winkel des Türgriffs auf Bild 475.
7. Drehen Sie den Türgriff um B = 20° entlang der Z-Achse nach unten.
8. Sichern Sie den Winkel mit einem Key auf Bild 490.
9. Vergrößern Sie die Zeitleiste so, dass Sie den Zeitraum zwischen Bild 475 und Bild 510 gut überblicken können. Kopieren Sie das Winkel-Key von Bild 475 auf Bild 510, damit sich der Türgriff nach dem Öffnen des Türflügels wieder anhebt. Der Drehwinkel von B = 0° ist ja im Key auf Bild 475 festgelegt.

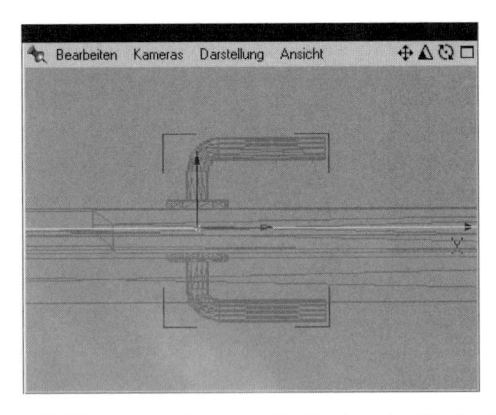

Abbildung 5.93: Festlegen des Drehpunkts für den Türgriff

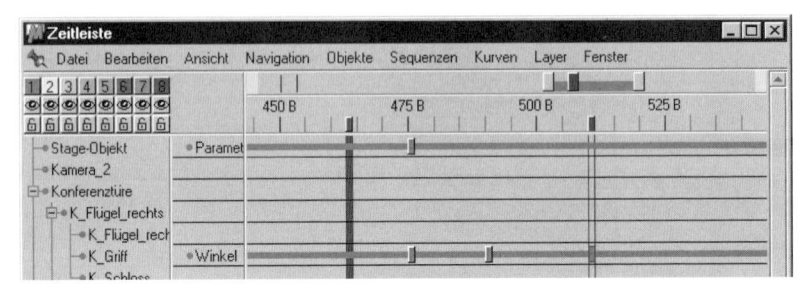

Abbildung 5.94: Verteilung der Keys für den Türgriff

⑩ Jetzt soll sich das Türblatt öffnen. Wählen Sie hierfür im Objekt-Manager die gesamte Gruppe „K_Flügel_rechts" aus und verschieben Sie die Objekt-Achsen auf die Koordinaten X = 448.5 / Y = 0 / Z = 1.75. Wählen Sie daraufhin wieder die Funktion „Objekt bearbeiten".

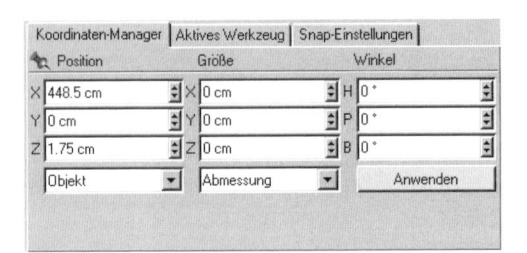

Abbildung 5.95: Achsenkoordinaten des rechten Türflügels

⑪ Erzeugen Sie in der Zeitleiste für die Gruppe des Türflügels eine Winkelspur und sichern Sie den aktuellen Winkel auf Bild 490.
⑫ Die Tür soll sich in etwas weniger als zwei Sekunden öffnen. Fügen Sie auf der Winkelsequenz ein weiteres Key auf Bild 530 ein, öffnen Sie das Dialogfenster und tragen Sie für den H-Winkel den Wert von -90° ein.

Kamera- und Parameteranimation

Abbildung 5.96: Drehung des Türblattes um –90°

Abbildung 5.97: Verteilung der Keys für die Konferenztür

Somit ist die Animation der Tür abgeschlossen. Die Kamera soll nun sowohl die Bewegung des Türgriffs als auch das Öffnen der Tür verfolgen.

Abbildung 5.98: Aktueller Stand der Animation

Bearbeiten von Tangenten

Wenn die Kamera jetzt in den Konferenzraum hinein gleitet, dann soll der Blick anschließend sowohl auf die Leinwand als auch auf die Umgebung gerichtet sein. Dafür ist es notwendig, dass die Kamera einen kleinen Bogen nach rechts ausführt. Hierfür kommen letztendlich die Tangenten ins Spiel, welche in jedem Key verzeichnet sind.

Zur besseren Erläuterung, was Tangenten sind und welchen Zweck sie verfolgen, ist es am besten, die Kamera zuerst auf ihre Schlussposition zu setzen:

① Erzeugen Sie für das Objekt „Kamera_2" sowohl eine Winkel- als auch eine Positionsspur.
② Sichern Sie die Positionswerte von Kamera_2 auf Bild 530.

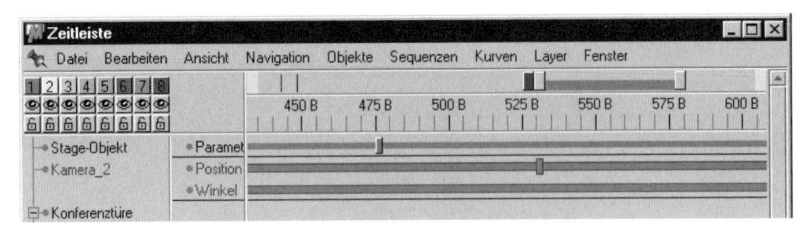

Abbildung 5.99: Positions- und Winkelspur für Kamera_2

③ Stellen Sie sicher, dass die Funktion „Objekt bearbeiten" aktiv ist, und verschieben Sie die Kamera auf die Position X=508 cm und Z=150 cm.
④ Sichern Sie diese Position in einem Key auf Bild 680.

Jetzt verläuft der Kamerapfad geradlinig in den Konferenzsaal hinein und schneidet dabei den Türflügel. Der Kamerapfad muss also gebogen werden. Öffnen Sie jetzt das Key auf Bild 680.

Tragen Sie einmal im Feld der linken Tangente den Wert -120 cm und für die rechte Tangente 120 cm ein. Bestätigen Sie mit „OK".

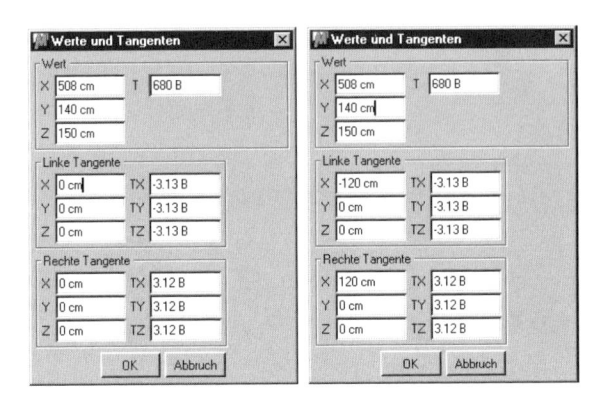

Abbildung 5.100: Numerische Einstellung von Tangenten

Wenn Sie jetzt die Draufsicht Ihrer Zeichnung betrachten, dann erkennen Sie zwei Linien in der Farbe Lila, welche an der Schlussposition des Kamerapfads entstanden sind. Hierbei handelt es sich um die Tangenten, welche den Kamerapfad wie ein Gummiband verziehen. Diese Tangenten könnten auch in Y- und Z-Richtung verlaufen, wenn die entsprechenden Werte im Dialogfenster eingegeben werden.

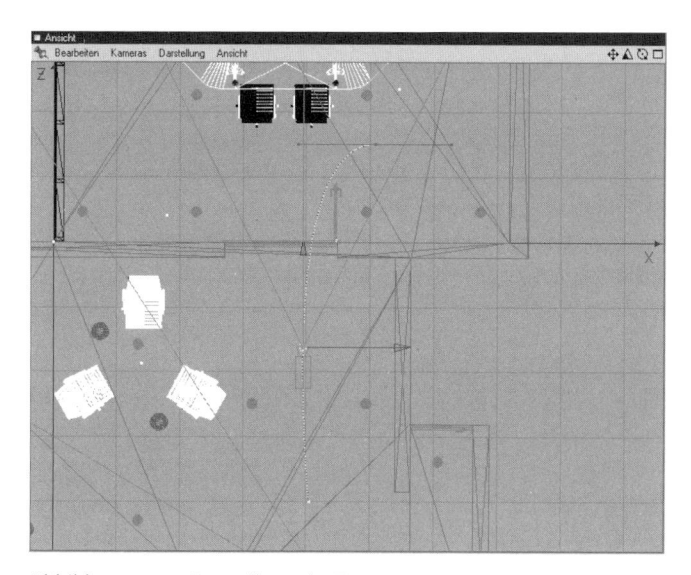

Abbildung 5.101: Darstellung der Tangenten

Sichern Sie jetzt Ihre Zeichnung.

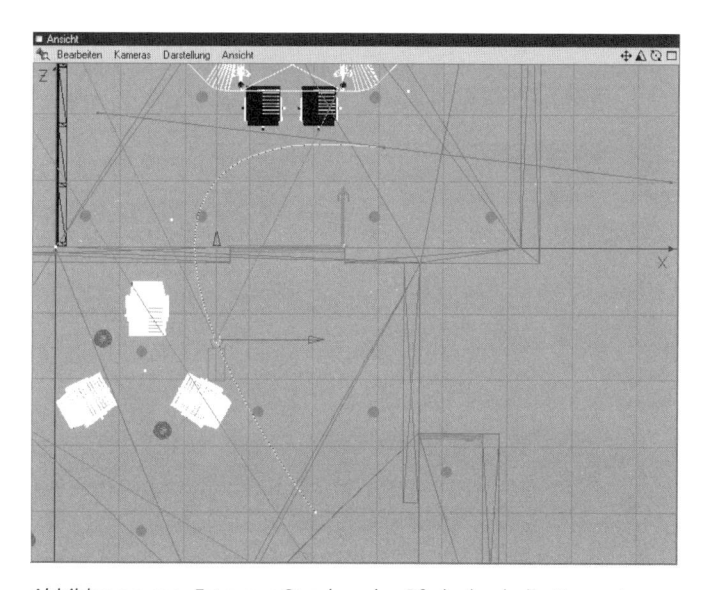

Abbildung 5.102: Extremes Strecken des Pfads durch die Tangenten

Aktivieren Sie in der Bearbeiten-Palette den Befehl „Objekt bearbeiten", drücken Sie das Icon für „Verschieben" und wählen Sie die Richtungen X und Z aus.

Klicken Sie jetzt in der Draufsicht auf den Endpunkt der linken Tangente und verschieben Sie diesen in eine beliebige Richtung. Sie werden bemerken, dass sich der Kamerapfad umso stärker verbiegt, je mehr die Tangente gestreckt wird.

Man kann also die Biegung einer Strecke manuell vornehmen, sollte aber im Vorfeld einen beliebigen numerischen Wert für die Tangenten eingeben, um sie greifen zu können.

Öffnen Sie jetzt wieder das Positions-Key auf Bild 680 und tragen Sie die vorherigen Werte der Tangenten (links X = -120 cm, rechts X = 120 cm) ein. Achten Sie darauf, dass die jeweiligen Z-Werte auf 0 gesetzt sind.

Für einen guten Raumeindruck sollte die Kamera abschließend noch gedreht werden, damit sowohl die Leinwand im Konferenzraum als auch die Außenanlage durch die Fenster sichtbar wird. Dabei soll sich die Kamera erst bei den letzten Bildern der Animation drehen, d.h. dass der aktuelle Winkel mit 0° weiter beibehalten wird.

① Erzeugen Sie auf der Winkelsequenz der Kamera ein neues Key auf Bild 580.
② Kopieren Sie dieses Key auf Bild 680 und tragen Sie im Dialogfenster des Keys für den H-Winkel einen Wert von 27° ein.

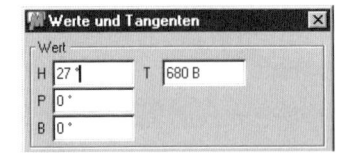

Abbildung 5.103: Winkeländerung um 27°

Abbildung 5.104: Ziel des Kameraflugs – der Konferenzsaal

Kamera- und Parameteranimation 275

Der Kameraflug durch das Konferenzgebäude ist hiermit abgeschlossen. Als Letztes soll im folgenden Abschnitt noch ein kleiner Zusatz mit in die Animation eingebaut werden.

5.3.4 Videomapping

Beim Videomapping handelt es sich um einen Vorgang, bei dem ein fertiger Film oder eine unbestimmte Anzahl an Einzelbildern auf ein Objekt projiziert werden. Dies geschieht innerhalb von Cinema 4D XL7 direkt über das Material-Dialogfenster.

Zu beachten ist hierbei, dass der vorhandene Film bzw. die Einzelbildserie in der passenden Geschwindigkeit zur bearbeitenden Datei erstellt wurde. Da unsere Datei mit einer Anzahl von 25 Bildern pro Sekunde erzeugt wird, muss der projizierte Film ebenfalls dieser Bildrate entsprechen.

In unserem Fall dient die Einzelbildserie eines Filme, welche einen Klappstuhl zeigt, als Beispiel.

① Erzeugen Sie ein neues Material und nennen Sie dieses „Film".
② Öffnen Sie das Material-Dialogfenster und laden Sie als Textur die Datei „Santa0000.jpg" von der beiliegenden CD aus dem Verzeichnis Übungen\Übung10\Tex\Videomapping.

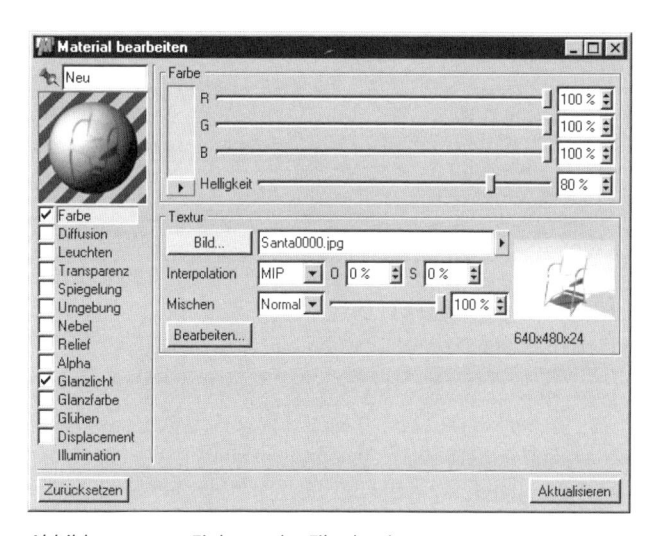

Abbildung 5.105: Einlesen der Filmdatei

③ Anschließend müssen die Bilder des Videomappings der Animation angepasst werden. Drücken Sie dafür im Feld „Textur" den Schalter „Bearbeiten" und wechseln Sie auf das Dialogfenster „Zeitverhalten". In diesem Fenster lässt sich der Ablauf des projizierten Films steuern.
④ Öffnen Sie das Pop-Up-Menü „Modus" und wählen Sie dort „Zyklisch" aus.

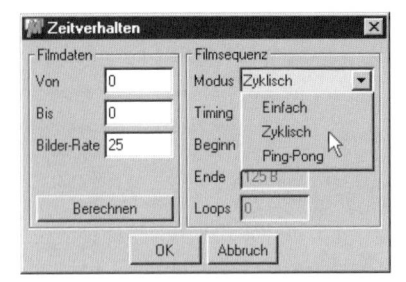

Abbildung 5.106: Einstellen des Abspielmodus

Zyklisch bedeutet, dass der Film nach Ablauf seiner Bildanzahl wieder von vorne gezeigt wird, also während der gesamten Animation aktiv ist. Der Modus „Ping-Pong" erzeugt ebenfalls eine Wiederholung, allerdings wird der Film nach den gezeigten Bildern rückwärts abgespielt und daraufhin wieder vorwärts.

- Da unsere Animation länger dauert, als der projizierte Film Bilder besitzt, muss an dieser Stelle der Modus „Zyklisch" gewählt werden (der Film ist in einer Schlaufe erstellt, so dass der Neuanfang nicht sichtbar wird).
- Abschließend muss die Bildanzahl ermittelt und passend auf die von uns verwendeten 25 Bilder pro Sekunde abgestimmt werden. Drücken Sie hierfür die Taste „Berechnen".

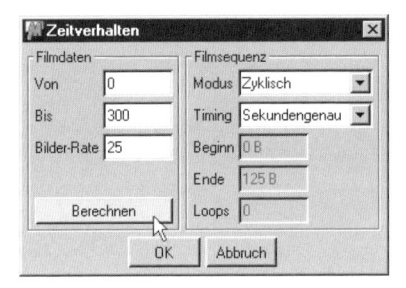

Abbildung 5.107: Der Film beinhaltet 300 Einzelbilder

- Aktualisieren Sie das Material-Dialogfenster.
- Öffnen Sie im Objekt-Manager die Gruppe „Einrichtung" und anschließend die Gruppe „Leinwand". Das darin befindliche Objekt „Leinwand" ist bereits mit einer Texturprojektion versehen, so dass Sie lediglich noch die Textur zuweisen müssen.

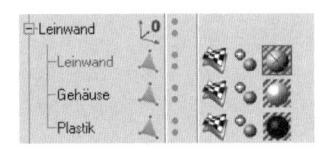

Abbildung 5.108: Die Leinwand besitzt eine Projektion, aber noch keine Textur

Kamera- und Parameteranimation **277**

⑨ Öffnen Sie das Dialogfenster der Texturprojektion (durchgestrichenes Material-Icon) und tragen Sie im Feld „Name" die Bezeichnung des Materials „Film" ein.

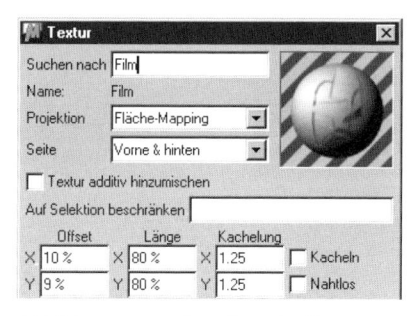

Abbildung 5.109: Zuweisen der Textur

5.3.5 Rendern einer Einzelbildserie

Bei einer Animation von 725 Bildern ist eine Berechnung in Einzelbildern nur zu empfehlen, da sich die Rechenzeit über mehrere Stunden oder Tage hinzieht. Hierbei lassen sich die Rendervorgänge der einzelnen Bilder jederzeit unterbrechen und zu einem späteren Zeitpunkt fortführen, was bei der Erzeugung einer Filmdatei nicht möglich ist.

Somit wird hier die Ablage der Einzelbilder in einer Datenbank aufgezeigt und im Anhang des Buchs die Zusammenfassung mit einer Schnittsoftware beschrieben.

① Öffnen Sie die Render-Voreinstellungen und wählen Sie auf der Seite „Allgemein" das Antialiasing „Kante" sowie den Filter „Animation".

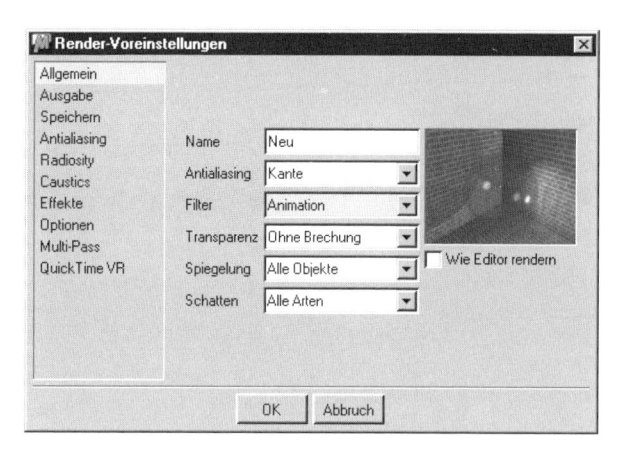

Abbildung 5.110: Seite „Allgemein"

② Wechseln Sie auf die Seite „Ausgabe" und wählen Sie eine Bildgröße von 640 x 480 Pixeln. Stellen Sie außerdem das Pop-Up-Menü „Dauer" auf „Alle Bilder".

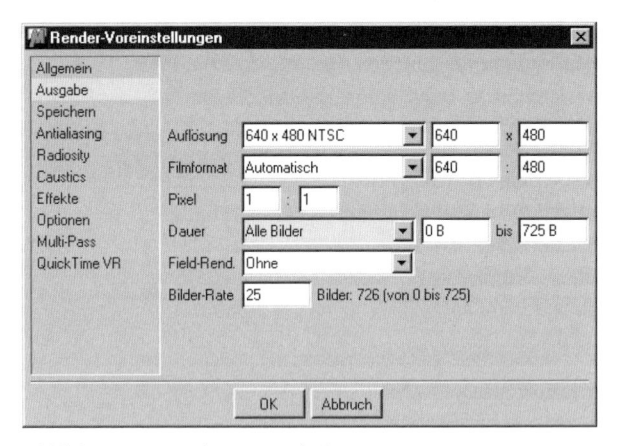

Abbildung 5.111: Seite „Ausgabe"

- Wechseln Sie auf die Speichern-Seite und wählen Sie als Dateiformat JPEG aus. Eine Ausgabe im TIFF-Format würde Sie mehr als ein Gigabyte Festplattenspeicher kosten.

Hierbei erhält nun das Pop-Up-Menü „Name" seine Bedeutung. Alle Bilder, welche abgespeichert werden, erhalten eine Nummer. Da der Computer bei der Auflistung im Windows-Explorer beispielsweise die Nummer 10 vor die Nummer 1 stellt, erhalten alle Bilder vorsorglich die Nullen für die Zehner- bis Tausenderstellen. Das erste Bild heißt daher „Name0001.jpg".

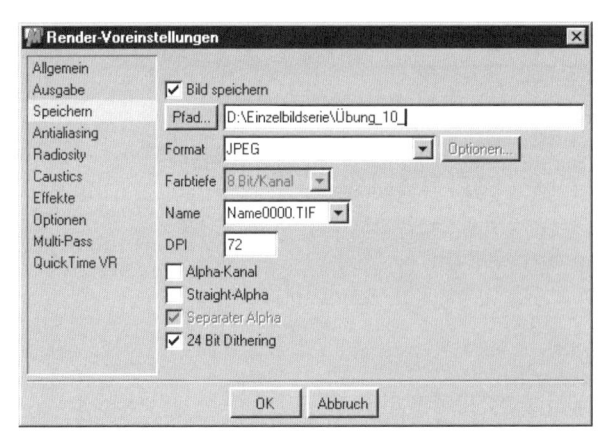

Abbildung 5.112: Sichern des Films als Einzelbildserie

- Wählen Sie ein freies Verzeichnis auf Ihrer Festplatte, in dem alle Bilder abgelegt werden können, und tragen Sie einen Namen für die Bilder ein.

Weist der Dateiname eine numerische Erweiterung auf (z.B. „Übung_10), dann sollte nach der letzten Ziffer ein Unterstrich (Übung_10_) eingesetzt werden, damit die von Cinema 4D vorgenommene Durchnummerierung besser zu erkennen ist (Übung_10_0001.jpg).

Wenn Sie nun den Rendervorgang im Bild-Manager starten, dann werden die Bilder gerendert. Sie haben jedoch jederzeit die Möglichkeit, den Renderprozess abzubrechen und an einer beliebigen Stelle wieder zu starten. In diesem Fall muss lediglich auf der Ausgabe-Seite der Render-Voreinstellungen die jeweilige Dauer im Pop-Up-Menü eingestellt werden (z.B. „Manuell" Bild 100 bis 250).

Klicken Sie auf das Icon für „Im Bild-Manager rendern" und starten Sie die Bildberechnung.

Auf der beiliegenden CD finden Sie im Verzeichnis Übung_10 den Ordner mit der Einzelbildserie. Alle Bilder sind dort abgelegt, damit Sie die Übung des Filmschnitts im Anhang auch dann verfolgen können, wenn Ihnen die Rechenzeit für den Film zu lange erscheint.

Abbildung 5.113: Szenenbild des fertigen Films

5.4 Komplexe Kamerafahrten

Eine Animation von Kameraobjekten über Positions- und Winkel-Keys ist bei komplexen Kamerafahrten nur mit hohem Aufwand zu lösen. Wesentlich einfacher ist es, einen separaten Pfad zu definieren, an dem sich die Kamera während des Bewegungsablaufs ausrichtet.

Abbildung 5.114: Szenenbild der virtuellen Kamerafahrt

Anhand des abgebildeten 3D-Modells soll nun innerhalb dieses letzten Workshops eine Kamerafahrt entlang eines Splines definiert werden. Hierbei werden folgende Punkte behandelt:
- Verwendung der Ziel-Kamera
- Erzeugung eines Pfads für die Kamera
- Animation des Kamera-Zielpunkts

Die Übung schließt mit der Berechnung einer Einzelbildserie ab.

Öffnen Sie jetzt die Datei „Übung_11.c4d" von der beiliegenden CD.

Bei dem 3D-Modell handelt es sich lediglich um eine fiktive Konstruktion, welche durch die verschiedenen Höhensprünge und Treppenläufe einen komplexen Kameraflug ermöglicht. Beleuchtet wurde die Szene vorwiegend durch ein Punktlicht mit hartem Schatten sowie vier Spotlichter mit überaus breitem Öffnungswinkel. Zwei der Spotlichter werfen zusätzlich weiche Schatten.

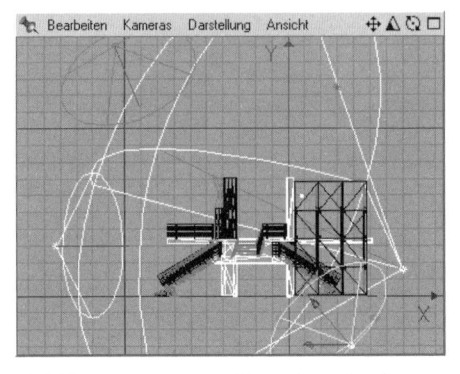

Abbildung 5.115: Darstellung der Beleuchtung

Ein Spot befindet sich unterhalb des Bodens. Weil dieser Spot keinen Schatten wirft, werden die Unterseiten der in der Konstruktion vorhandenen Bodenflächen beleuchtet und eine Überbelichtung der Stufen und des Boden-Objekts vermieden.

5.4.1 Ziel-Kamera

Wenn sich eine normale Kamera innerhalb einer Animation bewegt, so ist es sehr schwierig, den Blick auf einen bestimmten Punkt mittels Winkel-Keys zu fixieren. Vielmehr entsteht oft ein unkontrolliertes Schwanken, wenn die Drehbewegung nicht absolut exakt mit der Richtungsbewegung abgestimmt ist.

Eine „Ziel-Kamera" verfügt dagegen über einen flexiblen Zielpunkt, auf den sie während der Animation permanent gerichtet ist. Dieser Zielpunkt lässt sich dabei genau wie alle anderen 3D-Elemente animieren. Das heißt, man kann diesem Punkt unterschiedliche Positionen zuweisen, wodurch sehr weiche und harmonische Blickwechsel bzw. Drehbewegungen der Kamera entstehen.

Wählen Sie zunächst in der Datei-Menüleiste unter „Objekte\Szene-Objekte" die „Ziel-Kamera".

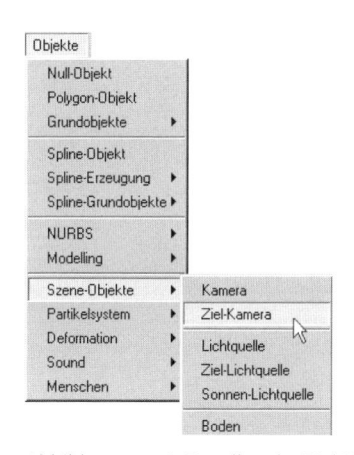

Abbildung 5.116: Erstellen der Ziel-Kamera

Im Objekt-Manager wird die Ziel-Kamera als Gruppe „Null-Objekt" eingefügt, welche die beiden Elemente „Kamera" und „KameraZiel.1" enthält. Der Zielpunkt stellt lediglich ein weiteres Null-Objekt dar, also ein nicht sichtbares Element, welches nur über ein Achsenkreuz verfügt. Es wäre prinzipiell möglich, mehrere Zielpunkte zu erstellen, indem Sie in der Datei-Menüleiste unter „Objekte" weitere Null-Objekte hinzufügen.

An welchem der erzeugten Zielpunkte sich die Kamera letztendlich ausrichtet, wird über die „Ziel-Expression" definiert. Tragen Sie hier den Namen des gewählten Zielpunkts ein.

282 5 – Animation

> *Da sich die Kamera lediglich am Achsenursprung des Zielpunkts ausrichtet, kann man auch jeden anderen 3D-Körper in der Zeichnung als Zielpunkt definieren. Verschieben Sie nur das Achsenkreuz des gewählten 3D-Körpers an die gewünschte Stelle und tragen Sie den Namen des Objekts in die „Ziel-Expression" ein.*

Klicken Sie im Objekt-Manager zweimal auf das Icon der Kamera und überprüfen Sie die Werte im Dialogfenster. Wenn die Einstellungen mit den unten abgebildeten Werten übereinstimmen, schließen Sie das Dialogfenster mit „OK" bzw. ändern Sie diese dahingehend.

Da sich die Kamera wie folgt an einem eigens erstellten Pfad ausrichten soll, ist es nicht notwendig, im Vorfeld eine Kameraposition einzugeben. Vielmehr muss die Position des Zielpunkts in der Zeichnung genau definiert werden.

Aktivieren Sie also den Zielpunkt im Objekt-Manager (KameraZiel.1) und verschieben Sie ihn auf die Position X = 300 cm / Y = -200 cm / Z = 700cm.

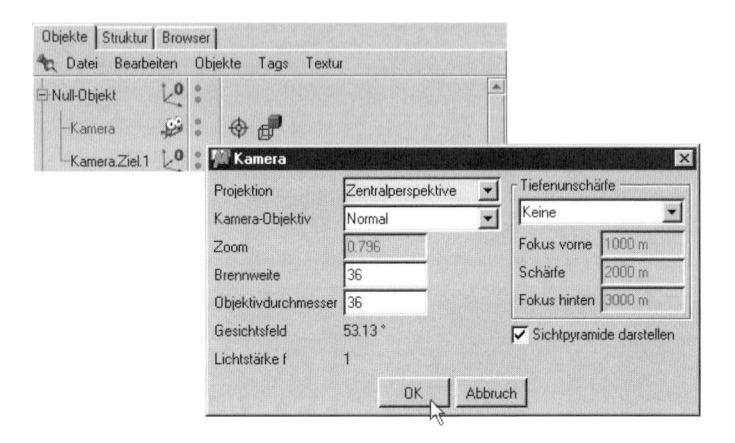

Abbildung 5.117: Wert der Ziel-Kamera

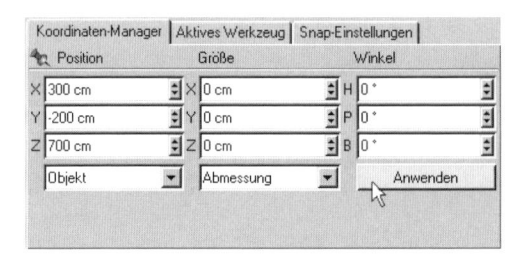

Abbildung 5.118: Position des Zielpunkts

> *Die Y-Koordinate des Zielpunkts orientiert sich hierbei am aktuellen Höhenwert der Kamera und nicht am Nullpunkt der Zeichnung.*

Der Zielpunkt befindet sich nun knapp über dem Podest im 3D-Modell, nahe der kleinen Treppe. Als Nächstes soll der Kamerapfad mittels eines Splines definiert werden.

5.4.2 Erzeugung des Spline-Pfads

Einen Spline kann man grob mit einer Linie im CAD vergleichen. Allerdings ist ein Spline kein stabiles Element (außer der lineare Spline), sondern eine elastische Kurve, welche über beliebig viele Kontrollpunkte verfügt.

Spline-Arten

Cinema 4D bietet mehrere Splines an, welche ein unterschiedliches Kurvenverhältnis aufweisen. Einige der gängigen Spline-Arten möchte ich an dieser Stelle kurz vorstellen:

- **Linear:** Dieser Spline verbindet als einziges die Kontrollpunkte direkt bzw. ohne Kurvenradius.
- **Bézier:** Hierbei enthält jeder Kontrollpunkt zwei Tangenten, d.h., die Biegung der Kurve verläuft direkt durch den Kontrollpunkt und ist manuell regulierbar.
- **B-Spline:** Außer bei den Start- und Endpunkten verläuft die Kurve zwischen den Punkten hindurch.
- **Akima:** Die Kurve verläuft weich durch die Kontrollpunkte hindurch. Da bei diesem Spline keine Tangenten zum Einsatz kommen, muss die Größe des Kurvenradius durch zusätzliche Kontrollpunkte hergestellt werden.

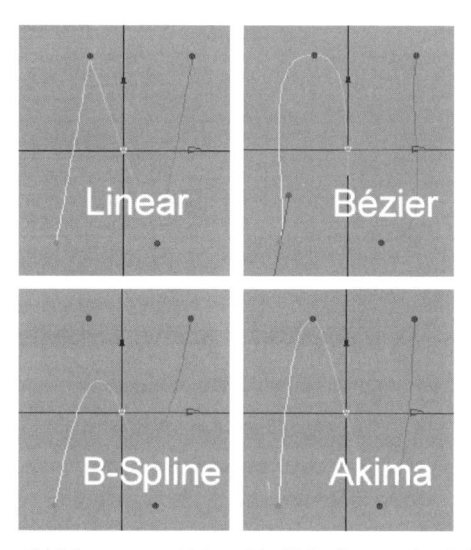

Abbildung 5.119: Unterschiedliche Kurven der Splines

Spline-Objekt

Da ein Spline beliebig viele Kontrollpunkte aufweisen kann, müssen diese natürlich zuerst definiert werden. Dies hat zur Folge, dass der Spline am Anfang über keinen einzigen Punkt verfügt und lediglich als leeres Objekt vorliegt.

Wählen Sie in der Datei-Menüleiste den Befehl „Spline-Objekt", um einen leeren Spline zu erstellen.

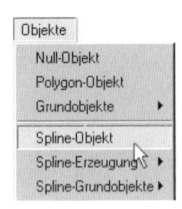

Abbildung 5.120: Erstellen eines leeren Splines

Im Objekt-Manager ist das Spline-Objekt mit dem dazugehörigen Icon aufgelistet. Klicken Sie jetzt zweimal auf das Icon, um das Dialogfenster des Spline-Objekts zu öffnen.

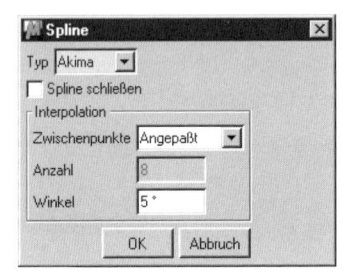

Abbildung 5.121: Dialogfenster des Spline-Objekts

Wählen Sie dort im Pop-Up-Menü „Typ" den Spline „Akima" aus und bestätigen Sie mit „OK".

Wechseln Sie nun in die Ansicht 2 und verkleinern Sie die Zeichenfläche so weit, dass Sie einen Spline um die 3D-Konstruktion herum anlegen können.

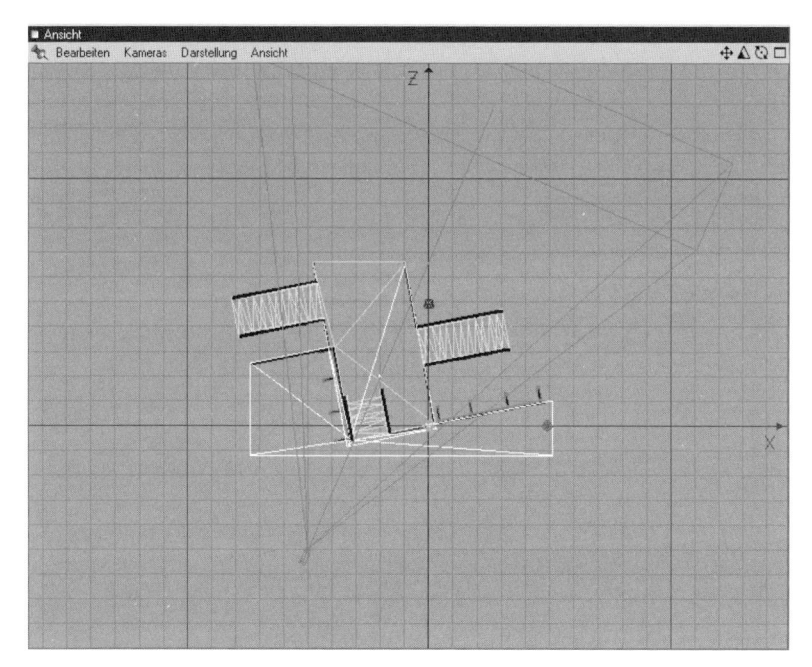

Abbildung 5.122: Der Spline braucht Platz

Hinzufügen der Kontrollpunkte
Als Nächstes müssen die Kontrollpunkte des Splines eingefügt werden.
1. Aktivieren Sie im Objekt-Manager das Spline-Objekt.
2. Klicken Sie in der Bearbeiten-Palette auf das Icon für „Punkte bearbeiten".
3. Halten Sie die Strg-Taste gedrückt und klicken Sie an eine beliebige Stelle in Ihrer Draufsicht.

Jeder Mausklick erzeugt einen neuen Kontrollpunkt, dessen genaue Position im Koordinaten-Manager verzeichnet ist. Tragen Sie für den ersten Punkt die Werte X = 500 cm / Y = 110 cm / Z = 1200 cm ein.

Erstellen Sie jetzt einen Pfad (beginnend im Uhrzeigersinn) wie in der nächsten Abbildung dargestellt. Klicken Sie mit der Maus ungefähr an die Stelle, wo der jeweilige Kontrollpunkt gesetzt werden soll, und tragen Sie anschließend die exakten Werte im Koordinaten-Manager ein. Der Spline wird während dieses Vorgangs geöffnet sein und erst später durch den dazugehörigen Befehl geschlossen.

Sie können Kontrollpunkte ganz einfach löschen, indem Sie den jeweiligen Punkt aktivieren und daraufhin die Entfernen-Taste drücken.

Wenn Sie den letzten Punkt eingegeben haben, dann kann der Spline geschlossen werden. Klicken Sie im Objekt-Manager zweimal auf das Icon des Spline-Objekts und aktivieren Sie das Kontrollkästchen „Spline schließen". Bestätigen Sie das Dialogfenster mit „OK".

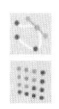

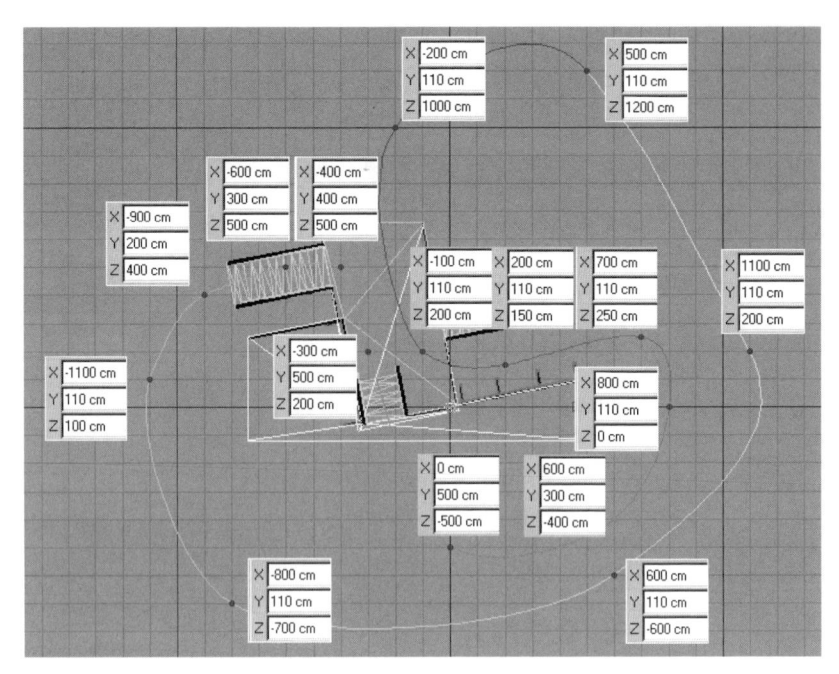

Abbildung 5.123: Der geschlossene Spline mit den Positionsangaben der jeweiligen Kontrollpunkte

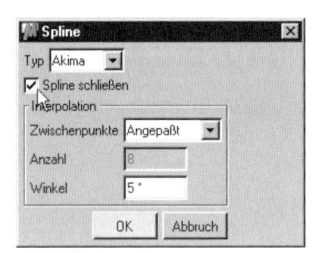

Abbildung 5.124: Schließen des Splines

5.4.3 Ausrichten von Kamera und Zielpunkt

Das Kameraobjekt soll als Nächstes an den Spline gebunden werden.

Die Richtung, in die sich die Kamera bewegt, ist immer die Richtung, in welcher der Spline erzeugt wurde. Sichtbar wird diese Richtung durch den Farbverlauf innerhalb des Splines (von Gelb nach Rot). In unserem Fall wird sich die Kamera nach rechts bewegen.

Öffnen Sie die Zeitleiste und fügen Sie der Kamera in der Gruppe „Null-Objekt" die Spur „An Spline ausrichten" hinzu. Verlängern Sie daraufhin die Sequenz auf 800 Bilder („Sequenzen\Zeit bearbeiten...").

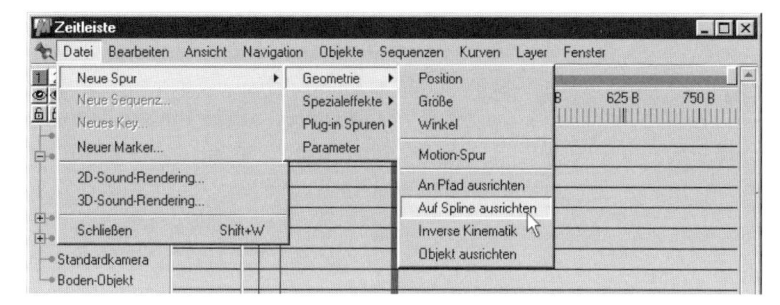

Abbildung 5.125: Binden der Kamera an das Spline-Objekt

Aktivieren Sie die eingefügte Sequenz und erzeugen Sie ein Key auf Bild 0. In diesem Key müssen Sie den Namen des Splines eintragen, an welchen die Kamera geheftet wird (möglicherweise bestehen mehrere Splines in einer Zeichnung). Klicken Sie also zweimal auf das Key und tragen Sie „Spline" in das Eingabefeld ein.

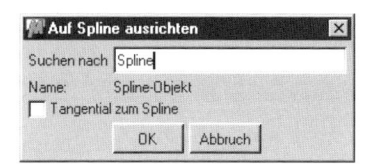

Abbildung 5.126: Definieren des Spline-Pfads

Abbildung 5.127: Szenenbild der Spline-Animation

Um das Ergebnis der Animation probeweise zu betrachten, muss die Ziel-Kamera in der 3D-Ansicht aktiviert werden. Wählen Sie dafür in der Menüleiste der 3D-Ansicht unter „Kameras\Szene-Kameras" das Objekt „Kamera" aus.

Wie in Ihrer Probeanimation gezeigt wird, verläuft der Kameraflug exakt durch das Modell hindurch. Allerdings entstehen durch den konstanten Zielpunkt sehr ruckartige und sich überschlagende Bewegungen.

Diese Problem lässt sich lösen, indem man den Zielpunkt so animiert, dass er sich immer im großzügigen Abstand zur Kamera befindet. Dadurch entstehen sehr weiche Übergänge der Blickrichtungen.

Am leichtesten lässt sich der Verlauf der Kamera beurteilen, indem Sie den blauen Balken im Zeit-Manager langsam von links nach rechts verschieben. Der erste problematische Bereich bezüglich der Blickrichtung tritt bei Bild 300 ein, nachdem die Kamera die hintere große Treppe erreicht hat. Dort beginnt sich der Blick unnatürlich zu senken.

Der Zielpunkt muss also bereits im Vorfeld auf eine höhere Position gebracht werden.

① Öffnen Sie die Zeitleiste und erstellen Sie für den Zielpunkt eine Positionsspur.
② Sichern Sie die aktuelle Position auf Bild 250.
③ Wählen Sie jetzt im Objekt-Manager den Zielpunkt (KameraZiel_1) an und aktivieren Sie in der Befehls-Palette die Funktion „Verschieben".
④ Schalten Sie jetzt nur die Y-Richtung aktiv und verschieben Sie den Zielpunkt von Y = -200 cm auf die Höhe Y = 50cm.

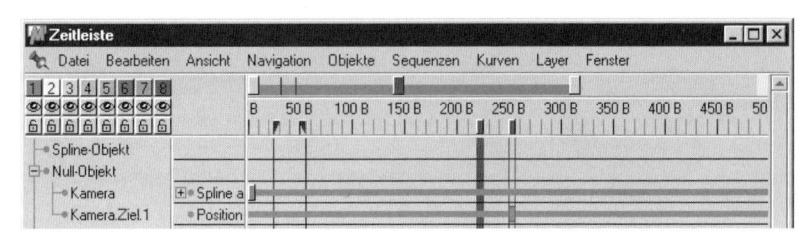

Abbildung 5.128: Positions-Key für den Kamerazielpunkt

⑤ Sichern Sie diese Position mit einem Key auf Bild 330.

Wenn Sie die Animation jetzt ablaufen lassen, dann ist die Blickrichtung der Kamera der entsprechenden Höhe angepasst. Derzeit besteht jedoch immer noch ein schlagartiges Umschwenken der Blickrichtung, sobald die Kamera am Zielpunkt vorbeifährt. Der Zielpunkt müsste also etwas weiter rechts liegen.

⑥ Öffnen Sie das Dialogfenster des Keys auf Bild 330 und erhöhen Sie dort den X-Wert von 300 cm auf 500 cm.

Abbildung 5.129: Positionswerte des Zielpunkts auf Bild 300

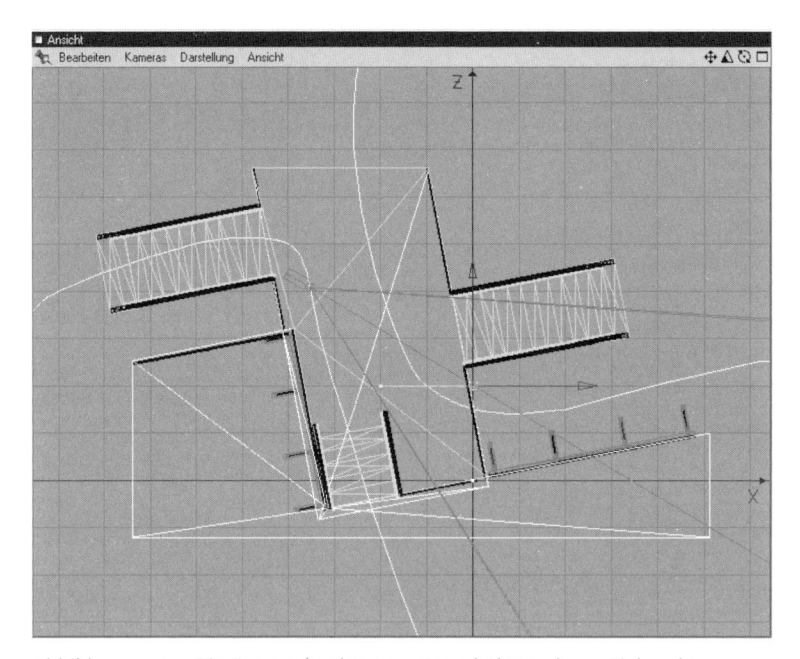

Abbildung 5.130: Die Kamera hat jetzt genügend Abstand zum Zielpunkt

Sobald die Kamera den Zielpunkt passiert hat bzw. über die kleine Treppe geflogen ist, senkt sie sich langsam wieder auf Fußbodenniveau. Wenn die Kamera daraufhin unter der Konstruktion hindurchfährt, dann sollte sich auch der Zielpunkt auf einem tieferen Standort befinden.

Da die Abwärtsbewegung des Zielpunkts unmittelbar nach Bild 330 einsetzen soll, kann direkt ein neues Key mit einer anderen Höheninformation gesetzt werden.

Verschieben Sie den Zielpunkt in Y-Richtung auf –400 cm und sichern Sie diese Position mit einem Key auf Bild 500.

Der Verlauf des Kameraflugs ist jetzt nahezu korrekt. Allerdings vollzieht die Kamera im Bereich von Bild 700 wieder eine sehr ruckartige Drehung, da sich der Zielpunkt an dieser Stelle hinter der Kamera befindet. Wir werden also noch eine letzte Position für den Zielpunkt definieren.

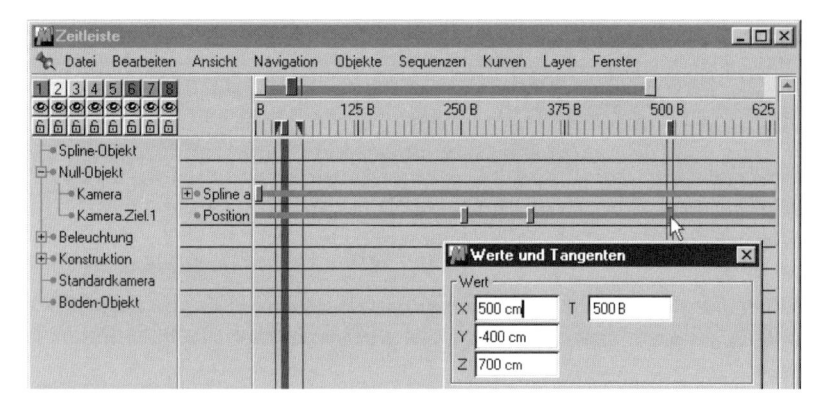

Abbildung 5.131: Positionswerte des Zielpunkts auf Bild 500

> Am geeignetsten wäre es, wenn sich der Zielpunkt bei Bild 700 unterhalb der hinteren großen Treppe befinden würde. In diesem Fall behält die Kamera ihre Blickrichtung nach vorne bei und bewegt sich anschließend rückwärts zum Ausgangspunkt zurück.

Stellen Sie sicher, dass der Zielpunkt im Objekt-Manager aktiv ist und verschieben Sie ihn unter die Treppe auf Position X = 0 cm / Y = -400 cm / Z = 1000 cm.

Sichern Sie diesen Wert anschließend in einem Key auf Bild 650.

Abbildung 5.132: Blick der Kamera bei Bild 740

Bevor sich der Zielpunkt wieder auf seine Ausgangsposition zurückbewegt, muss die Position des Keys auf Bild 650 für eine kurze Zeit beibehalten werden. Kopieren Sie hierfür das Key von Bild 650 auf Bild 740. Dies ist der Zeitpunkt, an welchem die Kamera unter dem Modell wieder austritt.

Jetzt sind es noch 60 Bilder, bis die Kamera auf ihre ursprüngliche Ausgangsposition zurückkehrt. Kopieren Sie nun abschließend das erste Key von Bild 250 auf Bild 850, wodurch eine Endlosschleife in der Animation entsteht.

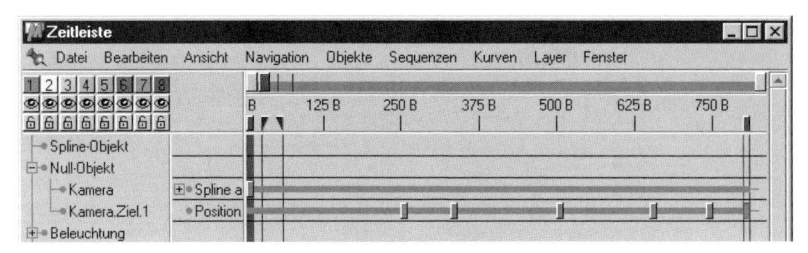

Abbildung 5.133: Verteilung der Keys für die Spline-Animation

Der Kameraflug ist jetzt komplett.

5.4.4 Rendern der Einzelbildserie

Auch hier handelt es sich um ein relativ komplexes Modell, welches durch die dünnen Elemente und spiegelnden Oberflächen eine längere Rechenzeit in Anspruch nehmen wird. Daher empfehle ich auch hier die Berechnung einer Einzelbildserie (Kapitel 5.3.5), welche man in unterbrochenen Schritten (über einzelne Nächte verteilt) erstellen kann.

- Öffnen Sie die Render-Voreinstellungen.
- Stellen Sie auf der Seite „Allgemein" das Antialiasing auf „Kante" und wählen Sie den Filter „Animation".

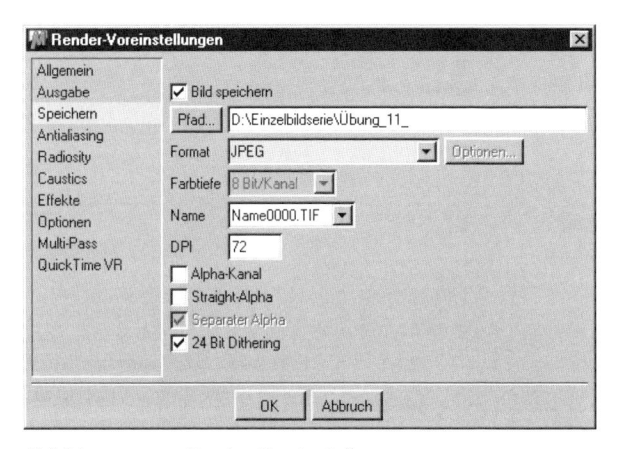

Abbildung 5.134: Render-Voreinstellungen

- Wählen Sie auf der Seite „Ausgabe" eine Auflösung von 480x360 Pixeln und aktivieren Sie im Pop-Up-Menü „Dauer" den Befehl „Alle Bilder". Wenn Sie die Bildberechnung dann einmal unterbrechen möchten, wählen Sie bei „Dauer" den Befehl „Manuell" aus und tragen Sie in den Eingabefeldern die Spanne der neuen Bildberechnung ein (z.B. Bild 500-800).
- Wechseln Sie abschließend auf die Seite „Speichern" und tragen Sie das Zielverzeichnis Ihrer Einzelbildserie ein. Wählen Sie auch hier unbedingt das Dateiformat „JPEG".

Die Einzelbildserie finden Sie im gleichnamigen Ordner auf der beiliegenden CD (Übungen\Übung_11\Einzelbildserie). Lesen Sie im folgenden Anhang, welche Vorteile sich bei der Generierung eines Films aus einer Einzelbildserie ergeben und wie man die Bilder zu einem flüssigen und qualitativ hochwertigen Film zusammenfasst.

6 Anhang

Um die in Cinema 4D XL7 erzeugten Animationen professionell zu überarbeiten und mit den notwendigen Zusätzen wie Texten oder Überblendungen auszustatten, bedarf es der Unterstützung von zusätzlicher Schnittsoftware. Diese Schnittprogramme bieten die Möglichkeit an, einzelne Filme, Standbilder oder Einzelbildserien zu importieren und nach der Weiterbearbeitung in relativ kurzer Zeit als Computerfilm oder Videodatei auszugeben.

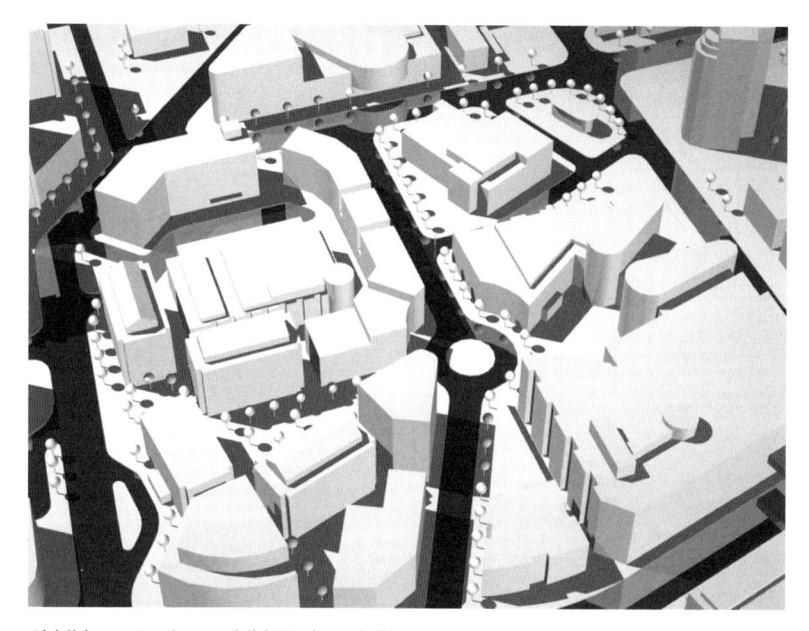

Abbildung 6.1: Szenenbild Stadtmodell

Ich kann diese Anwendung nur empfehlen, da man hierbei im Vorfeld mit Cinema 4D nur einmal hochwertiges Bild- und Filmmaterial erstellen muss, was letztendlich die größte Rechenzeit in Anspruch nimmt. Anschließend kann man beliebig oft darauf zurückgreifen.

Die automatische Berechnung von Animationen in Cinema 4D kann mit einem großen Risiko verbunden sein, wenn nach Tagen des Renderprozesses eine fertige Datei erstellt wird und sich darin Fehler befinden.

Diese Problematik umgehen Sie, indem Sie ausschließlich Einzelbildserien erstellen, bei welchen das berechnete Material greifbar in einer Datenbank abgelegt wird und jederzeit verfügbar ist.

6.1 Schnittsoftware

Inzwischen stellen zahlreiche Anbieter Programme für den Videoschnitt zur Verfügung. Ich möchte an dieser Stelle zwei Programme erwähnen, welche sich vor allem durch ihr Preis-Leistungs-Verhältnis hervorheben und in ihrer Anwendung bei sehr guter Ausgabequalität einen hohen Bedienkomfort aufweisen.

6.1.1 AIST Movie Pack

Hierbei handelt es sich um eine Schnittsoftware, welche eine große Palette an Spezialeffekten zur Filmbearbeitung anbietet. Neben einer sehr ansprechend gestalteten Benutzeroberfläche ist dieses Programm in seiner Handhabung überaus anwenderfreundlich und daher schnell zu erlernen. Obwohl man mit Movie Pack bereits nach einer kurzen Einarbeitungszeit zu guten Ergebnissen gelangt, lassen sich doch die jeweiligen Funktionen durch die zahlreichen Einstellungsmöglichkeiten immer weiter verfeinern. Eine professionelle Filmbearbeitung ist daher in jeder Hinsicht gewährleistet.

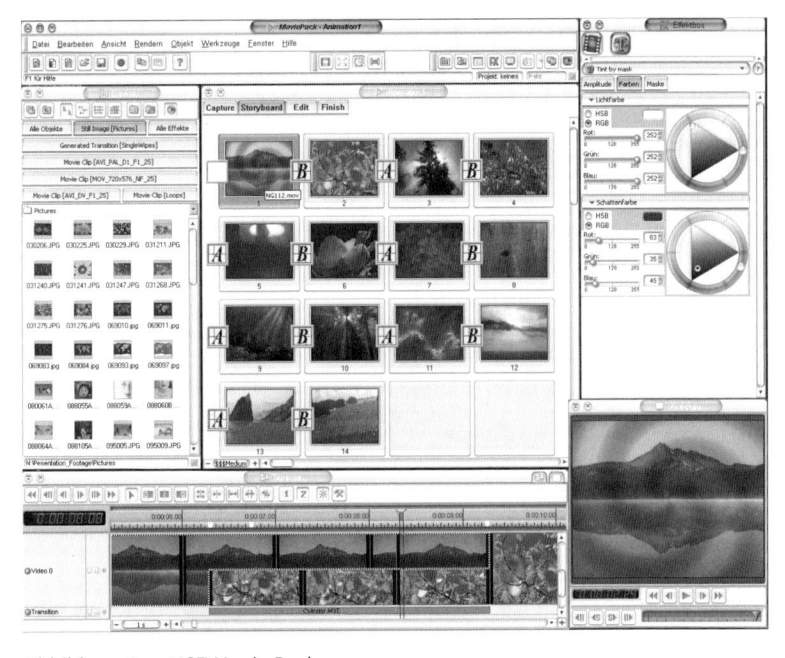

Abbildung 6.2: AIST Movie Pack

Weitere Informationen erhalten Sie unter www.aist.de.

6.1.2 Adobe Premiere

Dieses Programm ist wohl eines der verbreitetsten Schnittprogramme, vor allem weil die anderen Produkte aus dem Hause Adobe (Photoshop, GoLive etc.) auf eine gewisse Qualität schließen lassen. Diese Annahme ist durchaus berechtigt, da man mit Adobe Premiere ausgezeichnete Ergebnisse bei beachtlich kurzer Rechenzeit erzielt. Auch hier reicht das Angebot von den verschiedensten Überblendeffekten bis zu zu einer großen Anzahl an Filterfunktionen. Filme können hier ebenso mit Tonspuren und Texteinblendungen versehen werden wie in AIST Movie Pack.

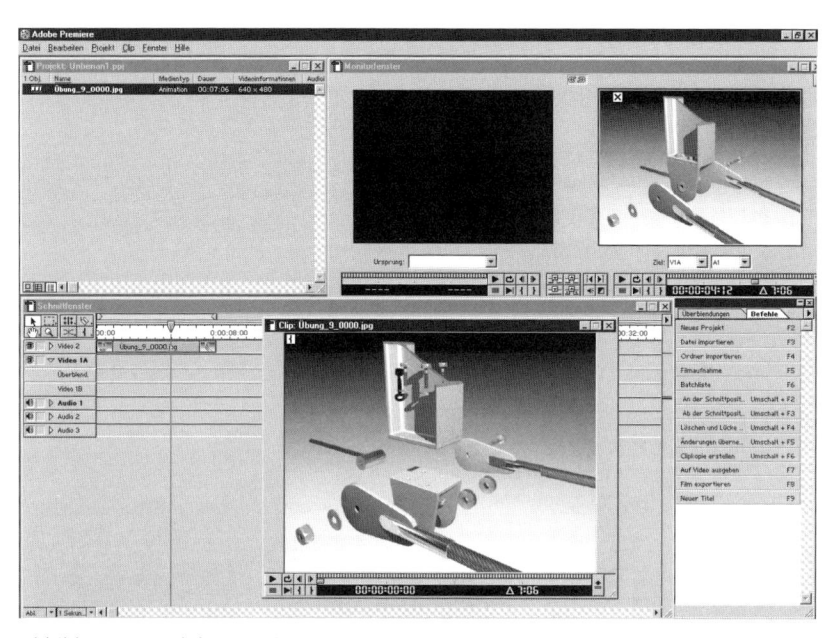

Abbildung 6.3: Adobe Premiere

Weitere Informationen erhalten Sie unter www.adobe.de.

6.2 Berechnen von Einzelbildserien

Wie bereits in Kapitel 5 angesprochen, so möchte ich abschließend die Zusammensetzung der in den jeweiligen Übungen erstellten Einzelbildserien behandeln. Als Schnittsoftware dient hierbei Adobe Premiere, worin die Bilderserie importiert und anschließend zu einem Film zusammengefasst wird.

Bevor das Programm beim Öffnen die Benutzeroberfläche anzeigt, wird ein Dialogfenster eingeblendet, worin man an erster Stelle den Bearbeitungsmodus definieren kann. Zur Auswahl stehen hier die bekannten Dateiformate „Microsoft AVI" und „Quick Time Movie".

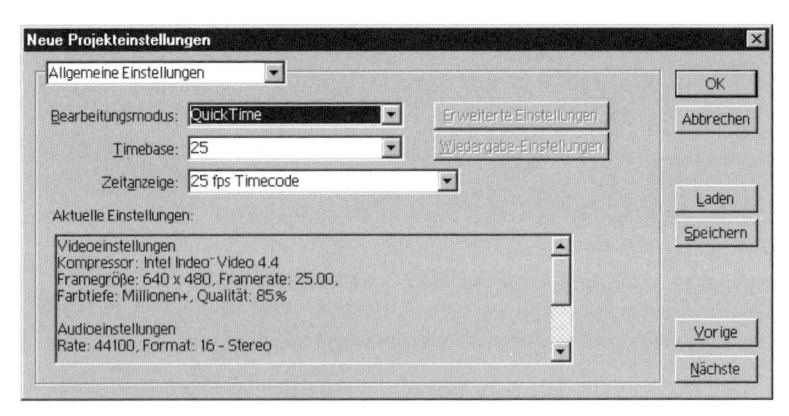

Abbildung 6.4: Dialogfenster „Neue Projekteinstellungen"

Sehr große Bedeutung erfährt vor allem das Pop-Up-Menü „Timebase", in dem man die Bildanzahl der Ausgabedatei definieren kann. Dieses Menü ist daher von großer Wichtigkeit, da der importierte Film bzw. die Einzelbildserie in angepasster Bildrate erstellt worden sein muss.

Wenn Sie hier die Einstellung „25 pro Sekunde" wählen, dann sollten Sie darauf achten, dass auch Ihre in Cinema 4D erzeugte Animation dieser Bildrate entspricht.

Daraufhin kann dieses Fenster mit „OK" bestätigt werden, worauf schließlich das Hauptfenster von Adobe Premiere erscheint.

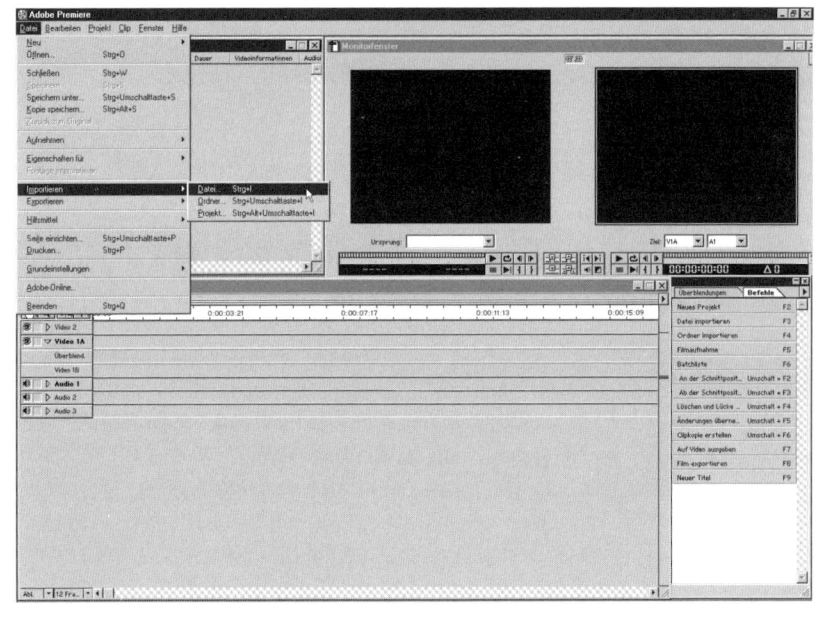

Abbildung 6.5: Benutzeroberfläche von Adobe Premiere

Jetzt können die Einzelbilder geladen werden. Dies geschieht über das Menü „Datei\Importieren\Datei" und nicht über die Funktion „Öffnen". Wenn Sie den besagten Befehl angewählt haben, dann können Sie über ein Dialogfenster in Ihr Verzeichnis wechseln, in dem die Einzelbilder abgelegt sind.

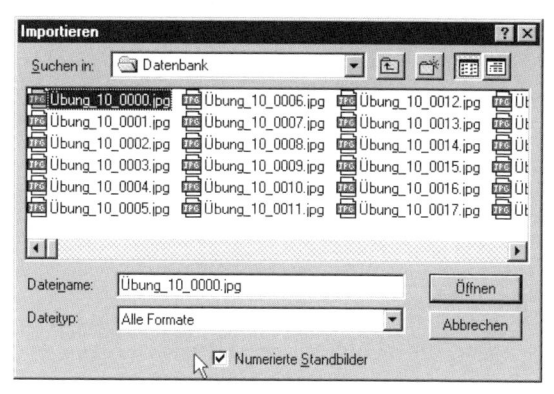

Abbildung 6.6: Importieren der Einzelbildserie

Wählen Sie dort das erste Bild an und tragen Sie im unteren Bereich des Dialogfensters einen Haken bei „Numerierte Standbilder" ein. Die Aktivierung dieses Kontrollkästchens ist ausschlaggebend dafür, dass alle Bilder in Adobe Premiere eingeladen werden und nicht nur das erste Bild.

Die Bilder werden daraufhin proportional zur vorher eingestellten Bildrate zusammengefasst und erscheinen als Eintrag im „Projektfenster" oben links. Daneben erhalten Sie Informationen über die Auflösung und die Dauer der Animation (alle Bilder von Übung_10 ergeben knapp 29 Sekunden und haben eine Auflösung von 640x480 Pixeln).

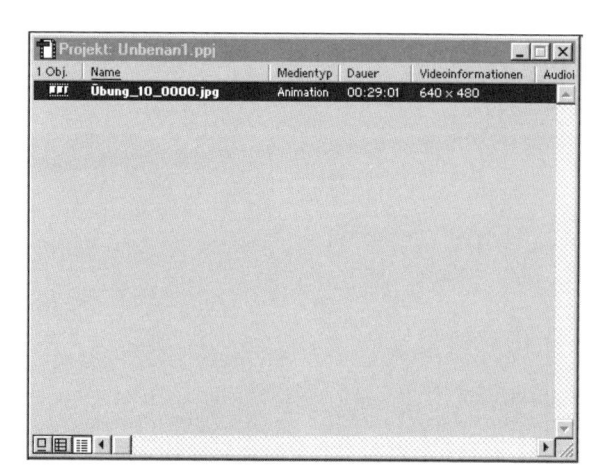

Abbildung 6.7: Projektfenster

Wenn Sie diesen Eintrag anklicken, können Sie ihn mit gedrückter Maustaste in eine beliebige Videospur des Schnittfensters ziehen. Die Einzelbildserie erscheint daraufhin als rosaroter Balken.

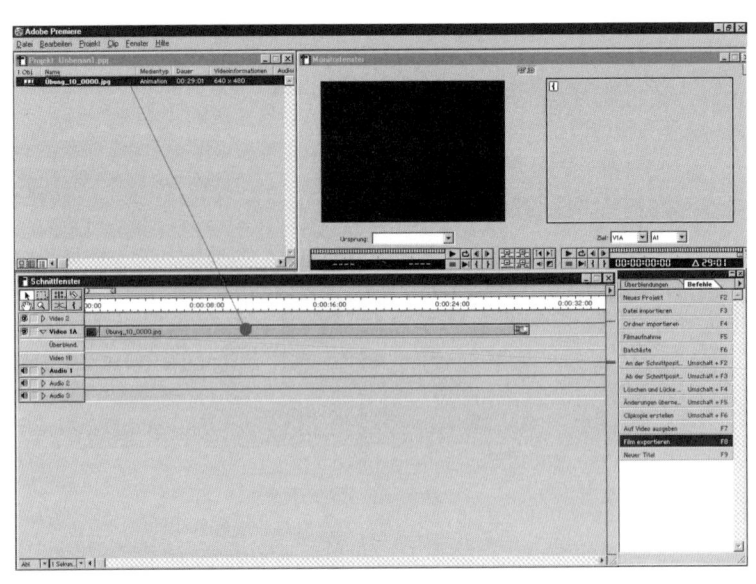

Abbildung 6.8: Einfügen der Einzelbildserie in das Schnittfenster

Nun kann die Animation in ein Filmformat umgerechnet werden. Klicken Sie dafür rechts in der Befehlsleiste auf den Schalter „Film exportieren".

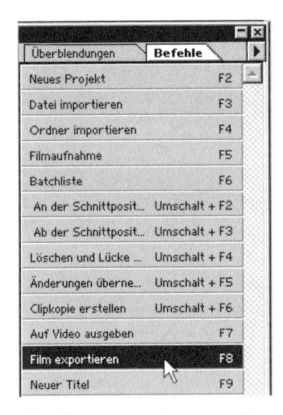

Abbildung 6.9: Befehl „Film exportieren"

Wählen Sie jetzt den Zielordner aus, in welchem Ihre Datei gespeichert werden soll. Tragen Sie den betreffenden Namen Ihres Films ein und drücken Sie den Schalter „Einstellungen". Daraufhin wird das gleiche Dialogfenster geöffnet, das auch am Anfang beim Programmstart erschienen ist.

Berechnen von Einzelbildserien

Abbildung 6.10: Dialogfenster „Allgemeine Einstellungen"

Sie haben hier noch einmal die Möglichkeit, das Dateiformat auszuwählen. Stellen Sie darüber hinaus sicher, dass das Kontrollkästchen „Video exportieren" aktiv ist und schalten Sie gegebenenfalls auch das Kontrollkästchen „Audio exportieren" ein, falls eine Tonspur in Ihrer Datei vorhanden ist. Klicken Sie nun auf den Schalter „Nächste", um die weiteren Einstellungen vorzunehmen.

Abbildung 6.11: Dialogfenster „Videoeinstellungen"

Genau wie in Cinema 4D können Sie hier die Kompremierer (in Adobe Premiere als Kompressor bezeichnet) auswählen. Der dazugehörige Qualitätsfaktor befindet sich im unteren Bereich des Dialogfensters. Eine Einstellung von 85% ist nahezu unter jedem Kompressor optimal. Wählen Sie abschließend noch die Ausgabegröße Ihrer Datei (Framegröße) und bestägigen Sie mit „OK".

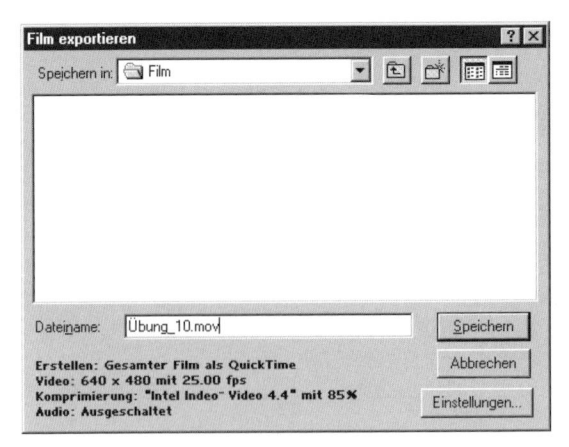

Abbildung 6.12: Dialogfenster „Film exportieren"

Die von Ihnen zugeteilten Einstellungen können Sie im Dialogfenster „Film exportieren" überprüfen.

Klicken Sie abschließend auf „Speichern" und starten Sie damit Ihre Filmberechnung.

Zeitlich liegt die Berechnung für 800 Bilder etwa bei einer halben Stunde. Sollten daraufhin innerhalb der Animation Fehler auftreten, dann kontrollieren Sie die Einzelbilder in Ihrer Datenbank und lassen Sie gegebenenfalls die jeweiligen Bilder von Cinema 4D neu rendern. Denken Sie immer daran, wie lange der Renderprozess der gesamten Bilder gedauert hat und wie viel Zeit Sie auf diese Art und Weise einsparen können.

Index

Numerics
2D-Datenimport 20
2D-Elemente 20
3D-Ansicht 53
3DS-Export 35
3DS-Format 21
3D-Shader 55
3DS-Import 37
3DS-Importfaktor 37

A
Abmessung 75
Abmessung + 75
Additive Transparenz 103
Adobe Premiere 295
AIST Movie Pack 294
Akima-Spline 283
Aktive Navigation 80
Alpha-Kanal 118
Ampelschalter 57
Animation berechnen 244
Animationsdauer 215
Ansichtsfenster 68
Antialiasing 89
ArchiCAD 39
Auf Selektion beschränken 141
Aufhell-Lichter 174
Auflösung 90
Aufnahmetaste 230
Äußere Distanz 192
AutoCAD 35
AVI-Format 218
Axiale Abnahme 191

B
Backface-Culling 85
Bäume im CAD 44
Bearbeiten-Palette 70

Befehls-Manager 62
Befehls-Palette 62
Beleuchtungsfehler 162
Bézier-Spline 283
Bildformate 23
Bildgröße von Animationen 216
Bildrate 216
Bildschirmkonfiguration 68
BMP 24
Brechung 103
Browser 60
B-Spline 283

C
CAD-Datenexport 24
CAD-Exportkriterien 26
Caustics 178
    Energie 179
    Photonen 180
    Tab 179

D
Darstellungsmodus 83
Dateiformate 18
Datei-Menüleiste 49
Daten hinzuladen 50
Datenaustausch 18, 50
Deaktivierte Befehle 50
Detaillierungsgrad 16
Displacement-Kanal 120
Distanz-Lichtquelle 183
Download von Texturen 23
Drahtgitter-Darstellung 84
Drehbuch 248
Drehen von Objekten 75
DXF-Format 19
DXF-Importeinstellungen 20

E

Ebenen zuweisen im CAD 24
Einzelbildserie 217
    erstellen 277
    verbinden 295
Exportfilter 18
Exportformate 18
Expressions 57
Externe Referenzen 65

F

Farbe-Kanal 95
Fenster entdocken 49
Fenstergröße bestimmen 69
Filmformate 218
Fläche-Mapping 150
Flächenkörper 17
Fläche-Schatten 176
Flächige Projektion 150
Fresnel 103
Frontale Projektion 152

G

GDL-Text 16
GIF 24
Glanzfarbe-Kanal 106
Glanzlicht-Kanal 96
Glättung von Flächen 144
Glättungs-Tags 144
Glättungswinkel 28
Glühen-Kanal 99
Gouraud-Shading 84
Größe 75
Großraumbeleuchtung 203
Gruppieren von Objekten 145

H

Hardwareprobleme 15
Hauptfenster 47
Hauptlicht 171
Hintergrund Compositing 148
Hintergrundbild
    positionieren 152
    skalieren 153

I

Illuminations-Kanal 181, 196
Illuminations-Modell 197
Information (Objekt) 195

Information (Szene) 194
Innere Distanz 191
Instanzen 207
Interpolation 230
Isobaten-Darstellung 84

J

JPEG 23

K

Kacheln von Texturen 112
Kamera
    aktivieren 127
    an Spline ausrichten 286
    Animation 262
    bearbeiten 70, 81
    drehen 128
    Projektion definieren 127
    setzen 126
    verschieben 127
Keine Lichtabstrahlung 173
Key 226
Komprimierer 218
Komprimieren von Dateien 19
Koordinaten-Manager 61
Kopieren
    von 3D-Objekten 156
    von Sequenzen 231
Kugel-Mapping 110, 115

L

Layer zuweisen im CAD 24
Layout
    laden 67
    speichern 67
Leuchten-Kanal 100
Licht
    Abnahme 205
    Dialogfenster 172
    Einfallswinkel 163, 167
    Farbe 164, 172
    Helligkeit 172
    Quellen animieren 258
    Quellen erstellen 171
    Reflexion 196
    Typ 172
Linear-Spline 283
Linseneffekte 163
Lupe 81

M

Manager andocken 49
Manager entdocken 49
Mapping 108
Maßeinheiten einstellen 125
Materialdatenbank 55
Material-Dialogfenster 94
Materialien 93
    berechnen 56
    mischen 122
    zuweisen 98
Material-Manager 55
Mischen von Farbe und Textur 115

N

Nachträglicher Datenimport 27
Nahtlose Kachelung 113
Nebel-Kanal 105
Nemetschek Allplan FT 28
Neue Befehls-Palette 63
Nullpunkt 67

O

Oberflächen-Caustics 178
Objekt
    Achse bearbeiten 70
    Animation 220
    bearbeiten 70
    Gruppen erstellen 145
    Koordinatensystem 77
    Manager 57
Objekte
    ausblenden 57
OBJ-Export 40
OBJ-Importfaktor 42

P

Paletten 62
    bearbeiten 63
Parallele Lichtquelle 186
Parameteranimation 258
Parameterspur 260
Parametrische Oberflächen 94
Pfade 66
Photonen 180
Pin-Nadel 49
Polygon
    bearbeiten 70
    Selektion 140

    texturieren 138
    Verwaltung 16
    Zähler 194
Powerslider 236
Programm-Voreinstellungen. 48
Projekt speichern 50
Projektion 110
Projektionsgitter 108
Projektvorbereitung 13
Punkte bearbeiten 70
Punktlicht 172
    Abstrahlung 186

Q

Quader
    Darstellung 84
    Mapping 111
Quick Time Movie-Format 218
Quick-Shading 84

R

Radiosity 193
    ausschließen 196
    Empfangen 196
    Genauigkeit 199
    Generieren 196
    max. Auflösung 199
    min. Auflösung 199
    Stärke 197
Raytracing-Verfahren 166
Reflektierte Lichtstrahlen 193
Relief-Kanal 116
Renderfunktionen 52
Rendern 86
    Aktives Objekt 88
    Aktuelle Ansicht 88
    Ausschnitt 88
    Im Bild-Manager 88
Render-Tags 146
Render-Voreinstellungen 89

S

Sammelstrahlen 199
Sample-Dichte 192
Schatten 173
Schattenwirkung ausschalten 146
Schattierte Quader 84
Schnittsoftware 293
Schutz-Tag 222

Selektion
    abspeichern 139
    einfrieren 139
    Einstellungen 139
Sequenzen 225
Sichtbar
    für GI 196
    für Strahlen 149
Sichtbares Licht 189
Skalieren von Objekten 74
Skelett-Darstellung 85
Sonnenlicht 183
Speichern
    von Materialien 104
    von Renderings 91
Spiegeleffekt deaktivieren 149
Spiegelung-Kanal 97
Spline
    Arten 283
    Kontrollpunkte 285
    Objekt 284
    Pfad erzeugen 283
Spur 225
Stage-Objekt 266
Statusleiste 226
Staubeffekt 192
Struktur-Manager 59

T

Tags 57
Tangenten 272
Teilbilder 29
    zuweisen im CAD 24
Tex (Texturordner) 50
Textur
    Achse bearbeiten 70, 111
    auf Objekte anpassen 113
    bearbeiten 70, 110
    Bibliothek 64
    drehen 111
    Mapping 108

Pfade konfigurieren 65
Projektion 108
TIFF 23
Transparenz-Kanal 102
Trennung von CAD Objekten 26

U

Umgebungskulisse 251
Unschärfe von Transparenzen 103
Unterordner 66

V

Vektoren 16
Vergrößern der Manager 49
Verlängern von Sequenzen 242
Verschieben von Objekten 70
Videomapping 275
Volumen-Caustics 178
Voluminformation 16
Volumenkern 17
Volumenkörper 16
    auflösen 17
Volumenmodell 16
Volumetrisches Licht 189
Voreinstellungen speichern 67

W

Wavefront-Importfaktor 42
Welt-Koordinatensystem 77

Z

Zeichenfläche 53
Zeichnungseinheiten 125
Zeitleiste 62, 223
Zeitlineal 226
Zeitmanager 229
Zeitverhalten 275
Ziel-Expression 281
Ziel-Kamera 281
Zoomfunktionen 80
Zylinder-Mapping 112